Office 2019

111 Office-Vorlagen zum Download

Auf der Webseite zu diesem Buch finden Sie 111 Office-Vorlagen für Word, Excel, PowerPoint und Outlook. Gehen Sie einfach auf *www.mut.de/2172*

Office 2019

Sehen und Können

Günter Born

ISBN 978-3-95982-172-8

© 2019 by Markt+Technik Verlag GmbH
      Espenpark 1a
      90559 Burgthann

Produktmanagement Christian Braun, Burkhardt Lühr
Herstellung Jutta Brunemann
Bearbeitung Martha Born
Covergestaltung David Haberkamp
Coverfoto © vgstudio – Fotolia.com
Satz inpunkt[w]o, Haiger, www.inpunktwo.de
Druck Media-Print Informationstechnologie GmbH, Paderborn
Printed in Germany

Liebe Leserin, lieber Leser,

Microsoft Office 2019 (und Office 365) unterstützt Sie bei der Abwicklung von Aufgaben im privaten und geschäftlichen Einsatz. Mit Office-Programmen wie Word, Excel, PowerPoint schreiben Sie Texte, arbeiten mit Tabellen, erstellen Präsentationen und vieles mehr.

Dieses Buch hilft Ihnen beim Ein- und Umstieg in die verschiedenen Office-Programme und zeigt Ihnen Bild für Bild, wie Sie die einzelnen Funktionen verwenden. Mit den Schritt-für-Schritt-Anleitungen, die zielgerichtet zum Ergebnis führen, ist das gar nicht so schwer. So sparen Sie sich langwieriges Probieren und Experimentieren.

In dieser Hinsicht wünsche ich Ihnen viel Erfolg.

Ihr Autor

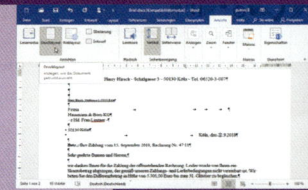
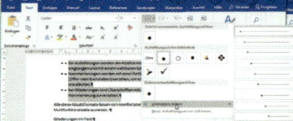

4 Einstieg in Excel

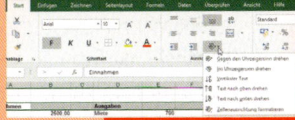

5 Mit Excel zum Erfolg

6 Präsentieren mit PowerPoint

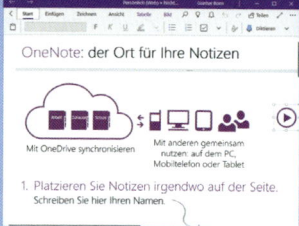

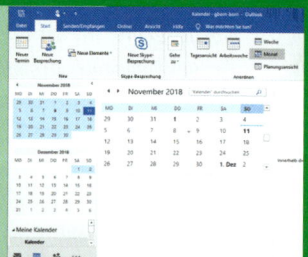

10 Office für Kenner

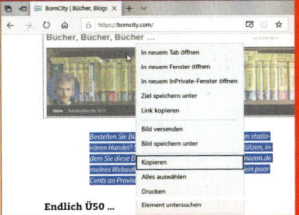

11 Microsoft Office anpassen

Lexikon

Grundlagen: Das sollten Sie wissen

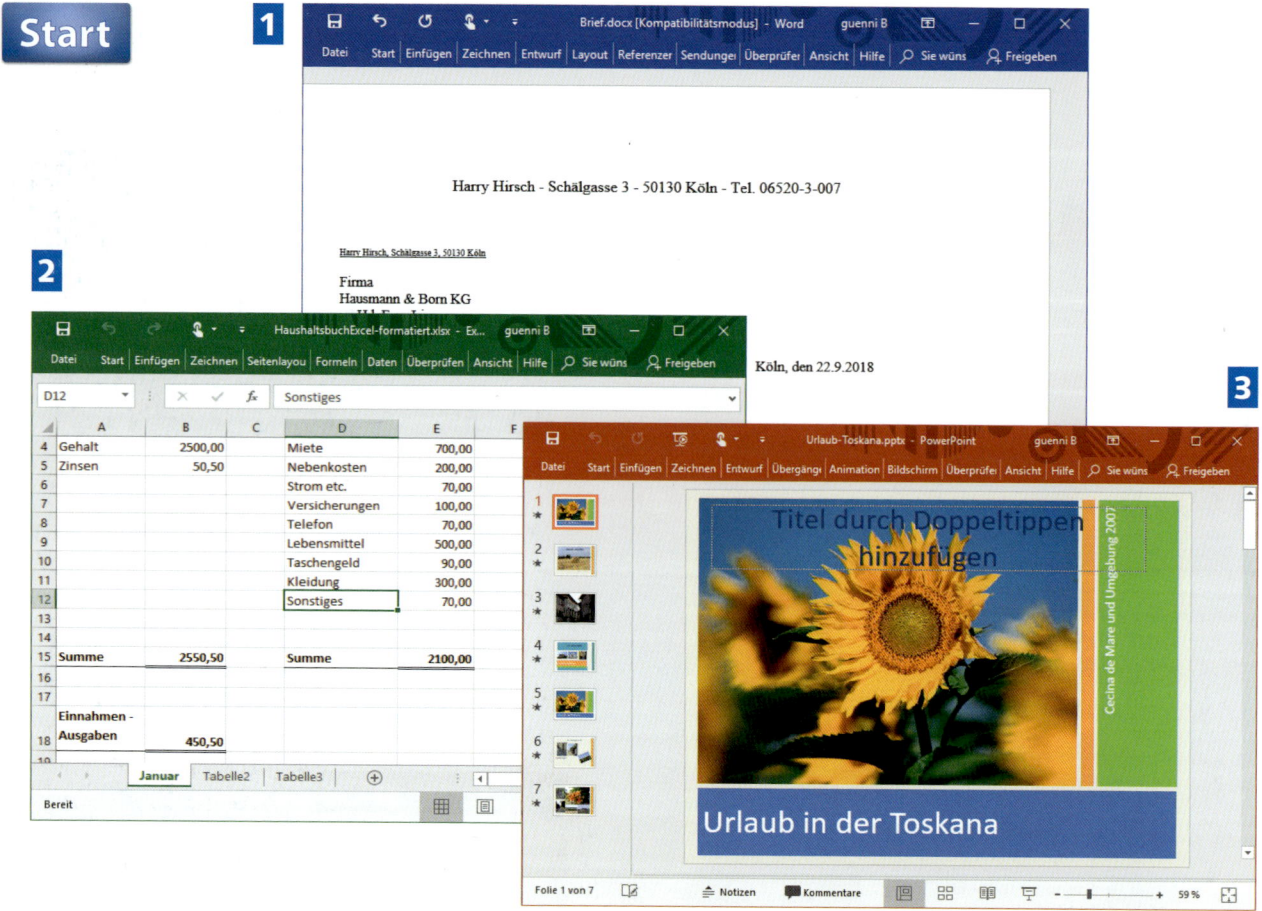

1 Mit der Textverarbeitung **Word** erfassen, gestalten, speichern und drucken Sie Briefe, Einladungen, Rechnungen oder andere Textdokumente.

2 Die Tabellenkalkulation **Excel** ermöglicht es, Daten in Tabellen zu erfassen, Berechnungen auszuführen und Ergebnisse in Form von Diagrammen und Berichten anzuzeigen.

3 Mit dem Programm **PowerPoint** erstellen Sie Präsentationen und geben diese am Computer oder über einen Beamer wieder.

Office 2019 ist die Kaufversion, während die Abovariante als Office 365 bezeichnet wird. Es gibt verschiedene Varianten von Office (Home & Student, Home & Business, Professional etc.), die unterschiedliche Programme enthalten.

WISSEN

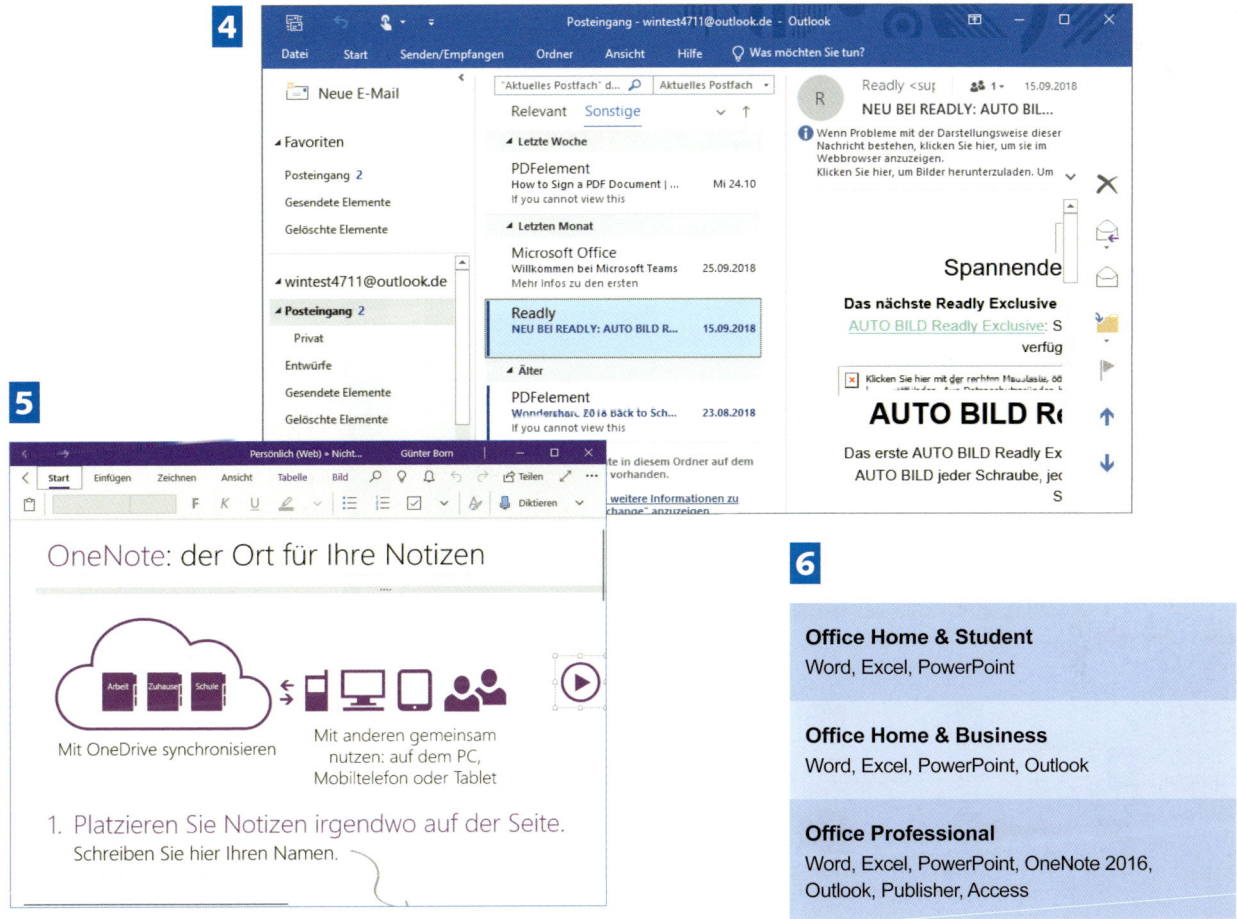

4 Mit Microsoft **Outlook** verwalten oder bearbeiten Sie E-Mails sowie Termine und Aufgaben.

5 Die Windows-10-App **OneNote** (oder das separat erhältliche Programm OneNote 2016) ermöglicht es Ihnen, Notizen und Gedanken festzuhalten.

6 Es gibt verschiedene Office-Versionen, die sich durch die Anzahl der enthaltenen Programme unterscheiden.

Ende

Das Datenbankprogramm **Access** und der **Publisher** sind nicht in allen Office-Varianten enthalten. Die Programme werden daher in diesem Buch nicht behandelt.

OneNote ist als App in Windows verfügbar. Die Desktop-Anwendung OneNote 2016 wird nicht mehr weiterentwickelt.

HINWEIS   **HINWEIS**

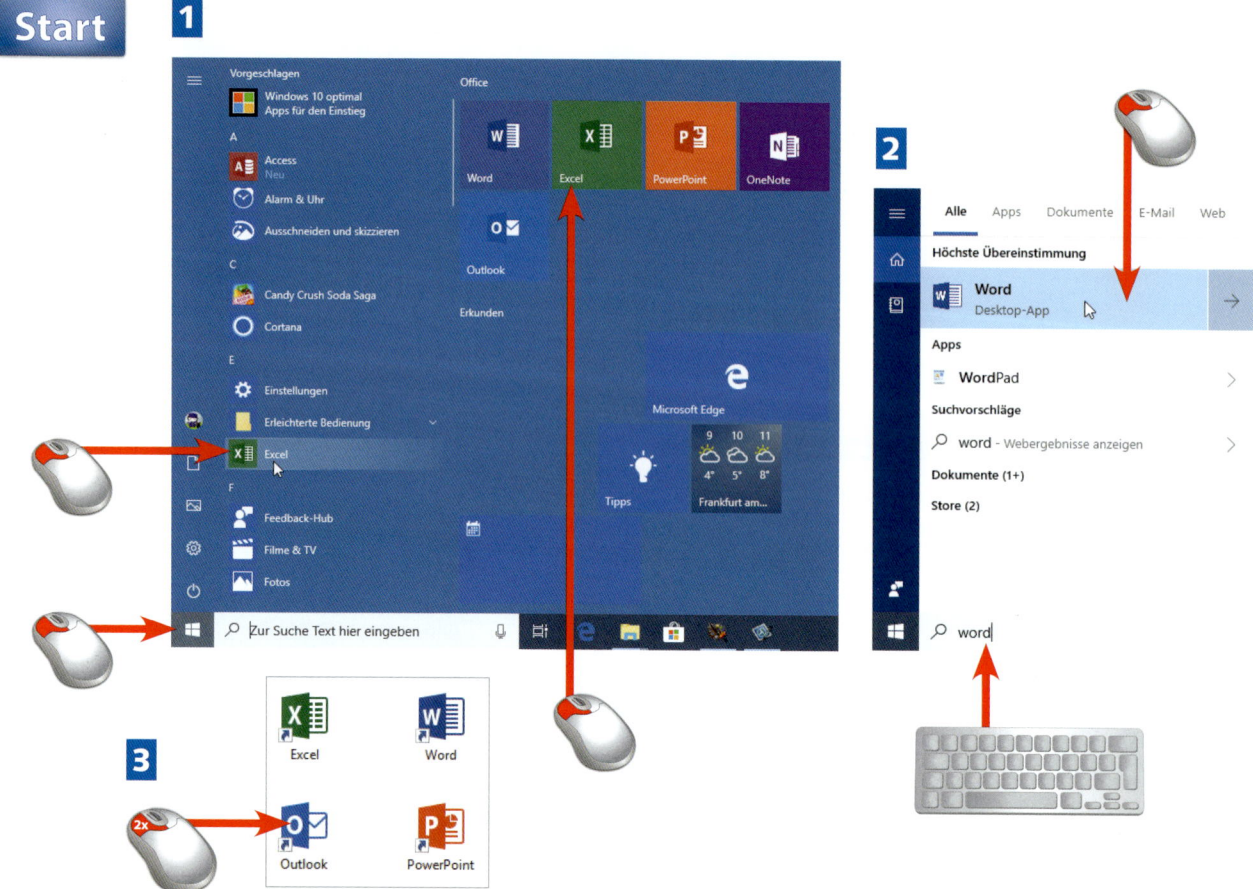

1 Öffnen Sie das Startmenü und starten Sie die gewünschte Office-Anwendung, indem Sie auf den betreffenden Eintrag klicken.

2 Oder tippen Sie in das Suchfeld der Taskleiste den Namen der Anwendung ein und klicken Sie dann auf den angezeigten Eintrag.

3 Sind Verknüpfungen auf dem Desktop vorhanden, reicht zum Start der Office-Anwendung ein Doppelklick auf das Verknüpfungssymbol.

Office 2019 läuft nur noch ab Windows 10. Starten Sie eine Office-Anwendung über das Startmenü (oder per Desktop-symbol). Beim Doppelklick auf eine Dokumentdatei wird deren Inhalt in der passenden Office-Anwendung geladen.

WISSEN

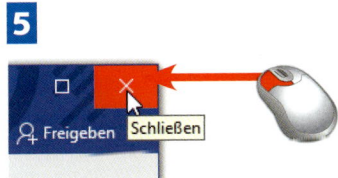

4 Ein Doppelklick auf das Symbol einer Dokumentdatei öffnet diese in der zugehörigen Office-Anwendung.

5 Zum Beenden einer Office-Anwendung bzw. des Dokumentfensters klicken Sie in der rechten oberen Fensterecke auf die *Schließen*-Schaltfläche.

6 Liegen noch ungesicherte Dokumentänderungen vor, können Sie diese über die Schaltflächen des Zusatzdialogfelds speichern/verwerfen oder das Beenden abbrechen.

Ende

Um eine Desktopverknüpfung zu erstellen, reicht ein Rechtsklick auf die EXE-Datei der Office-Anwendung. Wählen Sie dann im Kontextmenü die Befehlsfolge *Senden an/Desktop (Verknüpfung erstellen)*.

Zum Schließen eines geöffneten Dokuments können Sie auch auf *Datei* klicken und den Menübefehl *Schließen* wählen.

Rechtsklick auf ein Office-Symbol im Startmenü und dann die Kontextmenübefehle *Mehr/Dateispeicherort öffnen* wählen, öffnet den Ordner mit den EXE-Dateien.

TIPP   **HINWEIS**   **TIPP**

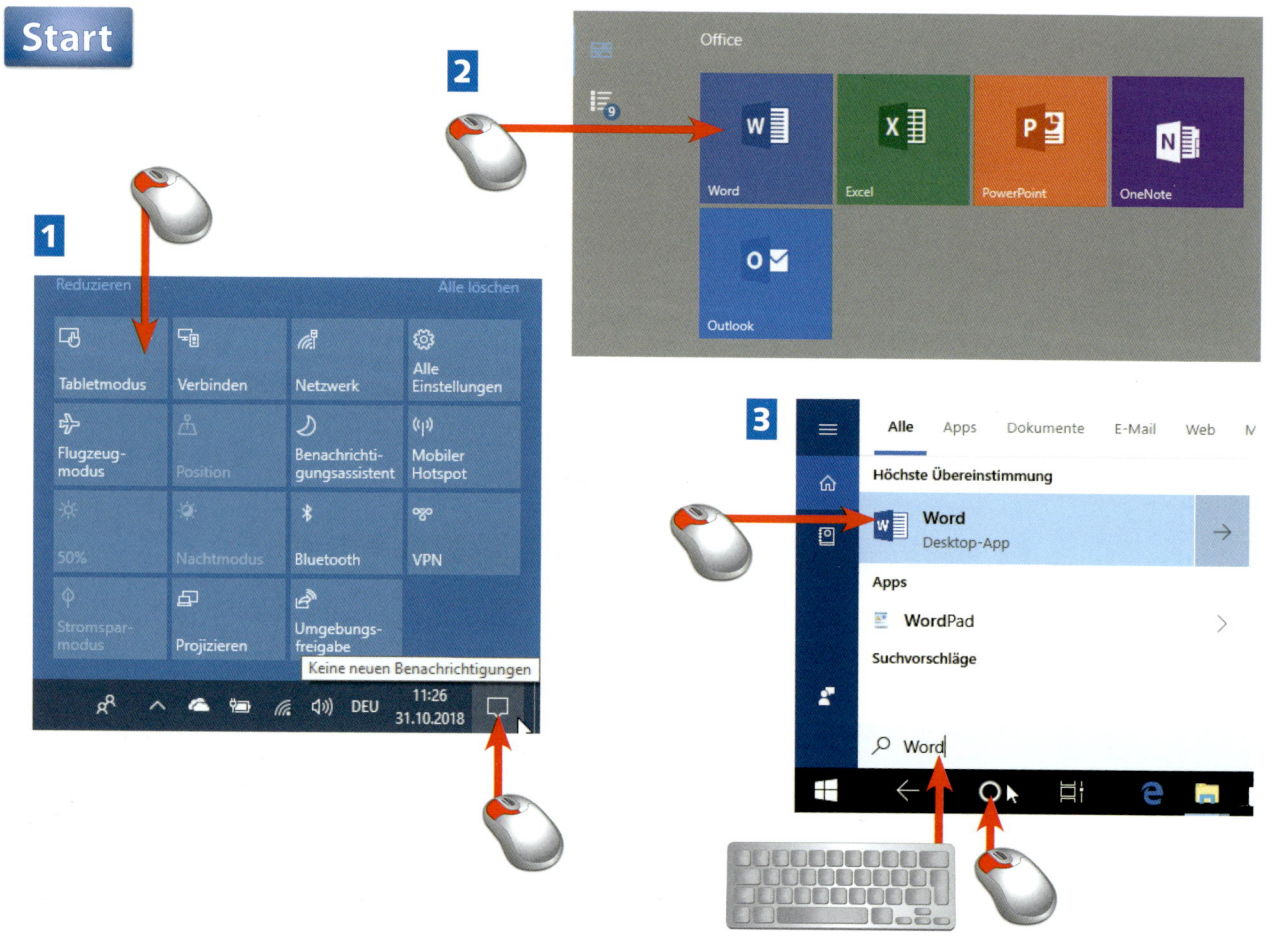

1 Klicken Sie in der rechten Ecke der Taskleiste auf das Benachrichtigungssymbol und dann auf die Kachel *Tabletmodus*, um den Modus ein- oder auszuschalten.

2 Wählen (tippen oder klicken) Sie auf der Startseite die Kachel für die gewünschte Office-Anwendung, um diese zu starten.

3 Fehlt die Kachel auf der Startseite, wählen Sie das Symbol *Suchen* in der Taskleiste, tippen im Suchfeld den Namen der Anwendung ein und wählen den Treffer an.

In Windows 10 lässt sich der Tabletmodus ein- oder ausschalten. Im Tabletmodus rufen Sie die Office-Anwendungen über die Kacheln der Startseite auf.

WISSEN

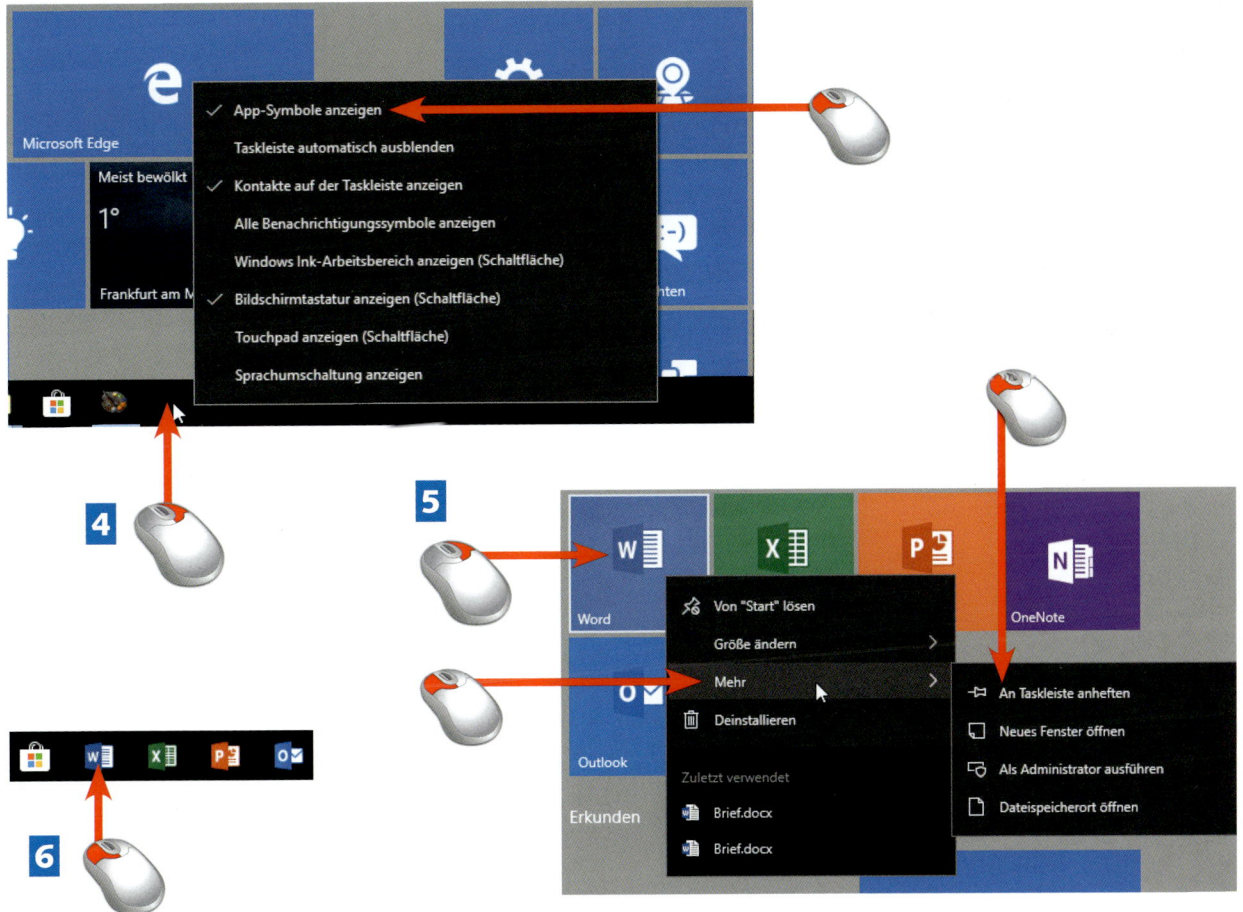

4 Klicken Sie die Taskleiste mit der rechten Maustaste an und wählen Sie im Kontextmenü *App-Symbole anzeigen*.

5 Klicken Sie eine Kachel mit der rechten Maustaste an und wählen Sie im Kontextmenü *Mehr/An Taskleiste anheften*.

6 Wählen Sie ggf. die an der Taskleiste angeheftete Schaltfläche zum Aufrufen der Office-Anwendung an.

Ende

Sie können die Kacheln der Office-Anwendungen (im Desktop- und Tablet-modus) an die Taskleiste anheften.

Das Schließen eines geöffneten Dokuments funktioniert wie auf Seite 15 beschrieben.

TIPP   **HINWEIS**

Start

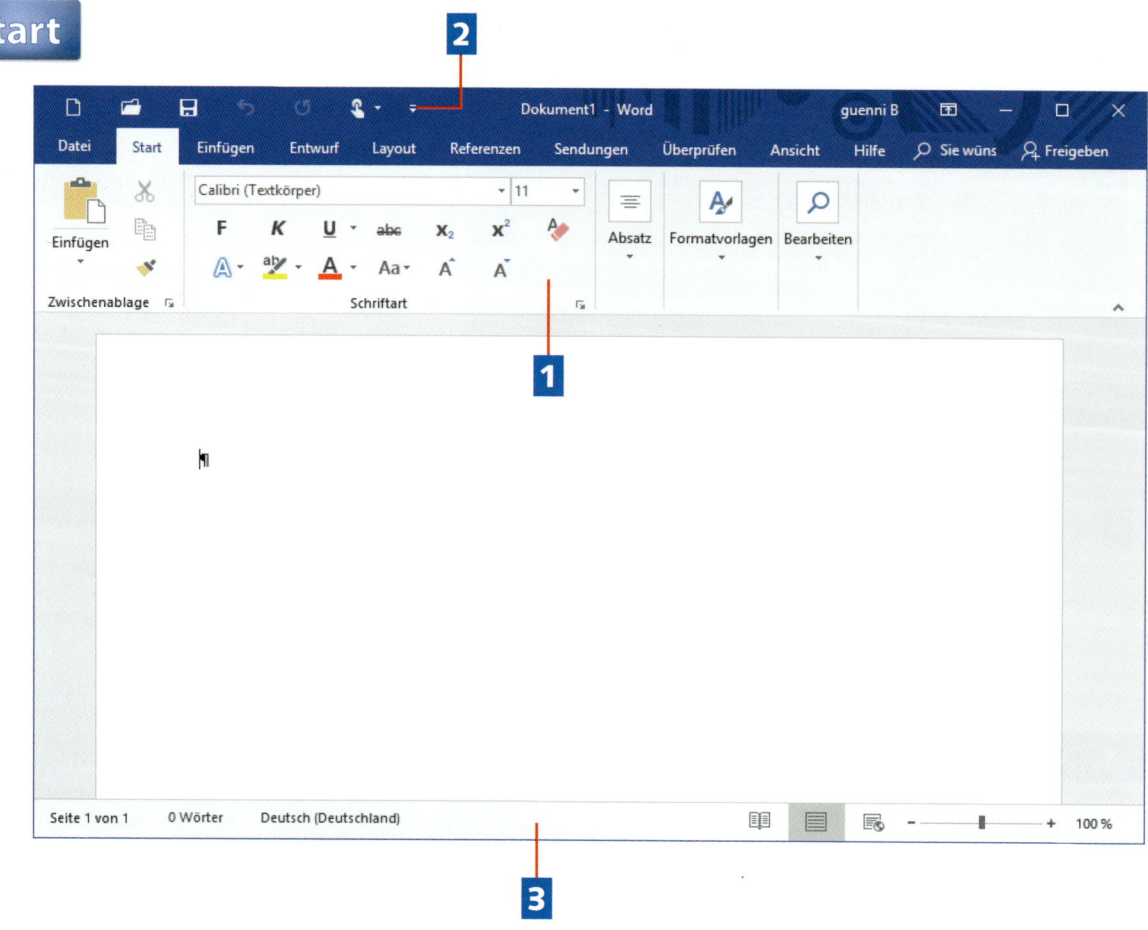

1 Das Menüband am oberen Rand des Anwendungsfensters ermöglicht über verschiedene Registerkarten den Zugriff auf die Programmfunktionen.

2 Die (anpassbare) Symbolleiste für den Schnellzugriff kann die wichtigsten Schaltflächen zum Arbeiten mit Dokumenten bereitstellen.

3 Die Statusleiste am unteren Fensterrand enthält – abhängig von der Anwendung – Statusinformationen sowie Elemente zur Anpassung der Dokumentdarstellung.

In den Office-Anwendungen sind alle Bedienfunktionen über die Registerkarten des Menübands abrufbar. Klicken Sie auf eine Registerkarte (z. B. *Start*), um das Menüband einzublenden.

WISSEN

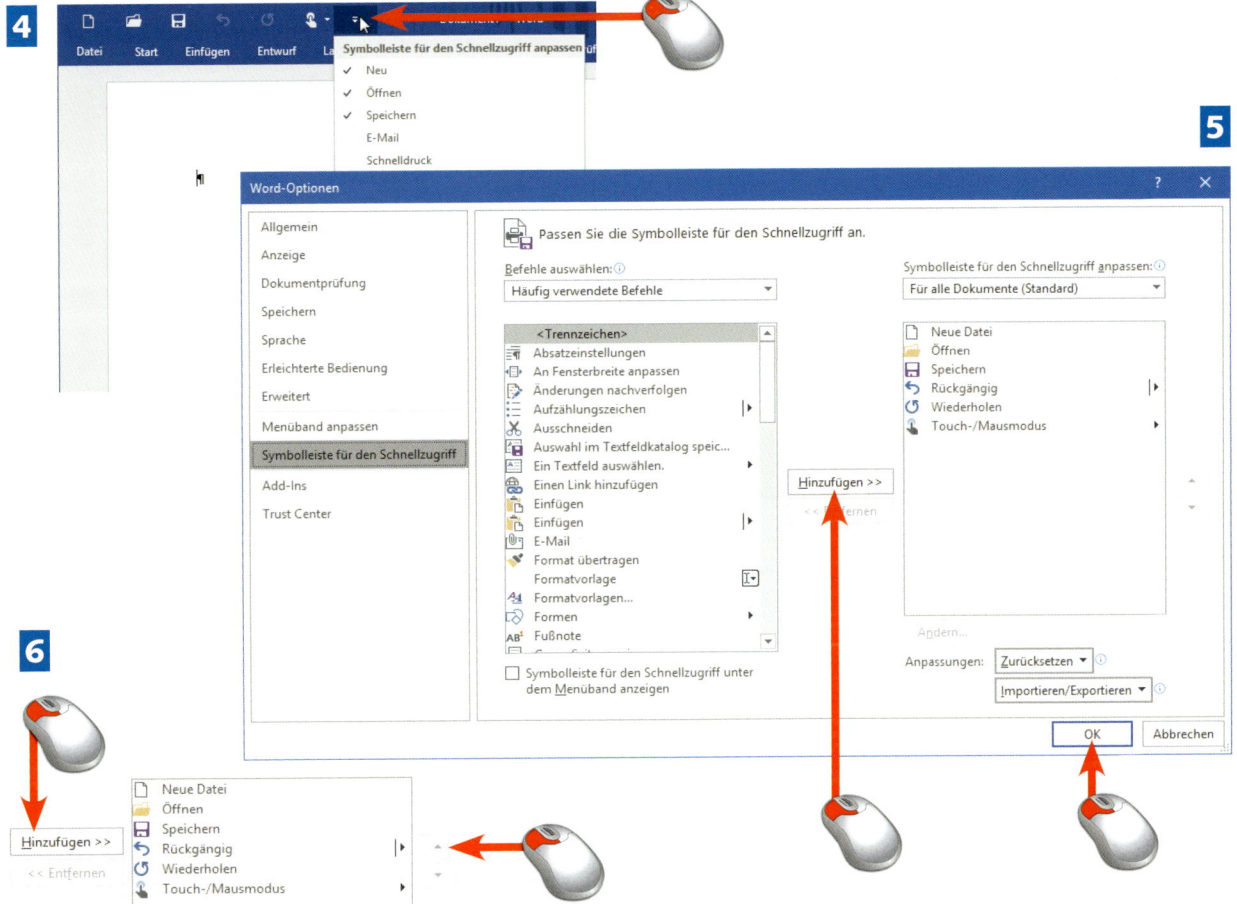

4 Die Schaltfläche am rechten Rand der Symbolleiste für den Schnellzugriff öffnet ein Menü, über dessen Befehle Sie Schaltflächen ein- oder ausblenden können.

5 Der Menübefehl *Weitere Befehle* (Schritt 4) öffnet das Dialogfeld *…-Optionen*, in dem Sie Einträge aus der linken in die rechte Liste übertragen und so einblenden können.

6 Verwenden Sie *Hinzufügen* und *Entfernen*, um die Einträge zwischen den Listen zu übertragen. Über die Pfeilschaltflächen ändern Sie die Reihenfolge der Einträge.

Im rechten Bereich der Statusleiste lässt sich über den Schieberegler der Zoomfaktor für die Dokumentanzeige anpassen (Seite 29).

Die Menübefehle der *Zurücksetzen*-Schaltfläche des *Optionen*-Dialogfelds (Schritt 5) stellen die Symbolleiste für den Schnellzugriff auf die Werkseinstellungen zurück.

TIPP   **HINWEIS**

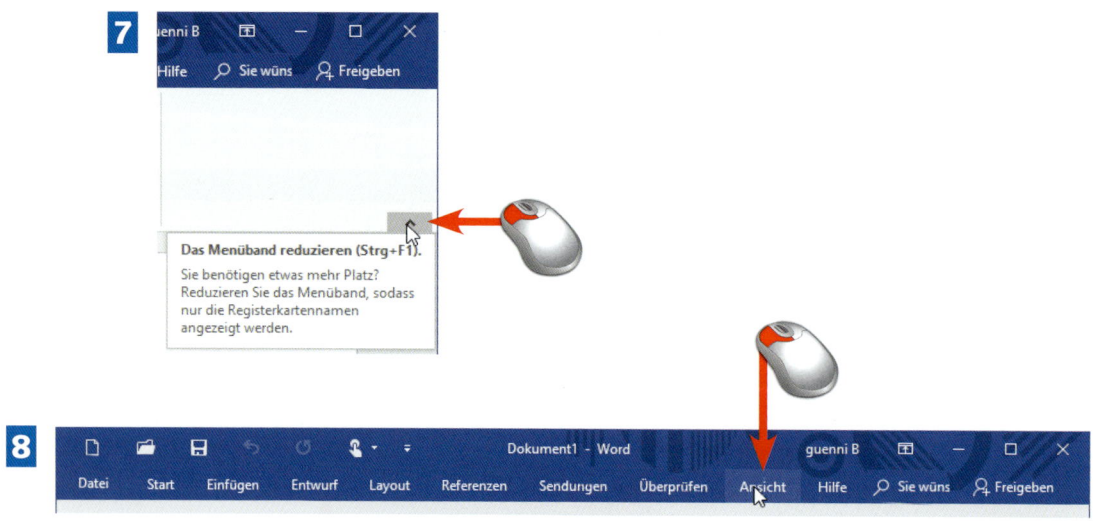

7 Benötigen Sie etwas mehr Platz für das Dokument, blenden Sie das Menüband über die Schaltfläche *Das Menüband reduzieren* aus.

8 Bei einem minimierten Menüband klicken oder tippen Sie auf einen der angezeigten Registerreiter, um das Menüband samt Registerkarte einzublenden.

9 Wählen Sie die Schaltfläche *Menüband anheften*, um die Anzeige wieder dauerhaft zuzulassen.

Auf kleinen Displays ist der Anzeigeplatz begrenzt. Stellen Sie bei Bedarf ein, ob und wie das Menüband sowie die Registerreiter angezeigt werden.

WISSEN

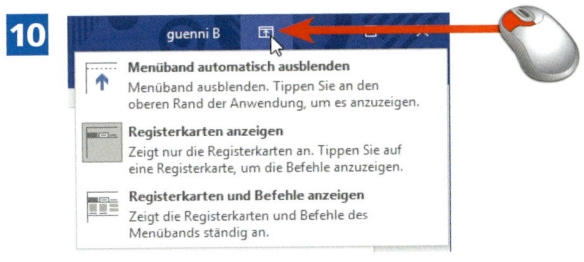

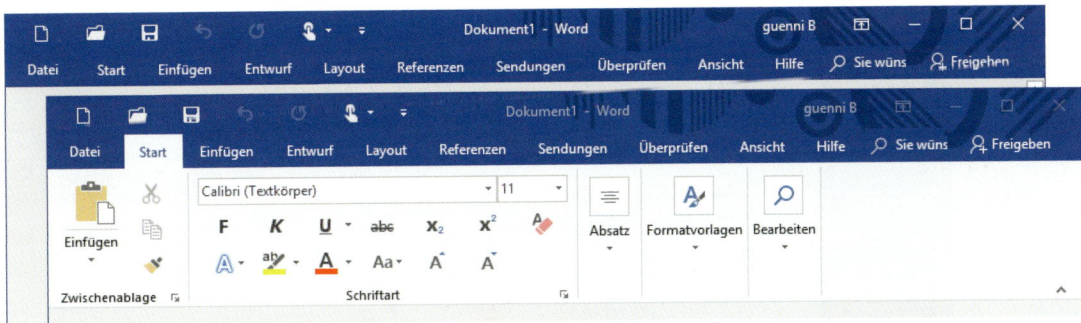

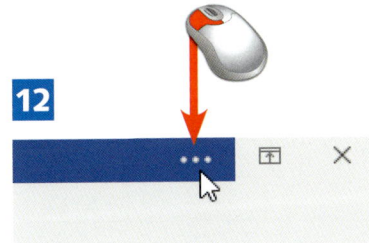

10 Wählen Sie die Schaltfläche *Menüband-Anzeigeoptionen* am rechten Rand der Titelleiste, um das Menü mit den Anzeigeoptionen des Menübands einzublenden.

11 Verwenden Sie einen der Befehle *Registerkarten anzeigen* oder *Registerkarten und Befehle anzeigen* für die hier gezeigten Modi.

12 Verwenden Sie das Symbol mit den drei Pünktchen, um das Menüband im Modus *Menüband automatisch ausblenden* vorübergehend einzublenden.

Ende

Das Menüband können Sie auch über die Tastenkombination ⌈Strg⌉+⌈F1⌉ ein- und ausblenden.

Der Modus *Menüband automatisch ausblenden* versteckt das Menüband und wechselt zur Vollbildansicht.

Das vorübergehend eingeblendete Menüband verschwindet bei Anwahl eines Elements oder des Dokumentbereichs.

TIPP   **HINWEIS**   **HINWEIS**

Start

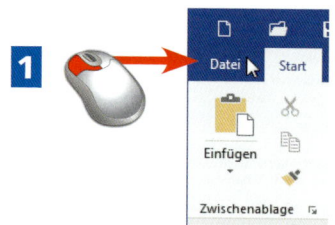

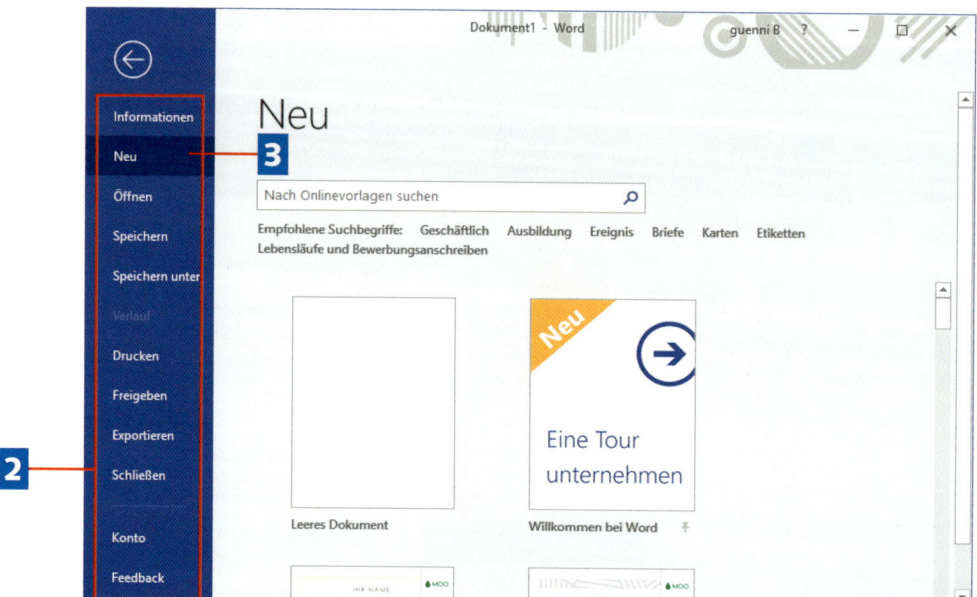

1 Über den Befehl *Datei* des Menübands gelangen Sie zur Backstage-Ansicht.

2 Im Menü der Backstage-Ansicht finden Sie die Befehle zum Zugriff auf die Funktionen zur Dokumentverwaltung.

3 Wählen Sie einen Befehl im Menü, zeigt die Backstage-Ansicht im rechten Teil die zugehörigen Bedienelemente.

Die Backstage-Ansicht stellt Ihnen alle Befehle zum Verwalten der Dokumente (Speichern, Öffnen, Drucken etc.) bereit.

WISSEN

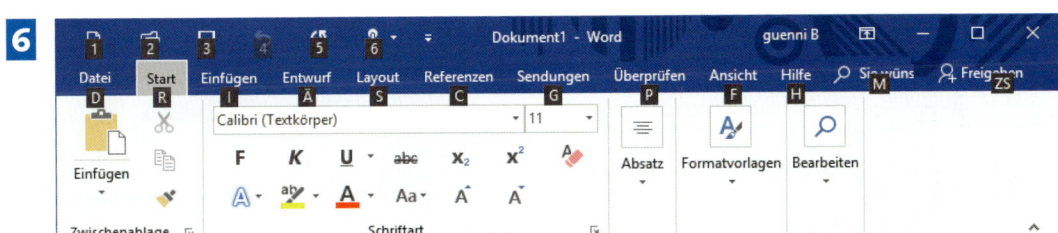

4 Über die Schaltflächen der Symbolleiste für den Schnellzugriff erhalten Sie Zugriff auf Funktionen zum Speichern, Drucken etc.

5 Über diese Schaltfläche schalten Sie zwischen Fingereingabe (Seite 46) und Mausmodus um.

6 Die Alt-Taste blendet im Menüband Tastenabkürzungen ein. Ein Drücken der jeweils angegebenen Taste bzw. Tastenfolge holt die Registerkarte in den Vordergrund oder löst die Schaltfläche aus.

Ende

Blenden Sie die Schaltflächen häufig benötigter Befehle (*Öffnen, Speichern, Drucken*) in der Symbolleiste für den Schnellzugriff ein (Seite 19).

Die Einblendung der Alt-Taste (Schritt 6) zeigt an, welche Taste (z. B. D) Sie zum Abrufen der Funktion drücken sollen.

TIPP   **HINWEIS**

Start

Auswahl der Registerkarte

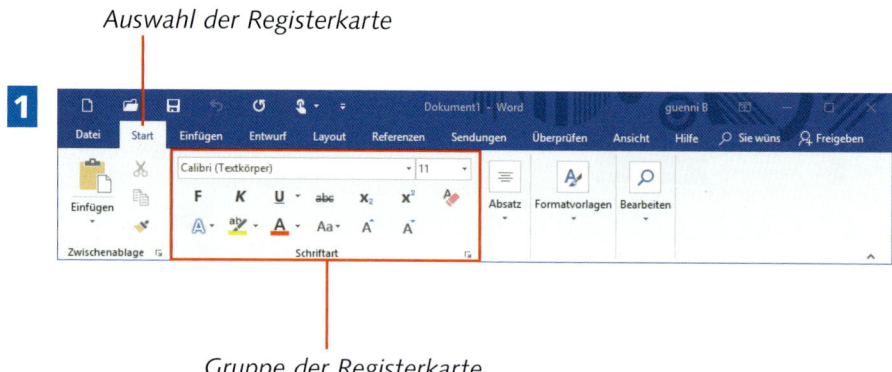

Gruppe der Registerkarte

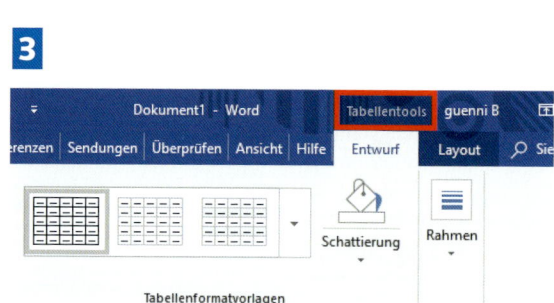

1 Das Menüband enthält unterschiedliche Registerkarten mit Bedienelementen, wobei diese zusätzlich in Gruppen zusammengefasst sind.

2 Klicken Sie auf den Registerreiter einer Registerkarte, um deren Bedienelemente einzusehen und ggf. abzurufen.

3 Bei Anwahl bestimmter Dokumentinhalte (z. B. Grafiken oder Tabellen) erscheint die zugehörige kontextbezogene Registerkarte wie beispielsweise *Tabellentools* oder *Bildtools* zum Abrufen der jeweiligen Funktionen.

Das Menüband löst bei Windows-Anwendungen die früheren Menü- und Symbolleisten ab. Die Registerkarten des Menübands zeigen auf einen Blick die verfügbaren Funktionen.

WISSEN

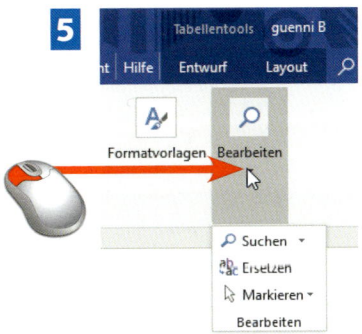

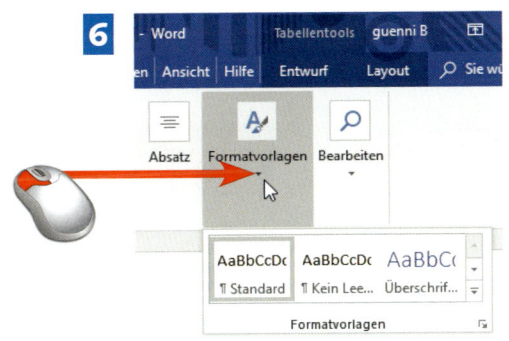

4 Ist das Fenster zu schmal, werden die Gruppen – vom rechten Fensterrand des Menübands ausgehend – zur Gruppenschaltfläche reduziert (durch Zeigen mit der Maus lässt
sich eine QuickInfo abrufen).

5 Klicken Sie auf die Schaltfläche einer reduzierten Gruppe, erscheint in einigen Fällen ein
Menü, über dessen Befehle Sie auf die Funktionen der Gruppe zugreifen können.

6 Bei anderen Gruppenschaltflächen zeigt ein Mausklick einen sogenannten Katalog
(Palette) zur Auswahl von Optionen an.

Klicken oder tippen Sie auf eine
Kontextregisterkarte, wird die
zugehörige Unterregisterkarte
(z. B. *Entwurf* etc.) in den
Vordergrund geholt.

Erkennbar ist eine verkleinerte
Gruppe an einem kleinen Dreieck
unterhalb des Symboltitels (siehe
Schritt 4 bei *Formatvorlagen*).

TIPP

HINWEIS

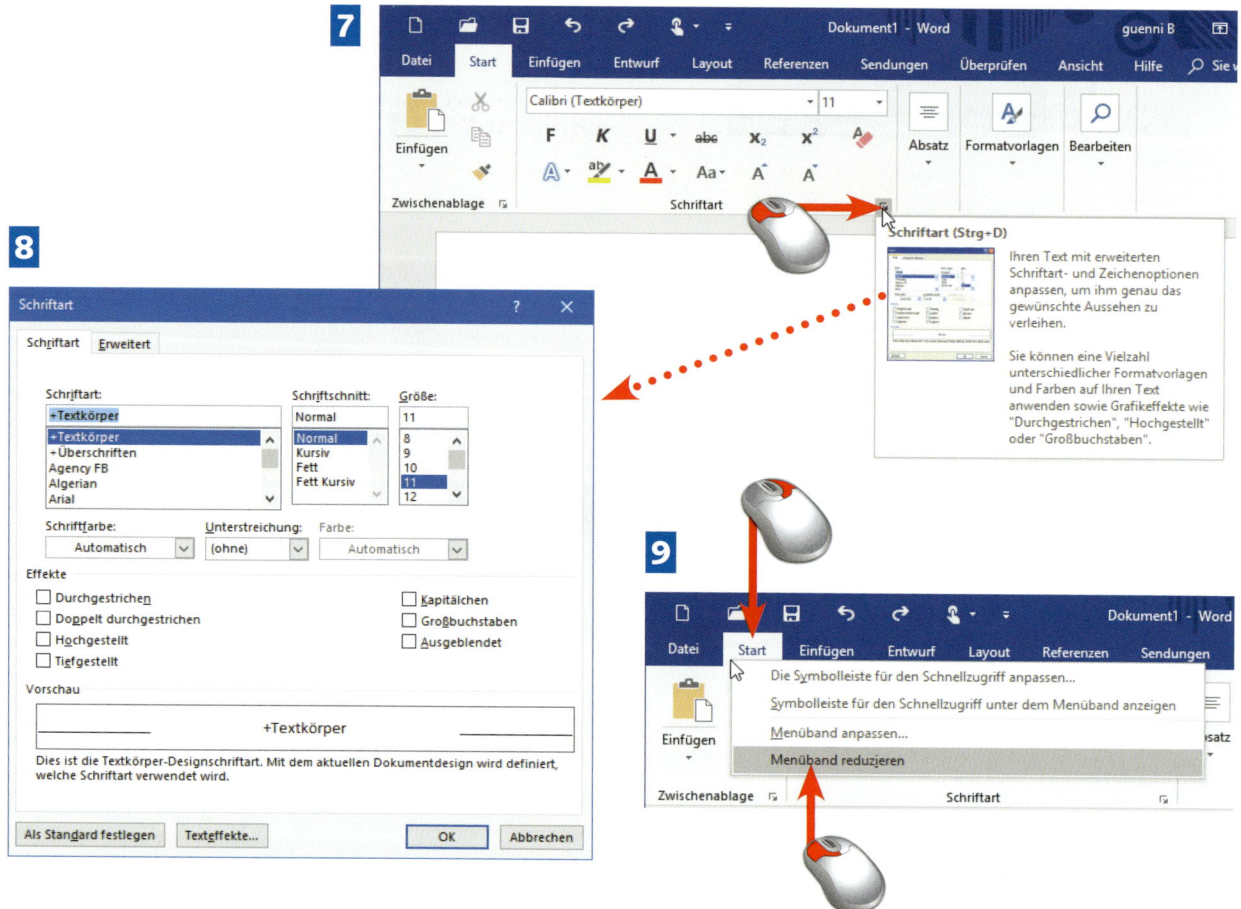

7 Am unteren rechten Rand mancher Gruppen erscheint das Symbol *Startprogramm für Dialogfelder*. Zeigen Sie auf das Symbol, um die QuickInfo abzurufen.

8 Klicken Sie auf das Symbol *Startprogramm für Dialogfelder* (Schritt 7), um das zugehörige Dialogfeld bzw. die Seitenleiste zur Auswahl der Optionen einzublenden.

9 Ein Rechtsklick auf die Registerreiter öffnet ein Kontextmenü. Über den Befehl *Menüband reduzieren* blenden Sie die Leiste ein oder aus.

Über das Symbol *Startprogramm für Dialogfelder* einer Gruppe greifen Sie auf die Dialogfelder der Anwendung zu. Viele Dialogfelder und Eigenschaftenfenster lassen sich auch über Kontextmenübefehle öffnen.

WISSEN

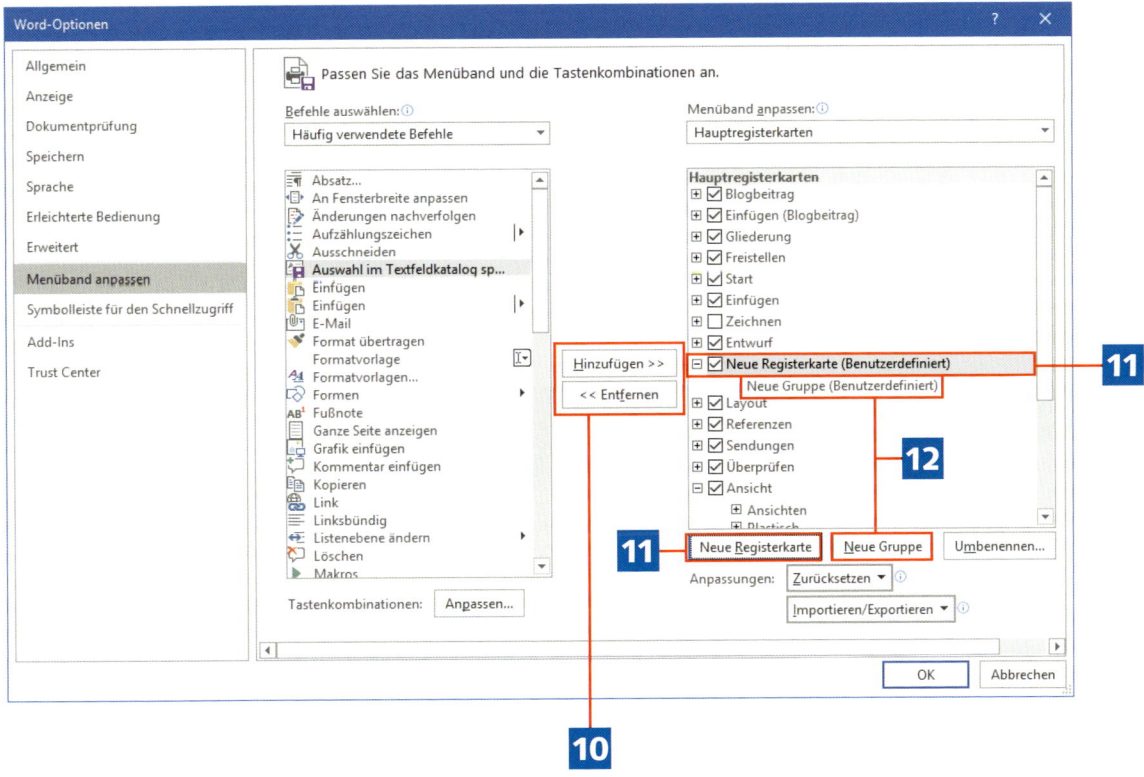

10 Markieren Sie in der linken bzw. rechten Liste einen Eintrag, um diesen mit den Schaltflächen *Hinzufügen* bzw. *Entfernen* zur jeweils anderen Liste zu verschieben.

11 Die Schaltfläche *Neue Registerkarte* ermöglicht es, einen neuen Eintrag für eine Hauptregisterkarte in der rechten Liste anzulegen.

12 Die Schaltfläche *Neue Gruppe* fügt einen neuen Gruppeneintrag zur aktuell gewählten Hauptregisterkarte hinzu.

Ein Doppelklick auf einen Register-reiter (außer *Datei*) ermöglicht es, das Menüband direkt ein- oder auszublenden.

Mit dem Befehl *Menüband anpassen* (Schritt 9) öffnen Sie das hier gezeigte Fenster.

TIPP

HINWEIS

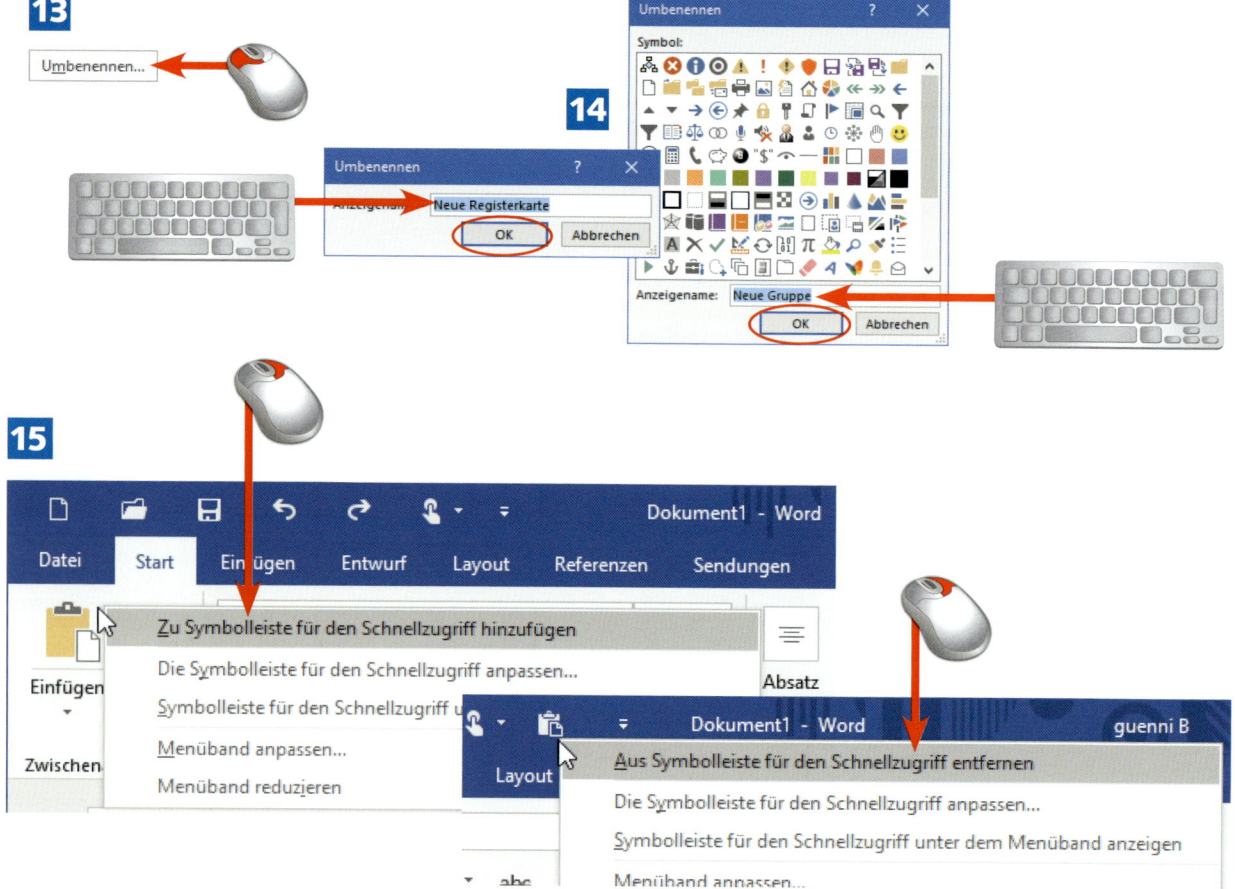

13 Markieren Sie eine Hauptregisterkarte oder eine Gruppe in der rechten Liste des Dialogfelds *Menüband anpassen*. Klicken Sie dann auf die Schaltfläche *Umbenennen*.

14 Daraufhin öffnet sich das Dialogfeld *Umbenennen*, in dem Sie den neuen Register-karten- oder Gruppennamen eintragen und dann mit der *OK*-Schaltfläche bestätigen.

15 Über das Kontextmenü fügen Sie Schaltflächen zur Symbolleiste für den Schnellzugriff hinzu und entfernen diese auch wieder.

Bei Bedarf legen Sie eigene Registerkarten im Menüband an (siehe Schritt 11) und fügen Bedienelemente hinzu oder passen vorhandene Registerkarten an.

WISSEN

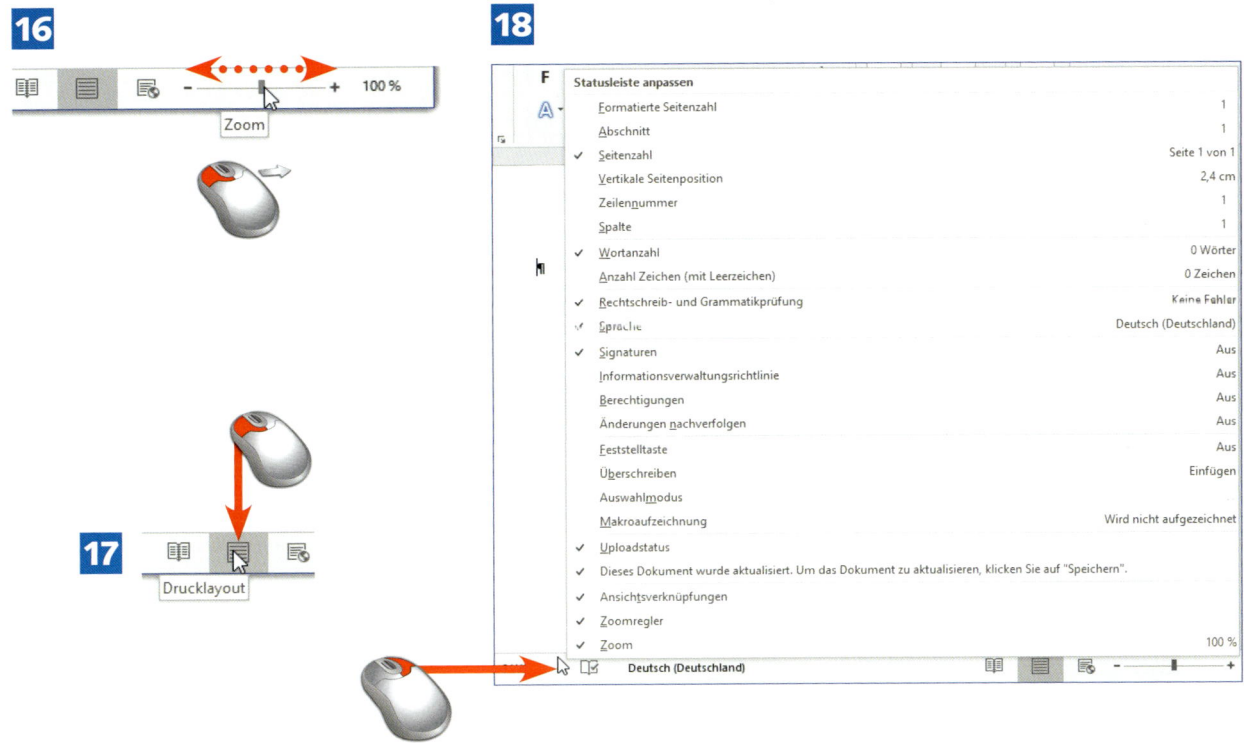

16 Über den Schieberegler *Zoom* in der rechten unteren Ecke des Anwendungsfensters verändern Sie dessen Dokumentansicht stufenlos.

17 Ein weiteres Feld im Statusbereich des Anwendungsfensters enthält ggf. Schaltflächen, über die Sie die Darstellungsmodi des Dokumentbereichs umschalten.

18 Ein Rechtsklick auf die Statusleiste des Anwendungsfensters öffnet ein Kontextmenü, über das Sie verschiedene Infofelder in der Statusleiste ein- oder ausblenden können.

Ende

Ein Rechtsklick auf eine Schaltfläche öffnet ein Kontextmenü (Schritt 15).

Das *Drucklayout* (Schritt 17) ermöglicht die Beurteilung, wie das Dokument ausgedruckt aussieht.

TIPP

HINWEIS

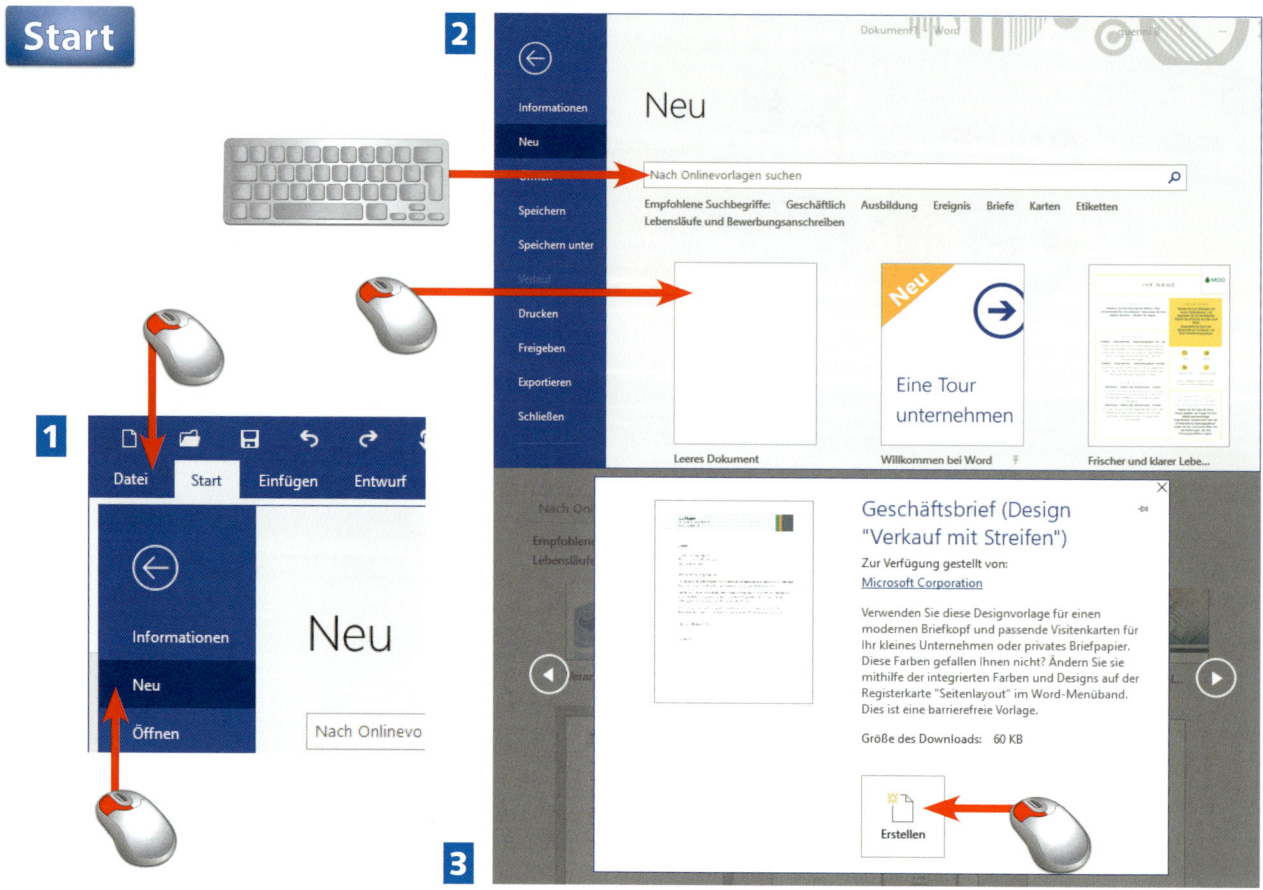

1 Um in einer Office-Anwendung ein neues Dokument anzulegen, wählen Sie den Registerreiter *Datei* und in der Backstage-Ansicht den Befehl *Neu*.

2 Wählen Sie in der rechten Spalte der Backstage-Ansicht eine Vorlagenkategorie (z. B. *Brief*, *Lebensläufe* etc.) oder geben Sie einen Suchbegriff ein.

3 Bestätigen Sie dann die gewünschte Vorlage über die eingeblendete Schaltfläche *Erstellen*.

Vorlagen ermöglichen es Ihnen, neue Dokumente aus vorgefertigten Elementen (z. B. Briefbogen, Präsentationen, Kalkulationsblättern) abzuleiten. Über ein Suchfeld lässt sich nach weiteren Vorlagen fahnden.

WISSEN

4 Zum Speichern eines neuen Dokuments genügt ein Klick auf die *Speichern*-Schaltfläche in der Symbolleiste für den Schnellzugriff.

5 Alternativ wählen Sie den Registerreiter *Datei* und dann den Befehl *Speichern unter* in der Backstage-Ansicht, um beim Speichern einen neuen Dateinamen vorzugeben.

6 Wählen Sie in der rechten Seite der Backstage-Ansicht einen Speicherort wie *Dieser PC* oder einen OneDrive-Ort.

Mit Strg+N erzeugen Sie ein neues leeres Dokument.	Bestehende Dokumente sichern Sie über die *Speichern*-Schaltfläche der Symbolleiste für den Schnellzugriff.	Über den Befehl *Speichern unter* sichern Sie bestehende Dokumente unter einem neuen Namen oder in anderen Dateiformaten.
TIPP	**HINWEIS**	**HINWEIS**

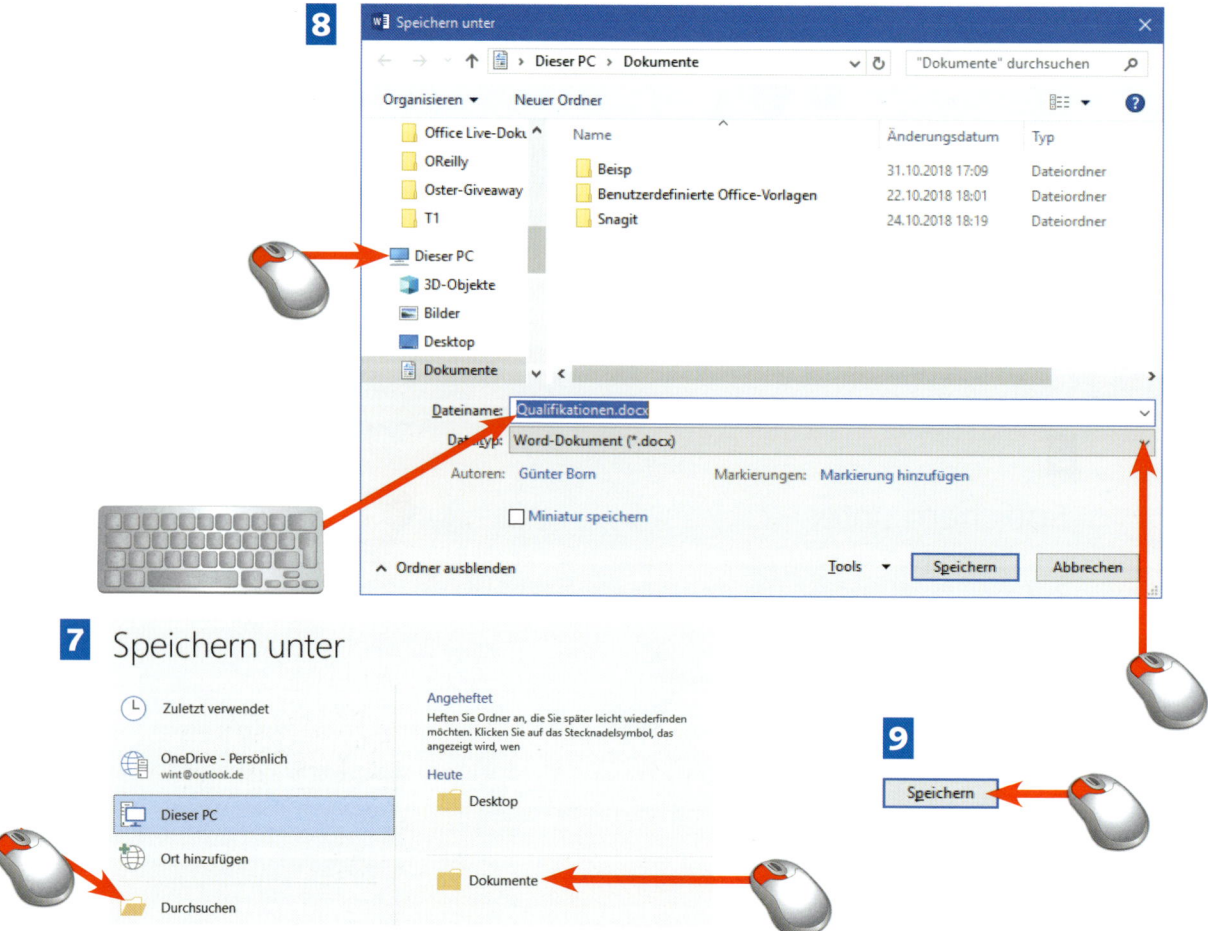

7 Beim Speicherort *Dieser PC* wählen Sie in der Backstage-Ansicht einen der zuletzt verwendeten Ordner aus oder klicken auf die Schaltfläche *Durchsuchen*.

8 Wählen Sie im Dialogfeld *Speichern unter* den Zielordner in der linken Spalte aus, ergänzen Sie den Dateinamen und legen Sie ggf. den Dateityp fest.

9 Bestätigen Sie die Schaltfläche *Speichern*, um das Dialogfeld zu schließen und die Datei zu speichern.

OneDrive ist ein Onlinespeicher im Internet, den Microsoft kostenlos bereitstellt. Zum Zugriff ist ein Microsoft-Konto erforderlich.

WISSEN

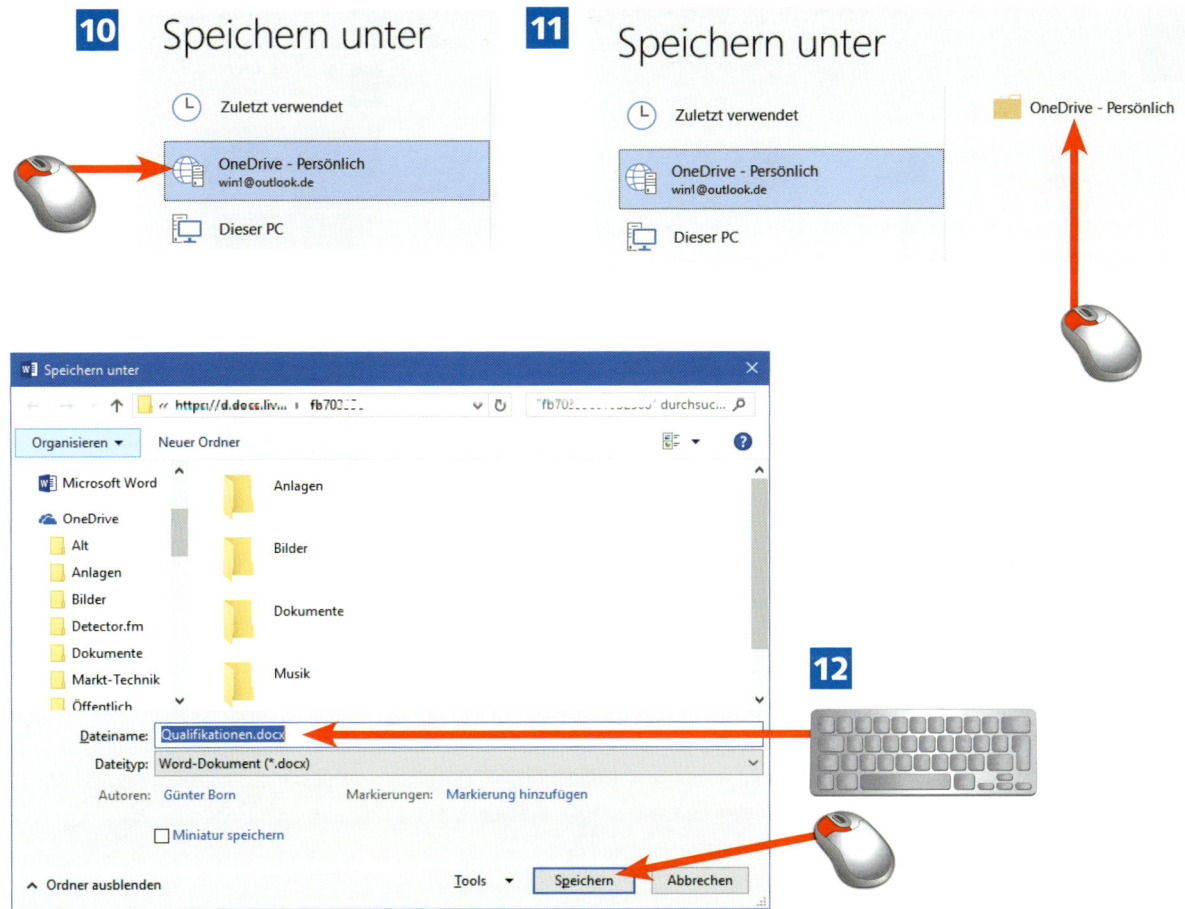

10 Zum Speichern auf dem OneDrive-Laufwerk wählen Sie den Eintrag *OneDrive …*

11 Wählen Sie einen der zuletzt verwendeten Ordner aus oder klicken Sie auf die Schaltfläche *Durchsuchen*.

12 Wählen Sie den OneDrive-Ordner aus, geben Sie den Dateinamen ein, legen Sie ggf. das Speicherformat fest und klicken Sie auf die *Speichern*-Schaltfläche.   **Ende**

Der Zugriff auf das OneDrive-Laufwerk erfordert eine Internet-verbindung und die Anmeldung am Microsoft-Konto (Seite 36).

Alternativ verwenden Sie die Tastenkombination Strg + S zum Speichern.

HINWEIS

TIPP

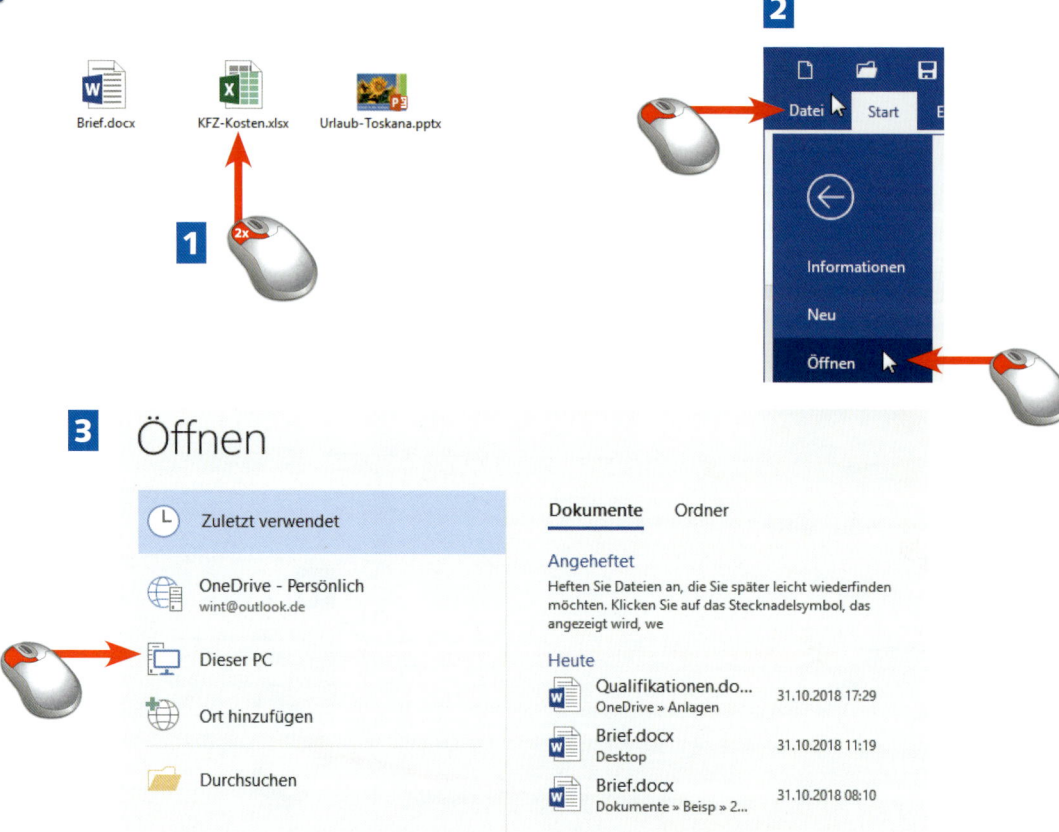

1. Ist ein Ordner mit Dokumenten geöffnet, reicht oft ein Doppelklick auf die Dokumentdatei, um sie in die zugehörige Office-Anwendung zu laden.

2. Um ein Dokument gezielt zu laden, wählen Sie im Menüband den Registerreiter *Datei* und in der Backstage-Ansicht den Menübefehl *Öffnen*.

3. Wählen Sie in der Spalte *Öffnen* der Backstage-Ansicht einen Eintrag wie *Dieser PC* oder *OneDrive*.

Office 2019 unterstützt sowohl die aktuellen Dokumentformate (z. B. *.docx*, *.xlsx*, *.pptx*) als auch Dokumente aus älteren Office-Versionen (z. B. *.doc*, *.xls*, *.ppt*). Ihre Dokumente speichern Sie am besten in *Dokumente*.

WISSEN

4 Öffnen

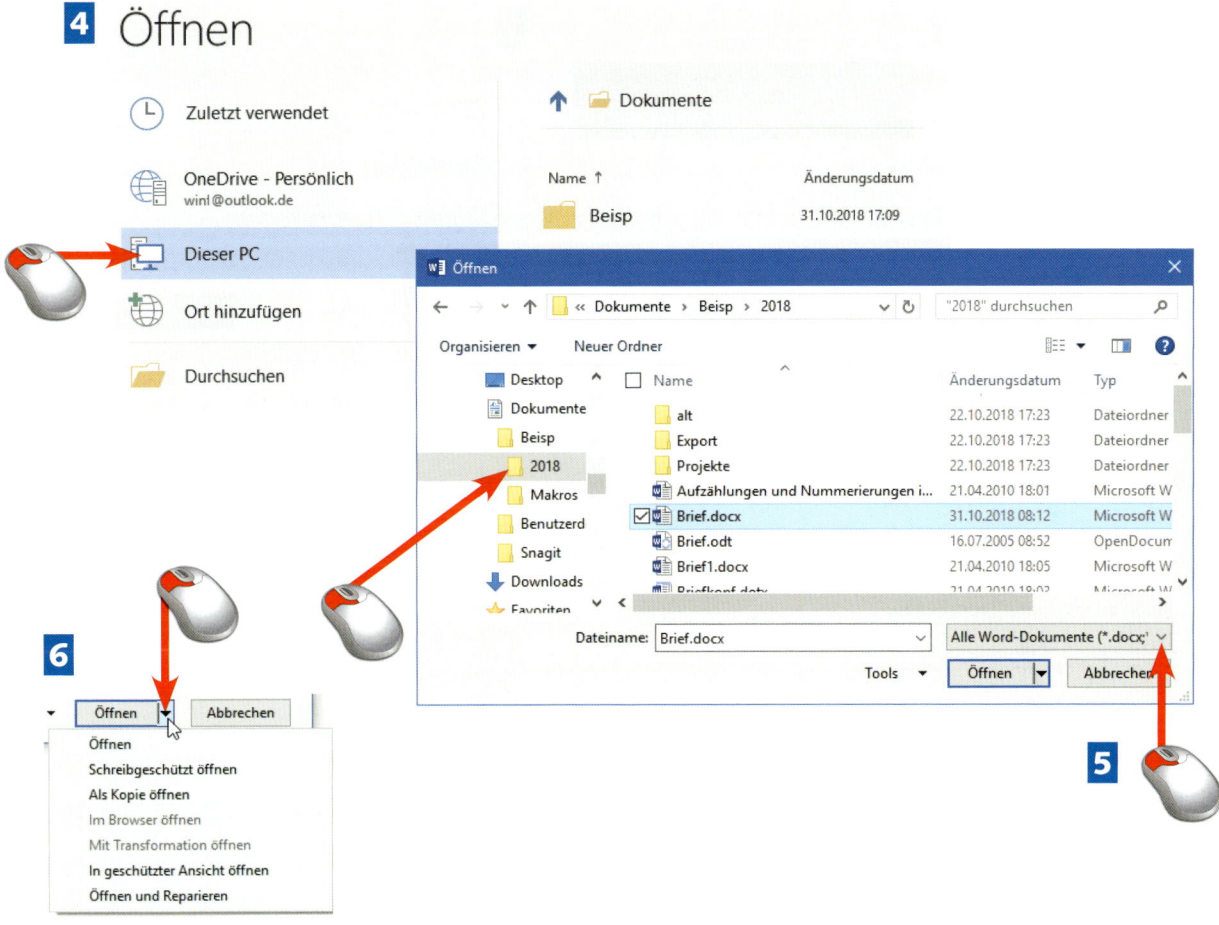

4 Wählen Sie unter *Dieser PC* oder *OneDrive* den Dokumentordner aus oder klicken Sie auf die Schaltfläche *Durchsuchen*.

5 Gehen Sie ggf. in der Navigationsleiste des Dialogfelds *Öffnen* zum Dokumentordner, wählen Sie ggf. ein Dokumentformat und dann die zu ladende Dokumentdatei aus.

6 Wählen Sie die Schaltfläche *Öffnen* bzw. im Menü der Schaltfläche einen der gezeigten Befehle, um das Dokument in die Anwendung zu laden.

Ende

In der Rubrik *Zuletzt verwendet* der Kategorie *Öffnen* lassen sich zuletzt verwendete Dokumente durch Anklicken öffnen (Schritt 3).

Mit der Tastenkombination Strg+O rufen Sie direkt die Backstage-Ansicht *Öffnen* auf.

Das Dokumentformat filtert die Einträge, passend zur Anwendung, nach *Alle Dokumente*, *Alle Word-Dokumente* oder einzelnen Formaten.

TIPP   **TIPP**   **HINWEIS**

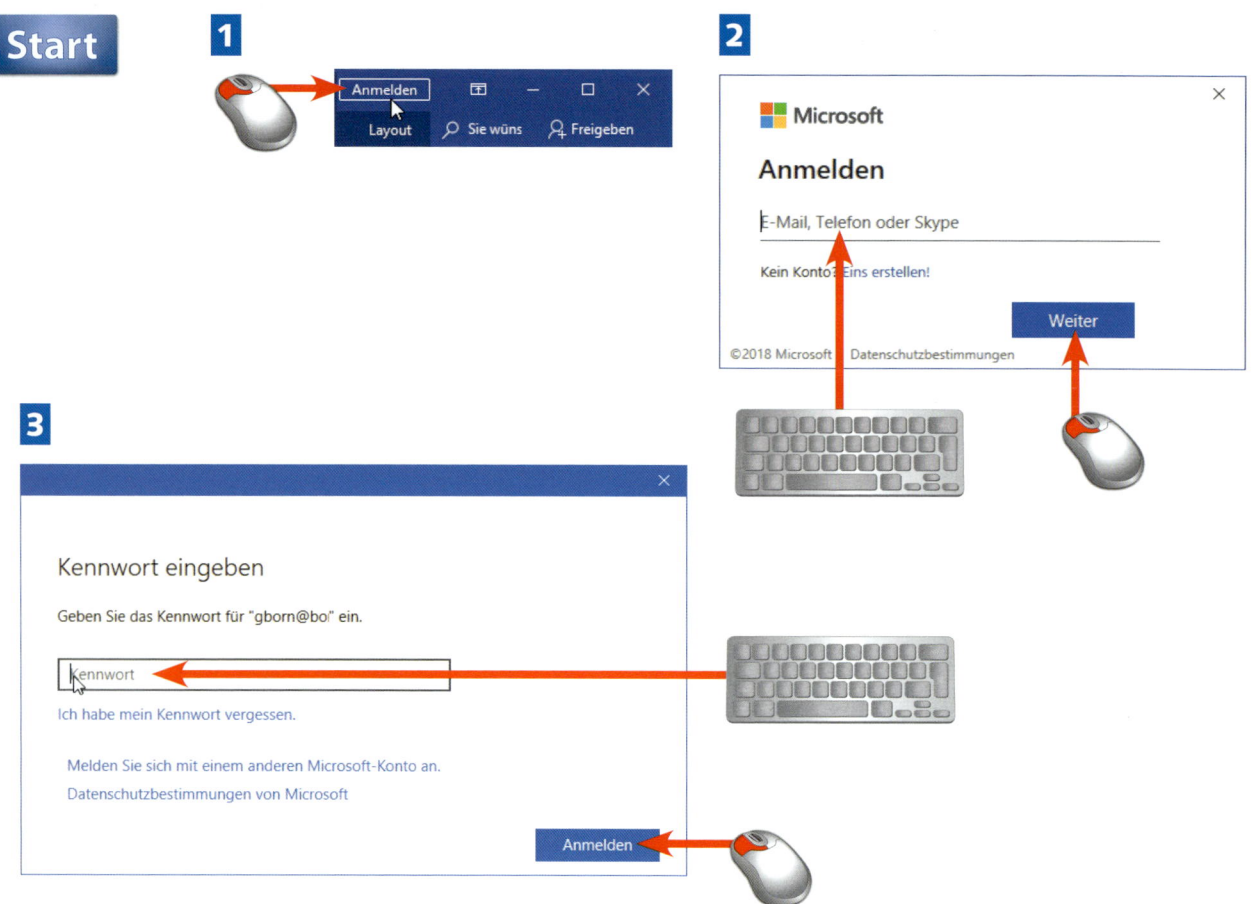

1 Zur einmalig erforderlichen Anmeldung wählen Sie den Befehl *Anmelden* in der rechten oberen Ecke des Anwendungsfensters (Word, Excel etc.).

2 Tragen Sie im Textfeld die E-Mail-Adresse des Microsoft-Kontos ein und klicken Sie auf *Weiter*.

3 Tippen Sie im Kennwortfeld Ihr Kennwort ein. Bestätigen Sie anschließend über die Schaltfläche *Anmelden*.

Um auf in OneDrive abgelegte Dokumente (z. B. von unterwegs) zuzugreifen (speichern, laden), ist eine Internetverbindung sowie eine Anmeldung am Microsoft-Konto erforderlich.

WISSEN

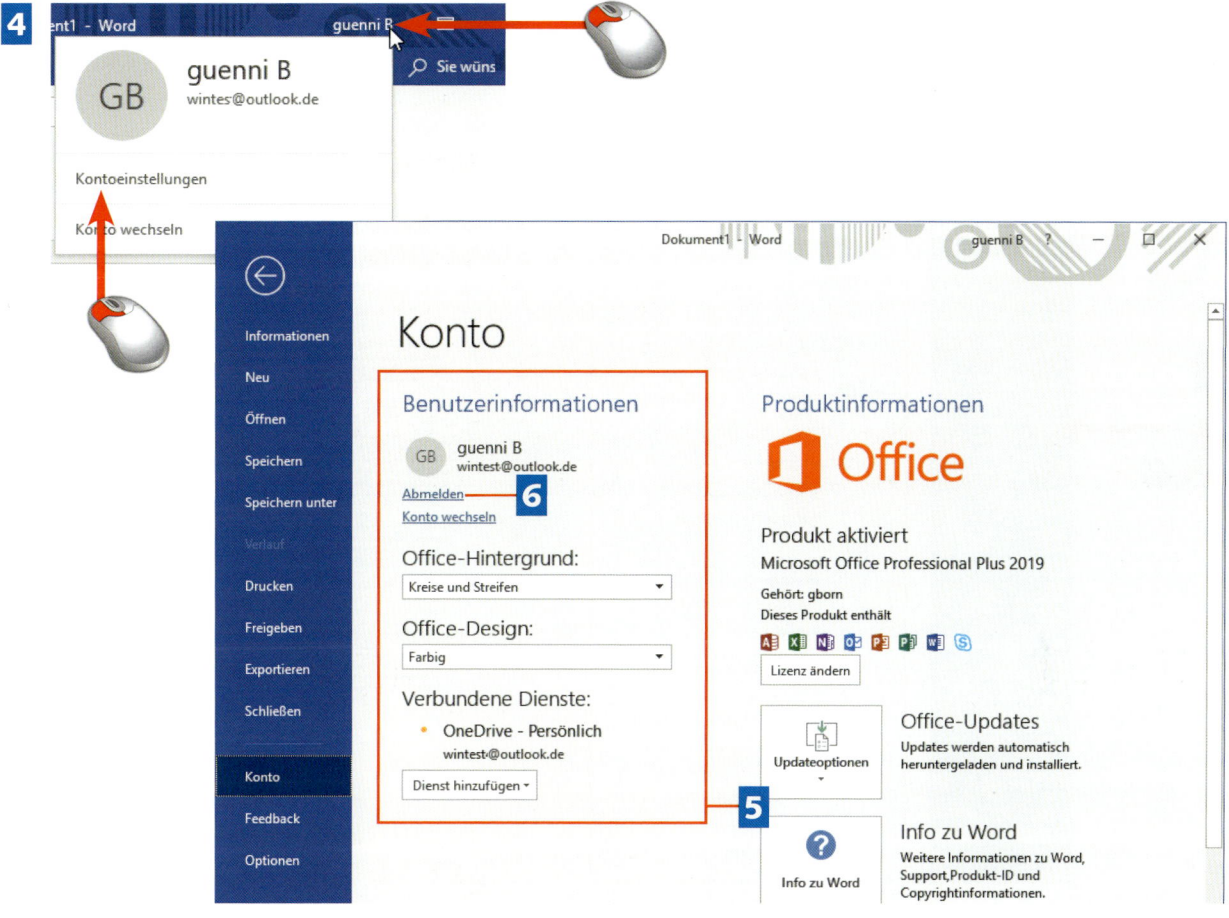

4 Öffnen Sie das Menü des Microsoft-Kontos und wählen Sie *Kontoeinstellungen*, um diese einzusehen oder anzupassen.

5 Passen Sie bei Bedarf die Benutzerinformationen in der Backstage-Ansicht über die Hyperlinks und Felder an.

6 Wählen Sie den Hyperlink *Abmelden*, um die Verbindung zum Microsoft-Konto gezielt zu trennen.

Ende

Klicken Sie auf den Link *Eins erstellen* (Schritt 2), falls Sie noch kein Microsoft-Konto besitzen, um dieses kostenlos einzurichten.	Die Anmeldung braucht nur einmal zu erfolgen und gilt bis zur Abmeldung.	Sind Sie angemeldet, erscheinen Kontoname und Kontobild in der rechten oberen Fensterecke aller Office-Anwendungen.
TIPP	**HINWEIS**	**HINWEIS**

Start

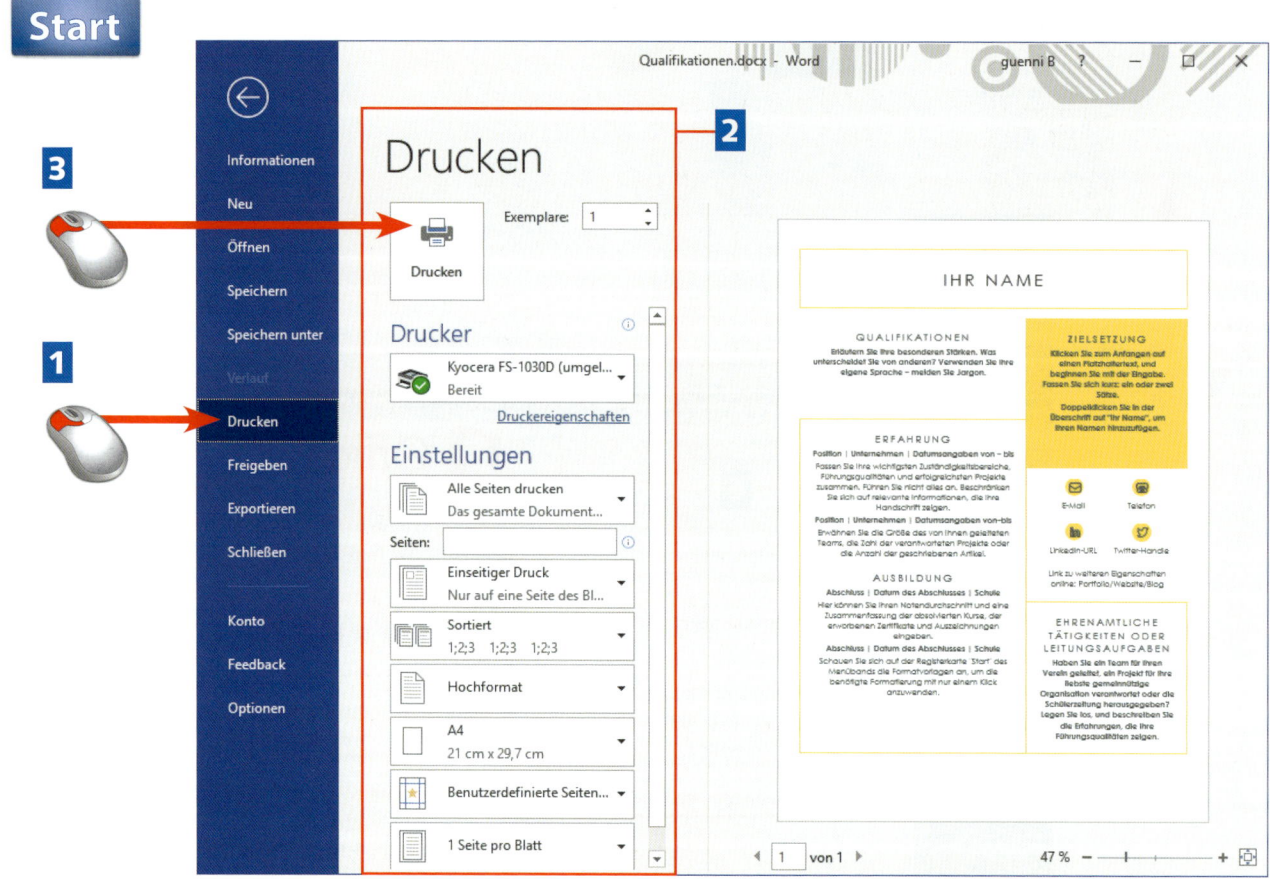

1. Wählen Sie den Registerreiter *Datei* und in der Backstage-Ansicht den Menübefehl *Drucken*.

2. Wählen Sie in der Backstage-Ansicht ggf. den gewünschten Drucker (Gruppe *Drucker*) und legen Sie die Druckeinstellungen in der Gruppe *Einstellungen* fest.

3. Klicken Sie in der Spalte *Drucken* der Backstage-Ansicht auf die Schaltfläche *Drucken*, um den Ausdruck zu starten.

Der Befehl *Drucken* der Backstage-Ansicht stellt Ihnen alle Druckoptionen sowie eine Druckvorschau zur Verfügung. PDF- und XPS-Dokumente können Sie auch über den Befehl *Exportieren* erzeugen. Die Dateien werden z. B. im Edge-Browser angezeigt.

WISSEN

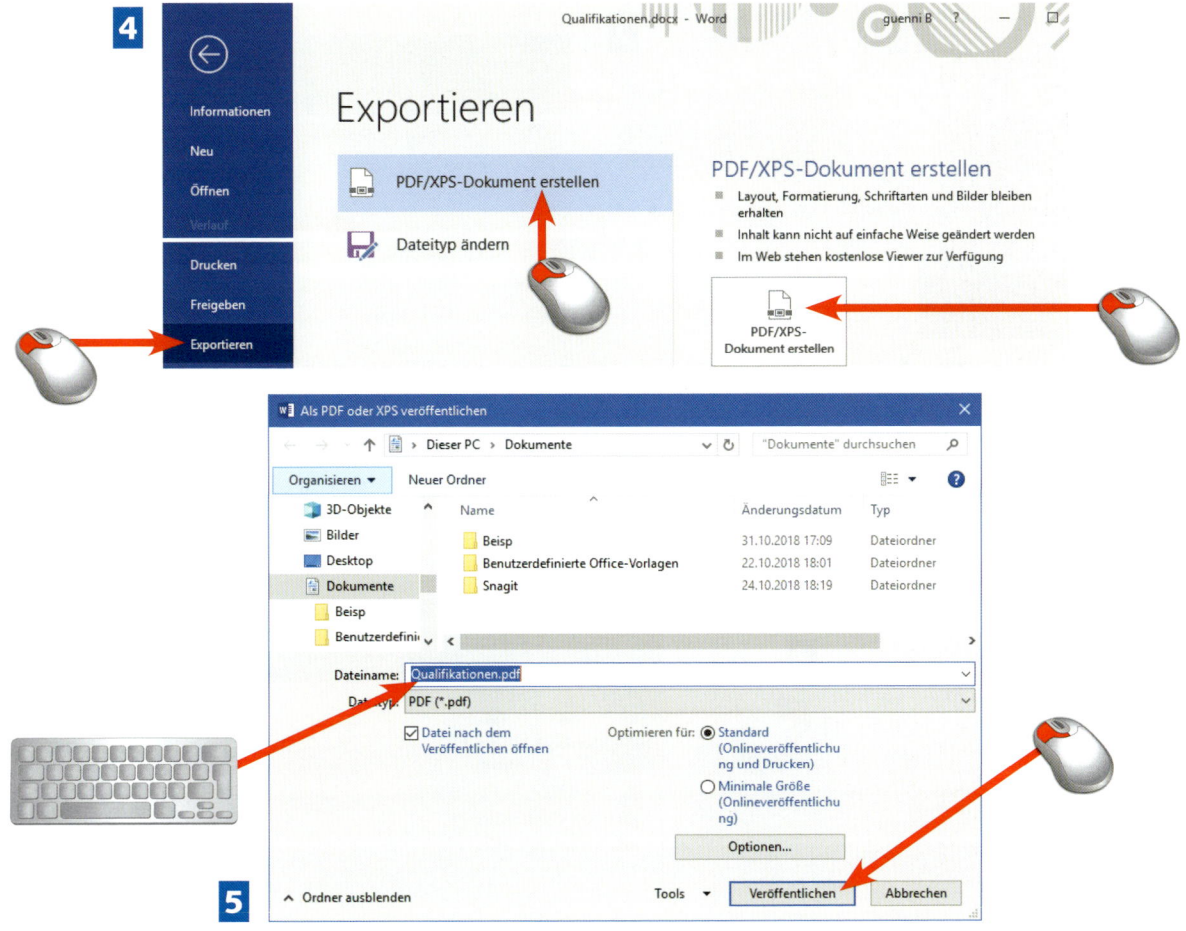

4 Für PDF- und XPS-Ausgaben wählen Sie im Menü der Backstage-Ansicht den Befehl *Exportieren*, dann *PDF/XPS-Dokument erstellen* und dann die gleichnamige Schaltfläche.

5 Navigieren Sie zum Zielordner, wählen Sie den Dateityp, legen Sie den Dateinamen sowie ggf. weitere Optionen fest und klicken Sie auf *Veröffentlichen*.

Ende

Die Backstage-Ansicht zum Drucken lässt sich auch direkt mit der Tastenkombination Strg+P öffnen.	Der Schieberegler *Zoom* in der rechten unteren Ecke passt die Größe der Druckvorschau an.	Die Schaltfläche *Optionen* des Dialogfelds *Als PDF oder XPS veröffentlichen* ermöglicht es Ihnen, die Ausgabeeinstellungen anzupassen.
TIPP	**TIPP**	**HINWEIS**

Start

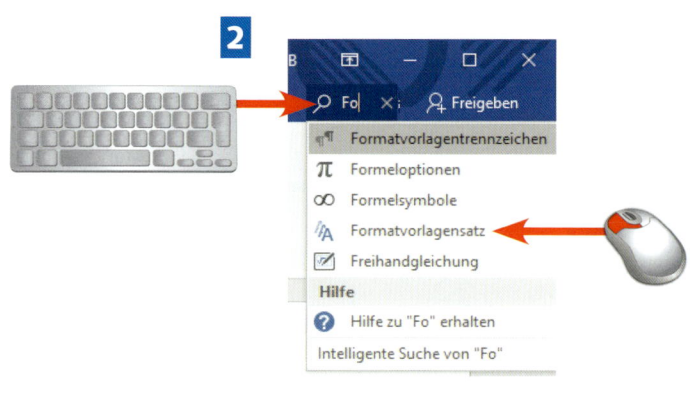

1 Benötigen Sie Informationen zu einem Bedienelement, rufen Sie eine QuickInfo mit Zusatzinformationen durch Zeigen per Maus ab.

2 Tippen Sie eine Frage ins Feld *Sie wünschen* und wählen Sie einen der angezeigten Befehle.

3 Klicken Sie auf den Registerreiter *Hilfe* und dann auf das *Hilfe*-Symbol.

Die QuickInfo bietet kurze Informationen zu bestimmten Funktionen und steht für fast alle Bedienelemente zur Verfügung.
Die Hilfe enthält eine umfassende Beschreibung der Anwendungsfunktionen.

WISSEN

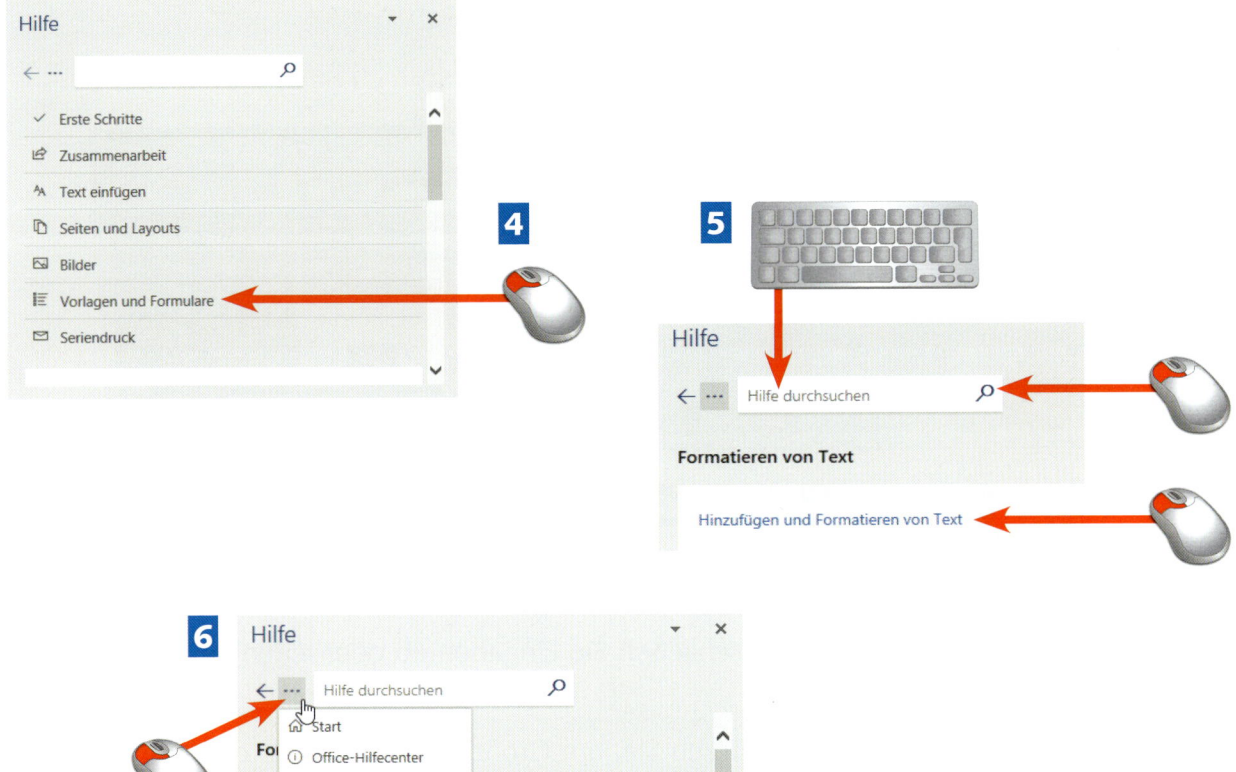

4 Im Hilfefenster reicht ein Anklicken oder Antippen der angezeigten Hyperlinks, um die Hilfethemen und -seiten aufzurufen.

5 Zum Suchen nach Themen tippen Sie den Suchbegriff in das Textfeld ein und klicken dann auf die *Suchen*-Schaltfläche. Danach navigieren Sie innerhalb der Trefferliste.

6 Klicken Sie auf *Zurück*, um zur vorherigen Seite zu gelangen. Über die drei Pünktchen und das Menü geht es zur Startseite oder zum Office-Hilfecenter.

Ende

Die Hilfe können Sie auch durch Drücken der Funktionstaste F1 öffnen.

Die Suchfunktion ist hilfreich, wenn Sie wissen möchten, wie eine bereits bekannte Funktion genau verwendet wird.

TIPP

HINWEIS

Start

1 Mit der ⏎-Taste (Eingabetaste) schließen Sie Eingaben ab oder leiten einen Zeilen-
wechsel ein.

2 Die ⇧-Taste (Umschalttaste) drücken Sie, um Großbuchstaben oder die Sonderzeichen der obersten Tastenreihe im Buchstabenblock einzugeben.

3 Mit der Taste ⇩ (Feststelltaste) schalten Sie die Großschreibung dauerhaft ein und
wieder aus.

4 Die ⇆-Taste (Tabulatortaste) bewegt die Eingabemarke in Tabellen zur nächsten Zelle,
in Dialogfeldern zur nächsten Option und in Texten zur nächsten Tabulatorposition.

5 Die Tasten Strg, Alt und AltGr werden oft in Kombination mit anderen Tasten
gedrückt, um spezielle Funktionen aufzurufen.

6 Die ▭-Taste erzeugt Leerzeichen (Wortzwischenraum bei Texten).

Die Tasten mit den Buchstaben und Ziffern dienen zur Eingabe
von Texten. Die Funktionstasten am oberen Tastaturrand rufen
Spezialfunktionen (z. B. die Hilfe) auf.

WISSEN

7 Mit der Esc-Taste lassen sich Befehle abbrechen oder Dialogfeldeingaben verwerfen.

8 Die ⊞-Taste öffnet das Startmenü bzw. die Startseite, die ▤-Taste ein Kontextmenü.

9 Mit der Taste ⟵ (Backspace) lässt sich das Zeichen links von der Einfügemarke löschen.

10 Die Entf-Taste löscht das Zeichen rechts von der Einfügemarke oder schaltet bei einigen Anwendungen zwischen dem Einfügen-/Überschreiben-Modus um.

11 Die Tasten Bild↑, Bild↓, Pos 1 und Ende dienen zur Positionierung der Einfügemarke innerhalb des Dokumentfensters.

12 Die vier Cursortasten ermöglichen es, die Einfügemarke im Text nach oben/ unten bzw. nach rechts/links zu bewegen.

Ende

Die meisten Tastaturen besitzen zusätzlich einen numerischen Zifferneingabe- block am rechten Rand.

Hilfreiche Tastenkombinationen:
Alt Gr + Q @-Zeichen
Alt Gr + E €-Zeichen
Alt Gr + + ~-Zeichen

Die Num-Taste schaltet den numerischen Ziffernblock zwischen Zifferneingabe und Cursorsteuerung um.

HINWEIS   **TIPP**   **HINWEIS**

Start

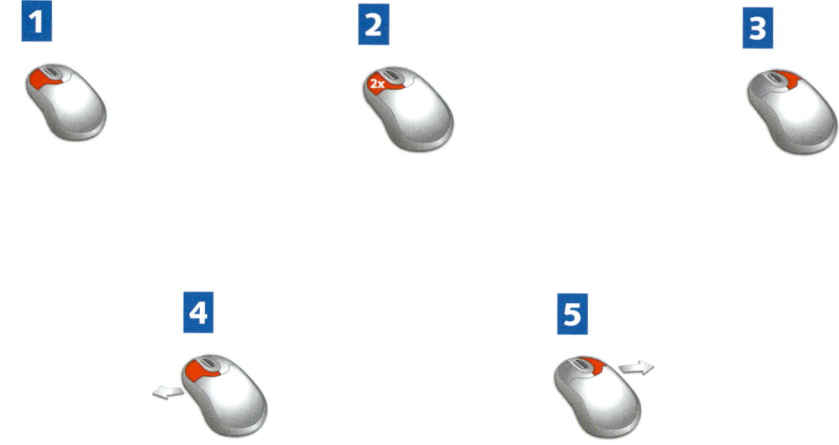

1 Dieses Symbol steht im Buch für »Klicken mit der linken Maustaste«, d. h. die linke Taste der Maus einmal kurz drücken.

2 Das Symbol »Doppelklicken« bedeutet, dass Sie die linke Maustaste zweimal kurz hintereinander drücken müssen.

3 Wird das Symbol »Klicken mit der rechten Maustaste« verwendet, bedeutet dies, dass Sie die rechte Taste der Maus kurz drücken müssen.

4 Ein Symbol »Ziehen mit der Maus« bedeutet, dass Sie die Maus bei gedrückt gehaltener linker Maustaste bewegen (ziehen).

5 Wenn das Symbol »Ziehen mit der rechten Maustaste« im Text vorkommt, müssen Sie beim Ziehen die rechte Maustaste gedrückt halten.

Mit der Maus werden in Microsoft Office viele Funktionen abgerufen. Notebooks besitzen statt der Maus ein sogenanntes Touchpad (oder einen Trackball) zum Simulieren der Mausbedienung.

WISSEN

6 Viele Notebooks besitzen ein Touchpad zur »Mausbedienung«. Klicken und Doppel-klicken erfolgen durch Antippen der berührungssensitiven Fläche des Touchpads.

7 Streichen Sie mit dem Finger über die berührungssensitive Fläche des Touchpads, um den Mauszeiger zu bewegen.

8 Über die linke und rechte Taste des Touchpads können Sie das Klicken, Doppelklicken und Ziehen mit der Maus simulieren. Zusätzlich lässt sich mit der rechten Taste ein Kontextmenü öffnen.

Ende

Die hier gezeigten Arbeits-techniken kommen im Buch zum Einsatz.	Klappt das Doppelklicken nicht, markieren Sie das Element per Mausklick und drücken die ⏎-Taste. Dies hat die gleiche Wirkung.	Zur besseren Bedienung können Sie an Notebooks eine zusätzliche Maus anschließen.
HINWEIS	**TIPP**	**HINWEIS**

Start

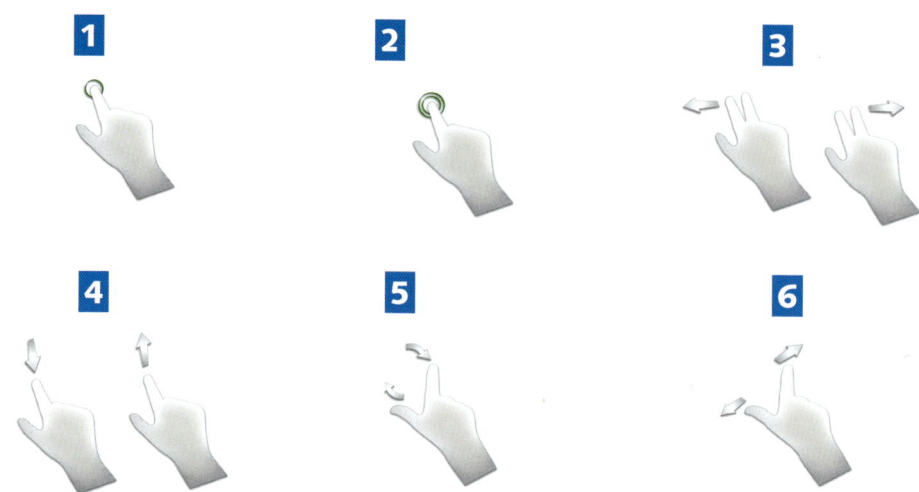

1 *Tippen:* Statt zu klicken, tippen Sie mit dem Finger auf das gewünschte Element.

2 *Tippen und halten:* Den Finger länger gedrückt halten, bis ein kleines Viereck erscheint. Wird der Finger entfernt, öffnet sich (wie beim Rechtsklick per Maus) ein Kontextmenü zum Abrufen der Befehle.

3 *Wischen horizontal:* Mit dem Finger nach links oder rechts auf dem Bildschirm wischen, um z. B. ein Dokument waagerecht zu scrollen.

4 *Wischen vertikal:* Mit dem Finger nach oben oder unten auf dem Bildschirm wischen, um z. B. in einem Dokument zu scrollen.

5 *Drehen:* Ein angewähltes Element (z. B. ein eingefügtes Bild) mit zwei Fingern in der Anzeige drehen.

6 *Zoomen:* Zwei Finger (Daumen und Zeigefinger) auf dem Touchscreen zusammenführen oder auseinanderbewegen, um die Darstellung zu verkleinern oder zu vergrößern.

Office lässt sich auf Touchscreens mit dem Finger bedienen. Statt der im Buch angegebenen Mausgesten verwenden Sie einfach die hier gezeigten Fingergesten.

WISSEN

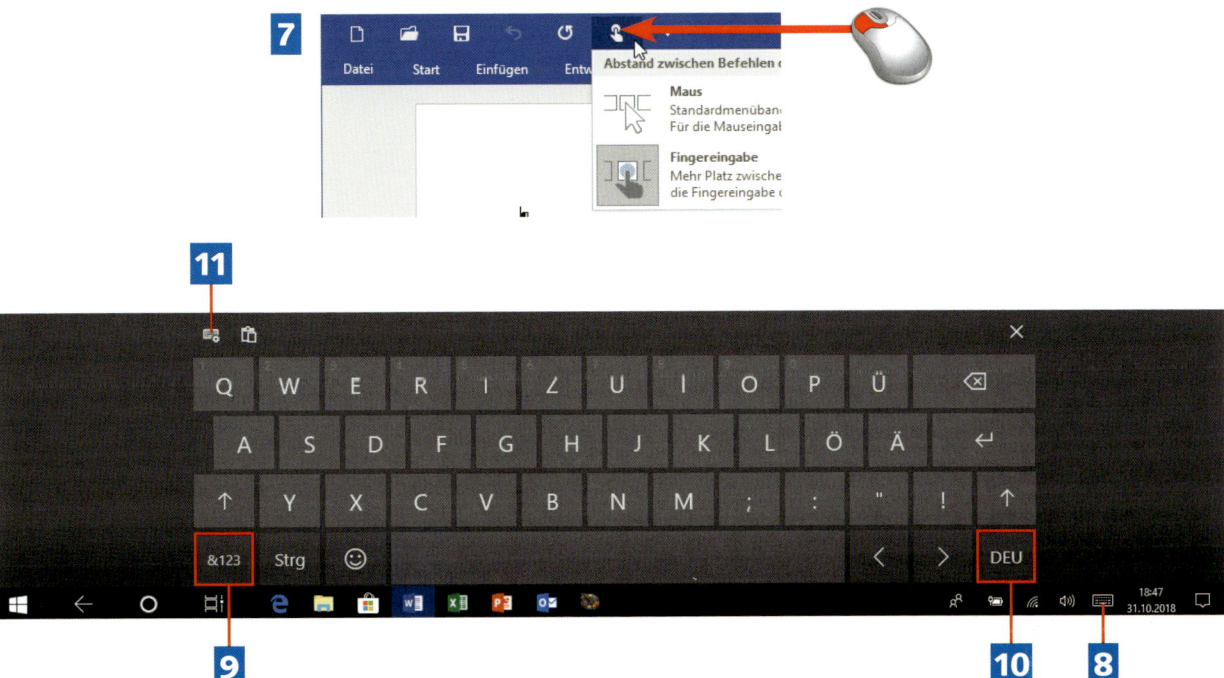

7 Diese Schaltfläche der Symbolleiste für den Schnellzugriff ermöglicht es Ihnen, über ein Menü zwischen dem Mausmodus und der Fingerbedienung umzuschalten.

8 Wählen Sie das Tastatursymbol in der Taskleiste, um die Bildschirmtastatur einzublenden.

9 Die Taste *&123* wechselt zwischen Ziffern- und Buchstabendarstellung.

10 Über diese Taste können Sie ggf. zwischen Sprachen (Deutsch, Englisch) wechseln.

11 Das Symbol öffnet eine Palette, über deren Symbole Sie zwischen verschiedenen Tastaturmodi (z. B. geteilte Tastatur) wechseln.

Ende

Im Modus *Fingerbedienung* werden die Bedienelemente etwas größer und weiter auseinander angezeigt.

TIPP

Texteingabe in Word

2

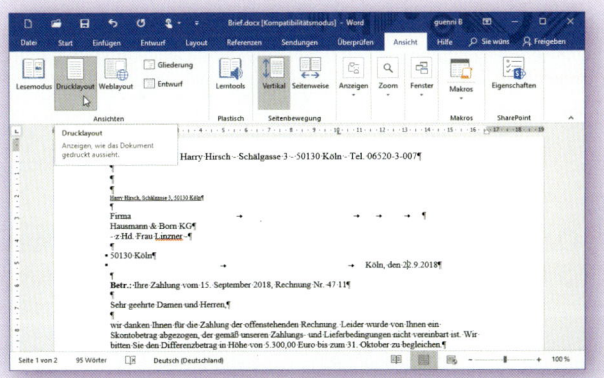

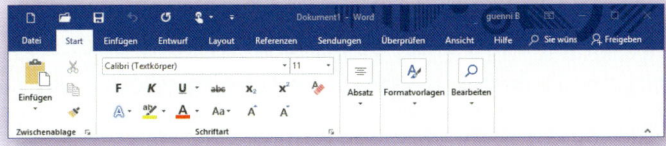

Start

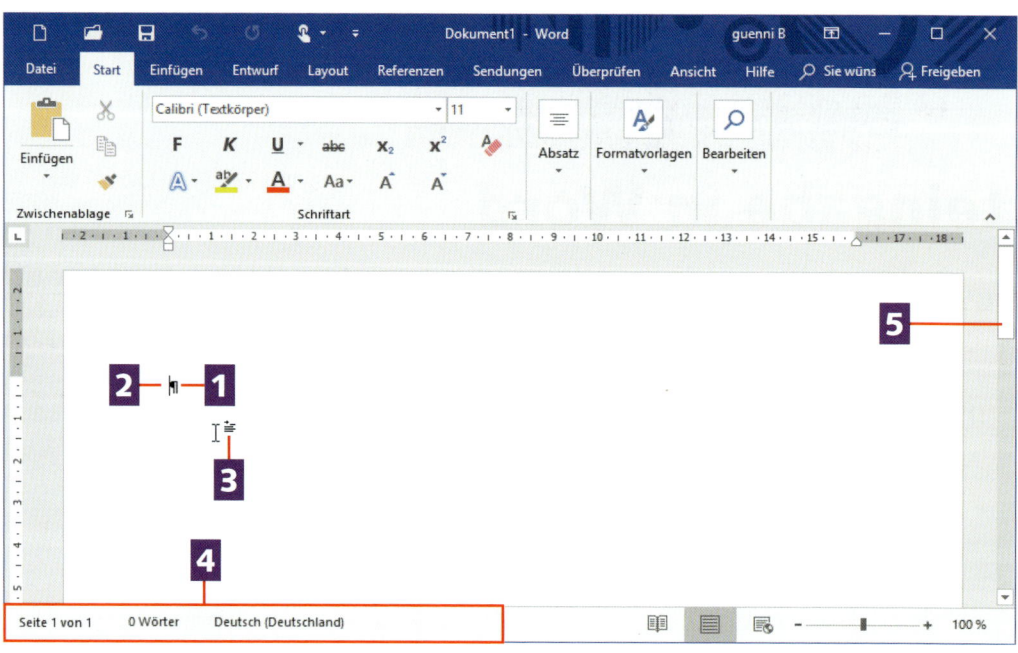

1 Dieses Zeichen ist die optional im Word-Dokumentbereich einblendbare Absatzmarke.

2 Der senkrecht blinkende Strich ist die Schreib- bzw. Einfügemarke.

3 Befindet sich der Mauszeiger im Dokumentbereich, nimmt er das Symbol des Text-cursors an. Außerhalb des Dokumentbereichs erscheint wieder ein Mauszeiger.

4 In der Statusleiste zeigt Word verschiedene Dokumentinformationen (z. B. Seitenzahl, Wörterzahl, Sprache etc.).

5 Über die angezeigte(n) Bildlaufleiste(n) blättern Sie in sehr breiten bzw. mehrseitigen Texten.

Der Dokumentbereich dient zur Aufnahme des Textes, der beim Tippen an der Einfügemarke erscheint. Über das Menüband greifen Sie auf die Word-Funktionen zu (siehe Seite 18).

WISSEN

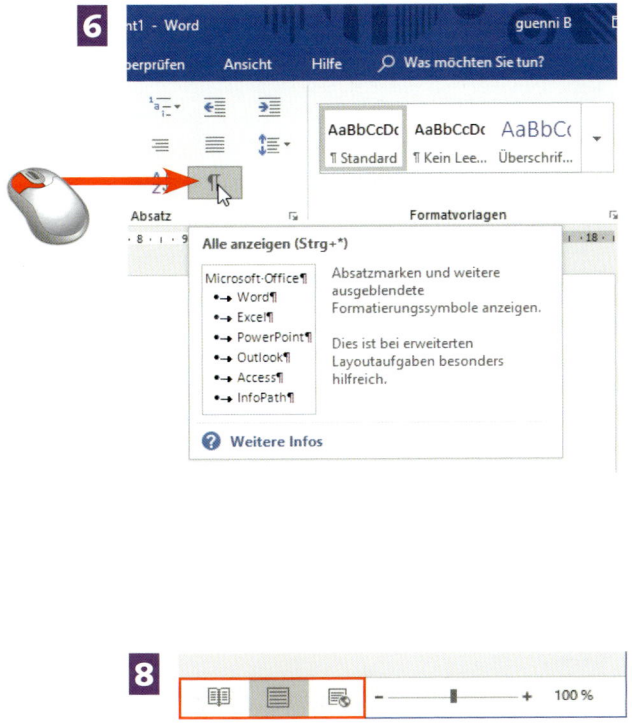

6 Über diese Schaltfläche auf der Registerkarte *Start* lässt sich die Anzeige versteckter Zeichen (also auch der Absatzmarke) ein- oder ausschalten.

7 Der Übergang zwischen Grau und Weiß im horizontalen und vertikalen Lineal zeigt die linken/rechten bzw. oberen/unteren Textränder (Seitenränder) an.

8 Über die Schaltflächen in dieser Gruppe der Statusleiste lassen sich verschiedene Darstellungsmodi für die Dokumentansicht abrufen (siehe folgende Seite).

Ende

Öffnen Sie im Menüband die Registerkarte *Ansicht* und aktivieren Sie in der Gruppe *Anzeigen* das Kontrollkästchen *Lineal*, um ein horizontales und vertikales Lineal einzublenden.

Die Seitenränder passen Sie durch Verschieben des farbigen Bereichs im Lineal per Maus an.

Rechter Seitenrand

Der als Schreib- oder Einfügemarke bezeichnete blinkende Strich markiert die Position im Dokument, an der Text eingegeben werden kann.

TIPP　　　　**HINWEIS**　　　　**HINWEIS**

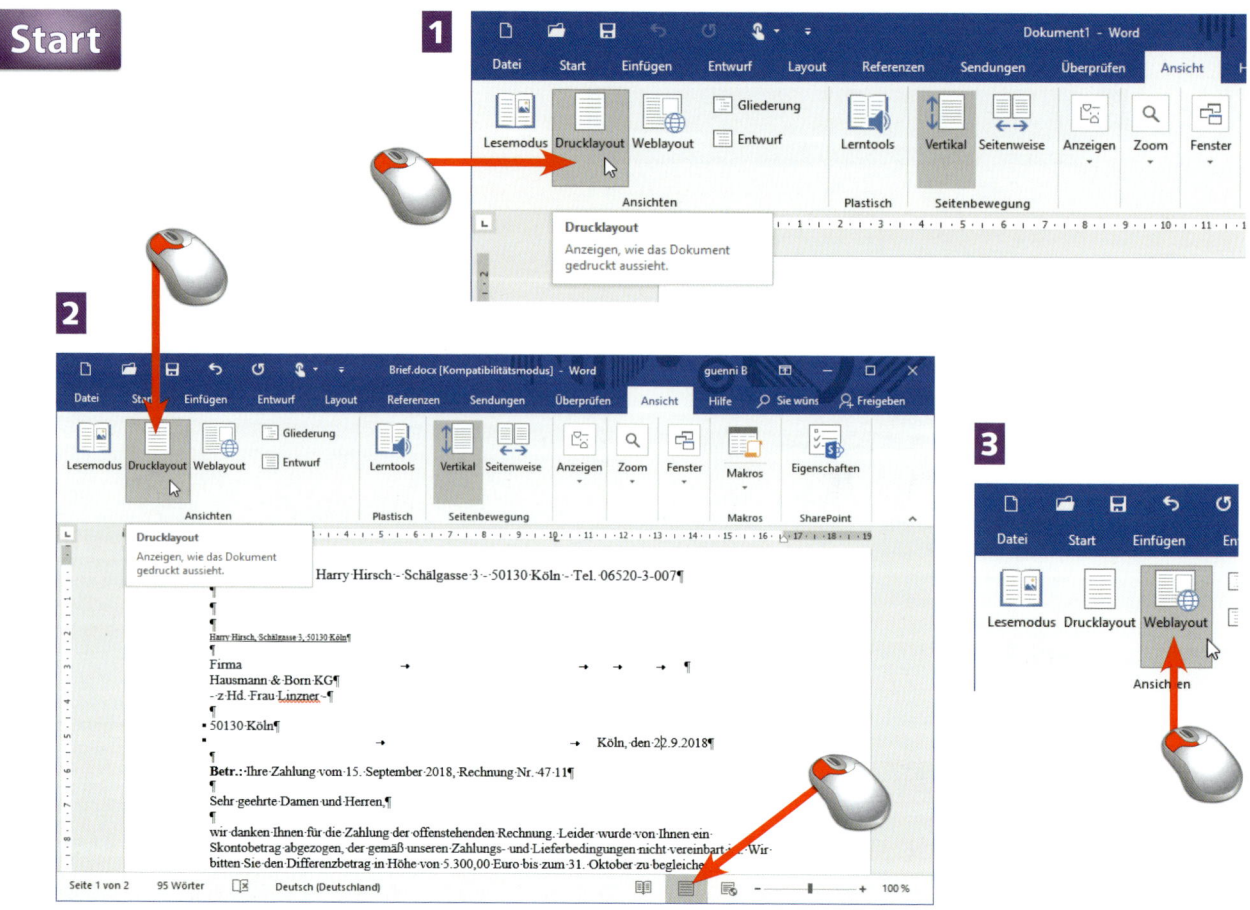

1 Die Dokumentdarstellung schalten Sie (neben den Schaltflächen der Statusleiste) über die Registerkarte *Ansicht*, Gruppe *Ansichten*, des Menübands um.

2 Im Modus *Drucklayout* erhalten Sie eine Übersicht über die Seiten des Textdokuments mit Seitenrändern und Seitenwechseln angezeigt.

3 Verwenden Sie das *Weblayout*, um das Dokument so anzuzeigen, wie eine Webseite aussehen würde (Seitenwechsel werden z. B. nicht angezeigt).

Die Darstellungsmodi für Textdokumente ermöglichen die optimale Abstimmung der erwünschten Arbeitsumgebung (z. B. Fließtext bei der Eingabe, Beurteilung des Seitenlayouts etc.).

WISSEN

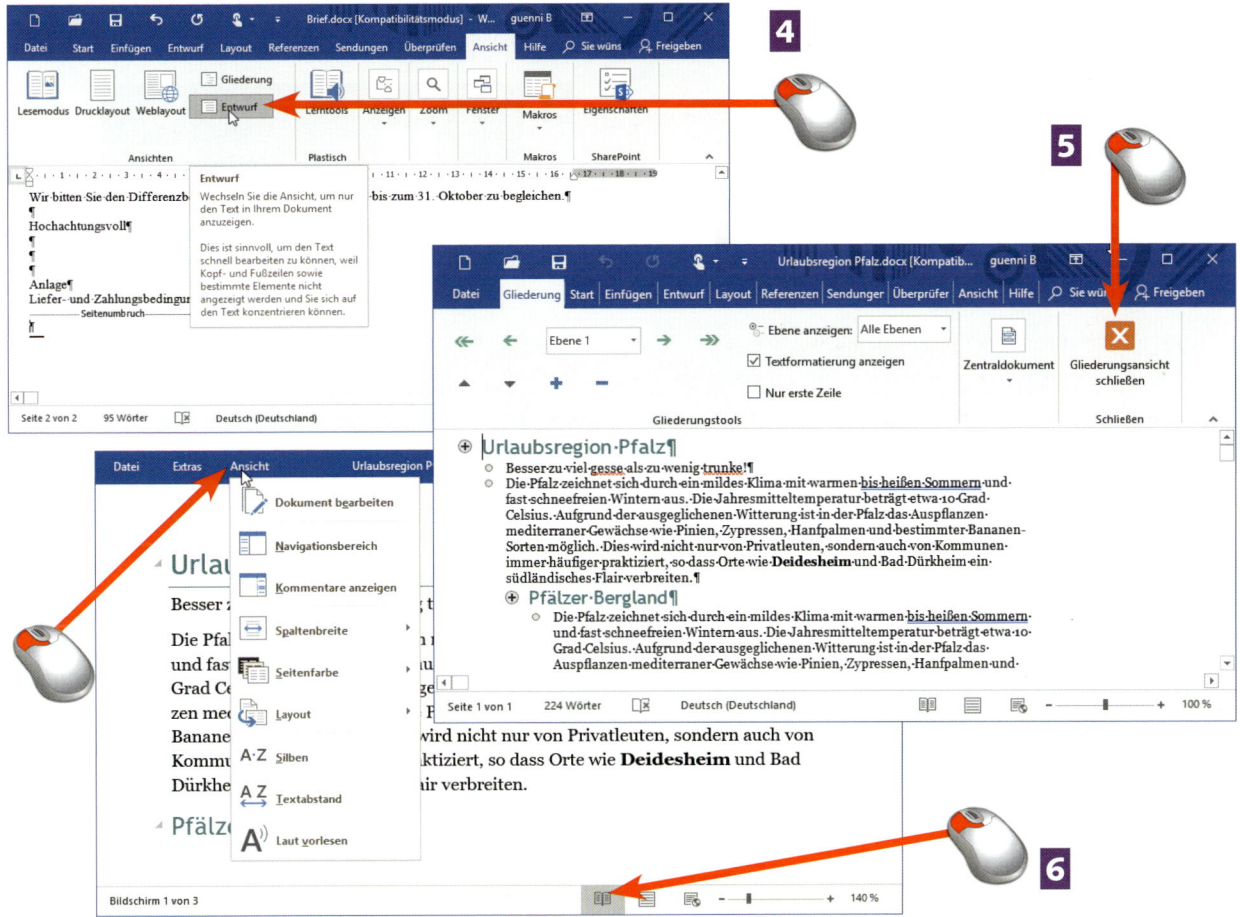

4 Verwenden Sie zur Texteingabe ggf. den Modus *Entwurf*, da Seitenwechsel nur als gestrichelte Linie erscheinen und die Layoutdarstellung weggelassen wird.

5 Die über eine Schaltfläche abrufbare Ansicht *Gliederung* zeigt Überschriften bzw. Gliederungselemente und wird über eine eigene Schaltfläche beendet.

6 Der *Lesemodus* eignet sich optimal zum Lesen am Bildschirm. Über die Register-karte *Ansicht* passen Sie die Darstellung an.

Ende

TIPP	HINWEIS	HINWEIS
Ein Seitenumbruch lässt sich in Word durch Drücken der Tastenkombination [Strg]+[↵] einfügen.	In der Gruppe *Zoom* der Register-karte *Ansicht* finden Sie Schalt-flächen, um die Dokumentanzeige auf Seitenbreite oder eine bzw. mehrere Seiten umzustellen.	Über die Gruppe *Anzeigen* der Registerkarte *Ansicht* lassen sich Lineal, Gitternetzlinien etc. im Dokumentfenster ein- und ausblenden.

Start

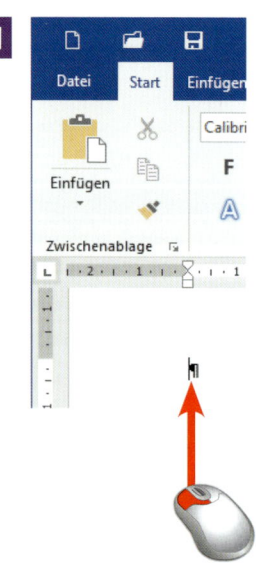

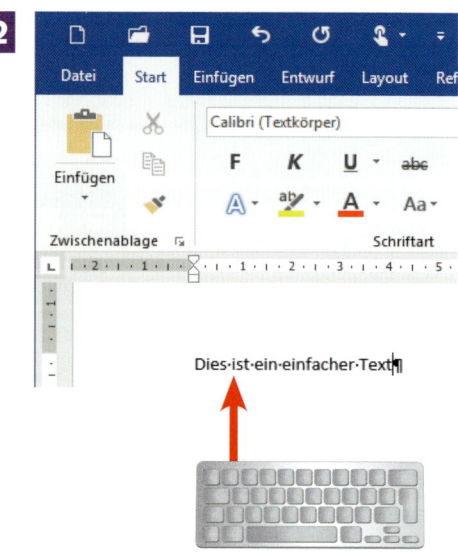

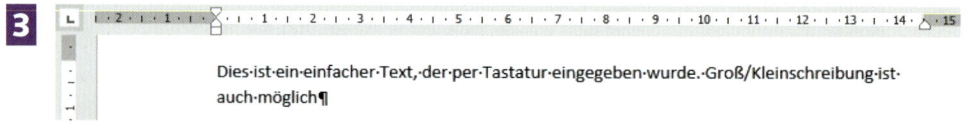

1 Zur Texteingabe klicken oder tippen Sie im Dokumentbereich auf die Absatzmarke oder in den ggf. bereits vorhandenen Text.

2 Tippen Sie den gewünschten Text über die Tastatur ein. Die als blinkender Strich dargestellte Einfügemarke wandert mit.

3 Erreichen Sie den rechten Textrand, tippen Sie einfach weiter. Word bricht dann den Text automatisch um und setzt den Satz in der nächsten Zeile fort.

Text wird im Word-Dokumentfenster in Absätzen, die durch einblendbare Absatzmarken (siehe Seite 50) angezeigt werden, eingegeben. Klicken oder tippen Sie auf das Dokument, um die Einfügemarke zu positionieren. Hinweise zum Umgang mit Tastatur, Maus und Touchscreen finden Sie ab Seite 42.

WISSEN

4 Nur wenn Sie eine als Absatz bezeichnete neue Zeile im Dokument benötigen, drücken Sie die ⏎-Taste, um den Absatzwechsel einzufügen.

5 Fehlt Text (etwa ein Buchstabe oder ein Wort), klicken Sie beispielsweise per Maus auf die betreffende Textstelle, um die Einfügemarke dort zu positionieren.

6 Tippen Sie den fehlenden Text über die Tastatur ein. Die Einfügemarke wandert nach rechts, und der fehlende Text wird eingefügt.

Ende

Wie Sie das Eurozeichen oder andere Sonderzeichen eingeben, ist auf den Seiten 42 und 43 beschrieben.	Solange sich der Mauszeiger über dem Dokumentbereich befindet, wird statt des Pfeils ein Textcursor (siehe Schritt 6) angezeigt.	Der Überschreiben-Modus ist in Word 2019 standardmäßig deaktiviert und wird daher im Buch nicht besprochen.
TIPP	**HINWEIS**	**HINWEIS**

Start

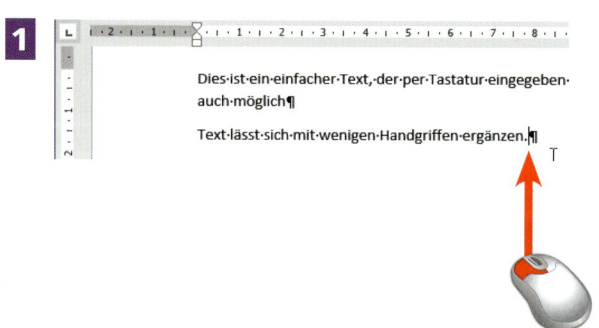

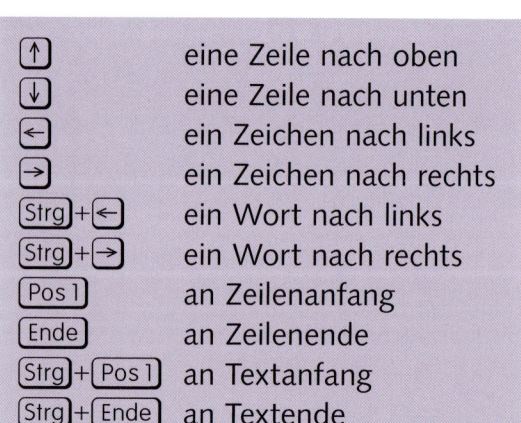

2	
↑	eine Zeile nach oben
↓	eine Zeile nach unten
←	ein Zeichen nach links
→	ein Zeichen nach rechts
Strg + ←	ein Wort nach links
Strg + →	ein Wort nach rechts
Pos 1	an Zeilenanfang
Ende	an Zeilenende
Strg + Pos 1	an Textanfang
Strg + Ende	an Textende

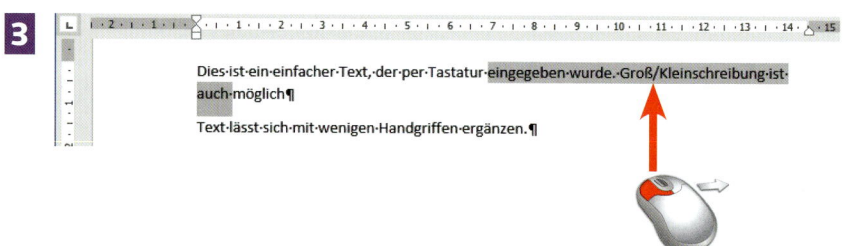

1 Zum Positionieren der Einfügemarke genügt ein Mausklick auf die betreffende Textstelle. Oder Sie tippen auf dem Touchscreen per Finger auf die Textstelle.

2 Mit den hier aufgeführten Cursortasten und Tastenkombinationen lässt sich die Einfügemarke im Text positionieren.

3 Zum Markieren klicken Sie auf den Textanfang, halten die linke Maustaste gedrückt und ziehen die Maus zum Ende des Bereichs. Markierte Texte werden grau hervorgehoben.

Beim Positionieren wird die Einfügemarke an die gewünschte Stelle im Text gebracht. Ein Markieren kennzeichnet den zu bearbeitenden Dokumentteil (Text) und hebt diesen auch optisch hervor.

WISSEN

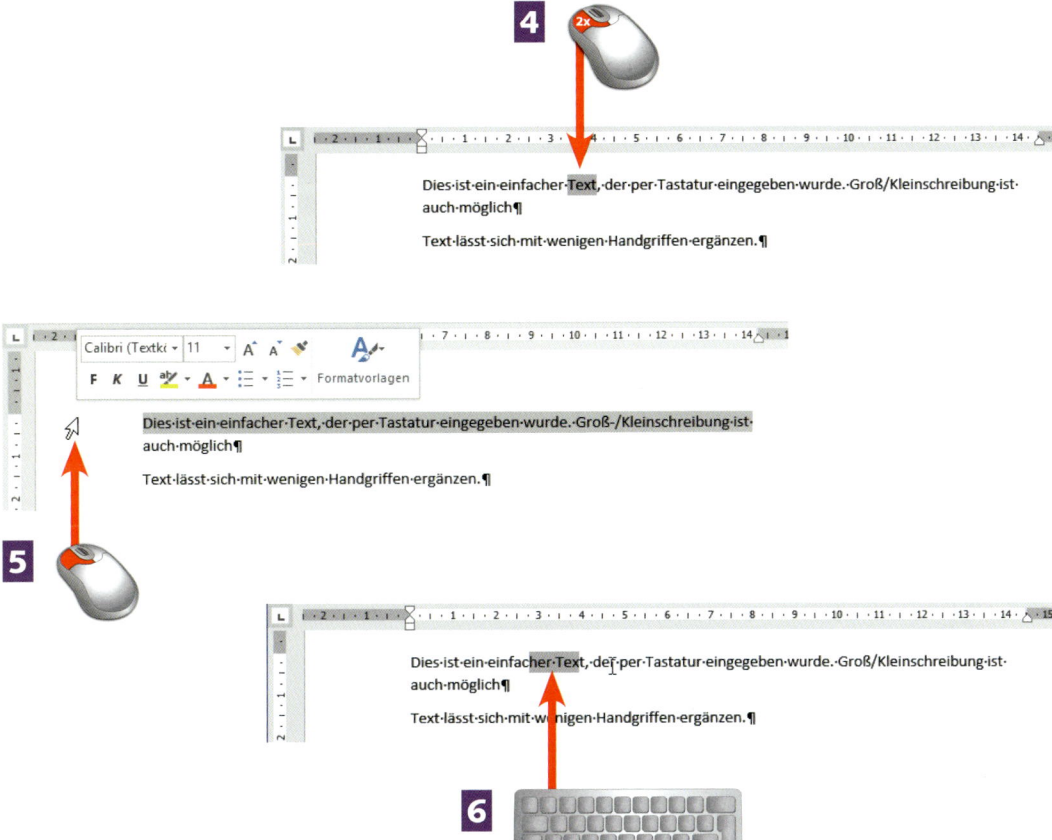

4 Ein Doppelklick auf ein Wort markiert dieses. Ein Dreifachklick markiert einen ganzen Satz.

5 Ein Mausklick vor eine Textzeile markiert diese. Durch vertikales Ziehen mit der linken Maustaste lassen sich dann mehrere Zeilen markieren.

6 Verwenden Sie die in Schritt 2 zum Positionieren der Einfügemarke aufgeführten Tasten bei gleichzeitig gedrückter ⇧-Taste, wird der Text markiert.

Mit der Tastenkombination Strg+A wird der gesamte Text markiert.	Das zeichengenaue Markieren von Text ist per Tastatur einfacher als mit der Maus.	Zum Aufheben der Markierung klicken Sie auf eine beliebige Stelle im Dokument oder drücken eine Cursortaste.
TIPP	**HINWEIS**	**TIPP**

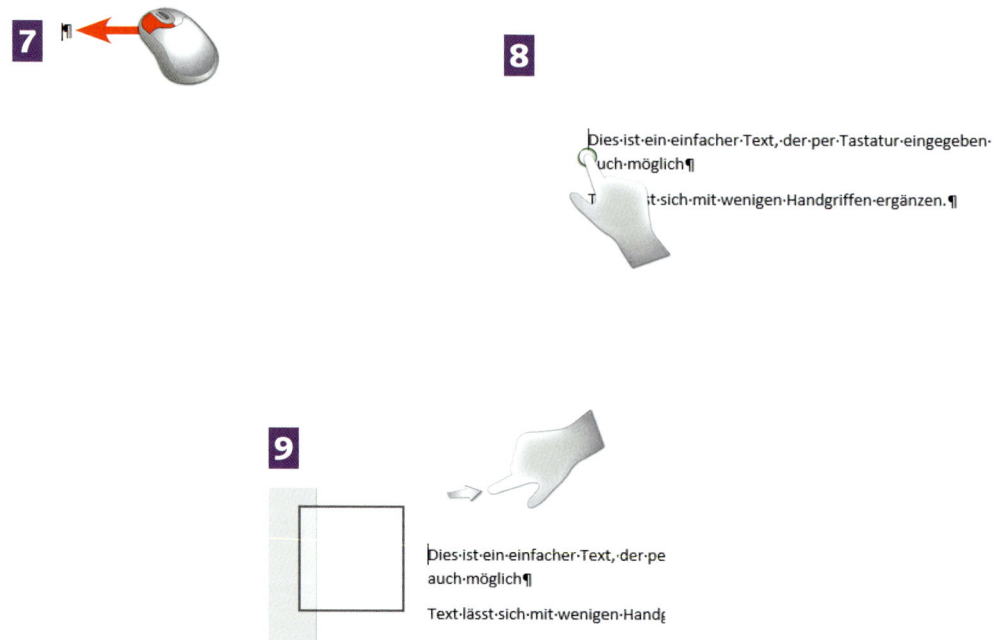

7 Klicken Sie mit der Maus an eine freie Stelle im Dokumentfenster, positioniert Word die Einfügemarke vor die nächste Absatzmarke.

8 Tippen Sie auf dem Touchscreen vor ein Wort, positioniert Word die Einfügemarke dort und zeigt eine Art Kreis an.

9 Halten Sie den Finger weiter auf dem Touchscreen gedrückt, bis ein Viereck erscheint. Dann heben Sie den Finger ab.

Auf einem Touchscreen lassen sich Dokumentinhalte (z. B. Text oder Bilder) ebenfalls mit Fingergesten markieren. Allerdings weichen die Abläufe geringfügig von der Mausbedienung ab.

WISSEN

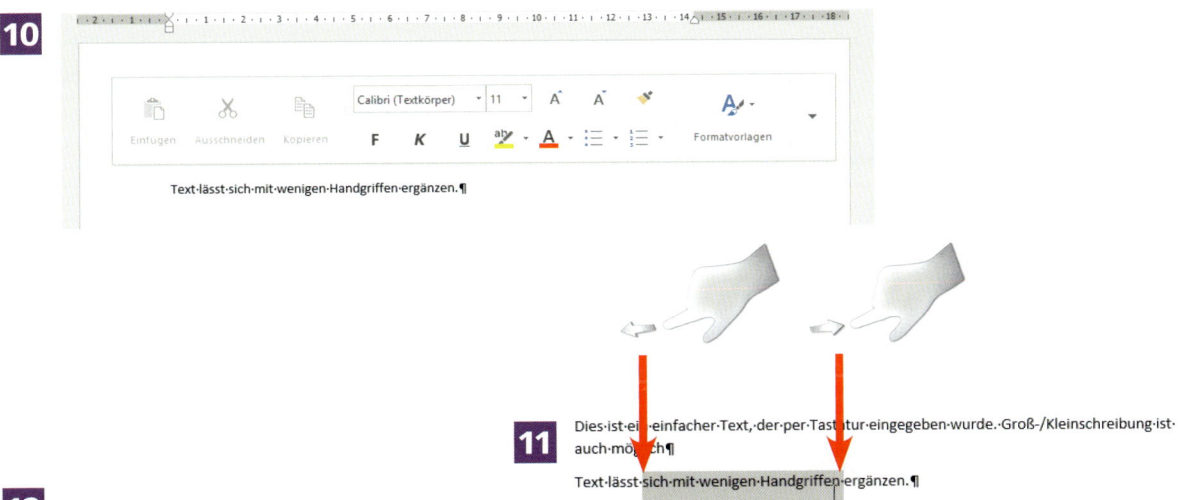

10 Word blendet ggf. eine Leiste oberhalb des Textes ein. Dort finden Sie Schaltflächen zur Bearbeitung des Textes.

11 Ziehen Sie den Finger über den Text, um diesen zu markieren.

12 Bei eingeblendeter Bildschirmtastatur können Sie bei gleichzeitig gedrückter ⬆-Taste den Text mit den beiden Cursortasten markieren.

Ende

Doppeltippen Sie mit dem Finger auf ein Wort, um dieses zu markieren.

TIPP

Start

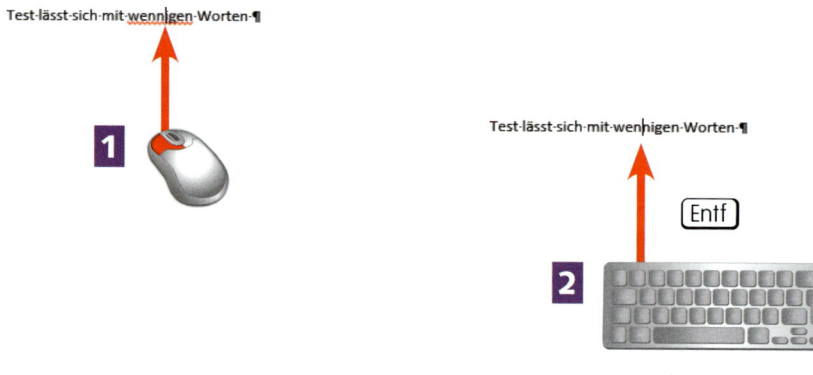

1 Enthält der Text einen Tippfehler, klicken Sie auf die betreffende Textstelle, um die Einfügemarke an die zu korrigierende Stelle zu setzen.

2 Drücken Sie die [Entf]-Taste, um das Zeichen rechts von der Einfügemarke zu löschen.

3 Drücken Sie die [⇐]-Taste, um das Zeichen links von der Einfügemarke zu löschen.

Bei der Texteingabe kommt es häufiger zu Fehlern. Tippfehler lassen sich nachträglich korrigieren. Was hier für Word beschrieben wird, lässt sich auch in anderen Anwendungen zur Korrektur verwenden.

WISSEN

Dies·ist·ein·einfacher·Text,·der·per·Tastatur·eingegeben·wurde.·Groß-
/Kleinschreibung¶

Dies·ist|·der·per·Tastatur·eingegeben·wurde.·Groß-/Kleinschreibung¶

4 Möchten Sie umfangreiche Textbereiche überschreiben oder löschen, markieren Sie diese (siehe Seite 56).

5 Drücken Sie die (Entf)-Taste, um den markierten Text zu löschen. Stattdessen können Sie auch einfach mit dem Eintippen beginnen und so den markierten Text ersetzen.

6 Geht die Korrektur schief, nehmen Sie die Änderung über die Schaltfläche *Rückgängig* in der Symbolleiste für den Schnellzugriff zurück.

Änderungen können Sie auch durch Drücken der Tastenkombination (Strg)+(Z) zurücknehmen.

Die Symbolleiste für den Schnellzugriff enthält neben der *Rückgängig*-Schaltfläche ↩ auch die Schaltfläche *Wiederherstellen* ↪ (Rückgängig zurücknehmen).

TIPP

HINWEIS

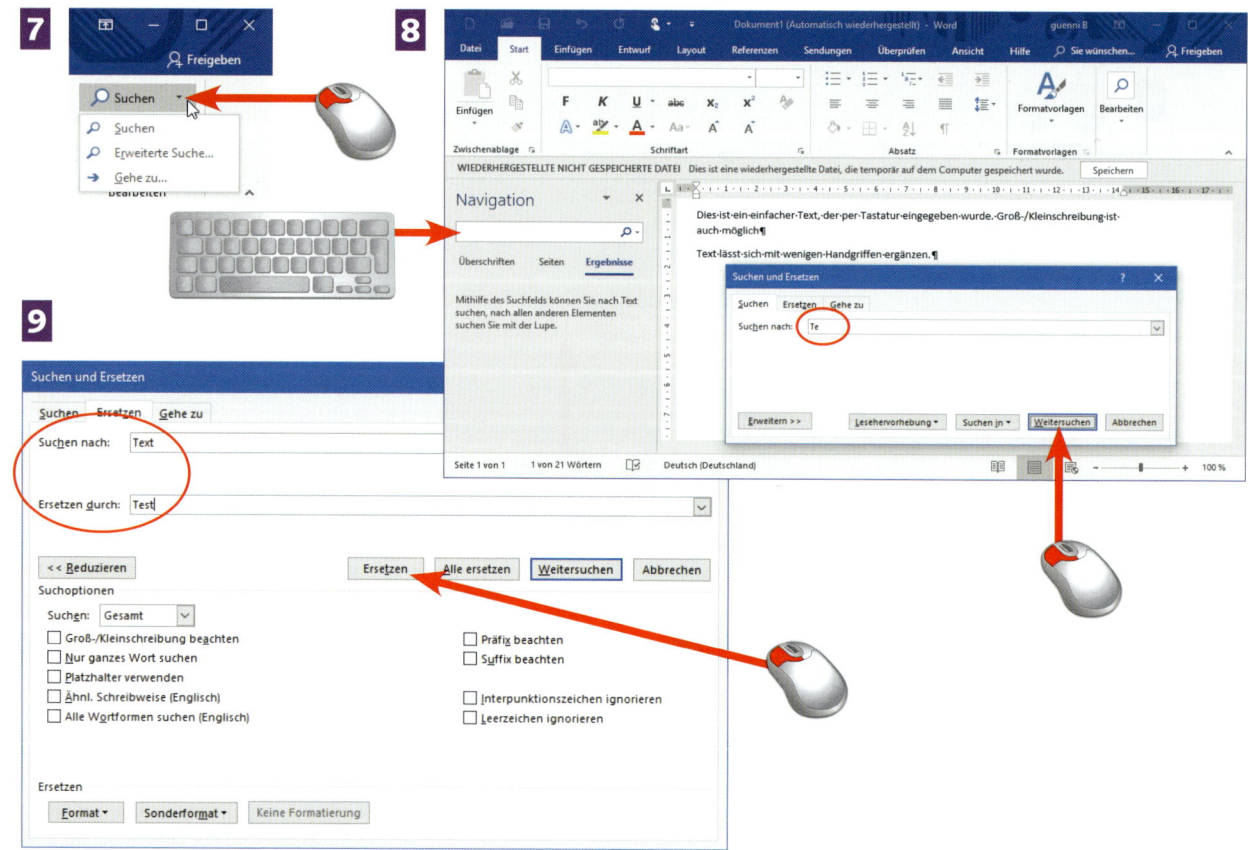

7 Zur Suche wählen Sie auf der Registerkarte *Start* des Menübands in der Gruppe *Bearbeiten* die Schaltfläche *Suchen* (und darin ggf. *Erweiterte Suche*) bzw. *Ersetzen*.

8 Tippen Sie in der Navigationsleiste oder auf der Registerkarte *Suchen* des Dialogfelds den Suchbegriff ein. Klicken Sie ggf. auf die Schaltfläche *Weitersuchen*, um Übereinstimmungen im Text zu finden und hervorzuheben.

9 Geben Sie auf der Registerkarte *Ersetzen* des Dialogfelds den Such- sowie den Ersatztext ein. Klicken Sie auf *Weitersuchen*. Die *Ersetzen*-Schaltfläche tauscht Übereinstimmungen mit dem gesuchten Begriff durch den neuen Text aus.

Die Zwischenablage ist ein Speicherbereich in Windows, in dem sich Dokumentteile, Bilder, Dateinamen etc. zwischenspeichern und in Office-Anwendungen verwenden lassen. Der Inhalt der Zwischenablage geht beim Abschalten des Rechners verloren.

Über die Schaltfläche *Erweitern* lassen sich die Suchoptionen im erweiterten Teil des *Suchen und Ersetzen*-Dialogfelds einsehen.

WISSEN

TIPP

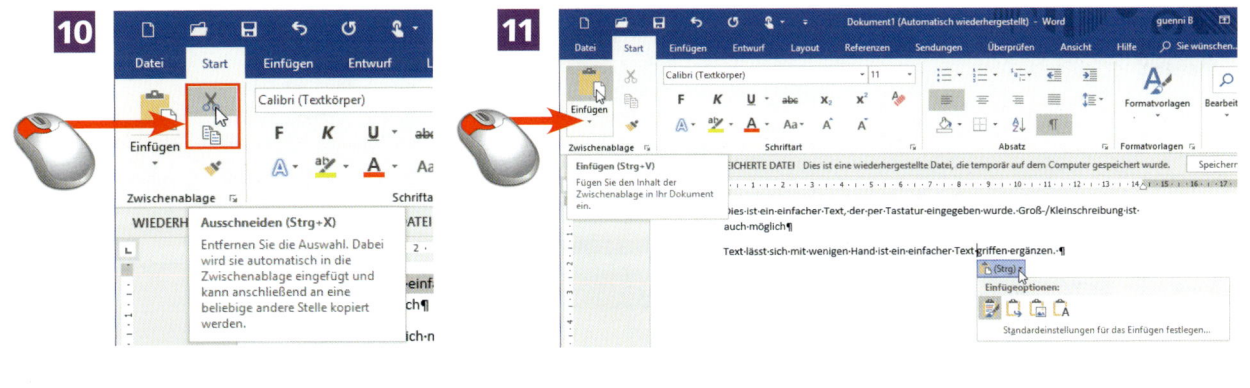

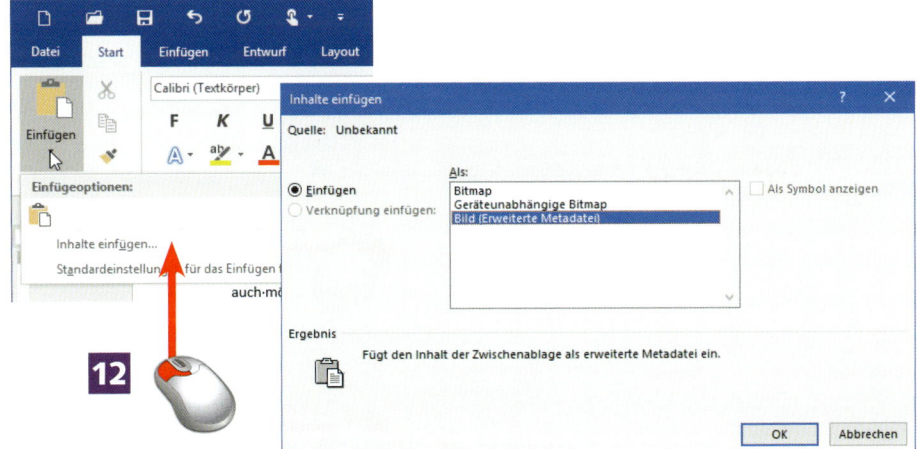

10 Markierte Dokumentausschnitte lassen sich über die Schaltflächen *Ausschneiden* bzw. *Kopieren* der Registerkarte *Start* in die Zwischenablage übertragen.

11 Positionieren Sie die Einfügemarke an einer neuen Textstelle, lässt sich der Inhalt der Zwischenablage über die Schaltfläche *Einfügen* dorthin kopieren bzw. verschieben.

12 Über das Drop-down-Menü der *Einfügen*-Schaltfläche lässt sich der Befehl *Inhalte einfügen* aufrufen. Dann können Sie im gleichnamigen Dialogfeld das Einfügeformat vorgeben.

Ende

Beim Einfügen aus der Zwischenablage können Einfügeoptionen (Schritte 11, 12) über Schaltflächen gewählt werden.

Mit dem Befehl *Suchen* wird die Navigationsleiste zur Suche eingeblendet (Schritt 8 links). Um mit dem Dialogfeld zu arbeiten, wählen Sie den Befehl *Erweiterte Suche* (Schritt 7).

Tastenkombinationen:
Strg + F	Suchen
Strg + H	Ersetzen
Strg + X	Ausschneiden
Strg + C	Kopieren
Strg + V	Einfügen

TIPP | **HINWEIS** | **HINWEIS**

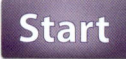

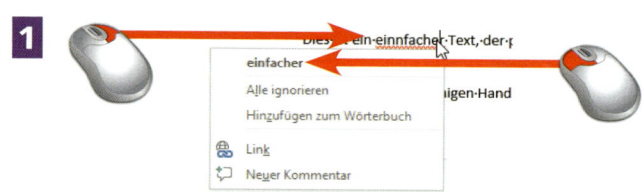

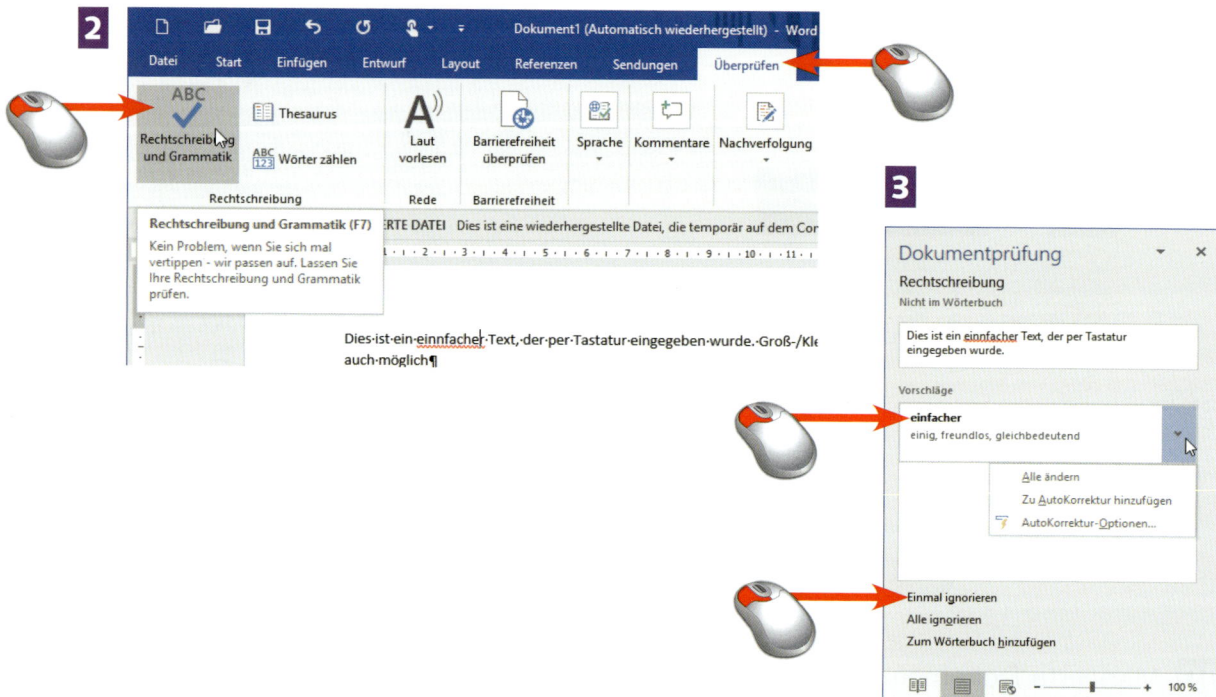

1 Klicken Sie mit der rechten Maustaste auf ein mit einer geschlängelten Linie unterstrichenes Wort, lässt sich im Kontextmenü ein Korrekturvorschlag auswählen.

2 Um ein Dokument vollständig zu prüfen, wechseln Sie im Menüband zur Registerkarte *Überprüfen* und wählen die Schaltfläche *Rechtschreibung und Grammatik*.

3 Markieren Sie in der Seitenleiste *Dokumentprüfung* ggf. den vorgeschlagenen Begriff oder wählen Sie andere Korrekturoptionen wie *Einmal ignorieren*.

Fehlerhaft geschriebene Wörter werden mit einer roten und Grammatikfehler mit einer blauen geschlängelten Linie markiert. Diese lassen sich (in allen Office-Anwendungen) über die Rechtschreib- und Grammatikprüfung korrigieren. Die Grammatikprüfung ist aber nicht sehr zuverlässig.

WISSEN

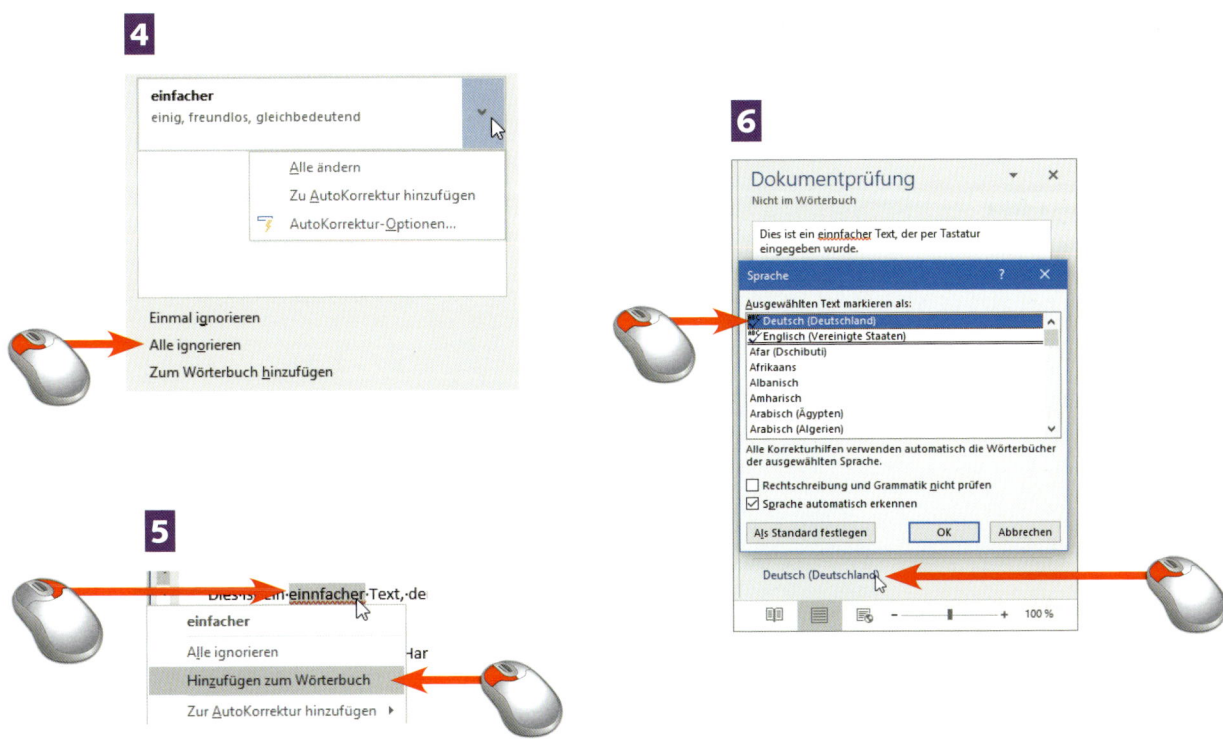

4 Ist das bemängelte Wort richtig geschrieben, wählen Sie die Schaltfläche *Einmal ignorieren* bzw. *Alle ignorieren*.

5 Über den Kontextmenübefehl *Hinzufügen zum Wörterbuch* wird die Schreibweise in das Benutzerwörterbuch übernommen und künftig nicht mehr als Fehler gemeldet.

6 Einem fremdsprachigen Wort weisen Sie in der Seitenleiste *Dokumentprüfung* über den Sprachbefehl (z. B. *Deutsch*) und das Dialogfeld *Sprache* die verwendete Sprache zu und lassen ggf. die Korrektur ausführen.

Ende

Mithilfe der Schaltfläche *Alle ändern* der Seitenleiste *Dokumentprüfung* korrigieren Sie einen mehrfach im Dokument auftretenden Fehler.

Irrtümlich durchgeführte Rechtschreibkorrekturen lassen sich über die *Rückgängig*-Schaltfläche in der Symbolleiste für den Schnellzugriff aufheben.

TIPP   **HINWEIS**

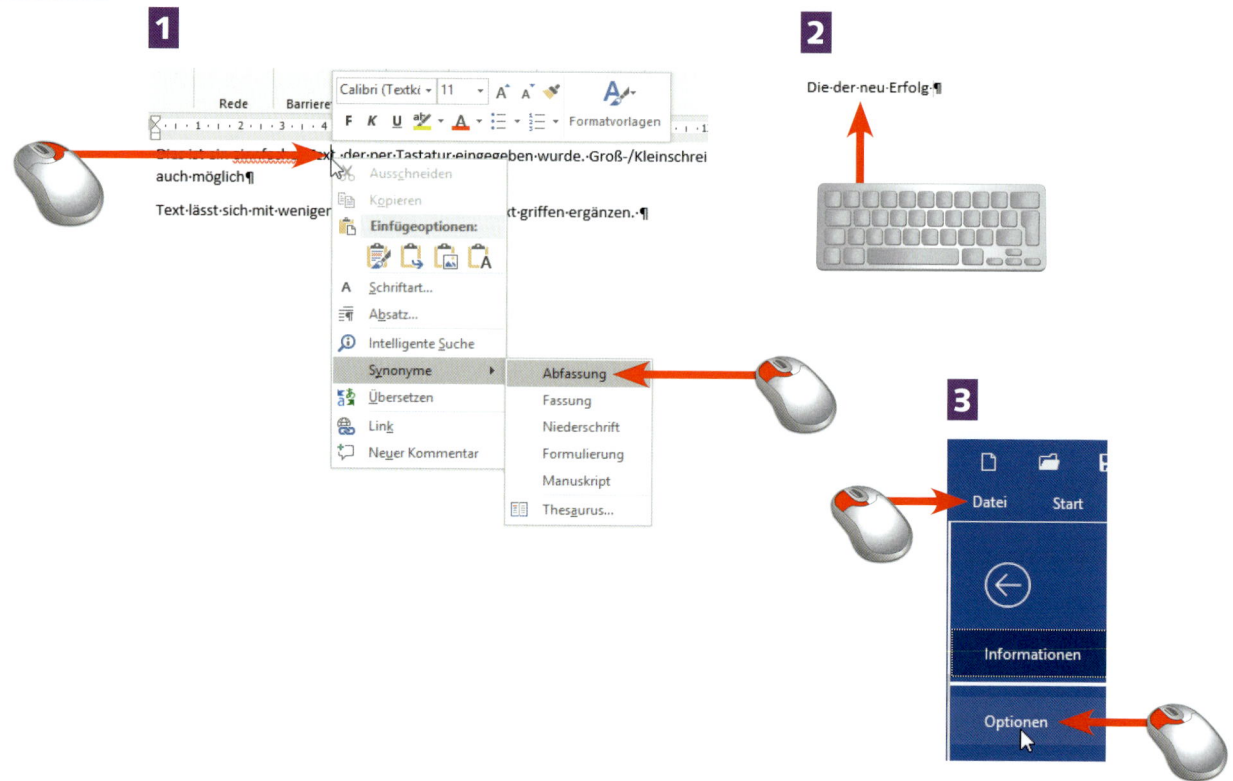

1 Benötigen Sie einen sinnverwandten Begriff für ein Wort, klicken Sie dieses mit der rechten Maustaste an, rufen den Kontextmenübefehl *Synonyme* auf und wählen einen Eintrag aus der Liste aus.

2 Tippen Sie die Wörter »dei«, »edr«, »enu« oder »Erflg« ein, werden diese durch die AutoKorrektur automatisch in die hier gezeigte Schreibweise korrigiert.

3 Um die Einstellungen für die Rechtschreibung und AutoKorrektur anzupassen, wählen Sie *Datei* und im Menü der Backstage-Ansicht den Befehl *Optionen*.

Bereits bei der Eingabe kann Word (oder die Office-Anwendung) fehlerhafte Eingaben korrigieren. Dies erfolgt durch die Funktionen *AutoKorrektur* und *AutoFormat*.

WISSEN

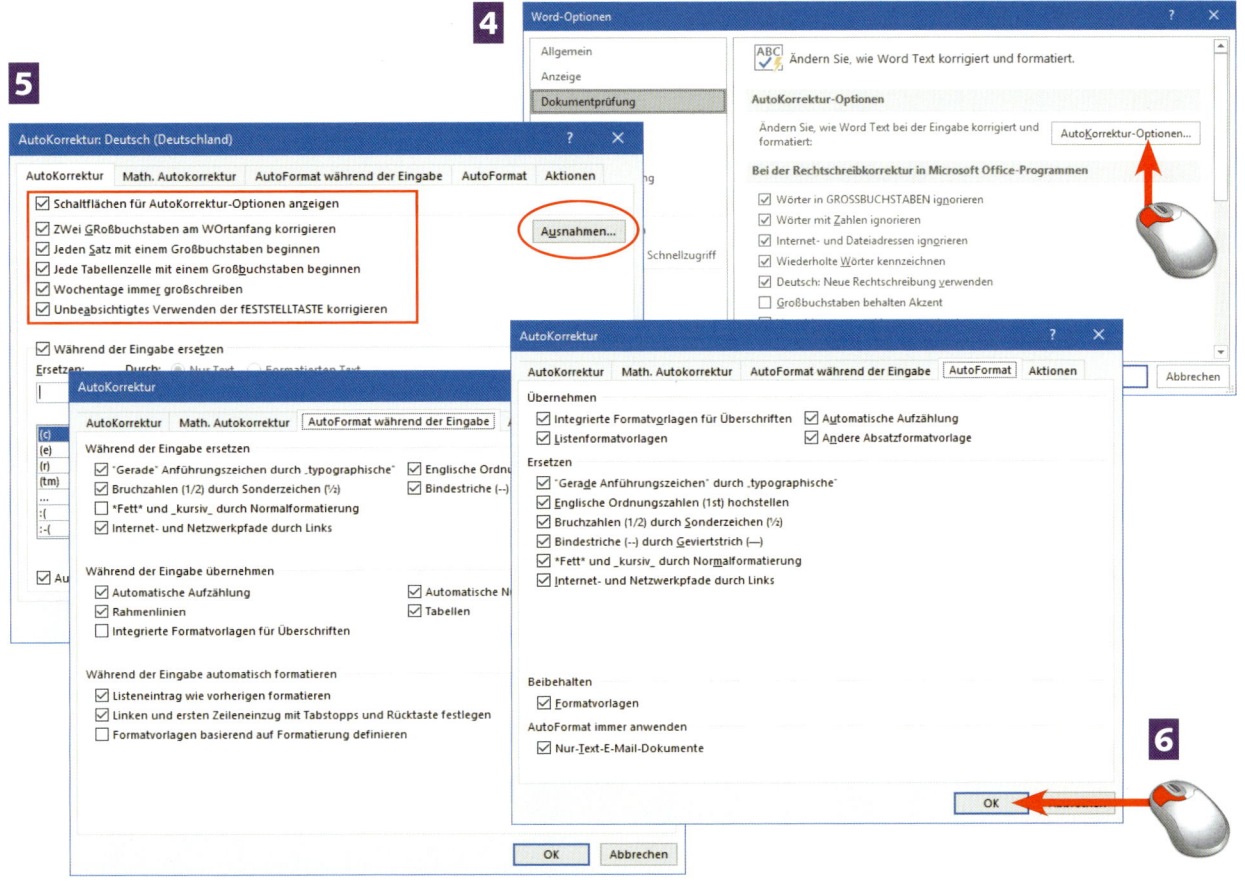

4 Passen Sie im Dialogfeld *Word-Optionen* die Einstellungen der Kategorie *Dokument-prüfung* an und klicken Sie dann auf die Schaltfläche *AutoKorrektur-Optionen*.

5 Auf der Registerkarte *AutoKorrektur* lassen sich Korrekturoptionen und -begriffe sowie Ausnahmen über die gleichnamige Schaltfläche vereinbaren.

6 Passen Sie auf den Registerkarten die AutoFormat-Optionen an und klicken Sie danach auf die *OK*-Schaltfläche.

Ende

Verhindert die AutoKorrektur die richtige Eingabe einer Schreibweise, holt das sofortige Drücken der Tastenkombination [Strg]+[Z] die Texteingabe zurück.

Auf der Registerkarte *AutoKorrektur* tragen Sie die zu korrigierenden Begriffe in eine Liste ein.

TIPP   **HINWEIS**

Texte mit Word gestalten

3

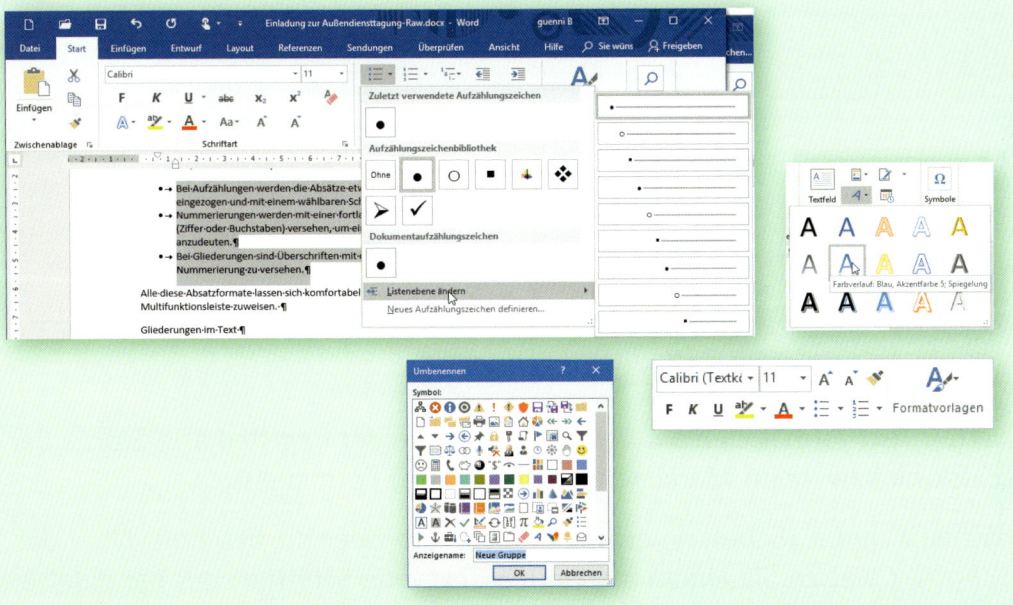

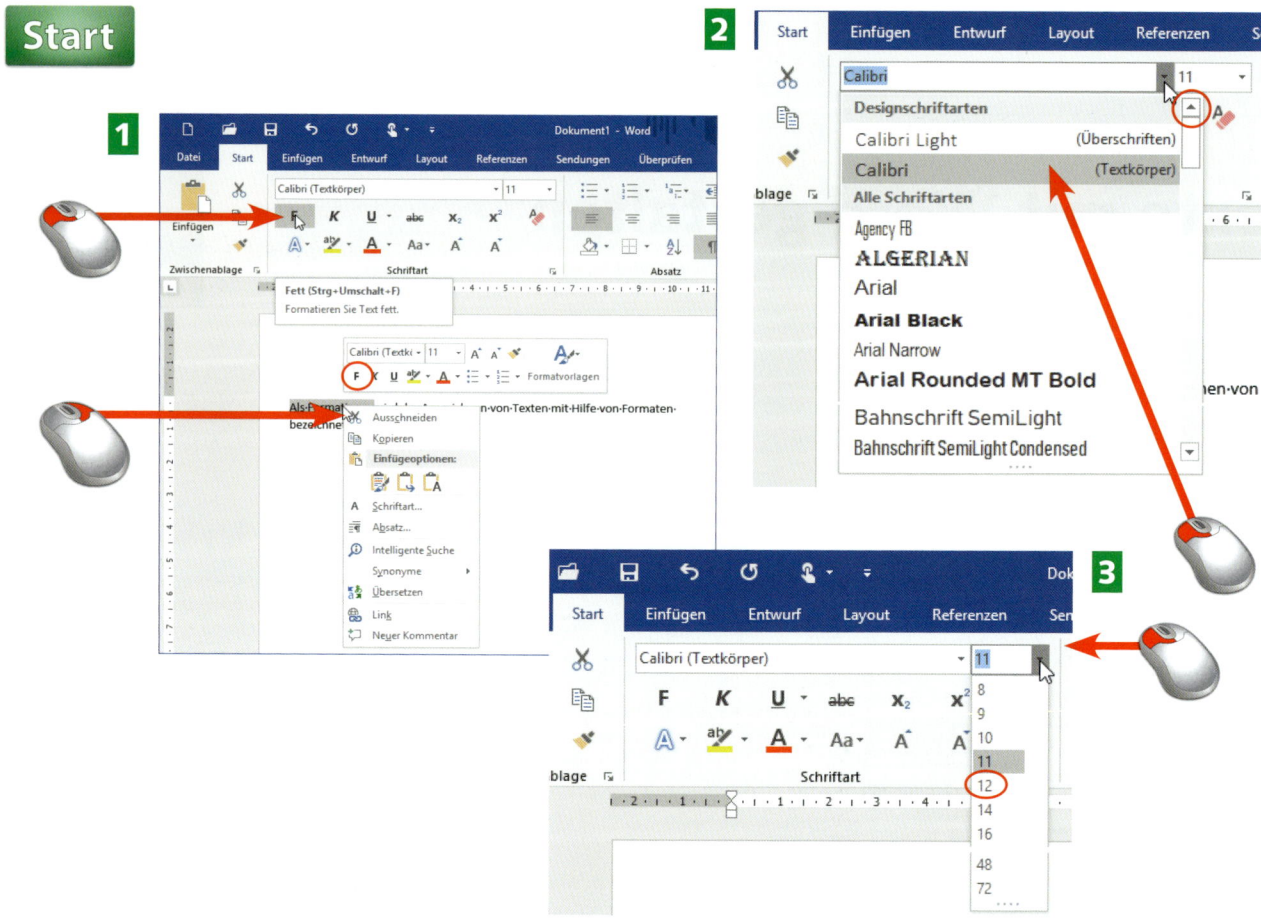

1 Einen markierten Text formatieren Sie über die Elemente der Registerkarte *Start* oder die (per Rechtsklick bzw. beim Markieren eingeblendete) Formatleiste.

2 Die Schaltflächen *F* und *K* (Schritt 1) erzeugen z. B. Fett- oder Kursivschrift. Über das Listenfeld *Schriftart* weisen Sie einem markierten Text eine Schriftart aus der Palette zu.

3 Die Schriftgröße für markierten Text legen Sie über die Werte des Kombinationsfelds *Schriftgrad* fest (eintippen oder aus der Liste auswählen).

Als Formatieren wird das Auszeichnen (Gestalten) von Text mit Fett-, Kursivschrift, Farbe, Schriftgröße und -art, Zeilen- und Absatzabstand etc. bezeichnet. Zeichenformate beziehen sich auf einzelne Zeichen (Fett, Kursiv etc.), Absatzformate gelten für einen Absatz (z. B. Einzug, Nummerierung).

WISSEN

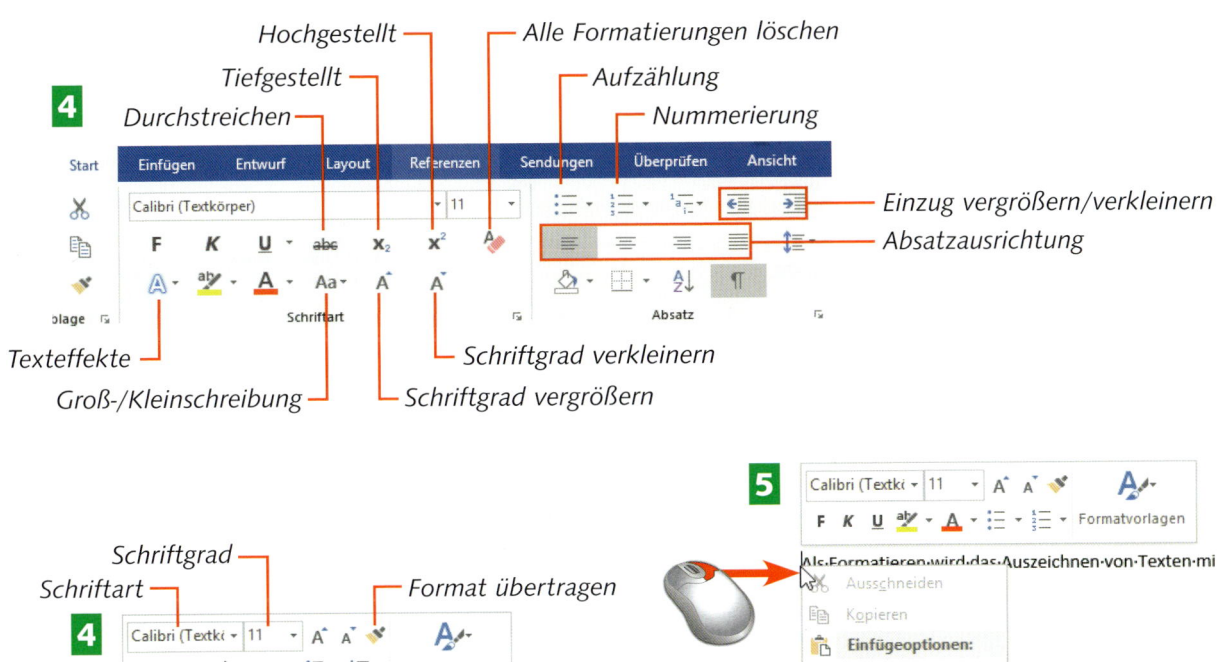

4 Die Gruppe *Schriftart* der Registerkarte *Start* unterscheidet sich in den angezeigten Formatoptionen etwas von der eingeblendeten Formatleiste. In der Gruppe *Absatz* der Registerkarte weisen Sie Absatzformate (links-/rechtsbündig, zentriert, Blocksatz, Aufzählung etc.) über Schaltflächen zu.

5 Klicken Sie einen Text mit der rechten Maustaste an, lassen sich über die Kontextmenübefehle *Schriftart* und *Absatz* Eigenschaftenfenster aufrufen.

Strg + ⇧ + F Fett	Tasten zur Absatz-ausrichtung:	Die Tastenkombination Strg + ⎵ oder die Schaltfläche 🅰 (*Alle Formatierungen löschen*) auf der Registerkarte *Start* setzt die Formatierung des markierten Textbereichs auf das Standardformat zurück.
Strg + ⇧ + K Kursiv		
Strg + ⇧ + U Unterstrichen	Strg + L Linksbündig	
Strg + ⇧ + D Doppelt unterstrichen	Strg + R Rechtsbündig	
Strg + + Hochstellen	Strg + E Zentriert	
Strg + # Tiefstellen	Strg + B Blocksatz	

TIPP　　　**TIPP**　　　**TIPP**

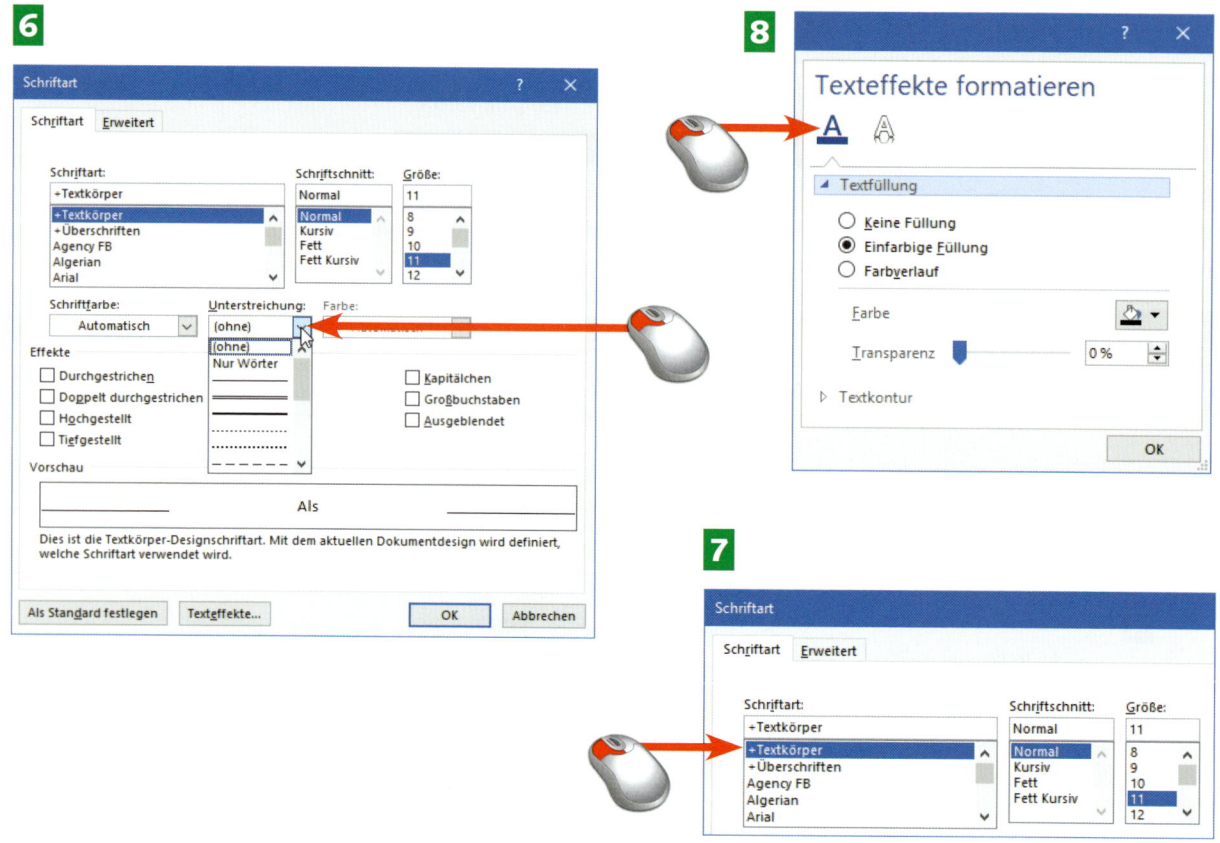

6   Auf der Registerkarte *Schriftart* des gleichnamigen Dialogfelds legen Sie über Listen-felder die Schriftfarbe fest und ob der Text unterstrichen werden soll.

7   Über weitere Listenfelder im oberen Teil der Registerkarte *Schriftart* stellen Sie die Schriften, deren Größe und Formatierung ein.

8   Über die Schaltfläche *Texteffekte* der Registerkarte *Schriftart* öffnen Sie dieses Dialog-feld. Dort weisen Sie besondere Schrifteffekte (Relief, Schattiert, Umriss) zu.

Auf den Registerkarten der Eigenschaftenfenster *Schriftart* und *Absatz* können Sie die Zeichen- und Absatzformate für markierte Texte oder Absätze gezielt einsehen und zuweisen. Die Formate beziehen sich auf markierte Textbereiche oder auf den aktuellen Absatz.

WISSEN

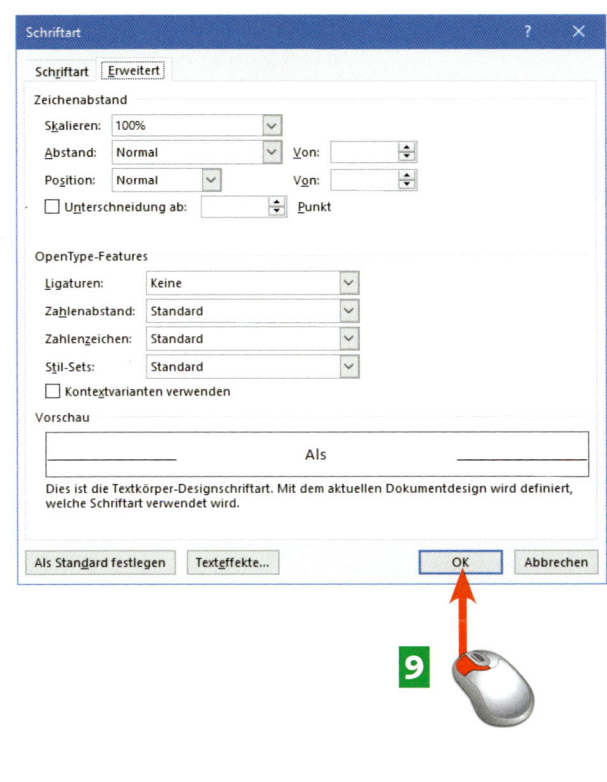

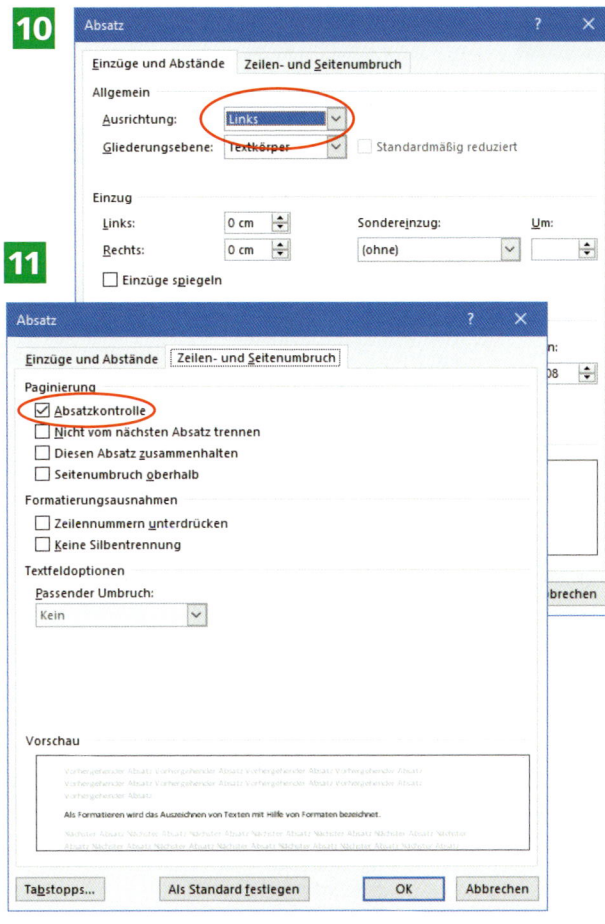

9 Auf der Registerkarte *Erweitert* erhöhen oder reduzieren Sie in der Gruppe *Zeichen-abstand* ggf. die Schriftbreiten und bestätigen dies über die *OK*-Schaltfläche.

10 Auf der Registerkarte *Einzüge und Abstände* geben Sie die Textausrichtung (z. B. linksbündig), den Einzug oder den Zeilen- bzw. Absatzabstand vor.

11 Die Registerkarte *Zeilen- und Seitenumbruch* enthält Optionen zur Kontrolle des Seitenumbruchs (z. B. Überschriften nicht vom folgenden Absatz trennen).

Ende

TIPP

Die Eigenschaftenfenster *Schrift-art* und *Absatz* können auch über das Startprogramm für Dialog-felder (siehe Seite 26) der gleich-namigen Gruppen der Register-karte *Start* aufgerufen werden.

HINWEIS

Das Arbeiten mit Einzügen und Abständen wird auf Seite 78 gezeigt. Zum Korrekturlesen ausgedruckter Textdokumente können Sie den Zeilenabstand auf der Registerkarte *Einzüge und Abstände* erhöhen.

TIPP

Zugewiesene Forma-te erkennen Sie an aktivierten Schalt-flächen der Register-karte *Start* bzw. an gesetzten Optionen.

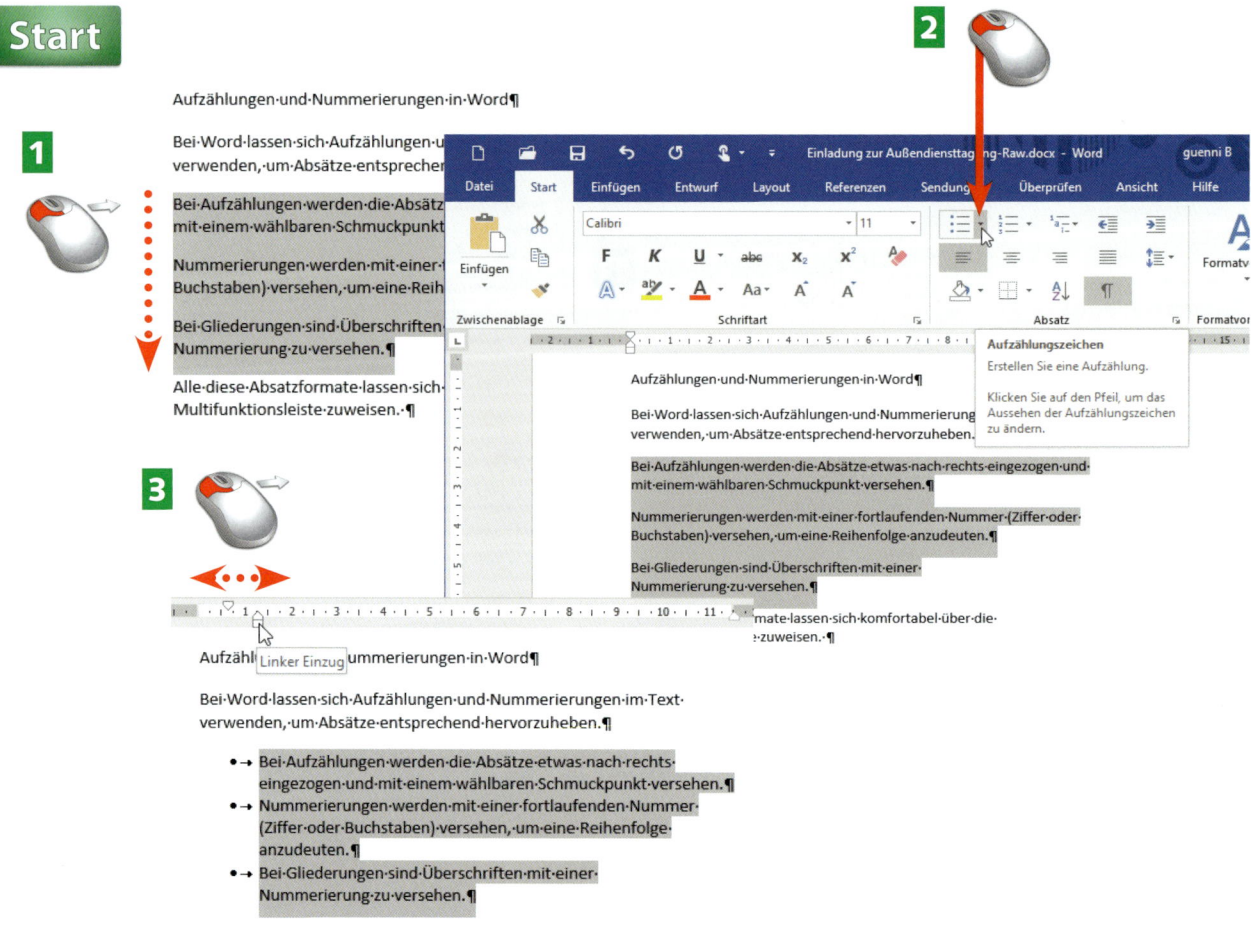

1 Um eine Aufzählung im Text zuzuweisen, markieren Sie die betreffenden Absätze (z. B. durch Ziehen mit der Maus, siehe Seite 56).

2 Wählen Sie auf der Registerkarte *Start* des Menübands in der Gruppe *Absatz* die Schaltfläche *Aufzählungszeichen*, um die hier gezeigte Aufzählung zuzuweisen.

3 Um den Einzug der Aufzählungsabsätze anzupassen, verschieben Sie den linken unteren Randsteller per Maus am horizontalen Lineal.

Aufzählungen ermöglichen es Ihnen, mehrere Absätze mit Schmuckpunkten hervorzuheben. Die Symbole und Einzüge werden über Absatzformate definiert.

WISSEN

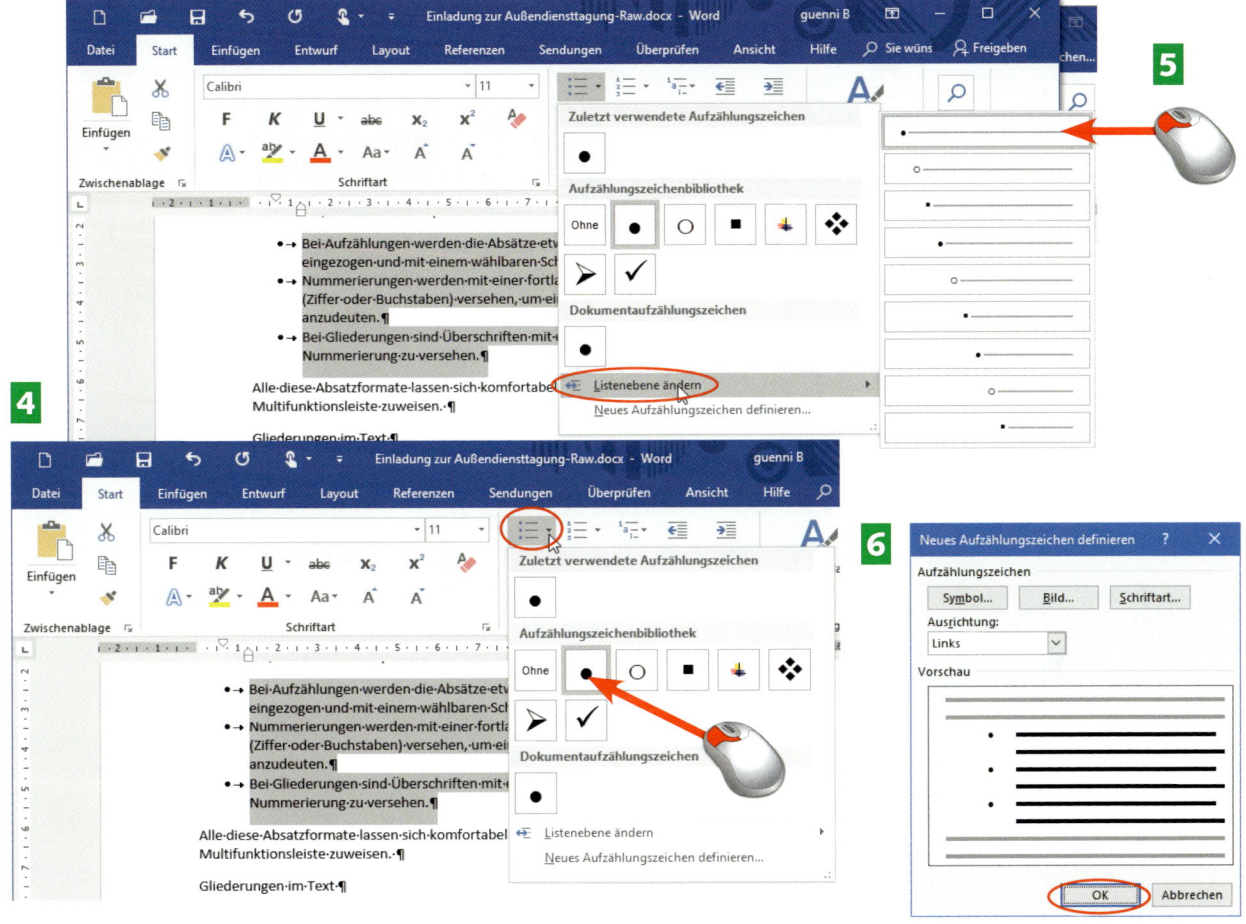

4 Möchten Sie einen anderen Schmuckpunkt für die Aufzählung verwenden, öffnen Sie den Katalog der Schaltfläche *Aufzählungszeichen* und wählen den gewünschten Eintrag aus.

5 Für eine gestufte Aufzählung markieren Sie die Absätze und wählen im Katalog den Befehl *Listenebene ändern*. Anschließend klicken Sie auf ein Aufzählungssymbol.

6 Wählen Sie im Katalog (Schritt 5) den Befehl *Neues Aufzählungszeichen definieren*, können Sie im gleichnamigen Dialogfeld die Ausrichtung und das Zeichen ändern. **Ende**

Um die Aufzählung aufzuheben, markieren Sie die Aufzählungsabsätze und klicken erneut auf die Schaltfläche *Aufzählungszeichen*.

Sie können in Schritt 6 sowohl Symbole als auch Bilder über die betreffenden Schaltflächen als Schmuckpunkte festlegen.

TIPP

HINWEIS

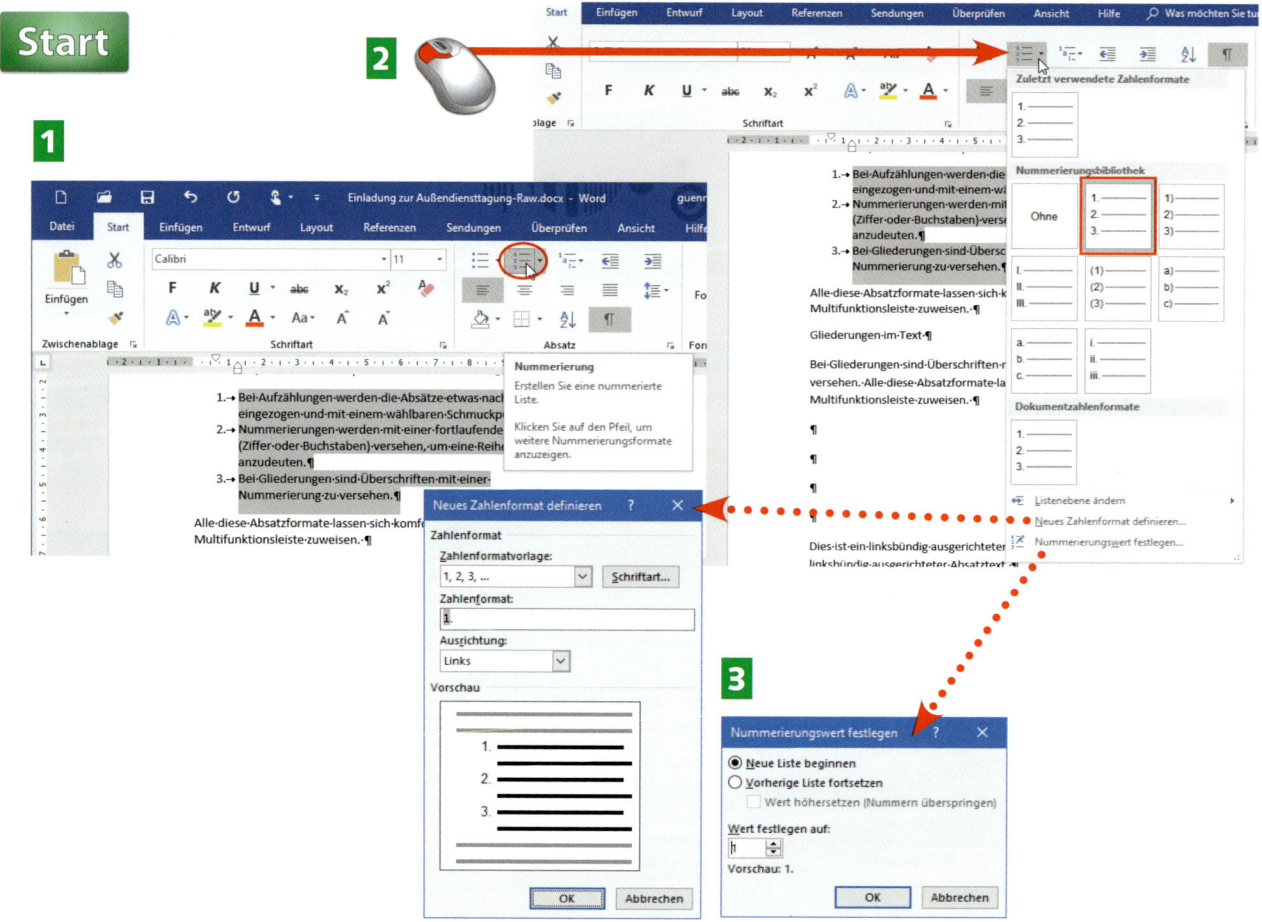

1 Zum Zuweisen einer Nummerierung markieren Sie die Absätze und wählen dann auf der Registerkarte *Start* des Menübands die Schaltfläche *Nummerierung*.

2 Öffnen Sie den Katalog der Schaltfläche *Nummerierung*, um das Nummerierungssymbol über einen Katalogeintrag zu ändern. Über das Menü des Befehls *Listenebene ändern* stufen Sie Nummerierungen hoch.

3 Die Katalogbefehle *Nummerierungswert festlegen* und *Neues Zahlenformat definieren* öffnen Dialogfelder, um die betreffenden Werte und Optionen einzustellen.

Bei Nummerierungen werden mehrere Absätze mit vorangestellten Ziffern oder Buchstaben versehen, um die Reihenfolge anzudeuten. Es sind auch mehrstufige Listen (Gliederungen) möglich.

WISSEN

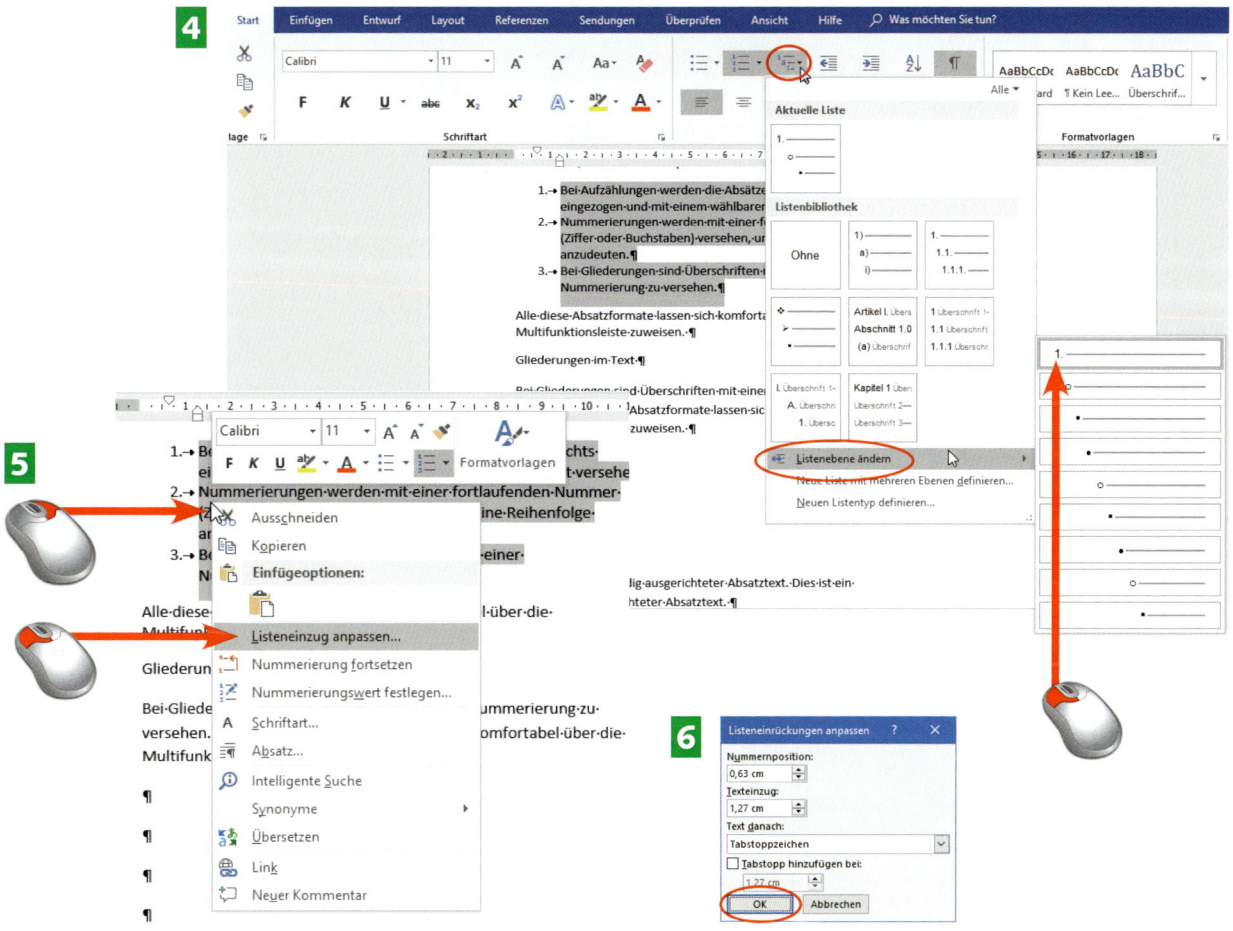

4 Über den Katalog der Schaltfläche *Liste mit mehreren Ebenen* weisen Sie eine Gliederung und über das Untermenü des Befehls *Listenebene ändern* gestufte Listen der Art 1.1, 1.2 etc. zu.

5 Um die Listenoptionen anzupassen, klicken Sie mit der rechten Maustaste auf den Listenbereich und wählen den Kontextmenübefehl *Listeneinzug anpassen*.

6 Im eingeblendeten Dialogfeld lassen sich die Optionen für Einzüge, die Nummerierungsposition etc. anpassen und mit der *OK*-Schaltfläche übernehmen.

Ende

TIPP

Zeigen Sie auf einen Katalogeintrag, blendet Word eine Vorschau mit den Auswirkungen im Dokumentfenster ein.

HINWEIS

Die Einzüge für Aufzählungen und Nummerierungen lassen sich auch über die Schaltflächen *Einzug vergrößern/Einzug verkleinern* anpassen.

HINWEIS

Eine Nummerierung heben Sie auf, indem Sie die Absätze markieren und die Schaltfläche erneut anklicken.

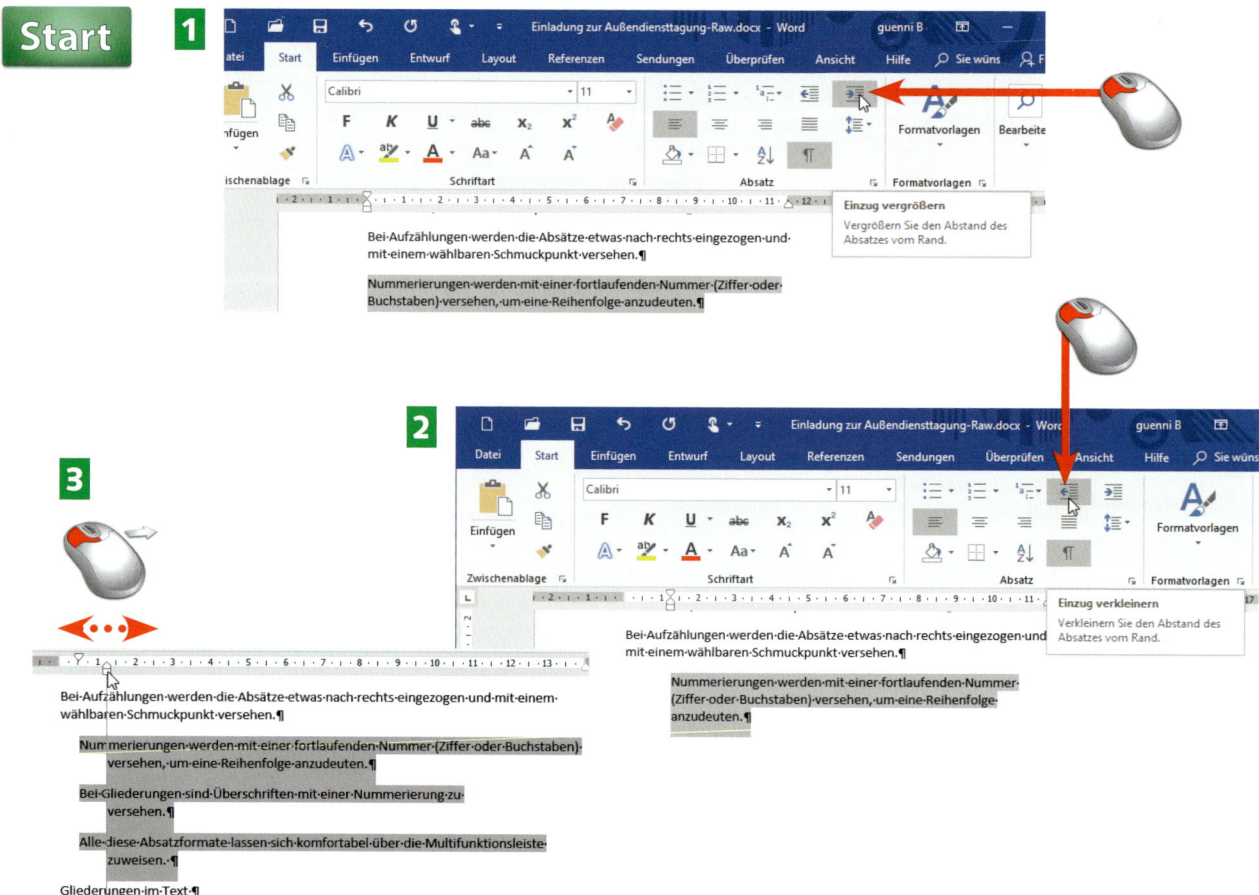

1. Markierte Absätze ziehen Sie auf der Registerkarte *Start* des Menübands in der Gruppe *Absatz* über die Schaltfläche *Einzüge vergrößern* schrittweise nach rechts ein.

2. Über die Schaltfläche *Einzüge verkleinern* der gleichen Gruppe reduzieren Sie den Einzug markierter Absätze am linken Rand schrittweise.

3. Den linken Einzug der Zeilen sowie den rechten Rand eines markierten Absatzes passen Sie durch Ziehen der Randsteller des horizontalen Lineals an.

Texte lassen sich am linken Rand einrücken, Absätze und Zeilen können mit größerem Abstand versehen werden. Dies legen Sie über Absatzformate fest.

WISSEN

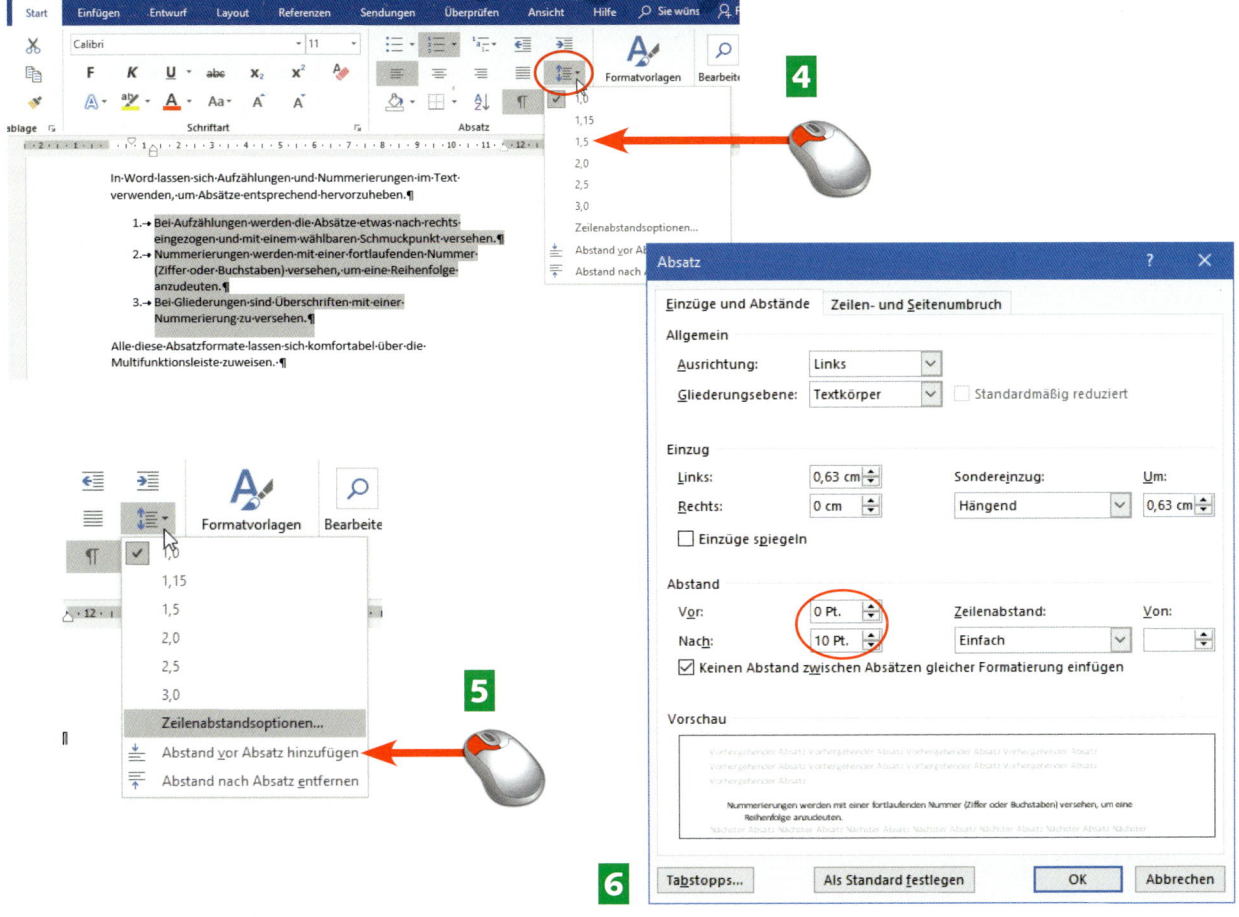

4 Vergrößerte Zeilenabstände (hilfreich beim Korrekturlesen) erhalten Sie bei markiertem Text über das Menü der Schaltfläche *Zeilen- und Absatzabstand*.

5 Den Absatzabstand vor/nach einem markierten Text erhöhen/reduzieren Sie durch Anwahl der hier gezeigten Befehle der Menüschaltfläche *Zeilen- und Absatzabstand*.

6 Über den Befehl *Zeilenabstandsoptionen* (Schritt 5) stellen Sie im Dialogfeld die Absatzabstände über die Werte *Vor* und *Nach* genau ein.

Ende

TIPP

Vorhandene Aufzählungen und Nummerierungen (Seite 74 ff.) werden mit der Schaltfläche *Einzüge vergrößern* in die gestufte Variante verwandelt.

TIPP

Als Randsteller werden die kleinen Dreiecke am horizontalen Lineal bezeichnet.

HINWEIS

Mit dem oberen linken Randsteller passen Sie den Einzug für die erste Zeile an. Mit den beiden unteren Randstellern verändern Sie den linken/rechten Textrand.

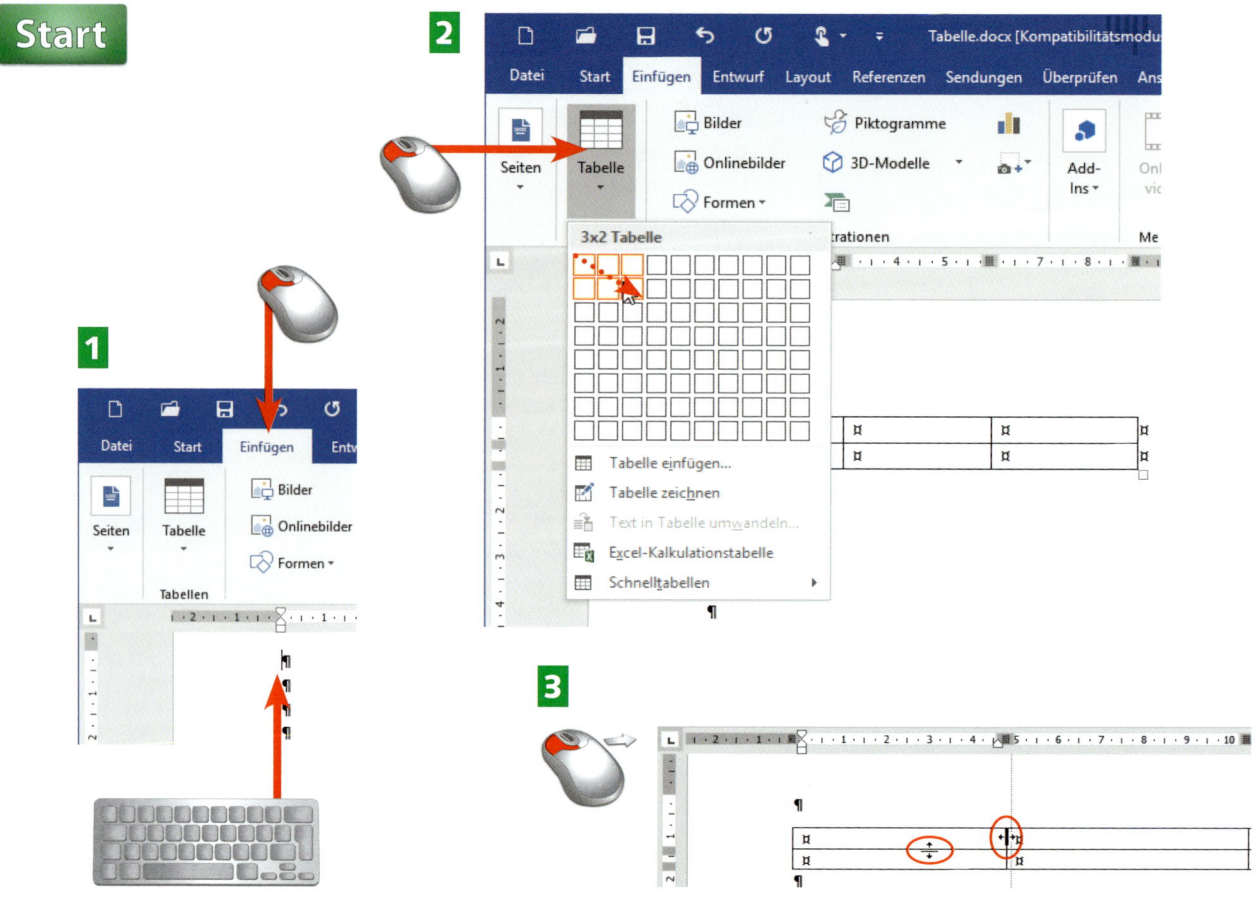

1 Erzeugen Sie einige Leerzeilen mit der ⏎-Taste, setzen Sie die Einfügemarke in einen Absatz, und wählen Sie die Registerkarte *Einfügen*.

2 Wählen Sie auf der Registerkarte *Einfügen* des Menübands die Schaltfläche *Tabelle* und markieren Sie durch Ziehen die gewünschte Tabellengröße in der Palette.

3 Die Zellbreite oder -höhe der eingefügten Tabelle korrigieren Sie durch Ziehen der Zellränder per Maus.

Tabellen ermöglichen es in Word-Dokumenten, Listen auf einfache Weise zu gestalten. Zudem eignen sich Tabellen, um weitere Gestaltungselemente wie z. B. Bilder in Texte einzufügen.

WISSEN

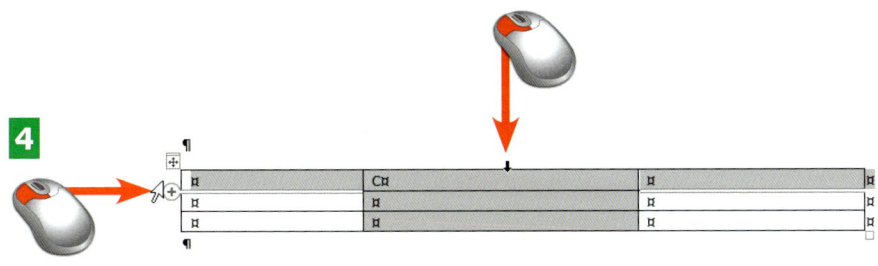

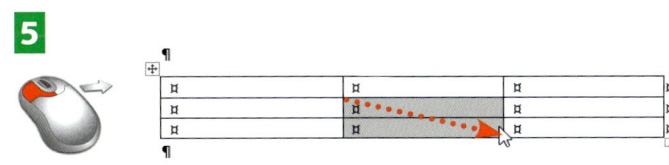

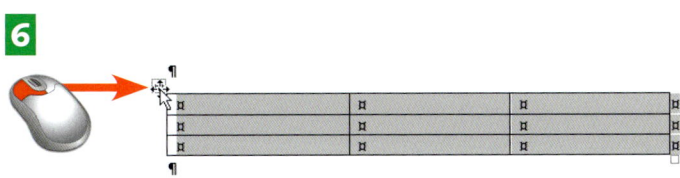

4 Eine Tabellenzeile markieren Sie, indem Sie vor die Zeile klicken. Spalten markieren Sie durch einen Klick auf den Rand oberhalb der Tabellenspalte.

5 Zellen lassen sich durch Ziehen per Maus markieren (erste Zelle anklicken und Maus zur diagonalen Zelle ziehen).

6 Klicken oder tippen Sie auf den Platzhalter in der linken oberen Tabellenecke, werden alle Zellen der Tabelle markiert.

Das Anklicken oder Antippen einer Zelle hebt die Markierung auf. Das beim Zeigen vor der Tabelle (Schritt 4) angezeigte Pluszeichen fügt eine Tabellenzeile ein.

Eine Zelle ist das durch Zeilen und Spalten gebildete kleinste Element der Tabelle, das Inhalte aufnehmen kann.

Durch die eingefügten Leerzeilen lässt sich ggf. leichter vor und hinter der Tabelle Text einfügen. Bei Bedarf löschen Sie die Leerzeilen später.

TIPP

FACHWORT

HINWEIS

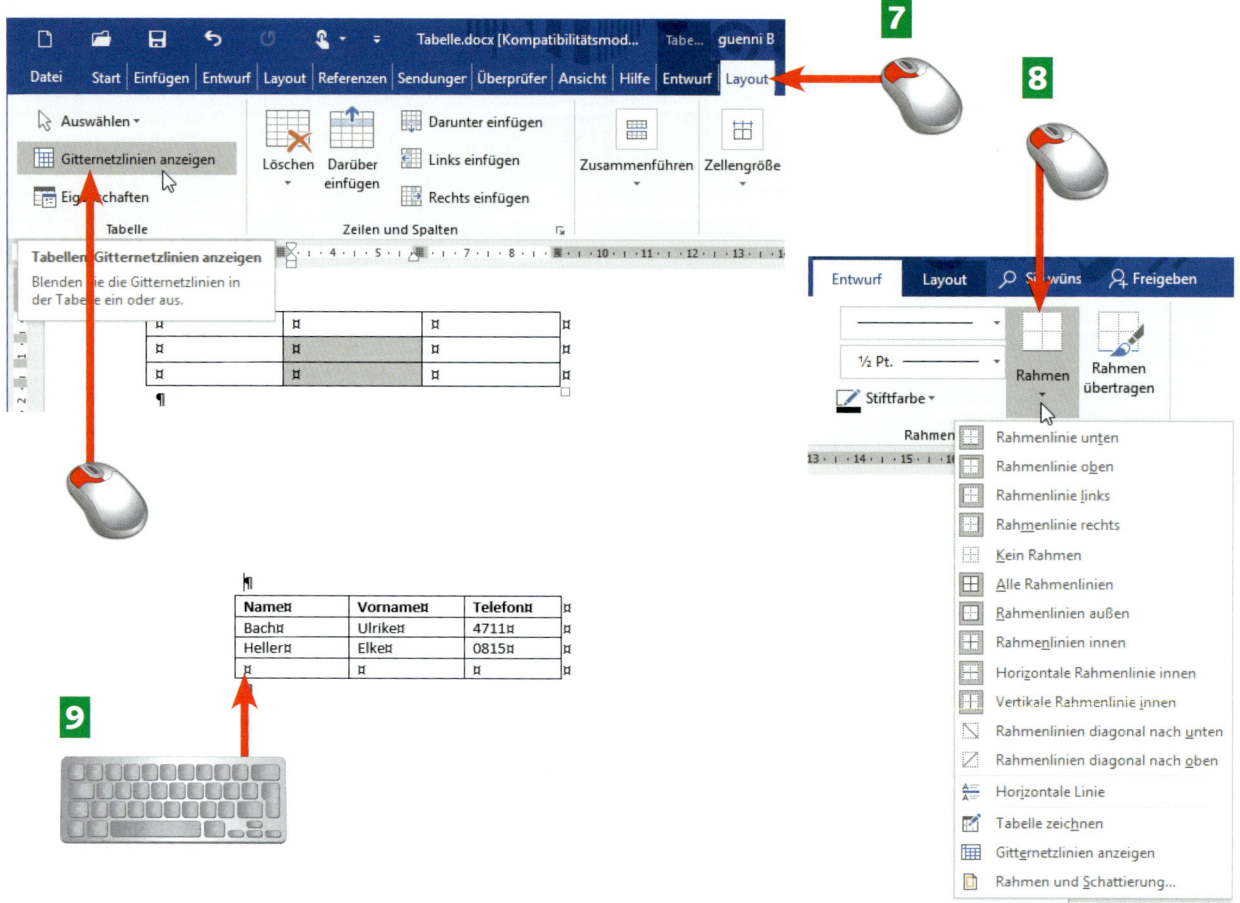

7 Bei einer markierten Tabelle finden Sie in der Gruppe *Tabelle* auf der Registerkarte *Layout* eine Schaltfläche, um die Trennlinien von Zellen ein- und auszublenden.

8 Über die Menüschaltfläche *Rahmen* der Registerkarte *Entwurf* löschen oder setzen Sie die Rahmenlinien markierter Zellen.

9 Klicken oder tippen Sie auf eine Tabellenzelle, lässt sich dort Text eintippen oder eine Grafik etc. einfügen.

Löschen Sie die Rahmenlinien von Tabellen, wird die Struktur durch eine dünne Gitternetzlinie angezeigt. Die Schaltfläche *Schattierung* der Registerkarte *Entwurf* ermöglicht es, Tabellenzellen mit einer Farbe zu schattieren.

WISSEN

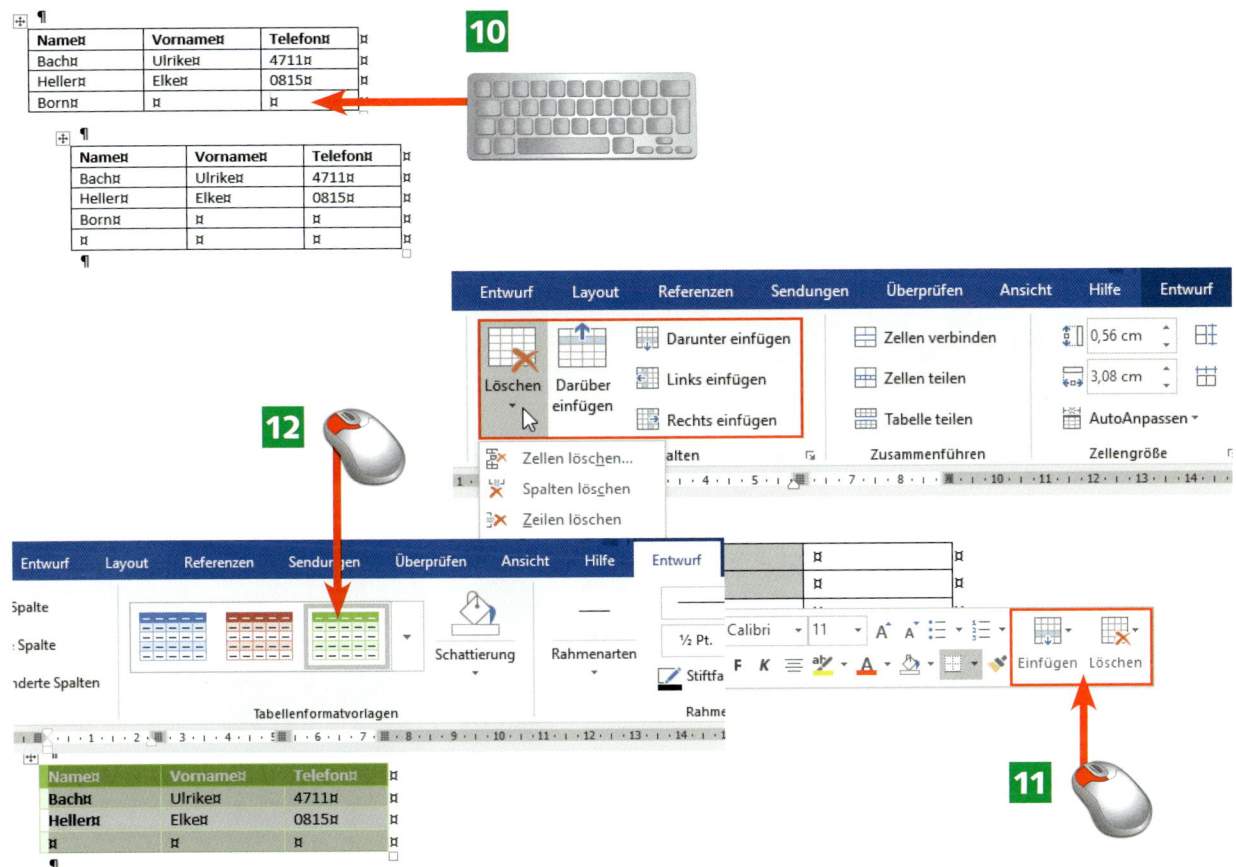

10 Drücken Sie in der rechten unteren Zelle der Tabelle die ⇥-Taste, wird eine neue Zeile eingefügt.

11 Markieren Sie Zellen, finden Sie in der eingeblendeten Leiste und auf der Registerkarte *Layout* Schaltflächen zum Einfügen und Löschen von Zellen.

12 Eine markierte Tabelle können Sie auf der Registerkarte *Entwurf* über die Einträge der Gruppe *Tabellenformatvorlagen* formatieren.

Ende

TIPP	FACHWORT	HINWEIS
Mit der ⇥-Taste springen Sie in die nächste Tabellenzelle. Tabulatorzeichen werden über Strg+⇥ in die Zelle eingegeben.	Eine Tabellenformatvorlage bestimmt das Aussehen der Tabelle über Formate (Farbe, Schrift etc.).	Die Registerkarten *Entwurf* und *Layout* werden nur angezeigt, wenn sich die Einfügemarke in einer Tabellenzelle befindet.

Start

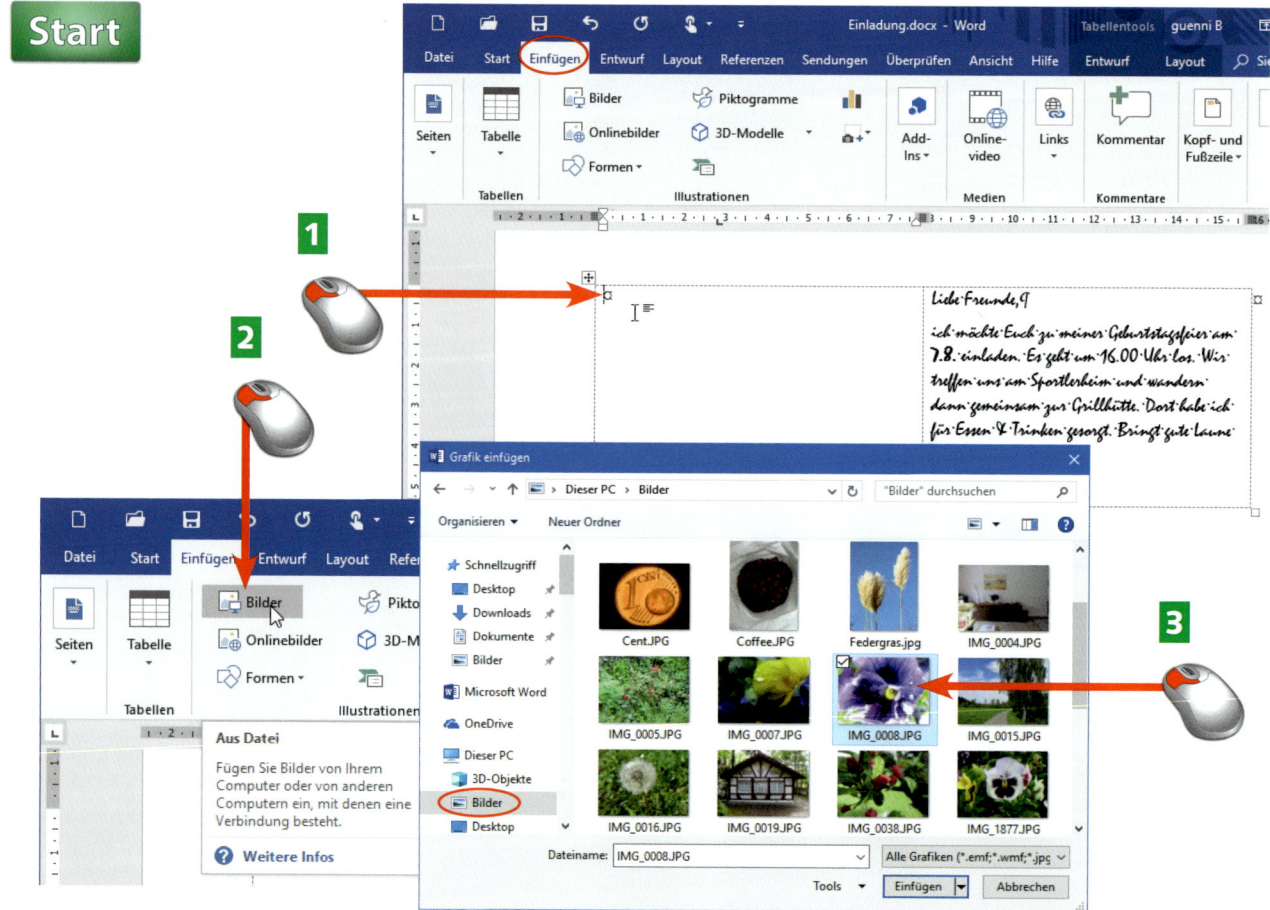

1 Um eine Grafikdatei in den Text einzufügen, klicken oder tippen Sie auf die Einfügestelle (z. B. eine Tabellenzelle) und wechseln dann zur Registerkarte *Einfügen*.

2 Wählen Sie in der Gruppe *Illustrationen* die Schaltfläche *Bilder*.

3 Navigieren Sie im Dialogfeld *Grafik einfügen* zum Bilderordner und markieren Sie die gewünschte Grafikdatei durch Antippen oder Anklicken.

Office unterstützt verschiedene Grafikformate (*.jpg*, *.tif*, *.png*, *.bmp* etc.). In den Text eingefügte Grafiken werden mit dem Dokument gespeichert, was große Dateien ergibt. Eine Verknüpfung fügt nur die Information zum Speicherort der Grafikdatei ein und führt zu kleineren Dokumentdateien.

WISSEN

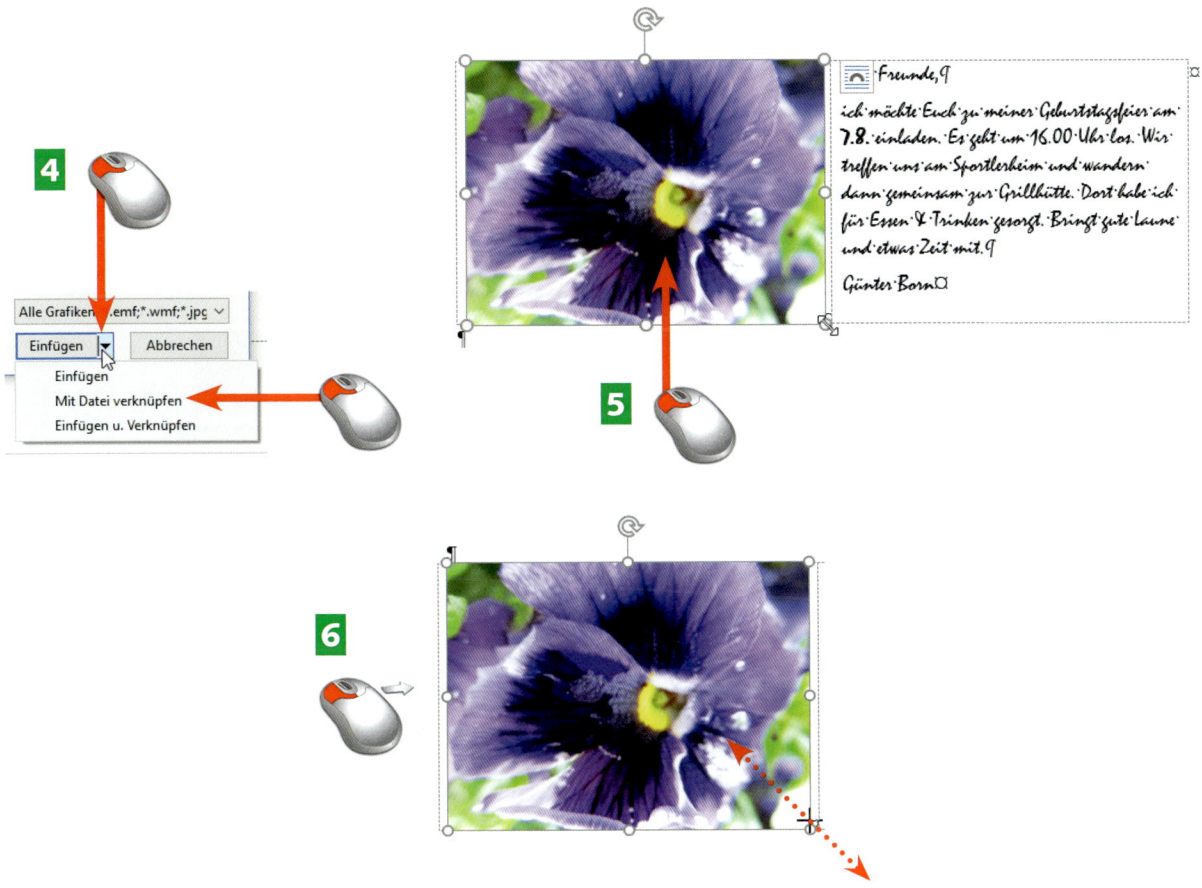

4 Wählen Sie die Schaltfläche *Einfügen* oder öffnen Sie das Drop-down-Menü der Schalt-fläche und wählen Sie entweder den Befehl *Einfügen* oder *Mit Datei verknüpfen*.

5 Um die Größe der eingefügten Grafik anzupassen oder diese zu drehen, markieren Sie diese durch Anklicken oder Antippen und zeigen anschließend auf eine der Ziehmarken.

6 Sobald ein Doppelpfeil als Mauszeiger erscheint, verändern Sie die Bildgröße durch Ziehen der Ziehmarke – oder drehen das Bild über die Drehmarke.

Zum Löschen einer Grafik, einer Form, eines Cliparts etc. klicken oder tippen Sie diese an und drücken die Entf-Taste.

Ziehmarken sind die kleinen Punkte am Markierungsrahmen ausgewählter Objekte (z. B. Bilder). Die Drehmarke ist oberhalb der Grafik sichtbar.

Bei markierter Grafik wechseln Sie unter *Bildtools* zur Register-karte *Format*, um auf die Grafikfunktionen (Seite 88) zuzugreifen.

TIPP   **FACHWORT**   **HINWEIS**

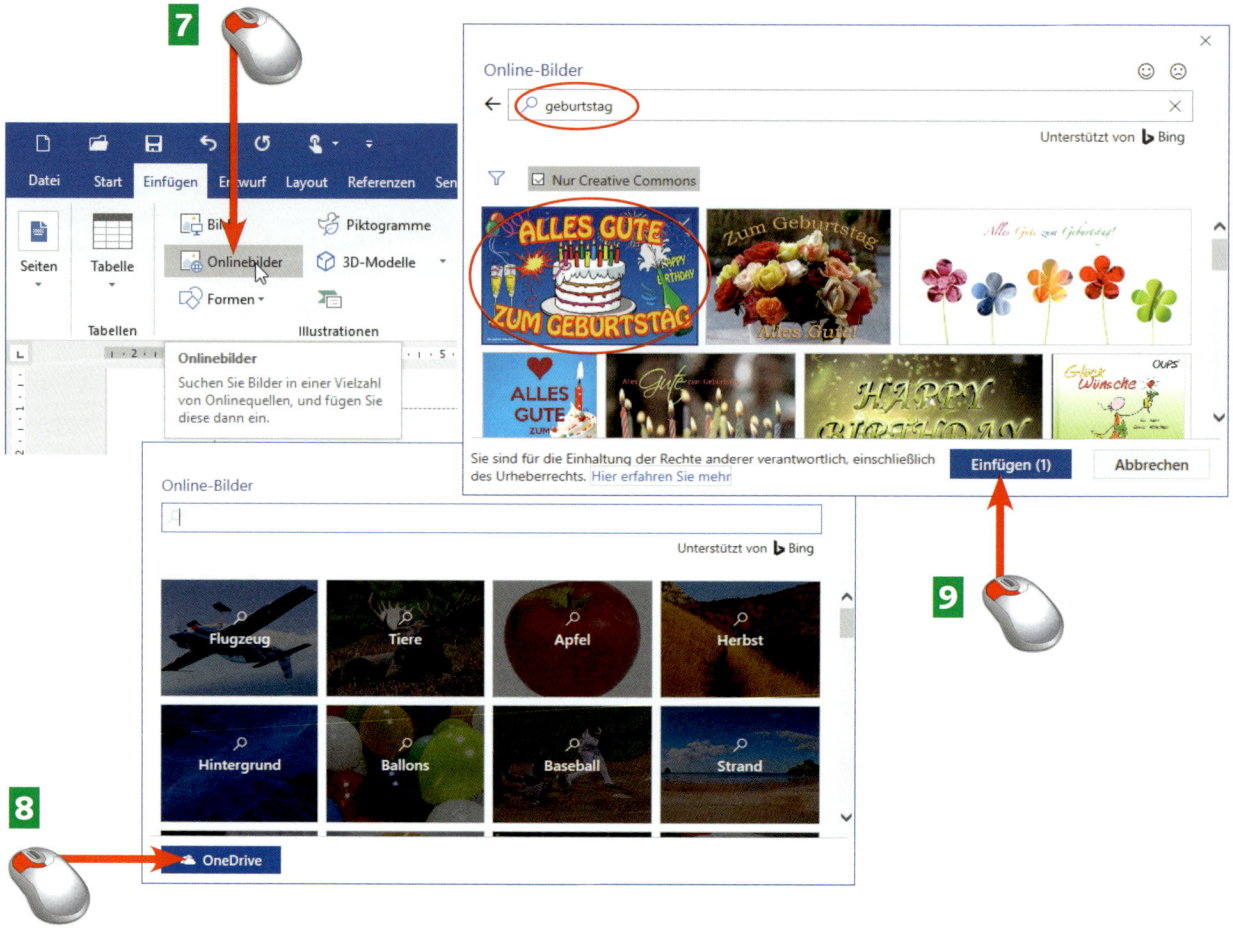

7 Statt lokaler Grafiken lässt sich auf der Registerkarte *Einfügen* die Schaltfläche *Online-bilder* anwählen.

8 Wählen Sie im angezeigten Fenster einen der Onlinespeicher (z. B. OneDrive) aus.

9 Geben Sie z. B. auf der Seite »Bing-Bildersuche« einen Suchbegriff ein, wählen Sie ein passendes Bild aus und klicken Sie auf die *Einfügen*-Schaltfläche.

Es lassen sich auch Onlinebilder in den Text einfügen. Grafik-elemente wie Bilder oder Zeichenelemente können in Word von Text umgeben oder vor bzw. hinter den Text gelegt werden.

WISSEN

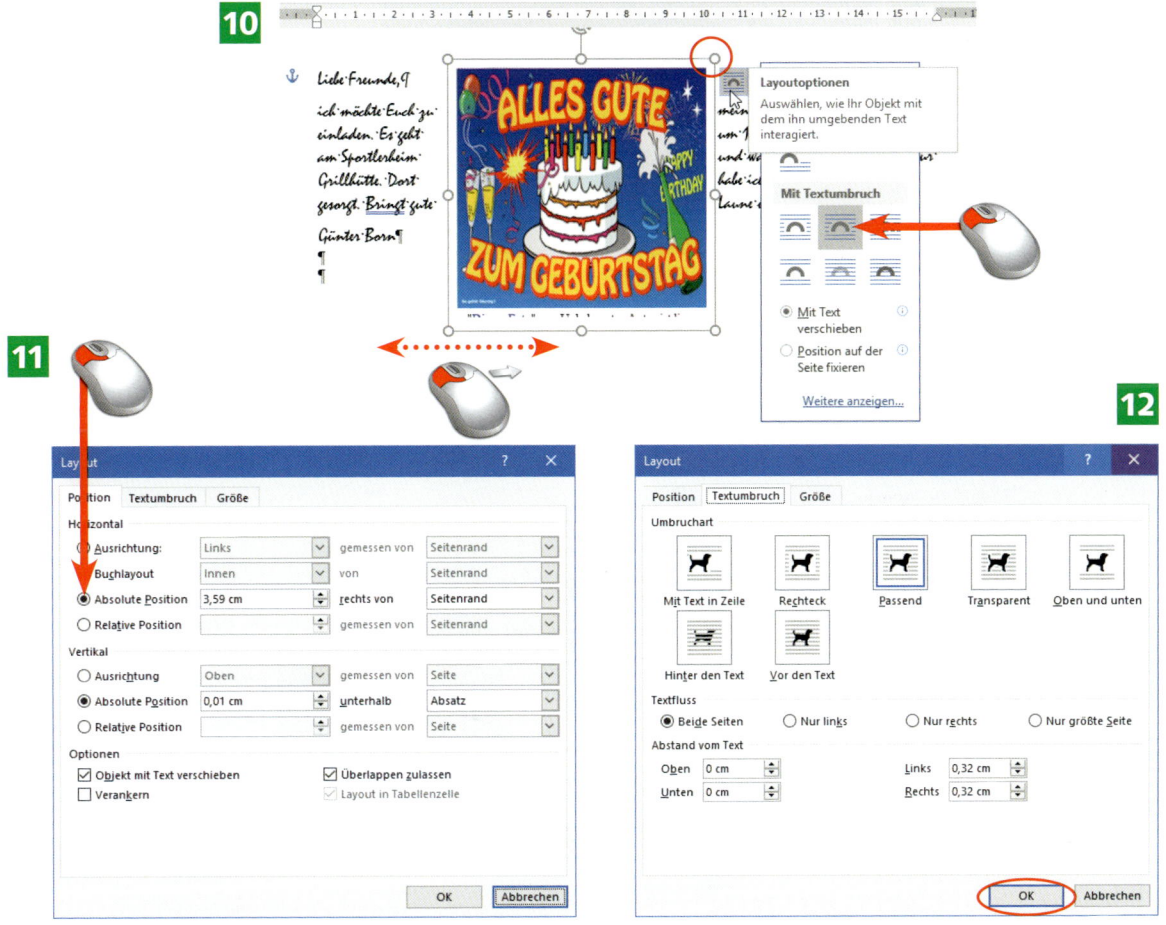

10 Verschieben Sie die Grafik im Dokument und passen Sie die Größe an. Wählen Sie die Schaltfläche *Layoutoptionen* und dann in der Palette einen Textumbruchmodus.

11 Über den Befehl *Weitere anzeigen* (Schritt 10) öffnen Sie das Dialogfeld *Layout* und passen die Position der Grafik über die Registerkarte *Position* an.

12 Der Textumbruch lässt sich auch über die Symbole der Gruppe *Umbruchart* auf der Registerkarte *Textumbruch* ändern und mit der *OK*-Schaltfläche zuweisen. **Ende**

TIPP

Verwenden Sie den Textumbruch *Passend*, um den Text um ein Bild herumfließen zu lassen.

TIPP

Bilder mit einer Creative-Commons-Lizenz sind frei verwendbar.

HINWEIS

Beachten Sie beim Einbinden von Onlinegrafiken das Urheberrecht.

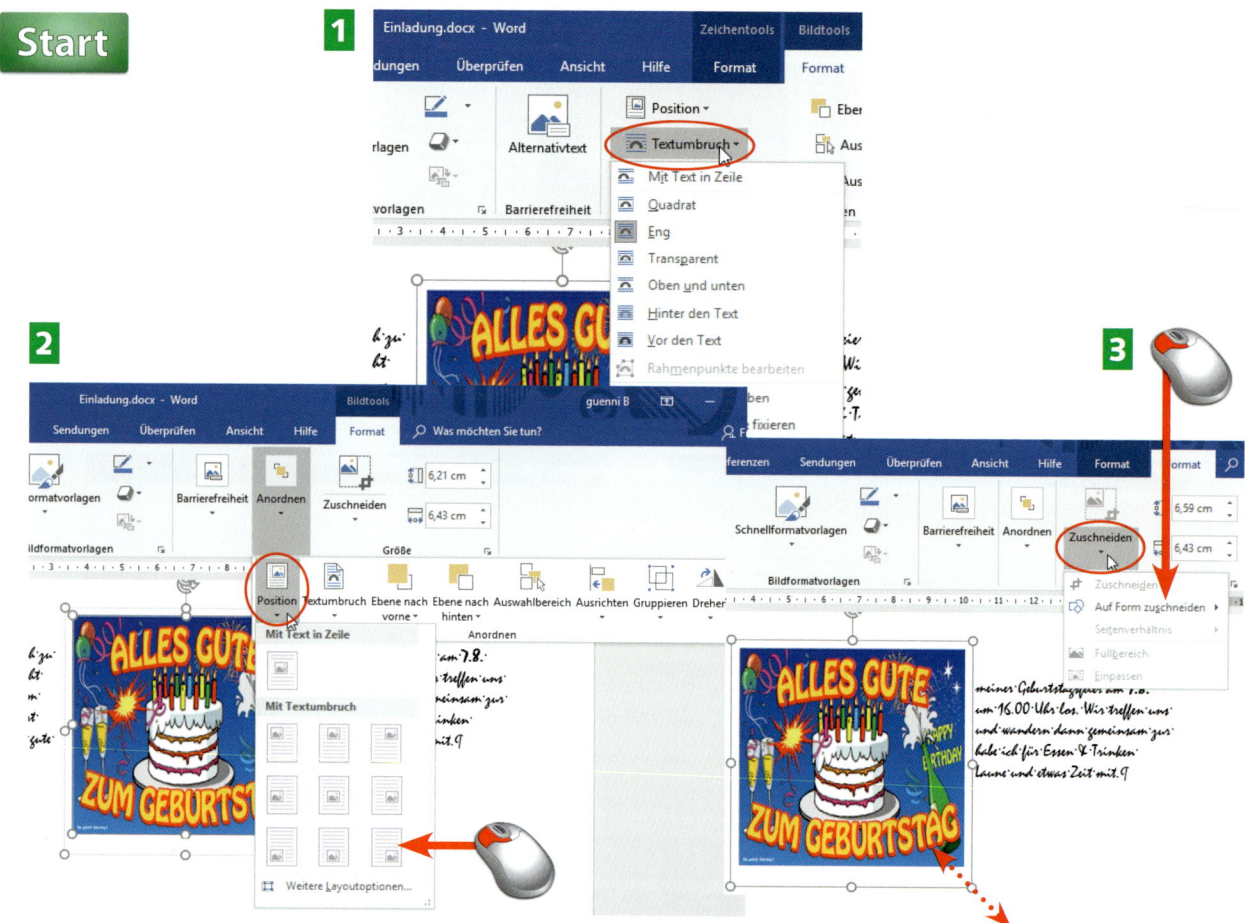

1 Über die Palette der Schaltfläche *Position* in der Gruppe *Anordnen* der Registerkarte *Bildtools/Format* legen Sie die Position (links, rechts etc.) der Grafik im Text fest.

2 Über die Schaltfläche *Textumbruch* der Registerkarte *Bildtools/Format* können Sie Text um das Bild herumlaufen lassen oder die Grafik im Vorder-/Hintergrund anordnen.

3 Verwenden Sie die Schaltfläche *Zuschneiden* und deren Befehle, um einen Bildausschnitt durch Verschieben der Bildmarken oder Auswahl einer Form festzulegen.

Eingefügte und im Dokument markierte Grafikelemente (Fotos, Scans, Screenshots etc.) lassen sich direkt in Word auf der Registerkarte *Bildtools/Format* bearbeiten (drehen, beschneiden, aufhellen etc.). Diese Anpassungen verändern die Originalgrafikdatei nicht.

WISSEN

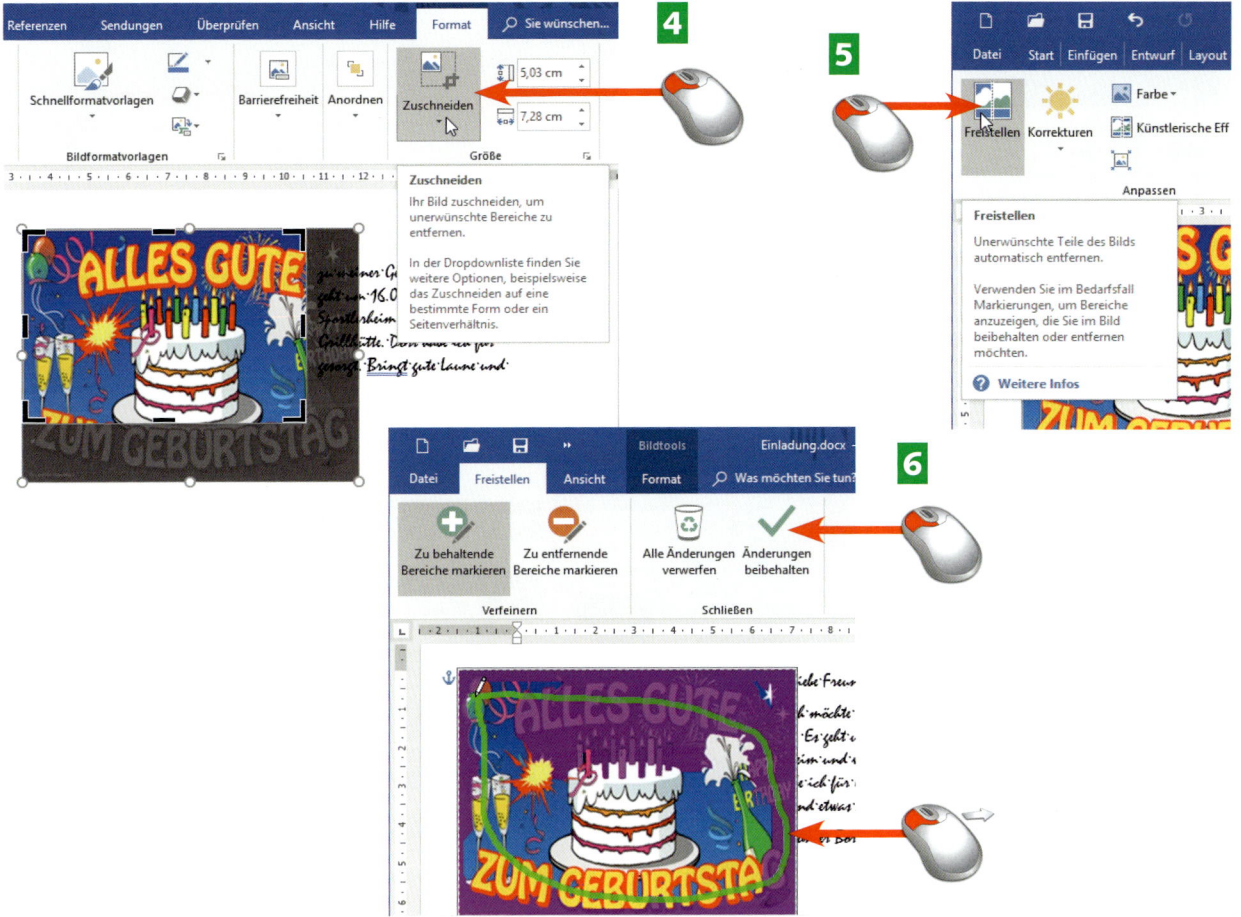

4 Nach dem Zuschneiden klicken Sie erneut auf die Schaltfläche *Zuschneiden*, um den Modus zu beenden.

5 Verwenden Sie die Schaltfläche *Freistellen* auf der Registerkarte *Bildtools/Format*, um äußere Teile eines Fotos auszublenden.

6 Anschließend markieren Sie den freizustellenden Ausschnitt des Fotos und wählen die Schaltfläche *Änderungen beibehalten* auf der Registerkarte *Freistellen*.

Die Position bzw. der Zeilen-umbruch lässt sich über die Schaltfläche *Layoutoptionen* direkt anpassen (Seite 87).	Die Registerkarte *Freistellen* enthält Schaltflächen, um Freistellungen festzulegen oder Änderungen zu verwerfen.	Bildabmessungen lassen sich auch direkt über die Drehfelder der Gruppe *Größe* der Register-karte *Format* angeben.
TIPP	**HINWEIS**	**HINWEIS**

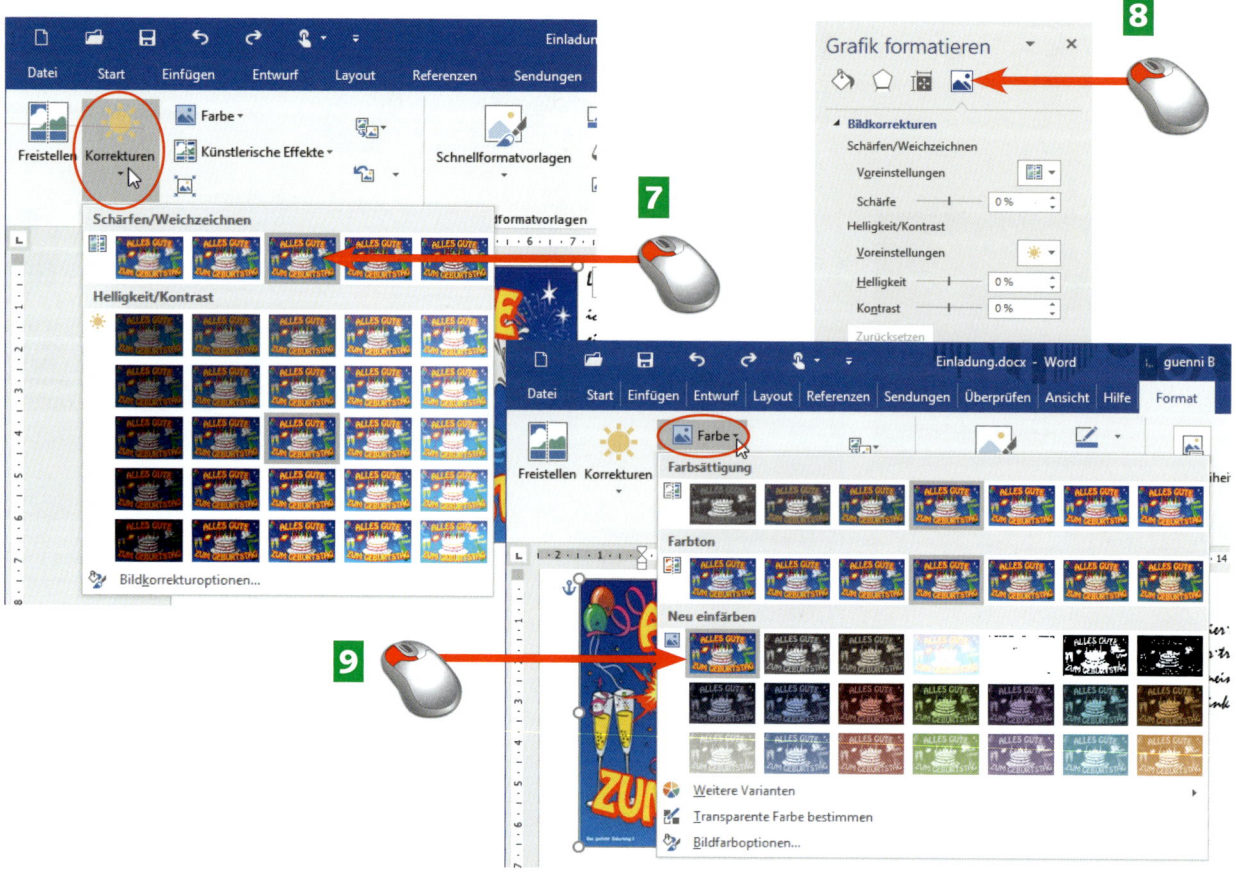

7 Verwenden Sie den Katalog der Schaltfläche *Korrekturen* auf der Registerkarte *Bild-tools/Format* zum Schärfen/Weichzeichnen eines Fotos oder zur Helligkeits-/Kontrast-anpassung.

8 Der Befehl *Bildkorrekturoptionen* des Katalogs (Schritt 7) ermöglicht über die Seiten-leiste *Grafik formatieren* die Anpassung der Bildkorrekturen.

9 Über den Katalog der Schaltfläche *Farbe* passen Sie die Farbsättigung und den Farbton an oder färben das markierte Bild ein.

Die Filterfunktionen der Registerkarte *Bildtools/Format* ermöglichen Helligkeits- und Farbkorrekturen, das Drehen des Bildes und mehr.

WISSEN

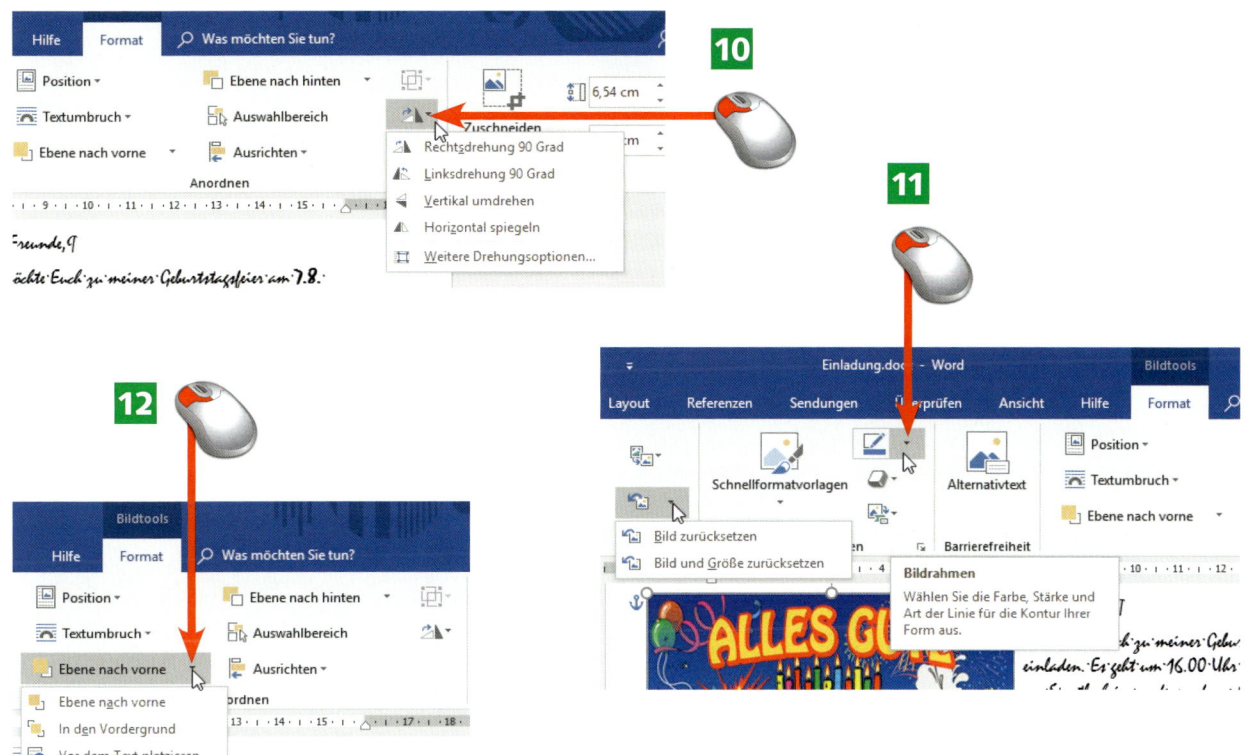

10 Die Menüschaltfläche *Objekte drehen* in der Gruppe *Anordnen* der Registerkarte *Format* ermöglicht es, das markierte Objekt zu drehen oder um eine Achse zu kippen.

11 Über die Menüschaltflächen der Gruppe *Bildformatvorlagen* der Registerkarte *Format* lassen sich den Fotos Effekte wie Schatten, Rahmen etc. zuweisen.

12 Menüschaltflächen wie *Ebene nach vorne/Ebene nach hinten* der Gruppe *Anordnen* auf der Registerkarte *Format* ordnen markierte Elemente vor/hinter anderen Elementen oder Text an.

Ende

Über die Menüschaltfläche *Bild zurücksetzen* (Schritt 11) der Gruppe *Anpassen* nehmen Sie Anpassungen zurück.

Auf der Registerkarte *Bildtools/Format* weisen Sie Fotos *Bildformatvorlagen* mit Effekten wie Schatten, Rahmen etc. zu.

TIPP

HINWEIS

Start

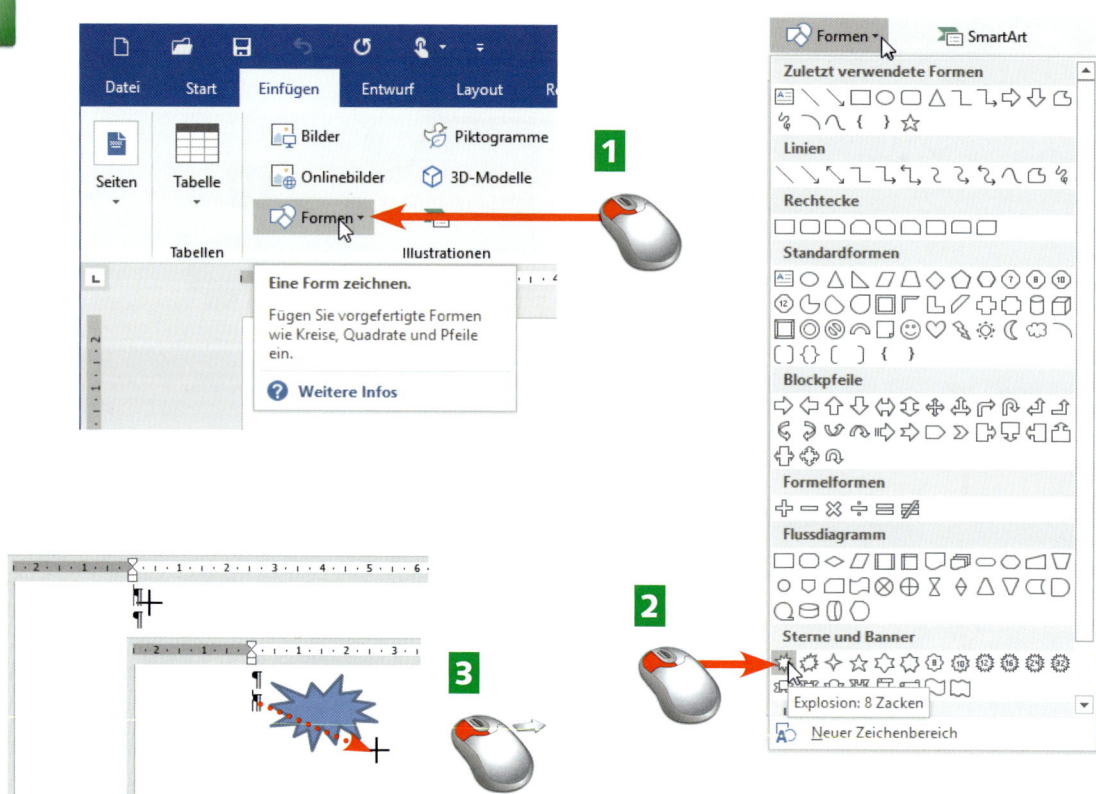

1 Um eine Form (z. B. eine Linie) in das Dokument einzufügen, wählen Sie in der Gruppe *Illustrationen* der Registerkarte *Einfügen* die Menüschaltfläche *Formen*.

2 Wählen Sie im Katalog die gewünschte Form aus.

3 Zeigen Sie auf eine Stelle im Dokument und ziehen Sie die Umrisslinie der Form bei gedrückter linker Maustaste auf die gewünschte Größe.

Office stellt in diversen Anwendungen über die Schaltfläche *Formen* eine Funktion zum Zeichnen bereit. Über diese fügen Sie Formen (Linien, Figuren etc.) in Dokumente ein. Mit Formen wie Linien, Pfeilen etc. erstellen Sie recht schnell Skizzen im Dokument.

WISSEN

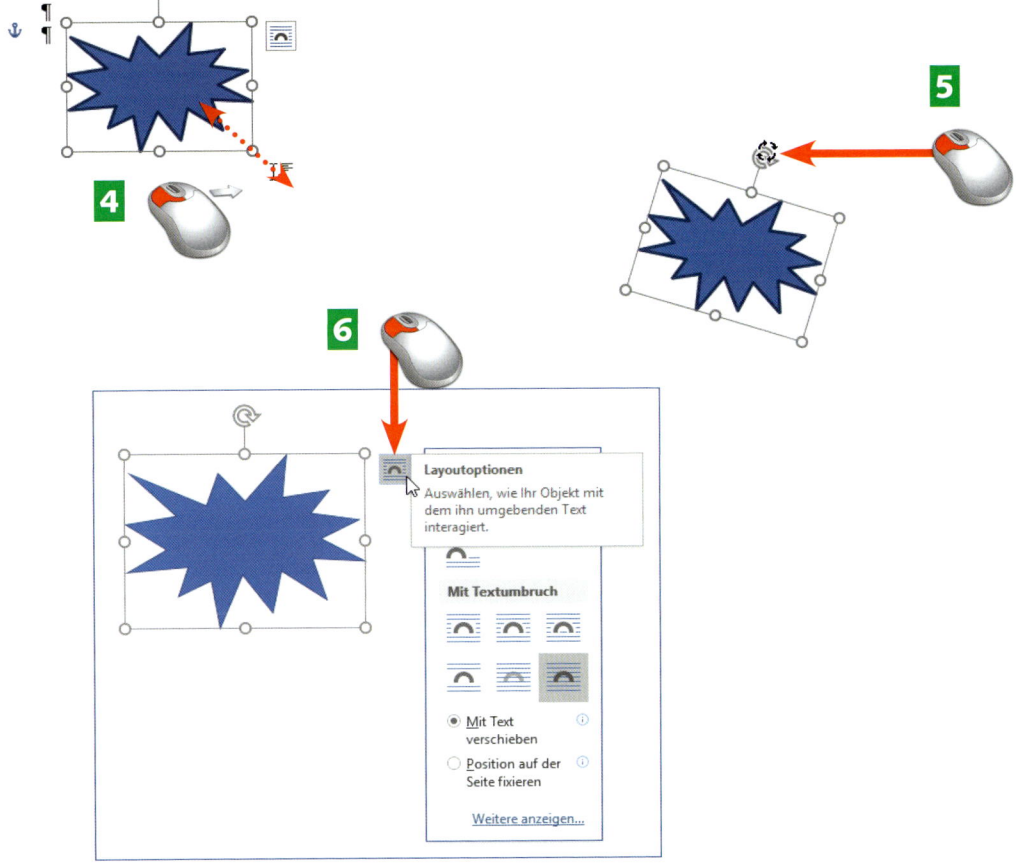

4 Eine markierte Form lässt sich mit der Maus verschieben und über die Ziehmarken in der Größe anpassen (siehe Seite 85).

5 Solange ein Formobjekt markiert ist, können Sie es über die Drehmarke rotieren.

6 Wählen Sie die Schaltfläche *Layoutoptionen* und legen Sie im eingeblendeten Katalog den Modus für den Textumbruch fest (siehe Seite 87).

Mehrere eingefügte Formobjekte markieren Sie, indem Sie diese nacheinander bei gedrückter Strg-Taste anklicken.

Formen lassen sich frei im Text verschieben und über die Layout-optionen im Text verankern.

TIPP

HINWEIS

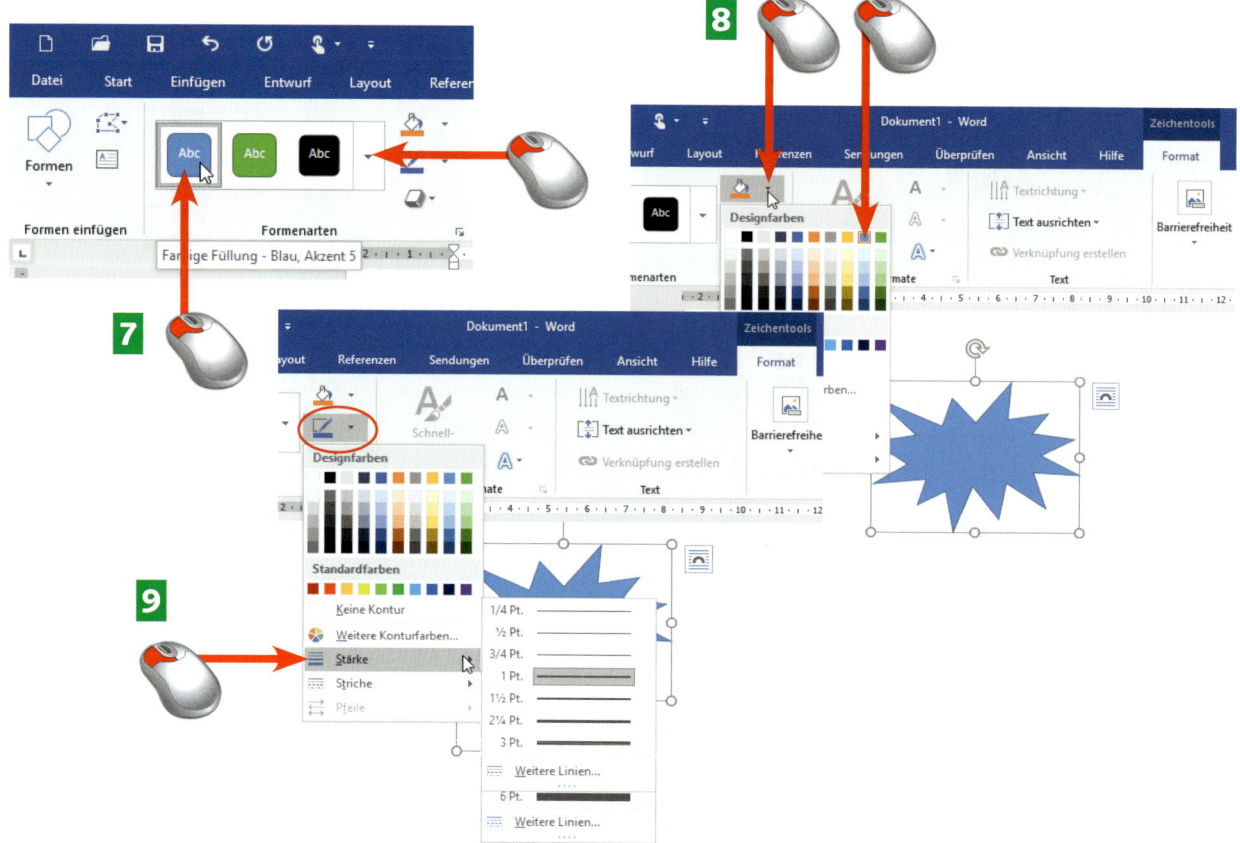

7 Auf der Registerkarte *Zeichentools/Format* weisen Sie über Einträge der Gruppe *Formenarten* (oder im Katalog des Elements) eine Randfarbe oder eine Füllung zu.

8 Weisen Sie auf der Registerkarte *Zeichentools/Format* in der Gruppe *Formenarten* über das Menü der Schaltfläche *Fülleffekt* die gewünschte Füllfarbe, Farbverläufe oder Strukturen zu.

9 Über die Menüschaltfläche *Formkontur* legen Sie die Farbe der Umrisslinie über die Palette fest. Der Menübefehl *Stärke* ermöglicht es Ihnen, die Liniendicke zu wählen.

Flächenformen können Sie mit einer Farbe füllen oder die Linien-dicke und -farbe anpassen. Zudem lassen sich Formen zu einem Objekt gruppieren. Objekte können verschoben und in der Größe angepasst werden.

WISSEN

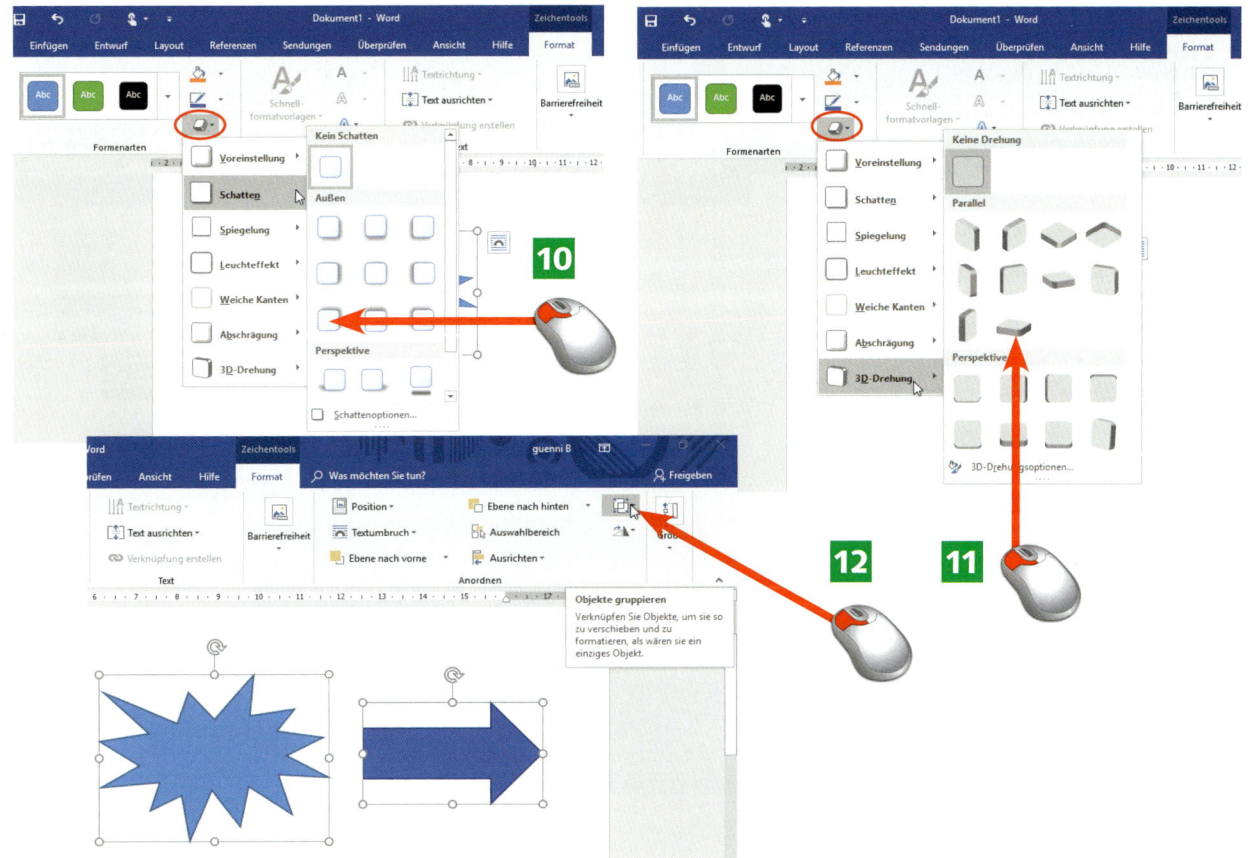

10 Wählen Sie auf der Registerkarte *Zeichentools/Format* die Menüschaltfläche *Form-effekte*, dann den Befehl *Schatten* und anschließend einen Katalogeintrag, um den Schatten zuzuweisen.

11 Der Befehl *3D-Drehung* der Menüschaltfläche *Formeffekte* ermöglicht es Ihnen, über einen Katalog und den Befehl *Weitere 3D-Einstellungen* 3D-Formen anzulegen.

12 Sind mehrere Formen markiert, können Sie diese auf der Registerkarte *Zeichentools/ Format* über die Schaltflächen der Gruppe *Anordnen* ausrichten, drehen oder zu einem Objekt gruppieren.

Ende

Mehrere eingefügte Form-Objekte markieren Sie, indem Sie diese bei gedrückter [Strg]-Taste nacheinander anklicken.

Als Gruppieren wird das Zusammenfassen mehrerer Elemente zu einem Objekt bezeichnet.

Die Menüschaltflächen der Gruppe *Formenarten* enthalten Befehle, um Effekte wie Linienarten, Farbverläufe etc. zuzuweisen.

TIPP   **FACHWORT**   **HINWEIS**

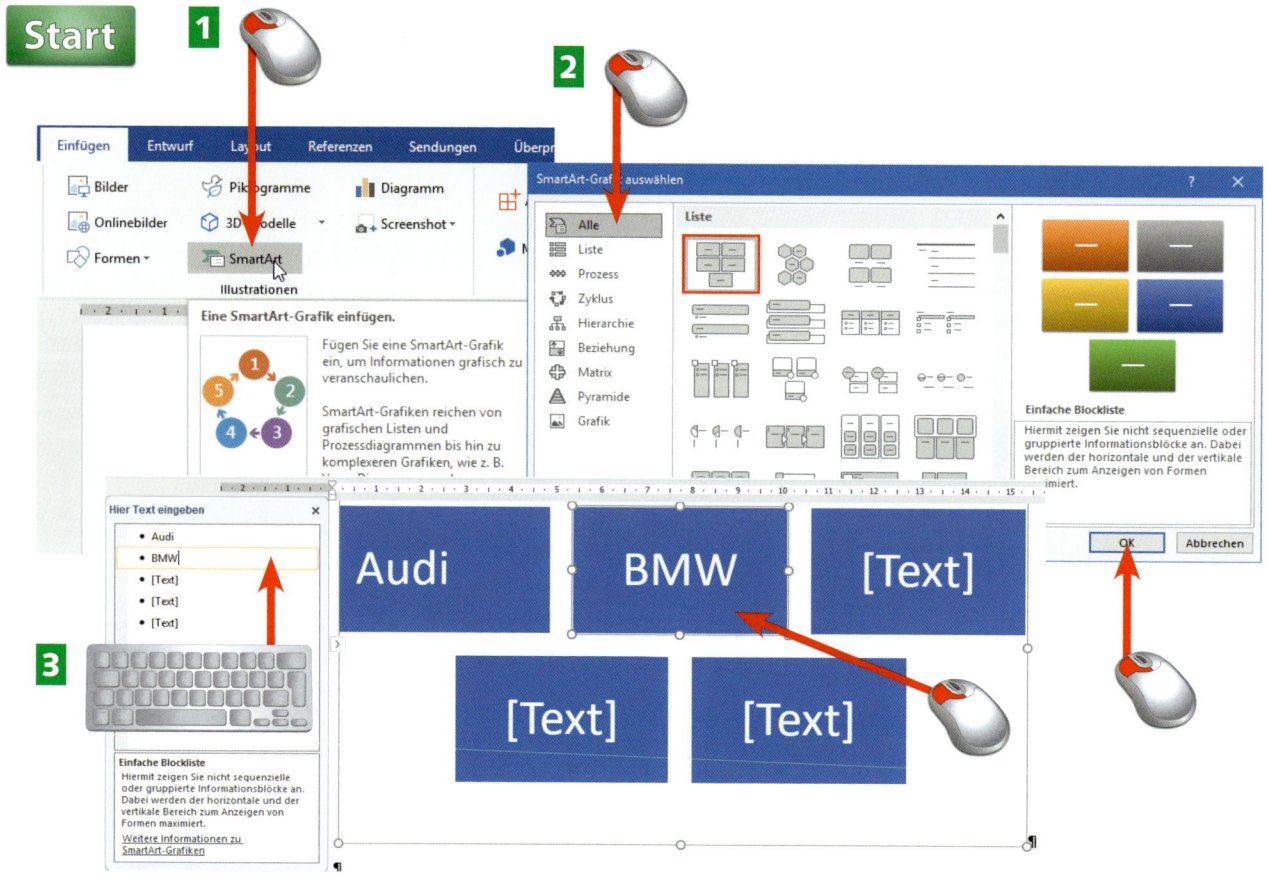

1 Klicken Sie auf der Registerkarte *Einfügen* auf die Schaltfläche *SmartArt*, um ein entsprechendes Objekt anzulegen.

2 Wählen Sie im Dialogfeld eine Diagrammkategorie sowie eine Diagrammform aus und klicken Sie auf die *OK*-Schaltfläche.

3 Anschließend können Sie das eingefügte Diagramm in der Größe anpassen oder verschieben. Klicken Sie auf die Platzhalter im Diagramm, um anschließend den Text einzugeben.

Per SmartArt fügen Sie mit wenigen Mausklicks spezielle Diagramme in Office-Dokumente ein. Diese lassen sich mit individuellem Text versehen.

WISSEN

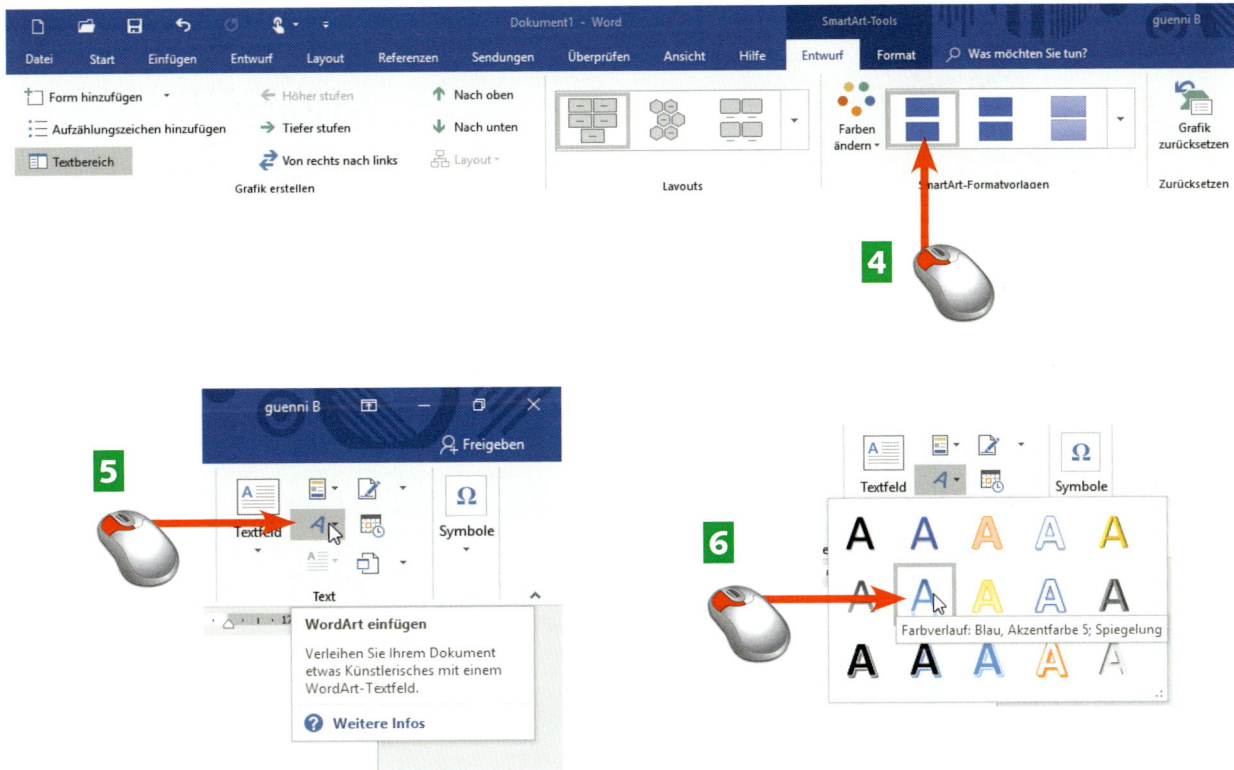

4 Über die Elemente der Registerkarte *SmartArt-Tools/Entwurf* passen Sie das Layout sowie die Farben des markierten SmartArt-Objekts an.

5 Zum Erzeugen eines WordArt-Objekts wählen Sie auf der Registerkarte *Einfügen* die Menüschaltfläche *WordArt*.

6 Wählen Sie im eingeblendeten Katalog einen Stil für das WordArt-Objekt aus.

Text innerhalb des SmartArt-Objekts lässt sich markieren und dann (z. B. über Tastenkürzel, Seite 71) formatieren.

Über die Gruppe *SmartArt-Format-vorlagen* der Registerkarte *Smart-Art-Tools/Entwurf* versehen Sie die Objekte mit speziellen Effekten (z. B. 3D-Darstellung).

TIPP

HINWEIS

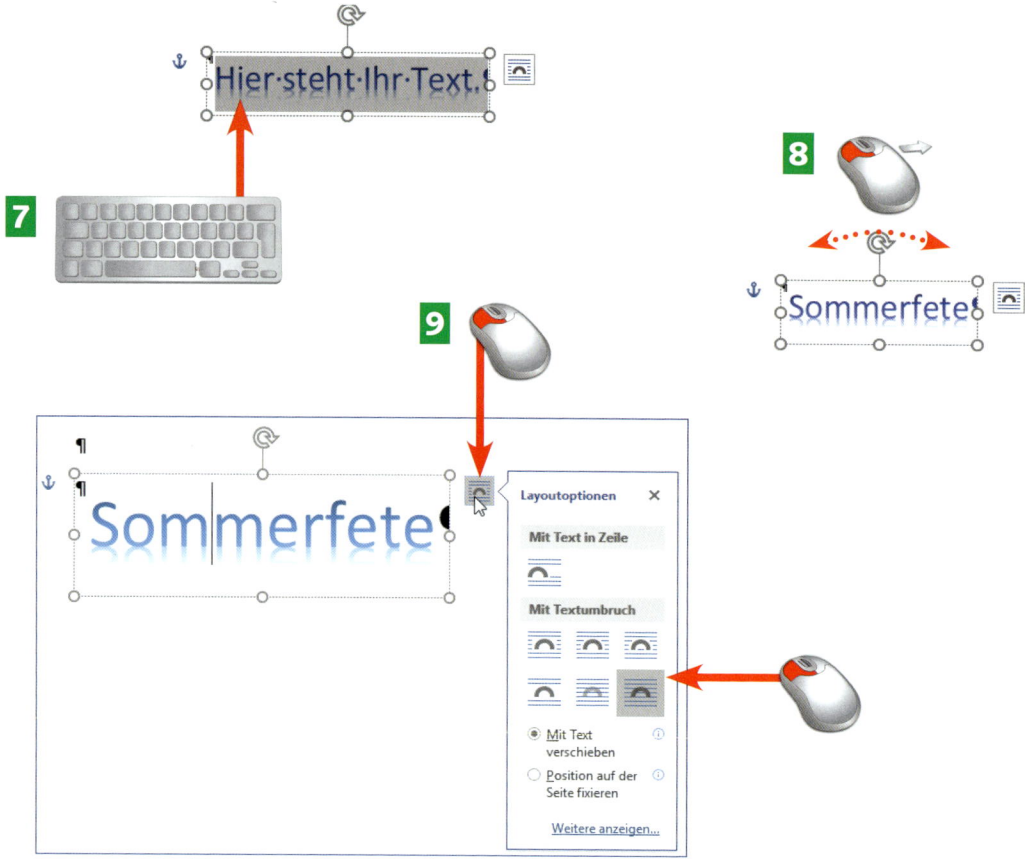

7 Klicken oder tippen Sie auf den eingefügten WordArt-Platzhalter und tragen Sie den gewünschten WordArt-Text ein.

8 Passen Sie ggf. die Größe des Rahmenelements über die Ziehmarken an. Bei Bedarf lässt sich das WordArt-Objekt über das Drehfeld um die eigene Achse rotieren.

9 Wählen Sie die eingeblendete Schaltfläche *Layoutoptionen* und legen Sie fest, wie das WordArt-Objekt im Text eingefügt und verankert werden soll.

Mit WordArt lassen sich Texte mit speziellen Schrifteffekten versehen. Die Objekte können Sie wie Formen frei im Text verschieben, vor oder hinter den Text bringen, gruppieren und löschen.

WISSEN

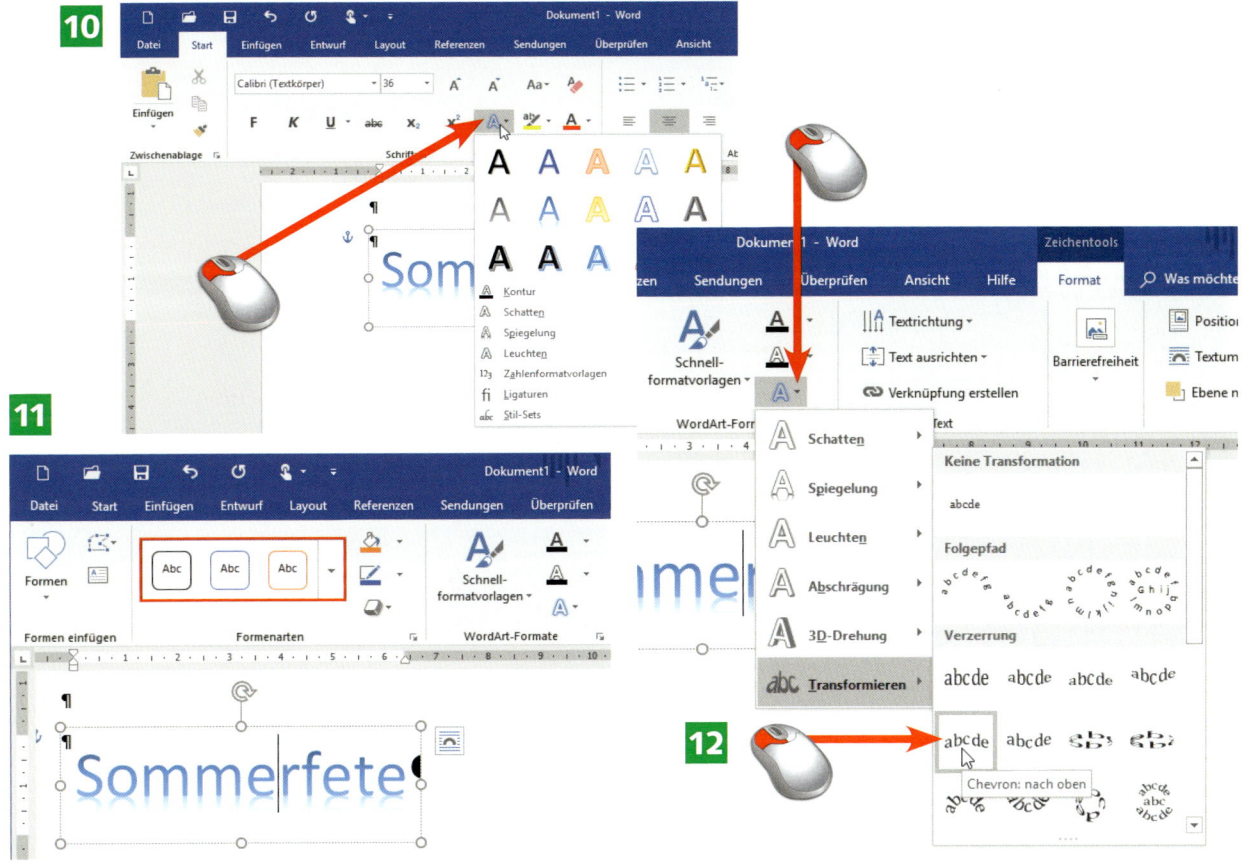

10 Solange das WordArt-Objekt markiert ist, können Sie dessen Formatierung über die Elemente der Registerkarte *Start* des Menübands anpassen.

11 Auf der Registerkarte *Format* lassen sich Formenarten, Fülleffekte, Formenkonturen, Formeffekte und Schnellformatvorlagen zuweisen.

12 Über die Schaltfläche *Texteffekte* lässt sich der Text verbiegen, mit Schatten oder 3D-Effekten etc. versehen. In der Gruppe *Anordnen* bestimmen Sie über *Position* die Lage im Text.

Ende

Die Drehmarke wird bei manchen Objekten eingeblendet und ermöglicht es Ihnen, das Objekt durch Ziehen um eine Achse zu drehen.

HINWEIS

Start

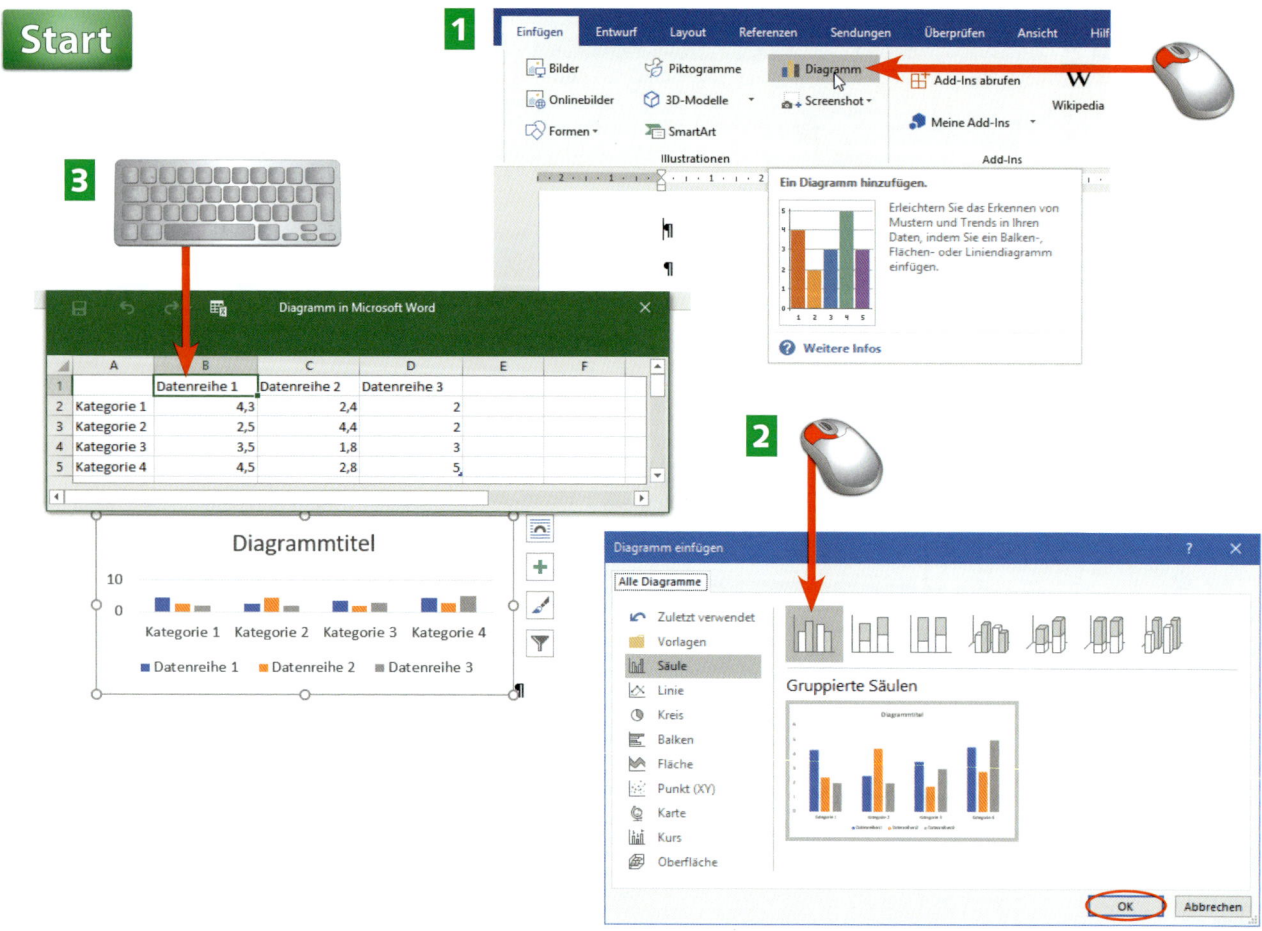

1 Markieren Sie die Einfügestelle im Dokument und wählen Sie auf der Registerkarte *Einfügen* des Menübands die Schaltfläche *Diagramm*.

2 Wählen Sie im Dialogfeld *Diagramm einfügen* den Diagrammtyp sowie die Diagramm-variante, und bestätigen Sie mit der *OK*-Schaltfläche.

3 Passen Sie in der eingeblendeten Tabelle die Werte an, um die Diagrammbeschriftungen und beispielsweise die Höhe der Säulendiagramme anzupassen.

Word ermöglicht es Ihnen, Diagramme im Text einzufügen.
Die Daten zum Erstellen des Diagramms tragen Sie in einer
eingeblendeten Tabelle ein.

WISSEN

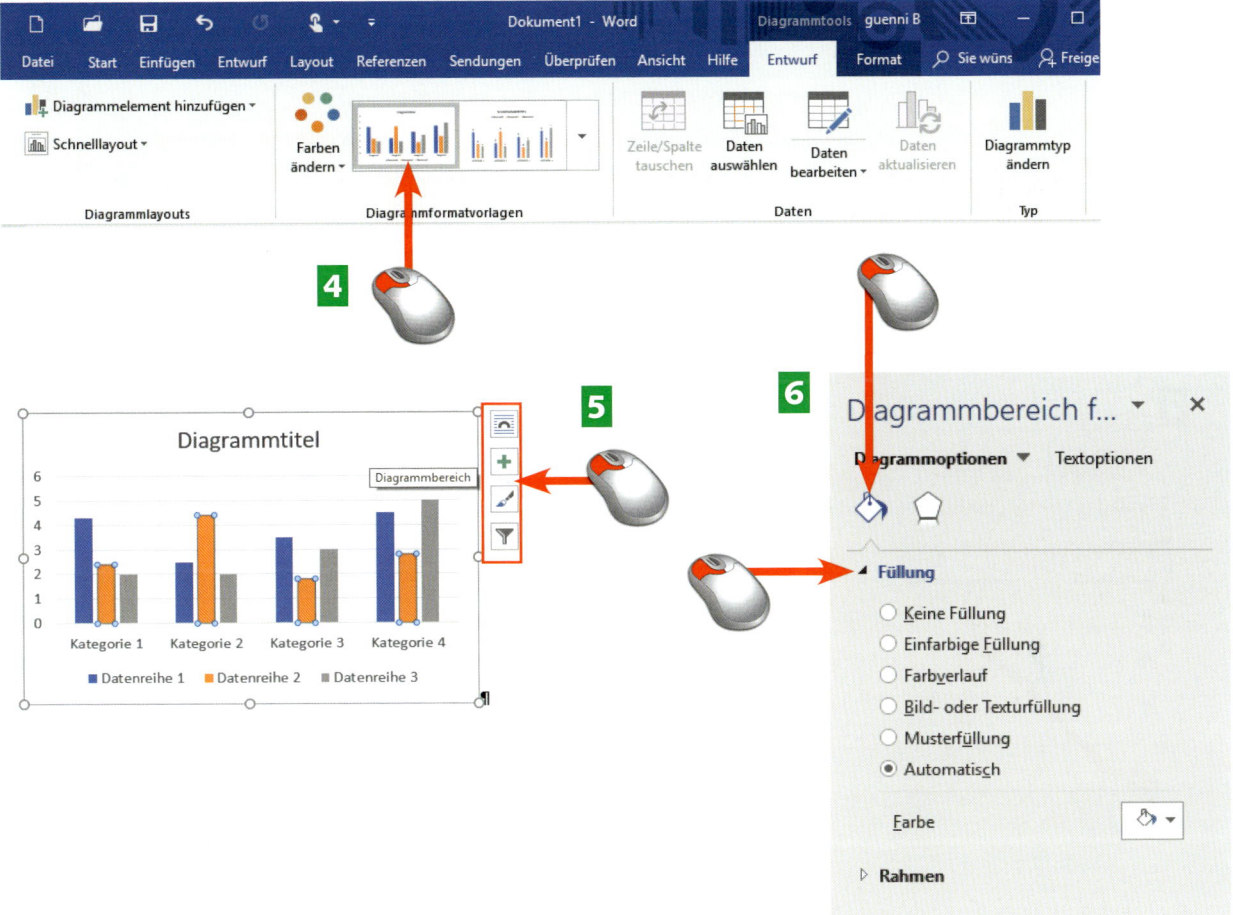

4 Über die Elemente der Registerkarten *Entwurf* und *Format* unter *Diagrammtools* formatieren Sie das markierte Diagramm oder passen es an.

5 Über die Schaltflächen neben einem markierten Diagramm passen Sie die Layout-optionen, die Diagrammelemente, die Diagrammformatvorlagen etc. an.

6 Ein Doppelklick auf ein Diagramm zeigt die Seitenleiste *Diagrammbereich forma-tieren*, in dem Sie Diagrammoptionen wie Füllung oder Rahmen anpassen.

Ende

Die Tabelle mit den Diagrammdaten blenden Sie über deren *Schließen*-Schaltfläche aus.

Wählen Sie die Schaltfläche *Daten bearbeiten* der Register-karte *Diagrammtools/Entwurf*, um die Daten der Tabelle später erneut zu bearbeiten.

Zeilen- und Spaltenköpfe der eingeblendeten Tabelle wirken sich auf die Achsenbeschriftung des Diagramms aus.

TIPP **TIPP** **HINWEIS**

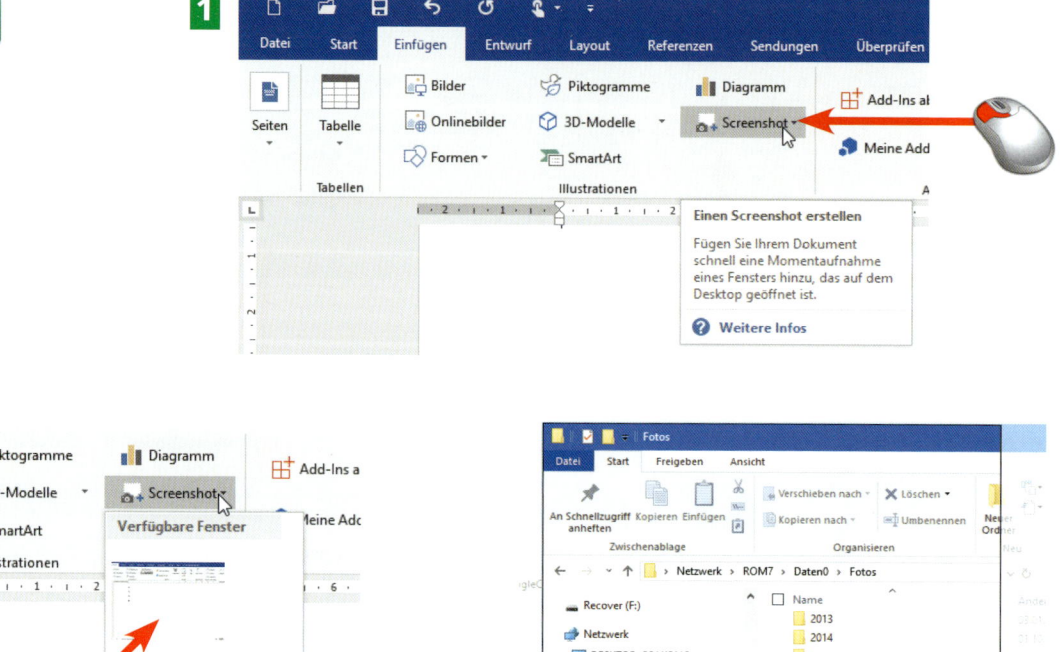

1 Markieren Sie die Einfügestelle im Dokument und wählen Sie auf der Registerkarte *Einfüg*en des Menübands die Schaltfläche *Screenshot*.

2 Wählen Sie im Menü den Eintrag eines geöffneten Fensters, wird dieses als Screenshot (allerdings mit schwarzer Titelleiste) im Dokument eingefügt.

3 Wählen Sie den Befehl *Bildschirmausschnitt* (Schritt 2) und markieren Sie den Bildschirm-ausschnitt, um diesen in das Dokument einzufügen.

In Word können Sie Bildschirmausschnitte (Screenshots), Videos und Hyperlinks im Text einfügen. Scans erstellen Sie mit dem Grafikprogramm und übertragen diese per Zwischenablage in Word.

WISSEN

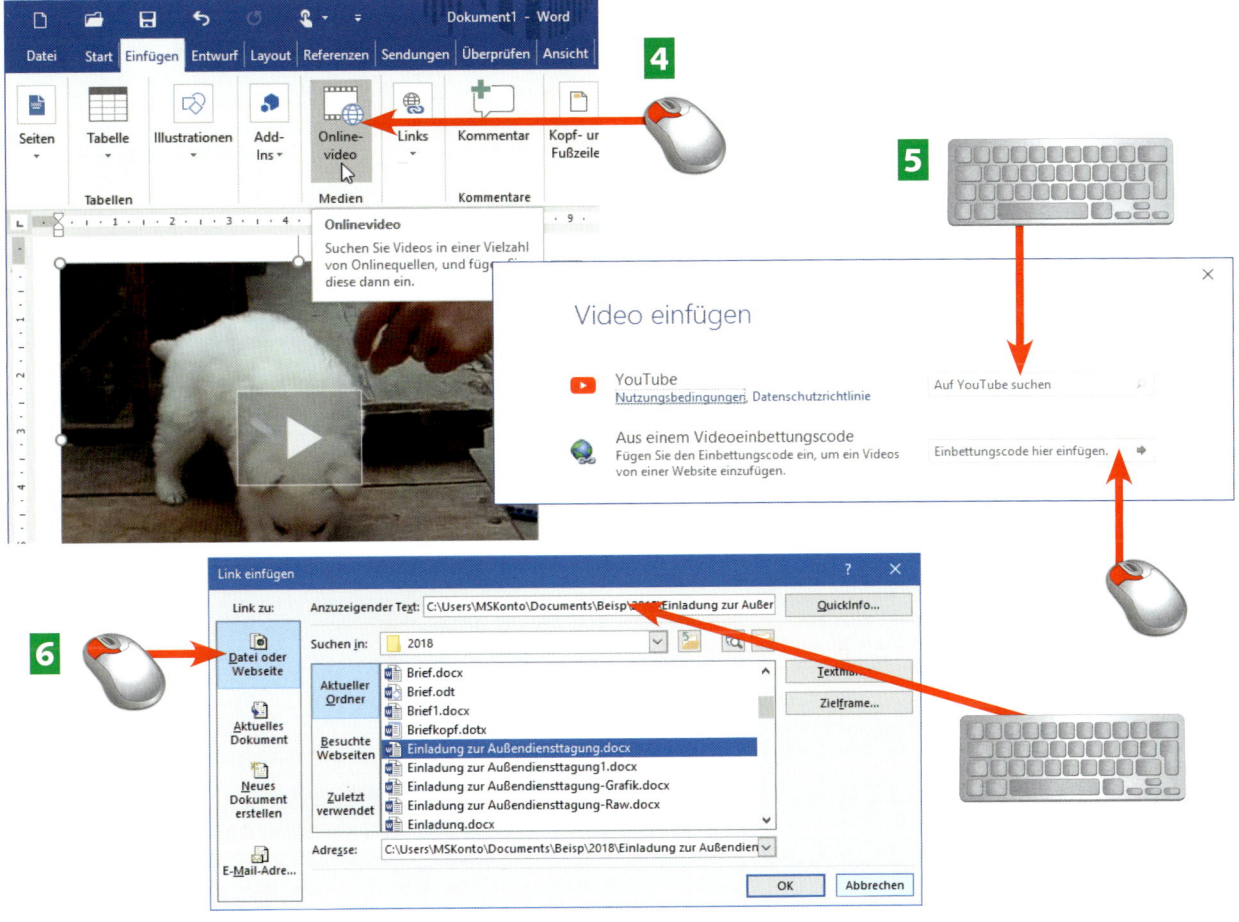

4 Wählen Sie auf der Registerkarte *Einfügen* die Schaltfläche *Onlinevideo* oder *Link* zum Einfügen des gewünschten Elements.

5 Geben Sie auf der Seite *Video einfügen* den Videonamen zur Suche oder den Einbettungscode an, wählen Sie auf der Folgeseite das Objekt und dann *Einfügen*.

6 Mit der Schaltfläche *Link* und dem gleichnamigen Befehl legen Sie im Dialogfeld *Link einfügen* den Linktyp und dann die Linkadresse fest.

Ende

Die `Druck`-Taste erzeugt einen Screenshot des gesamten Bildschirms, den Sie mit `Strg`+`V` aus der Zwischenablage in das Dokument einfügen.

Ein Screenshot des aktuellen Fensters lässt sich auch mit der Tastenkombination `Alt`+`Druck` in die Zwischenablage übernehmen.

Ein Link ermöglicht den Zugriff auf eine Webseite oder andere Dateien.

TIPP   **TIPP**   **FACHWORT**

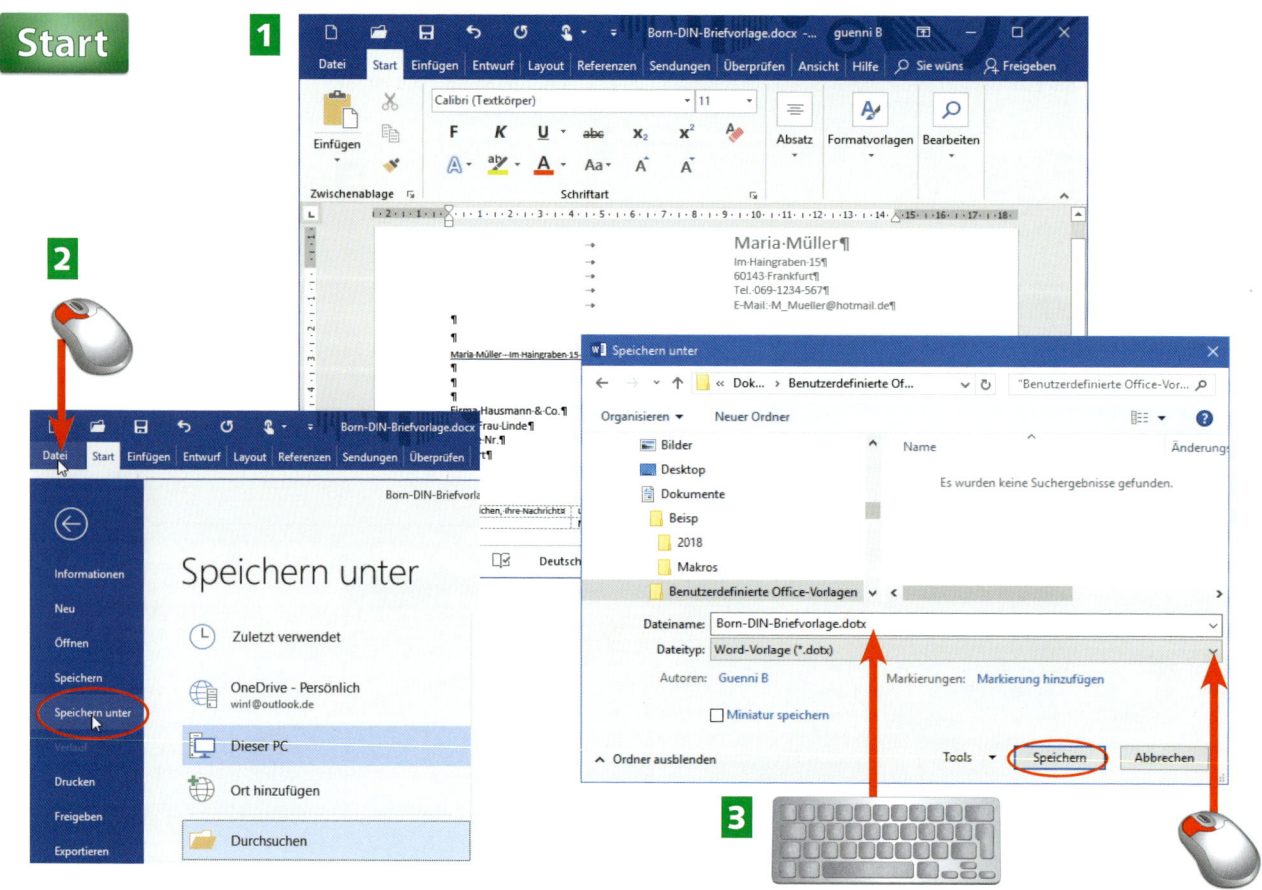

1 Zum Speichern einer eigenen Dokumentvorlage bereiten Sie das Dokument in Word wie gewünscht vor.

2 Wählen Sie unter *Datei* den Befehl *Speichern unter* und in der Backstage-Ansicht die Schaltfläche *Durchsuchen*.

3 Wählen Sie im Dialogfeld *Speichern unter* das Speicherziel aus, und stellen Sie den Dateityp auf *Word-Vorlage (*.dotx)* um. Geben Sie anschließend den Dateinamen ein, und bestätigen Sie mit der *Speichern*-Schaltfläche.

Dokumentvorlagen ermöglichen es, in Word und in anderen Microsoft-Office-Anwendungen neue Dokumente auf Basis bereits vorhandener Informationen anzulegen. Sie können aber auch eigene Vorlagen aus Dokumenten erzeugen und speichern.

WISSEN

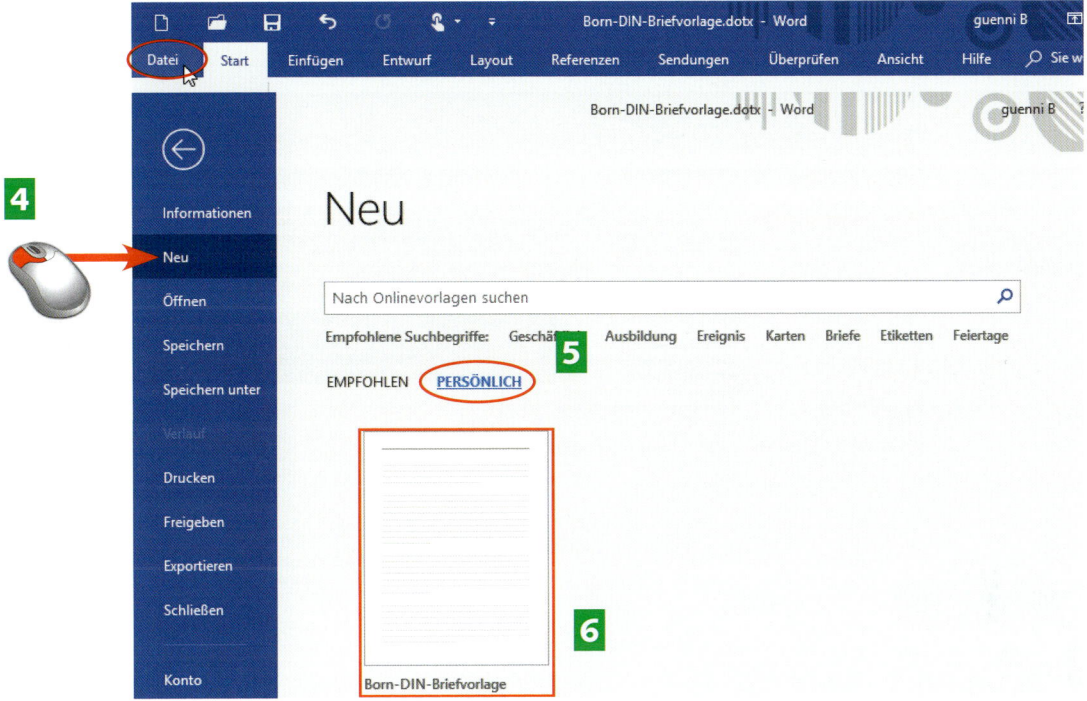

4 Zum Zugriff auf die eigenen Dokumentvorlagen wählen Sie *Datei* und in der Backstage-Ansicht den Befehl *Neu*.

5 Wählen Sie in der Kategorie *Neu* der Backstage-Ansicht den Eintrag *PERSÖNLICH*.

6 Wählen Sie den Eintrag der in der Backstage-Ansicht angezeigten Dokumentvorlage. Das neue Dokument wird angelegt.

Ende

Speichern Sie eigene Vorlagen unter *Dokumente/Benutzerdefinierte Office-Vorlagen*.

Sind Dokumentvorlagen in Unterordnern von *Benutzerdefinierte Office-Vorlagen* gespeichert, tauchen diese auch in der Kategorie *PERSÖNLICH* als Ordnersymbole auf.

TIPP   **HINWEIS**

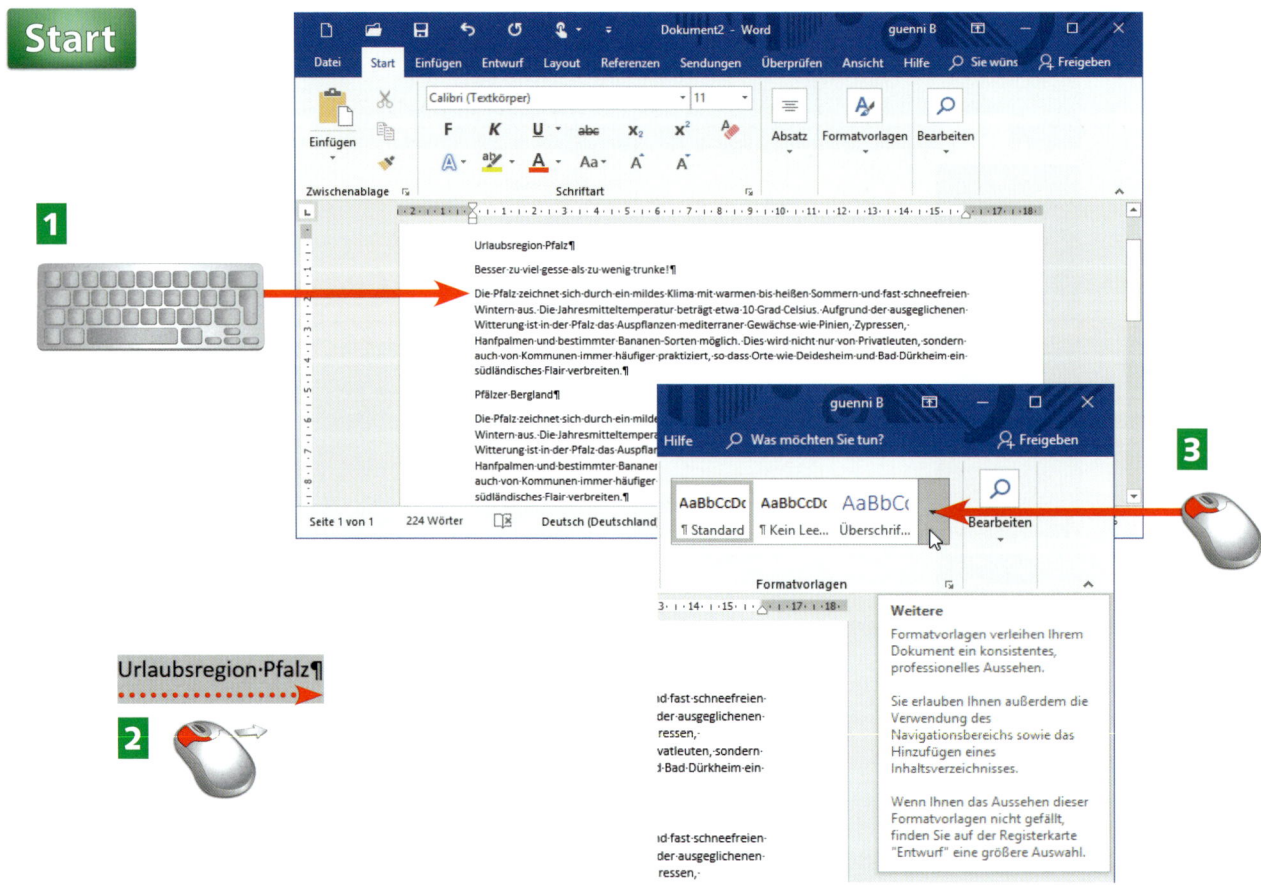

1 Um mit Formatvorlagen zu arbeiten, geben Sie in das Word-Dokumentfenster den Text ein, verzichten aber auf jegliche Formatierung.

2 Markieren Sie im Dokumentfenster den zu formatierenden Absatz oder die zu formatierenden Zeichen.

3 Öffnen Sie auf der Registerkarte *Start* in der Gruppe *Formatvorlagen* den Schnellformatvorlagen-Katalog.

Statt einer festen Formatierung (siehe Seite 70) können Sie auch Formatvorlagen zuweisen, um das Aussehen eines Dokuments zu beeinflussen. Der Vorteil besteht darin, dass die zugewiesenen Formatierungen bei Änderungen der Formatvorlagen automatisch im Dokument angepasst werden.

WISSEN

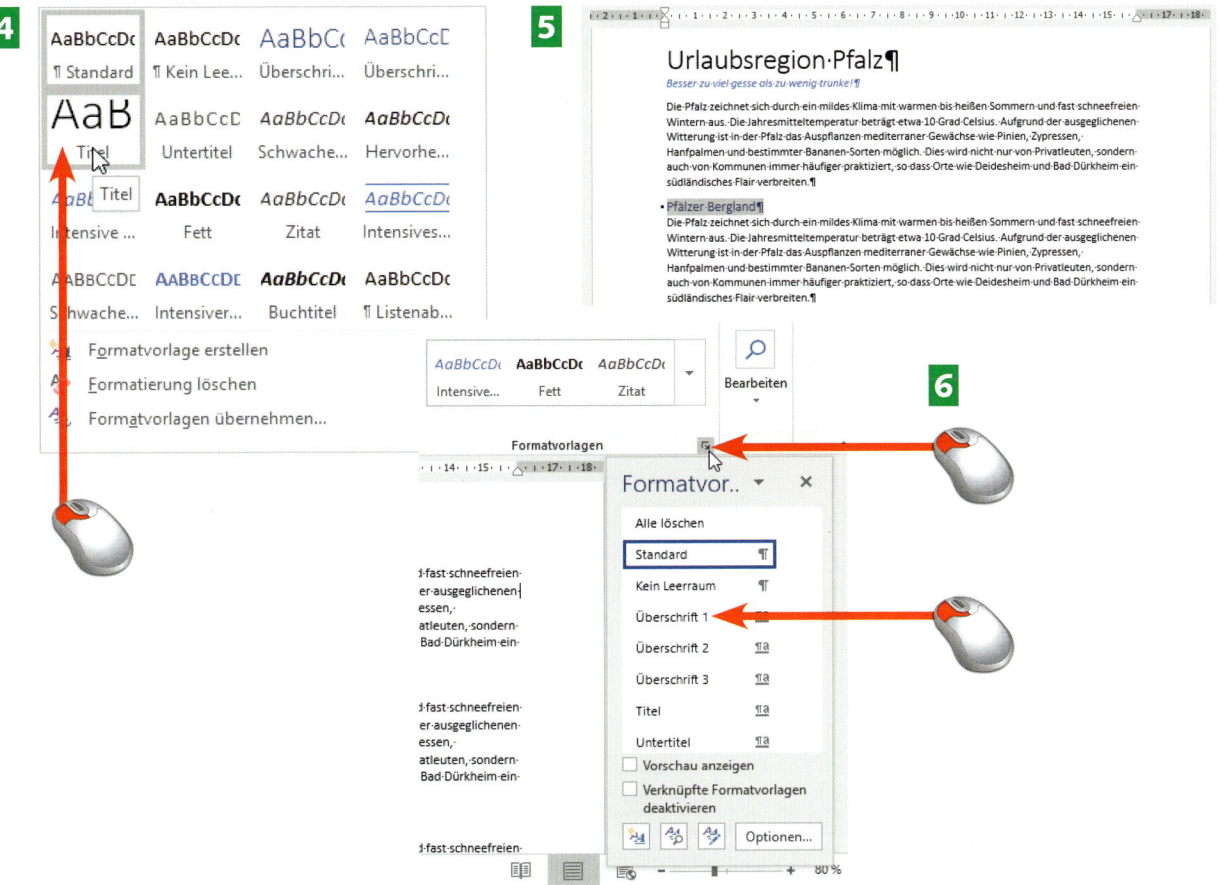

4 Klicken oder tippen Sie im Formatvorlagen-Katalog auf die gewünschte Vorlage, um diese dem markierten Text bzw. dem aktuellen Absatz zuzuweisen.

5 Weisen Sie auf diese Weise allen Absätzen und zu formatierenden Textabschnitten eine Schnellformatvorlage zu.

6 Blenden Sie auf der Registerkarte *Start* die Formatvorlagenliste über das Startprogramm für Dialogfelder der Gruppe *Formatvorlagen* ein, weisen Sie die Formatvorlagen durch Anklicken den markierten Bereichen zu.

Um ein Zeichenformat zuzuweisen, markieren Sie den Text. Für Absatzformate positionieren Sie die Einfügemarke im Absatz. Wählen Sie danach die Schnellformatvorlage aus.

TIPP

Mit Schritt 4 können Sie z. B. Überschriften formatieren oder Texte fett auszeichnen. Normalen Absätzen weisen Sie das Format *Standard* zu.

TIPP

Welche Formatvorlagen vorhanden sind, wird durch die im Dokument verwendete Dokumentvorlage bestimmt. Deren Anpassung ist ab Seite 108 beschrieben.

HINWEIS

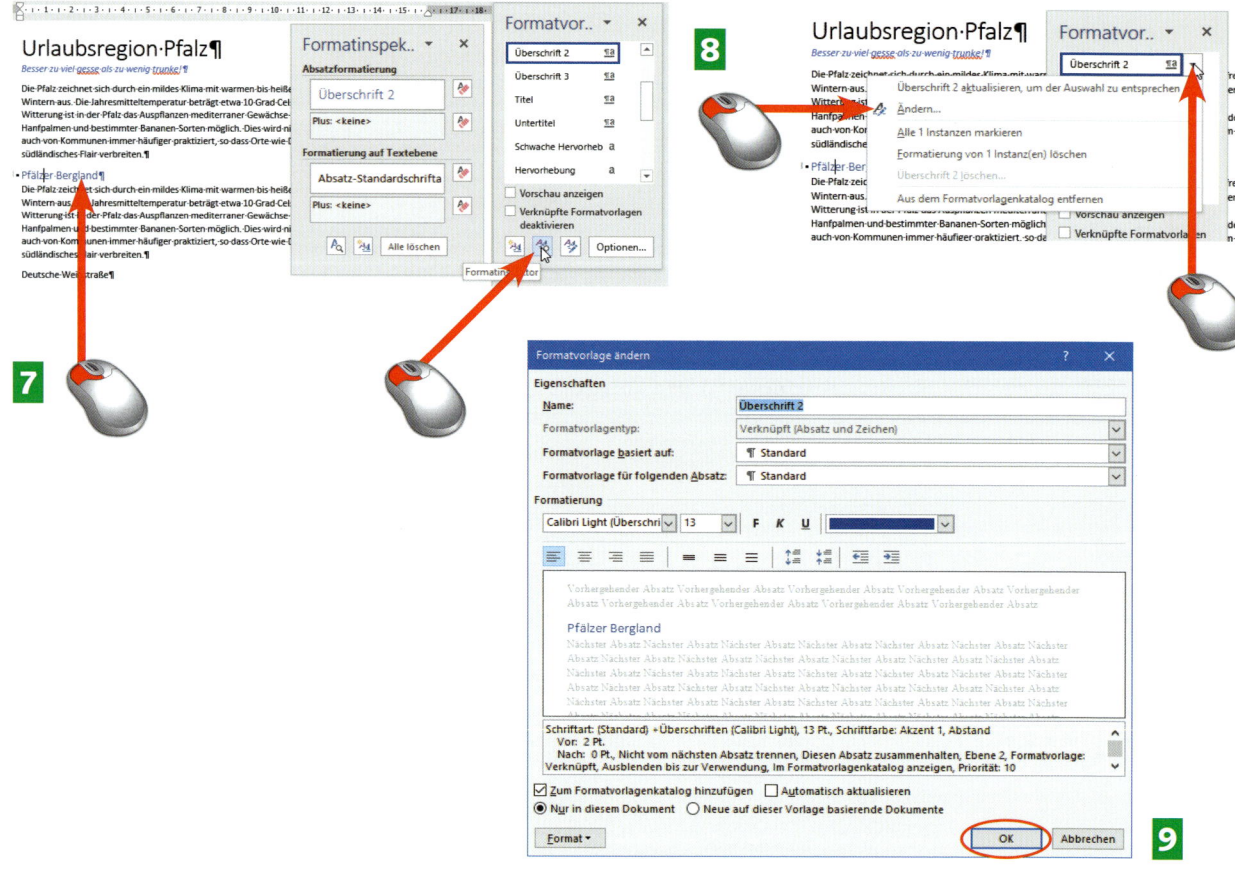

7   Über eine Schaltfläche der Formatvorlagenliste blenden Sie den Formatinspektor ein. Markieren Sie einen Text, zeigt der Formatinspektor dessen Formatierung an.

8   Zum Anpassen einer Formatvorlage öffnen Sie deren Menü in der Formatvorlagenliste und wählen die Schaltfläche *Ändern*.

9   Passen Sie im Dialogfeld *Formatvorlage ändern* die Formatierung an und bestätigen Sie mit der *OK*-Schaltfläche.

Mit dem Formatinspektor kontrollieren Sie die Formatierung. Bei Bedarf lassen sich die Formatvorlagen anpassen oder neu erstellen. Änderungen an zugewiesenen Formatvorlagen wirken sich im gesamten Dokument aus.

WISSEN

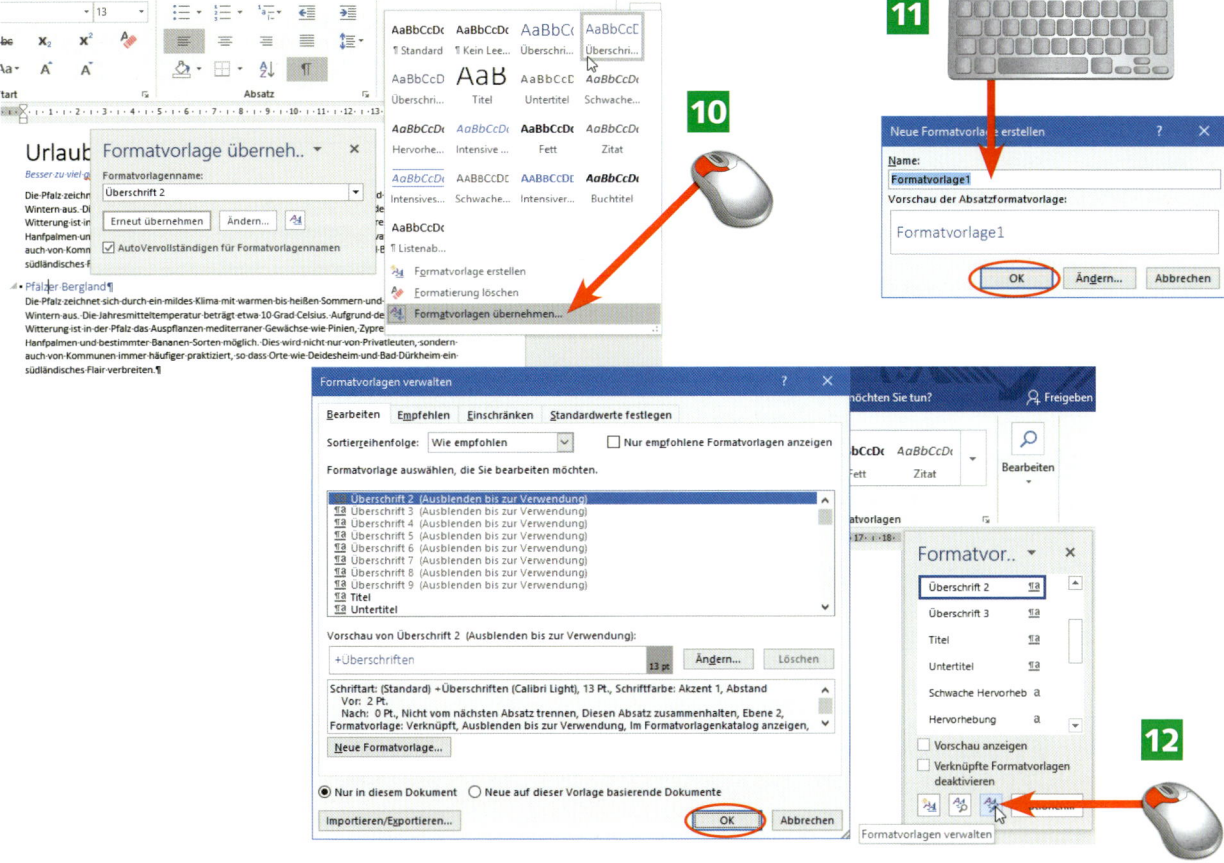

10 Wählen Sie im *Formatvorlagen*-Katalog den Befehl *Formatvorlagen übernehmen*, lässt sich eine Formatvorlage neu anlegen, ändern oder einem markierten Text zuweisen.

11 Der Befehl *Formatvorlage erstellen* im Formatvorlagen-Katalog (Schritt 10) ermöglicht es Ihnen, den neuen Vorlagennamen einzutragen und mit *OK* zu übernehmen. Im gleichen Dialogfeld können Sie den Vorlagennamen auch ändern.

12 Die Schaltfläche *Formatvorlagen verwalten* öffnet ein Dialogfeld, in dem Sie Formatvorlagen einsehen, ändern und selbst definierte Vorlagen löschen können.

Ende

Im Formatinspektor finden Sie Schaltflächen, um Formatierungen zu löschen, Details anzuzeigen oder neue Formatvorlagen zu definieren.

TIPP

Die Schaltfläche *Neue Formatvorlage* am unteren Rand der Formatvorlagenliste (Schritt 7) ermöglicht es Ihnen, neue Einstellungen festzulegen (Schritt 9).

TIPP

Der Buchstabe »a« rechts neben dem Formatvorlagennamen weist darauf hin, dass es sich um ein Zeichenformat handelt.

HINWEIS

Start

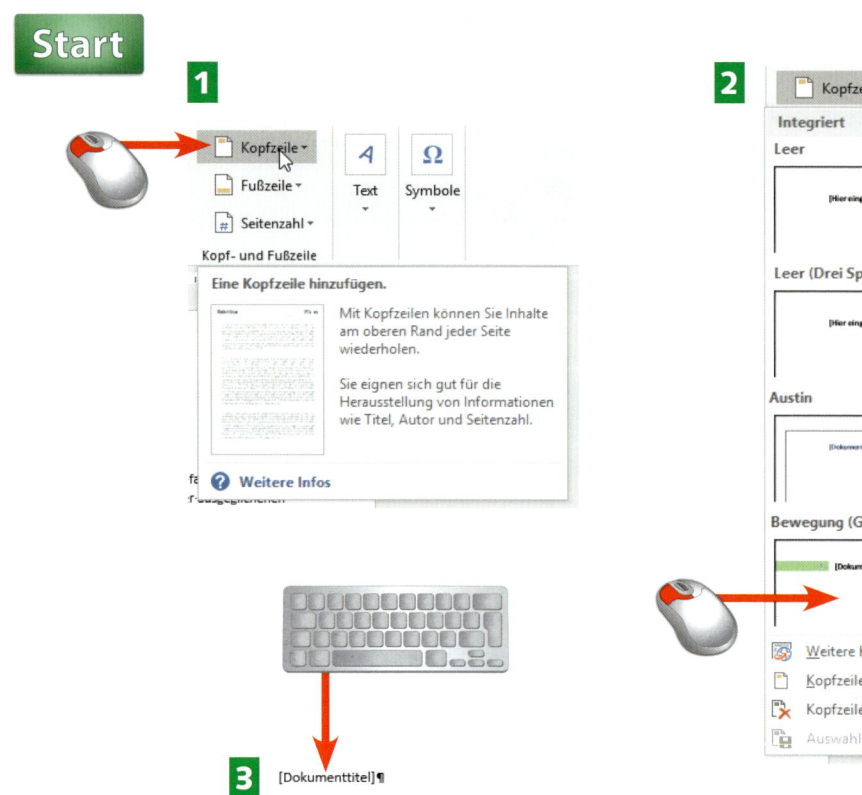

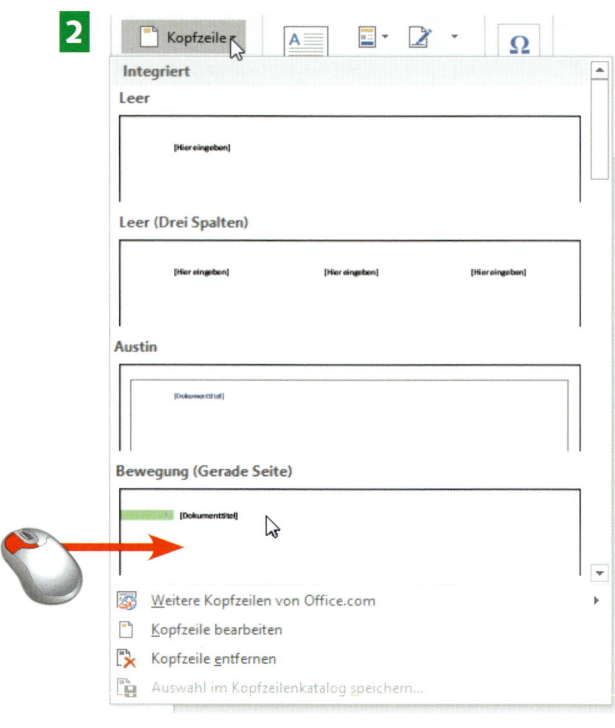

3 [Dokumenttitel]¶

1 Wählen Sie auf der Registerkarte *Einfügen* des Menübands die Schaltfläche *Kopfzeile* bzw. *Fußzeile* der Gruppe *Kopf- und Fußzeile*.

2 Wählen Sie einen der Einträge aus dem Katalog, um die entsprechende Kopf- oder Fußzeile in das Dokument einzufügen.

3 Je nach gewählter Vorlage wählen Sie die Platzhalter an und geben den gewünschten Text ein.

Briefe oder Textdokumente können Sie mit einer Kopf- und/oder Fußzeile (z. B. zur Aufnahme von Seitenzahlen oder Adressen) versehen. Die Kopf- bzw. Fußzeile wird dann auf jeder Dokumentseite eingeblendet.

WISSEN

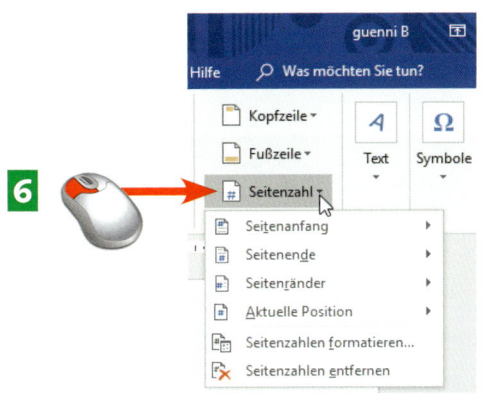

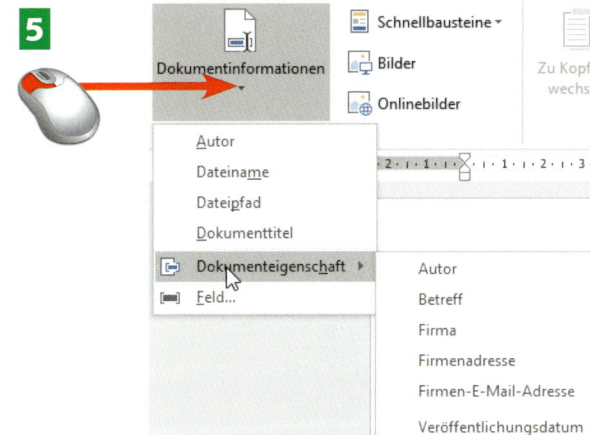

4 Ist eine Kopf-/Fußzeile angewählt, können Sie über die Registerkarte *Kopf- und Fußzeilentools/Entwurf* Objekte wie Bilder oder Datum und Uhrzeit einfügen.

5 Über *Dokumentinformationen* der Gruppe *Optionen* der Registerkarte *Entwurf* fügen Sie Autor, Dateiname oder andere Eigenschaften in die Kopf-/Fußzeile ein.

6 Möchten Sie die Dokumentseiten nummerieren, klicken Sie auf der Registerkarte *Kopf- und Fußzeilentools/Entwurf* in der Gruppe *Kopf- und Fußzeile* die Schaltfläche *Seitenzahl* an.

Durch Doppelklicken bzw. Doppeltippen in den Fließtext verlassen Sie die Kopf- bzw. Fußzeile und können das Textdokument weiter bearbeiten.

Zum Einfügen von Grafiken oder Objekten darf kein Text der Kopf-/Fußzeile zum Bearbeiten ausgewählt sein.

Das Layout der Kopf- bzw. Fußzeile können Sie jederzeit über den Katalog der betreffenden Schaltfläche ändern.

TIPP   **HINWEIS**   **HINWEIS**

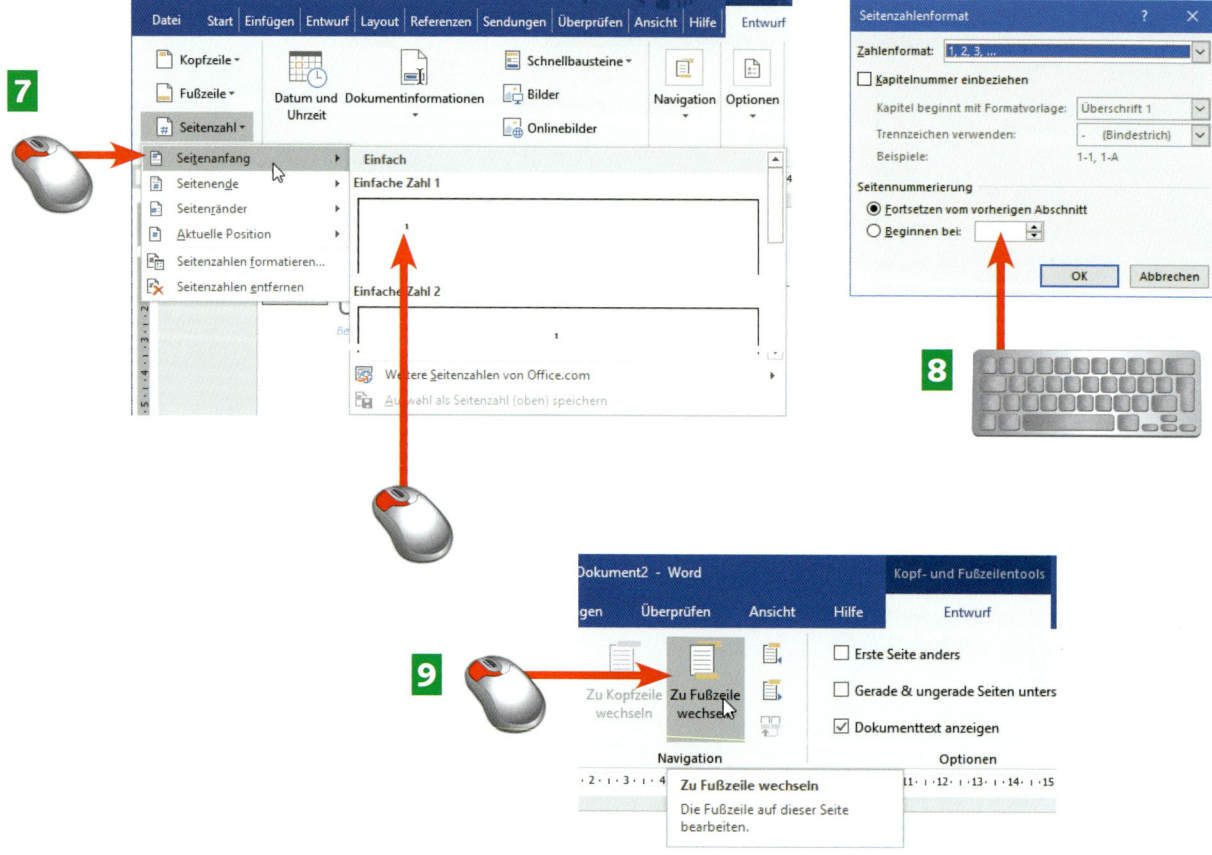

7 Entscheiden Sie sich im Menü für einen der Befehle wie *Seitenanfang* bzw. *Seitenende* und wählen Sie anschließend einen Katalogeintrag für das Format der Seitennummer.

8 Zum Einstellen der Seitenzahl wählen Sie in Schritt 7 den Menübefehl *Seitenzahlen formatieren* und passen im Dialogfeld den Wert für die Seitennummerierung an.

9 Statt ständig über die Bildlaufleiste zu blättern, wechseln Sie über die Schaltflächen der Gruppe *Navigation* der Registerkarte *Kopf- und Fußzeilentools/Entwurf* zwischen der Kopf- und der Fußzeile.

Word kann Kopf-/Fußzeilen für die erste Seite und/oder für gerade/ungerade Seiten mit anderen Inhalten versehen. Dies eröffnet z. B. die Möglichkeit, auf der ersten Dokumentseite auf Kopf-/Fußzeilen zu verzichten.

WISSEN

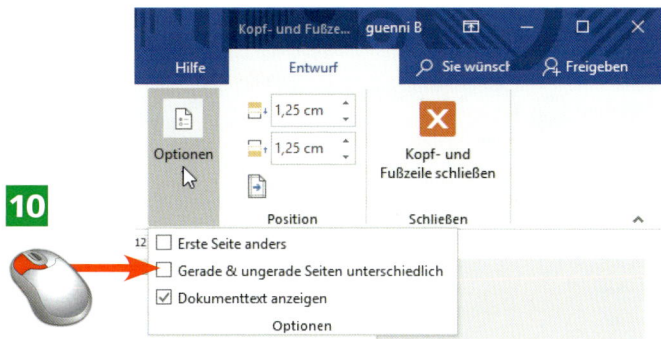

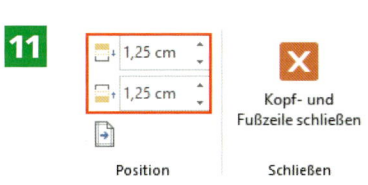

10 In der Gruppe *Optionen* der Registerkarte *Kopf- und Fußzeilentools/Entwurf* legen Sie über Kontrollkästchen fest, ob für gerade/ungerade Seiten oder die erste Seite andere Kopf-/Fußzeileninhalte berücksichtigt werden sollen.

11 Die Drehfelder der Gruppe *Position* ermöglichen es Ihnen, die Höhe der Kopf- oder Fußzeile zu verändern.

12 Die Schaltfläche *Kopf- und Fußzeile schließen* beendet den Bearbeitungsmodus der Kopf-/Fußzeile und wechselt zur Bearbeitung des Fließtextes.

Ende

Ein Doppelklick oder Doppeltipp auf die Kopf-/Fußzeile öffnet diese zum Bearbeiten.	Ist der Fließtext gewählt, finden Sie die Schaltflächen zum Bearbeiten der Seitenzahlen in der Gruppe *Kopf- und Fußzeile* auf der Registerkarte *Einfügen* des Menübands.	Der Katalog der Schaltflächen *Kopfzeile* bzw. *Fußzeile* enthält einen Befehl zum Entfernen der Kopf- oder Fußzeile. Dies ist hilfreich, falls die erste Seite keine Kopf-/Fußzeile enthalten soll.
TIPP	**TIPP**	**HINWEIS**

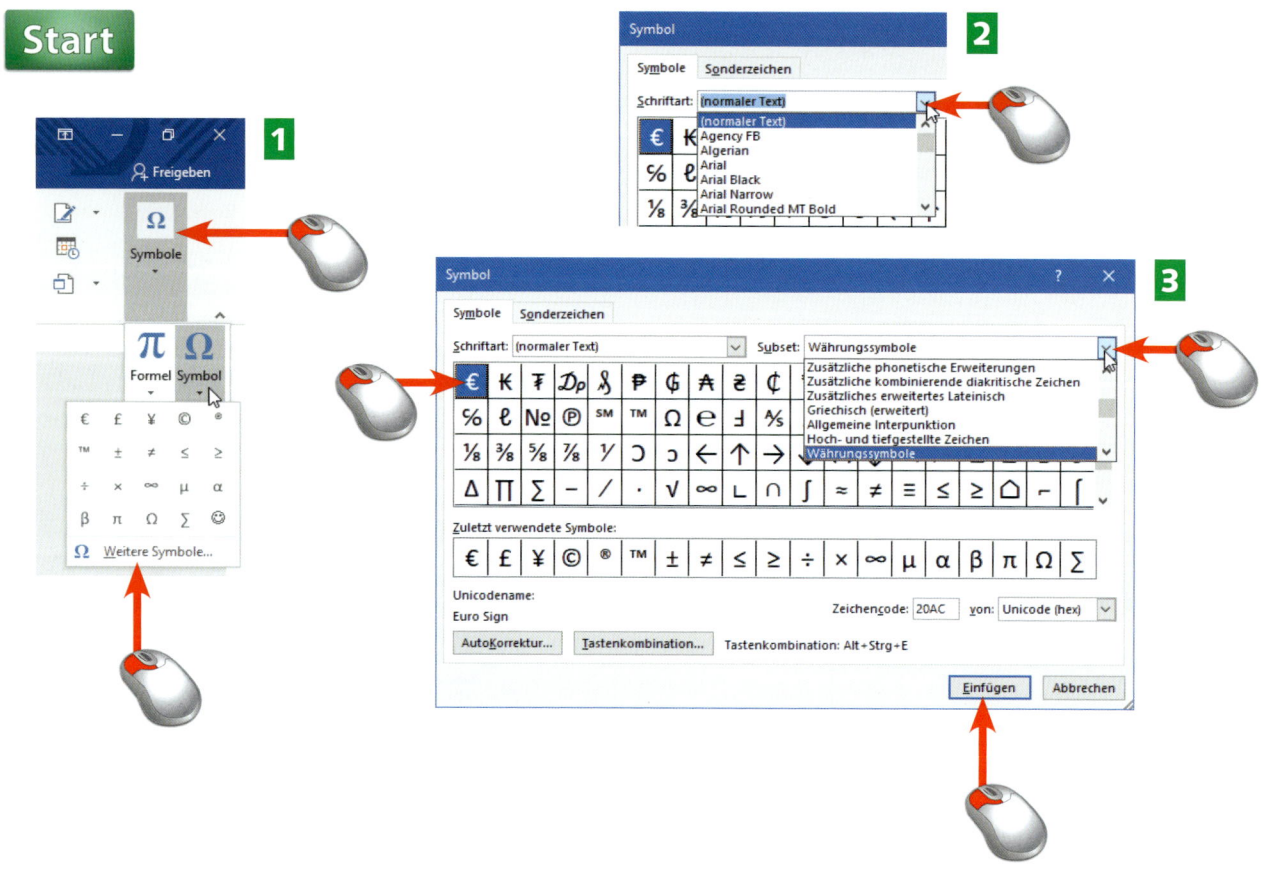

1. Um ein spezielles Symbol in den Text einzufügen, öffnen Sie auf der Registerkarte *Einfügen* des Menübands das Menü der Schaltfläche *Symbol* und wählen das gewünschte Zeichen aus.

2. Fehlt das Zeichen, wählen Sie in Schritt 1 den Befehl *Weitere Symbole* und stellen auf der Registerkarte *Symbole* ggf. die benötigte Schriftart ein.

3. Bei der Schriftart *(normaler Text)* wählen Sie ggf. über das Listenfeld *Subset* den Zeichenabschnitt, markieren das Zeichen, klicken auf *Einfügen* und dann auf *Schließen*.

Über Felder lassen sich dynamische Informationen wie Datum, Seitenzahl etc. im Dokument einblenden. Sonderzeichen können über eine spezielle Funktion in den Text eingefügt werden.

WISSEN

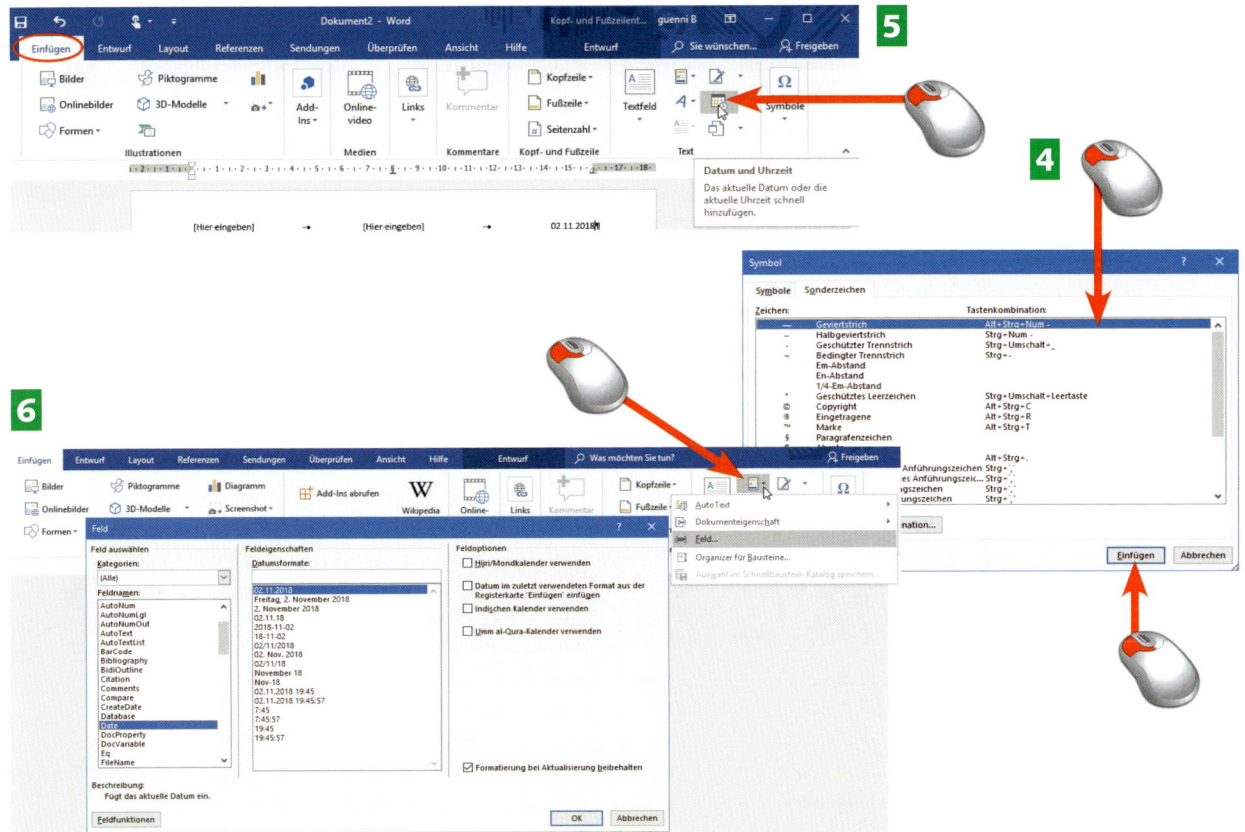

4 Auf der Registerkarte *Sonderzeichen* des Dialogfelds finden Sie spezielle Word-Sonderzeichen, die Sie über die *Einfügen*-Schaltfläche in den Text übernehmen.

5 Die Registerkarte *Einfügen* des Menübands enthält Schaltflächen, um Seitenwechsel oder ein Datumsfeld in den Text einzufügen.

6 Zur Anzeige weiterer Informationen (z. B. Dokumentname) rufen Sie im Menü *Schnellbausteine* den Befehl *Feld* auf und wählen dann im Dialogfeld das gewünschte Feld aus.

Ende

Markierte Felder werden grau unterlegt. Die Tastenkombination Strg+F9 blendet dann die Felddefinition ein oder aus.

Die Schriftarten *Wingdings* enthalten eine Reihe stilisierter Symbole wie beispielsweise ein Telefon.

Über Felder können Sie beispielsweise Inhalts- und Stichwortverzeichnisse erstellen.

TIPP   **TIPP**   **HINWEIS**

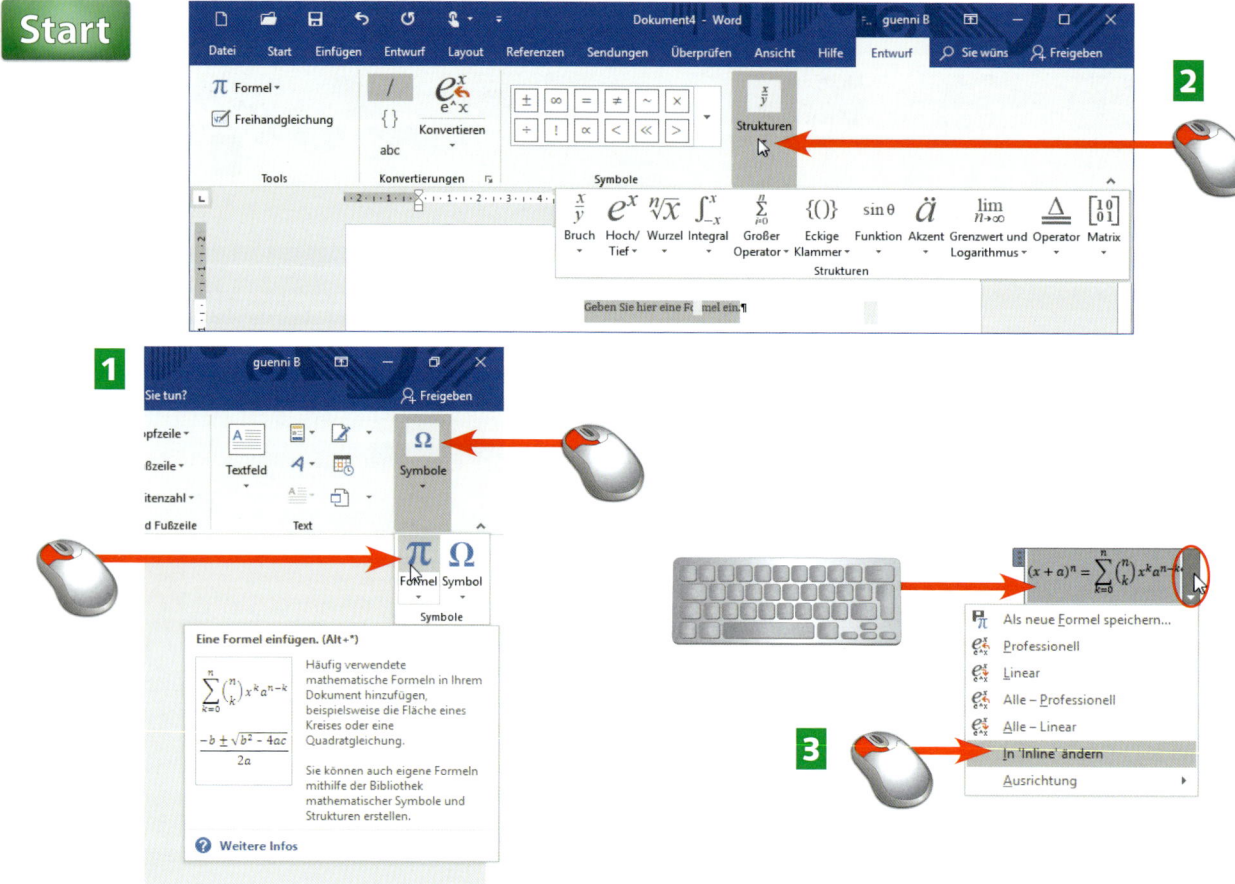

1 Wählen Sie auf der Registerkarte *Einfügen* die Menüschaltfläche *Symbole* und dann *Formel*, um eine Formel an der aktuellen Einfügeposition im Text einzugeben.

2 Fügen Sie einen passenden Formelausdruck über die Elemente der Registerkarte *Entwurf* in den Platzhalter ein.

3 Markieren Sie das Formelelement, können Sie ein Menü öffnen und den Befehl *In 'Inline'* *ändern* wählen. Dann können Sie den Formeltext direkt eintragen bzw. anpassen.

Word ermöglicht es Ihnen, Formeln in den Text einzufügen. Dabei lassen sich häufig verwendete Formeln aus Vorlagen übernehmen oder eigene Formeln aus der Bibliothek für mathematische Symbole zusammenstellen. Sonderzeichen werden über eine spezielle Funktion in den Text eingefügt.

WISSEN

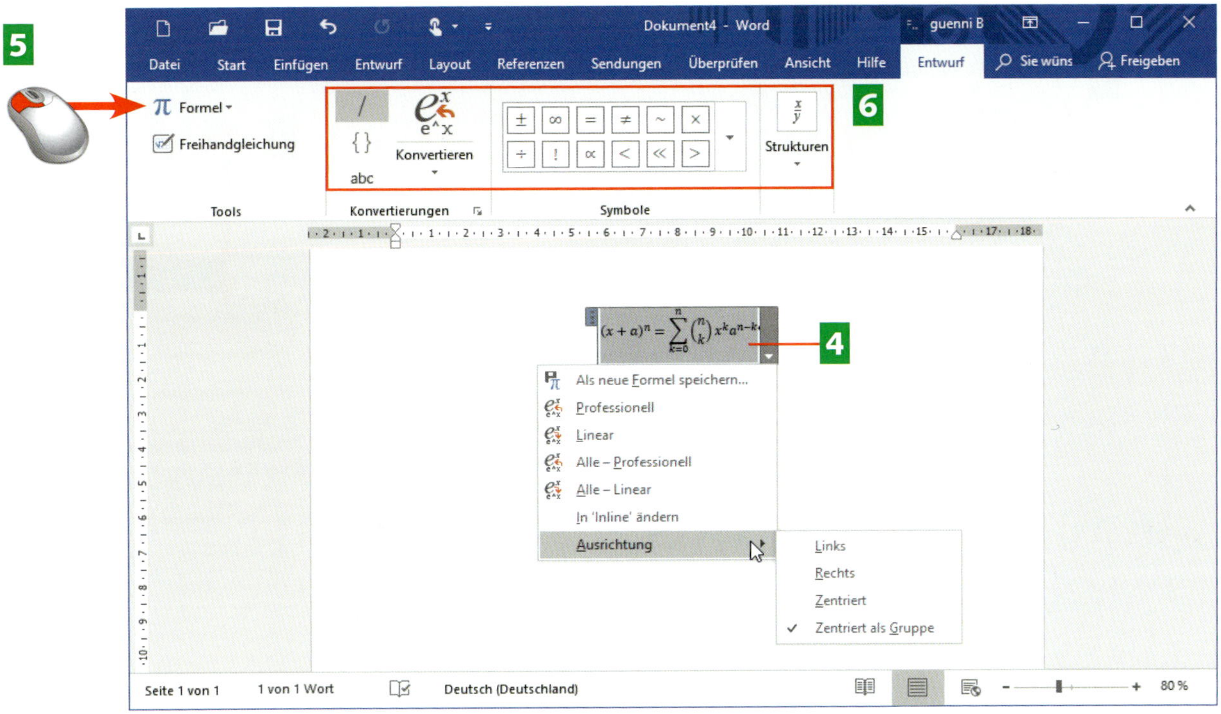

4 Wählen Sie die Formel mit einem Mausklick an, schaltet Word in den Formelbearbeitungsmodus, in dem Sie Ausdrücke hinzufügen und entfernen können.

5 Die Schaltfläche *Formel* der Registerkarte *Formeltools/Entwurf* öffnet den Katalog aus Schritt 2 zur Übernahme eines Formelausdrucks.

6 Über die restlichen Elemente der Registerkarte *Formeltools/Entwurf* rufen Sie Formelausdrücke ggf. mittels der eingeblendeten Palette ab und fügen sie in die Formel ein.

Ende

Ein markiertes Formelelement lässt sich über den linken Anfasser im Text verschieben.

Richten Sie die Formel über den Befehl *Ausrichtung* (Schritt 3) linksbündig, rechtsbündig oder zentriert aus.

Markieren Sie eine Formel, lässt sich diese über die Entf-Taste löschen.

TIPP   **TIPP**   **HINWEIS**

Start

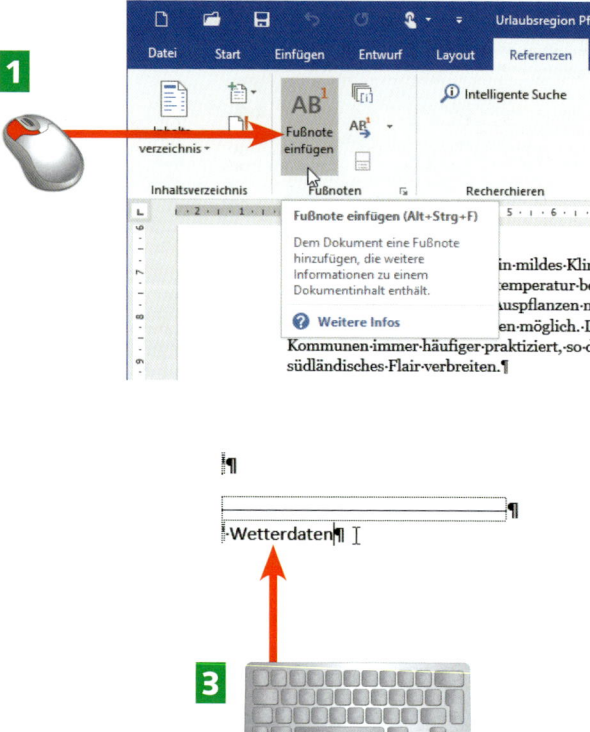

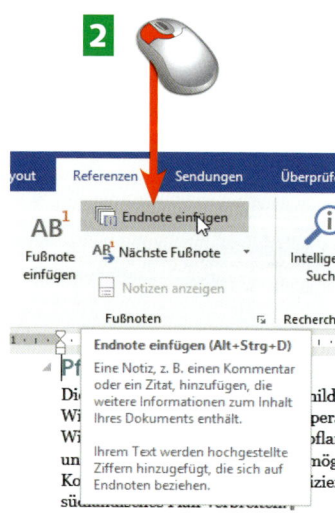

1 Um eine Fußnote einzufügen, markieren Sie die Textstelle und wählen auf der Registerkarte *Referenzen* die Schaltfläche *Fußnote einfügen*.

2 Möchten Sie eine Endnote an der markierten Textstelle einfügen, wählen Sie auf der Registerkarte *Referenzen* die Schaltfläche *Endnote einfügen*.

3 Anschließend ergänzen Sie den Text der Fuß- bzw. Endnote im angezeigten Eingabefeld.

In Word lassen sich Fuß- und Endnoten als Anmerkungen im Text einfügen. Fußnoten werden am Ende der Seite und Endnoten am Ende eines Kapitels angezeigt. Kommentare sind Anmerkungen eines Bearbeiters zum Text.

WISSEN

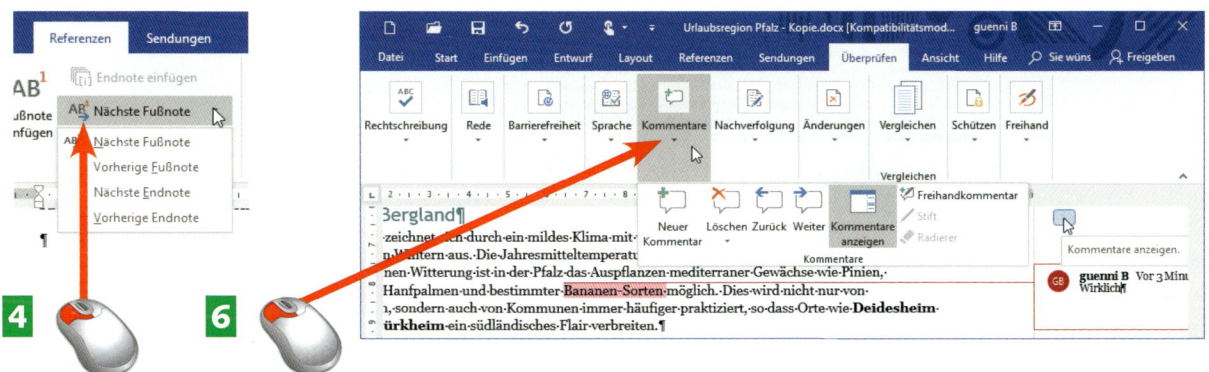

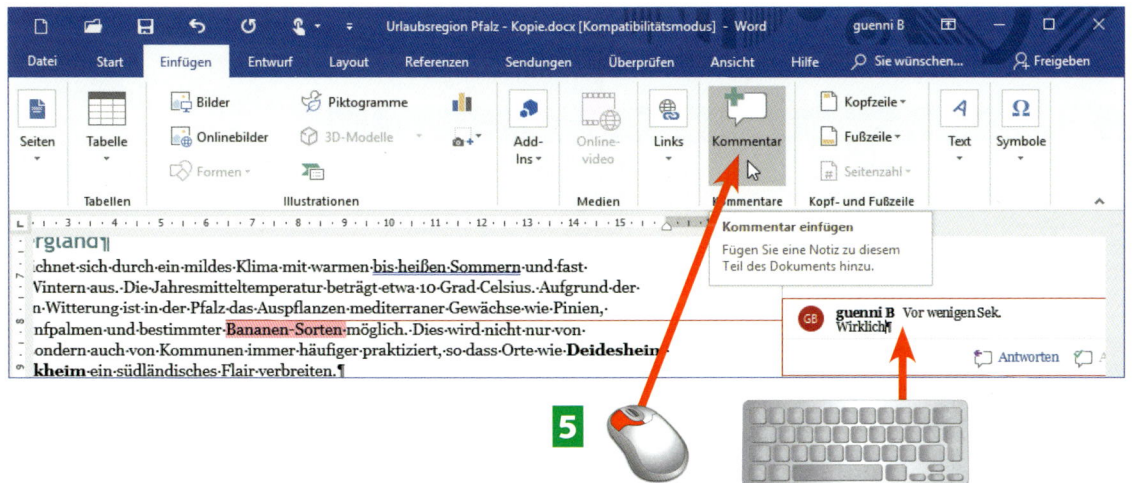

4 Um im Text schnell zu den Noten zu navigieren, öffnen Sie auf der Registerkarte *Referenzen* die Schaltfläche *Nächste Fußnote* und wählen einen Eintrag aus.

5 Markieren Sie eine Textstelle, und klicken Sie auf der Registerkarte *Einfügen* auf die Schaltfläche *Kommentar*. Tippen Sie anschließend in das Kommentarfeld den entsprechenden Hinweistext ein.

6 Auf der Registerkarte *Überprüfen* finden Sie die Schaltfläche *Kommentare*, um zwischen Kommentaren zu navigieren, Kommentare einzufügen oder zu löschen.

Ende

HINWEIS

Zeigen Sie im Text auf eine Kommentarstelle, blendet Word den Kommentartext als QuickInfo ein.

HINWEIS

Zum Löschen einer Fuß-/Endnote markieren Sie diese im Text und drücken die [Entf]-Taste.

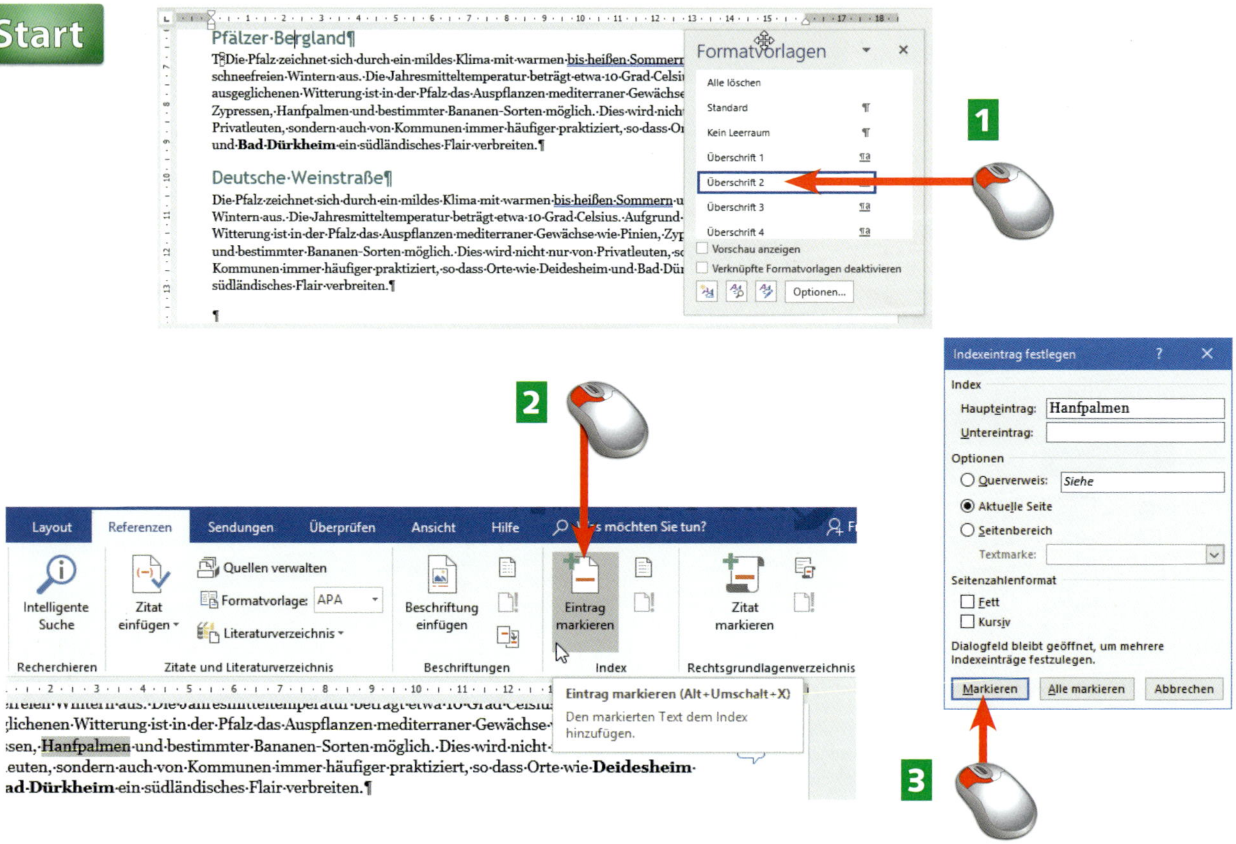

1 Um ein Inhaltsverzeichnis erstellen zu können, weisen Sie zunächst den Überschriften des Dokuments die Formatvorlagen *Überschrift 1*, *Überschrift 2* etc. zu (Seite 106).

2 Für Einträge im Stichwortverzeichnis markieren Sie das gewünschte Stichwort im Text und wählen auf der Registerkarte *Referenzen* die Schaltfläche *Eintrag festlegen*.

3 Ergänzen Sie ggf. im Dialogfeld *Indexeintrag festlegen* die Optionen für den Eintrag, klicken Sie auf die Schaltfläche *Festlegen* und dann auf *Schließen*.

Über Felder können Sie in Word-Dokumenten ein Inhalts- und ein Stichwortverzeichnis erstellen. Voraussetzung ist die Formatierung von Überschriften mit Formatvorlagen und das Einfügen von Indexfeldern.

WISSEN

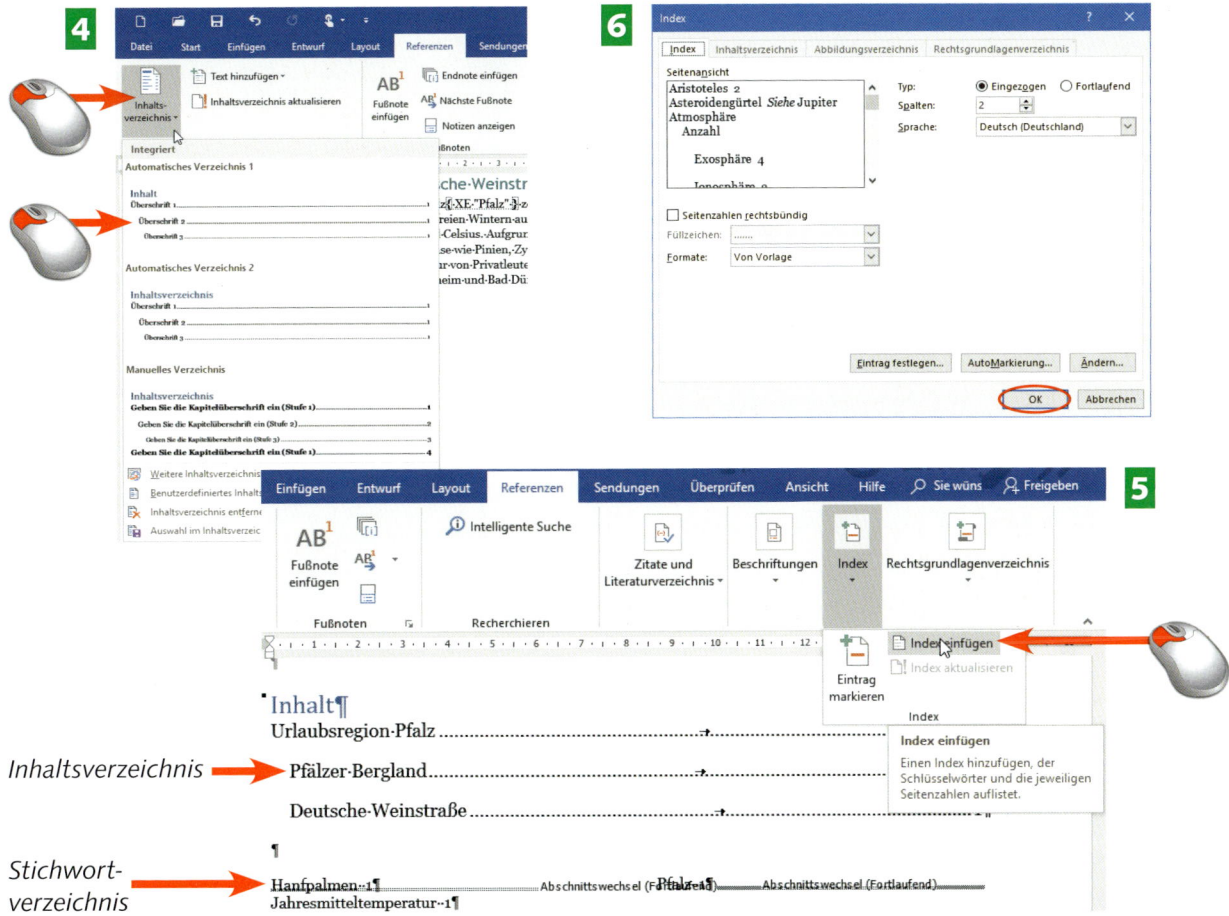

4 Ein Inhaltsverzeichnis fügen Sie in den Text ein, indem Sie auf der Registerkarte *Referenzen* die Schaltfläche *Inhaltsverzeichnis* anklicken und im Katalog einen Eintrag auswählen.

5 Zum Anlegen eines Stichwortverzeichnisses wählen Sie auf der Registerkarte *Referenzen* die Schaltfläche *Index einfügen*.

6 Passen Sie im Dialogfeld *Index* ggf. die Optionen an, und wählen Sie die *OK*-Schaltfläche.

Ende

TIPP

Drücken Sie die Tastenkombination ⇧+Alt+X, um das Dialogfeld *Indexeintrag festlegen* zu öffnen.

TIPP

Um weitere Index-einträge festzulegen, kann das Dialogfeld geöffnet bleiben.

HINWEIS

In Schritt 5 sehen Sie die als Felder eingefügten Inhalts- und Stichwortverzeichnisse. Mit der Taste F9 können Sie die markierten Felder mit den Verzeichnisinhalten aktualisieren.

Einstieg in Excel

4

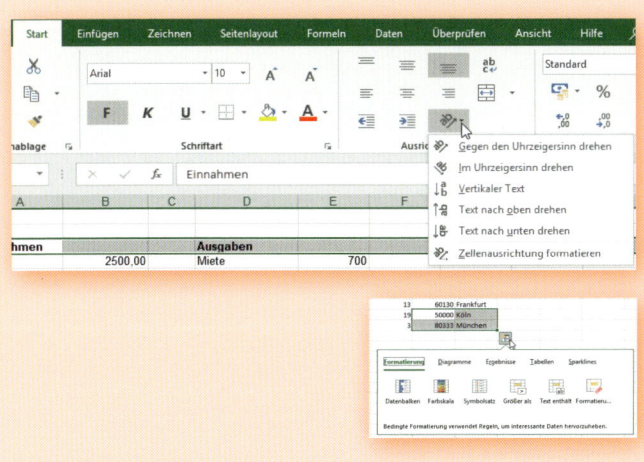

Start

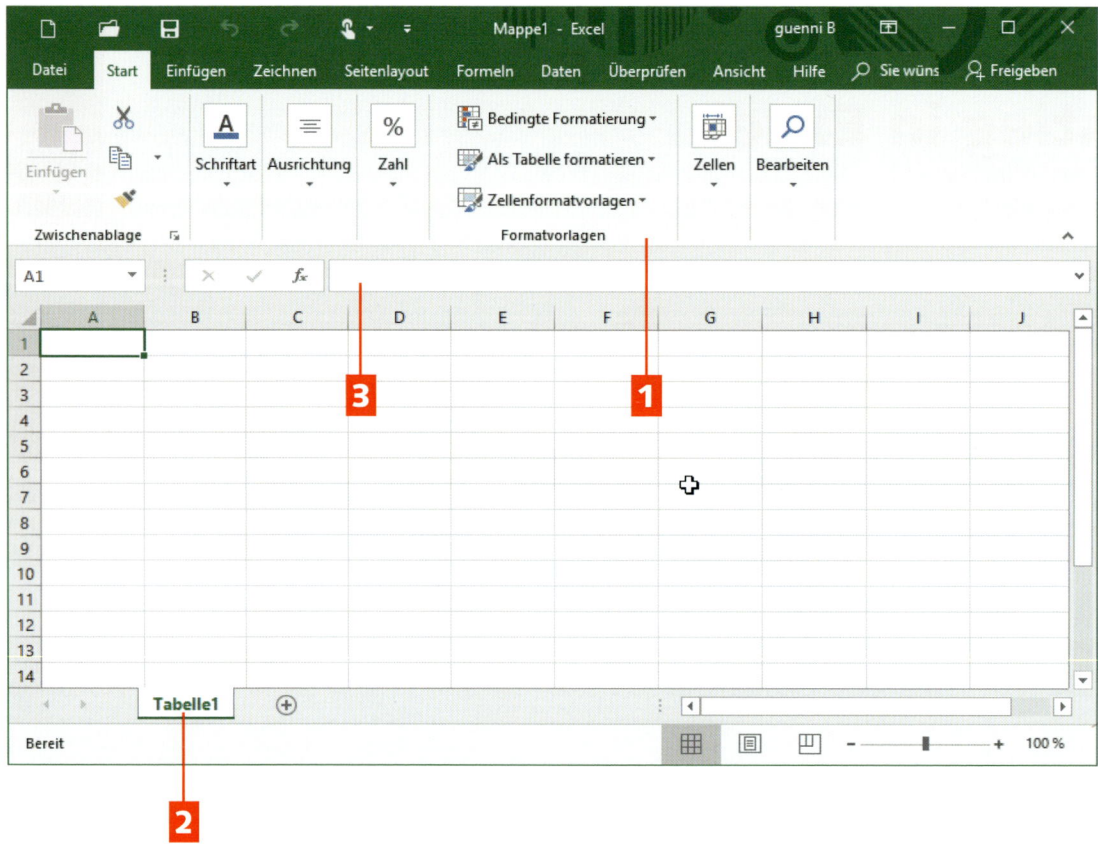

1 Das Menüband am oberen Dokumentrand oder die Elemente zum Einstellen der Anzeige-modi oder des Zooms in der Statusleiste kennen Sie bereits von Seite 29 ff.

2 Am unteren linken Rand werden die Blattregister zum Zugriff auf die Tabellen angezeigt (Standard ist ein Blattregister).

3 Oberhalb des Dokumentrands befindet sich die Bearbeitungsleiste, in der Sie Inhalte der Tabellenzelle ansehen und bearbeiten können.

Excel lädt sogenannte Arbeitsmappen als Dokumente, die aus einer oder mehreren Tabellen (als Arbeitsblätter bezeichnet) bestehen können. In die Tabellen lassen sich Daten eintragen, darin Berechnungen vornehmen und Diagramme anzeigen.

WISSEN

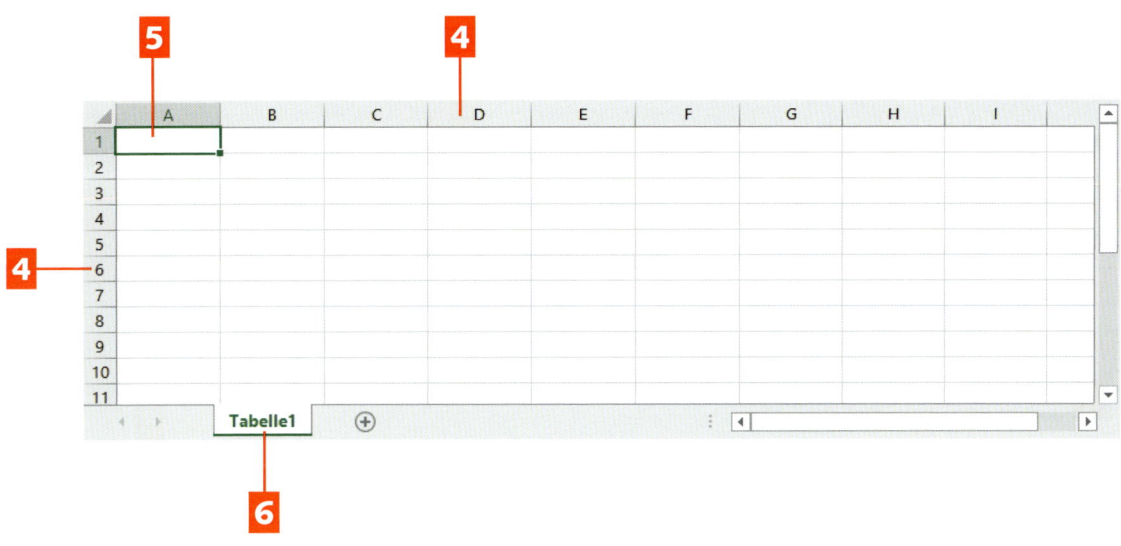

4 Am linken Dokumentrand werden die Zeilenköpfe mit Ziffern durchnummeriert, am oberen Rand finden sich die durch Buchstaben gekennzeichneten Spaltenköpfe.

5 Die mit einem Rahmen markierte Zelle wird als aktive Zelle (hier A1) bezeichnet, in der sich Eingaben vornehmen lassen.

6 Das am unteren Dokumentrand ausgewählte Blattregister gibt den Namen der Tabelle (hier *Tabelle1*) an.

Ende

Zellen lassen sich über ihre Spalten- und Zeilenköpfe adressieren (z. B. bezeichnet A3 die Zelle in der dritten Zeile in der ersten Spalte).	Falls eine Spalte zu breit oder zu schmal (bzw. zu hoch) ist, können Sie den Spaltenteiler ✛ (bzw. den Zeilentrenner) per Maus horizontal (bzw. vertikal) verschieben.	Sobald sich der Mauszeiger über der Tabelle befindet, nimmt er die Form eines stilisierten Kreuzes ✛ an.
HINWEIS	**TIPP**	**HINWEIS**

Start

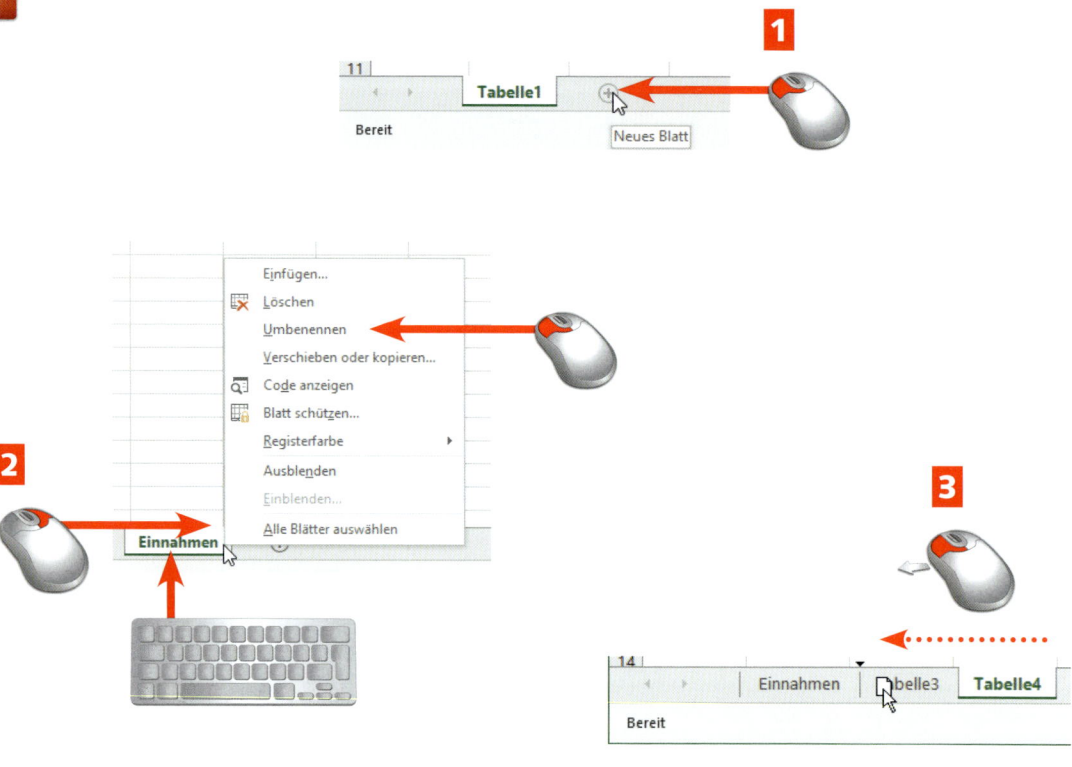

1 Wählen Sie die rechts vom letzten Registerreiter sichtbare Schaltfläche *Neues Blatt* oder drücken Sie ⇧+F11, um eine neue Tabelle in die Arbeitsmappe einzufügen.

2 Mit einem Rechtsklick auf ein Blattregister ändern Sie über den Kontextmenübefehl *Umbenennen* den Tabellennamen per Tastatur und bestätigen dies per ⏎-Taste.

3 Zum Umsortieren der Tabellenblätter ziehen Sie einfach den jeweiligen Registerreiter waagerecht nach links oder rechts.

Neue Arbeitsmappen enthalten in der Regel ein Tabellenblatt (Blattregister) zur Aufnahme von Daten. Bei Bedarf lassen sich Tabellenblätter per Kontextmenü zur Mappe hinzufügen, löschen, umbenennen, kopieren oder verschieben. Über das Kontextmenü lassen sich auch Registerreiter einfärben oder Blätter schützen (Seite 186).

WISSEN

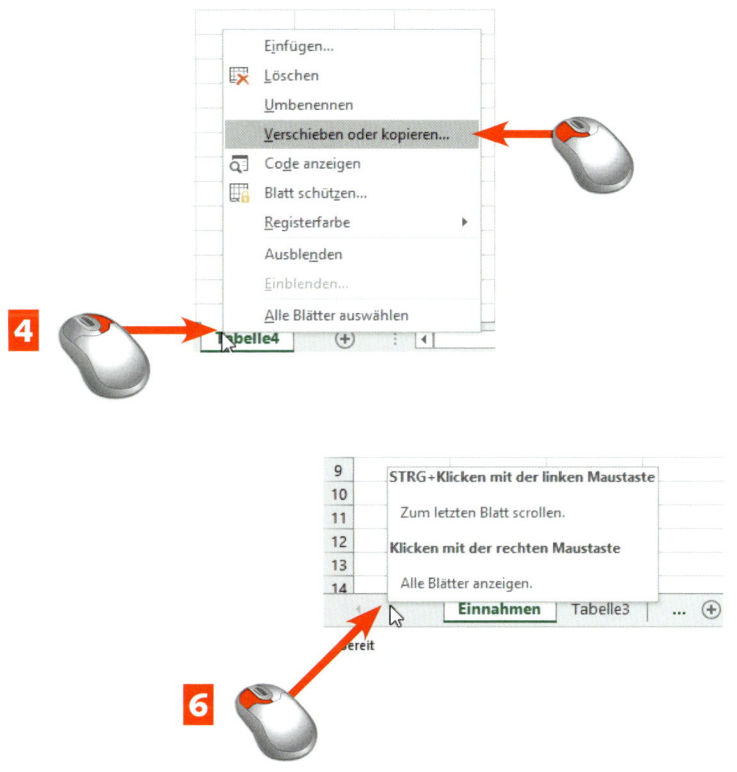

4 Zum Kopieren eines Tabellenblatts klicken Sie mit der rechten Maustaste auf dessen Blattregister und wählen den Kontextmenübefehl *Verschieben oder kopieren*.

5 Wählen Sie im Dialogfeld die Zielmappe, ggf. einen Eintrag in *Einfügen vor*, markieren Sie das Kontrollkästchen *Kopie erstellen* und bestätigen Sie mit der *OK*-Schaltfläche.

6 Über die Schaltflächen in der linken unteren Fensterecke blättern Sie zwischen den Blattregistern der Tabellen.

Ende

Über den Kontextmenübefehl *Löschen* eines Blattregisters lässt sich dieses nach dem Bestätigen der Sicherheitsmeldung über die *Löschen*-Schaltfläche entfernen.

HINWEIS

Der Kontextmenübefehl *Einfügen* eines Blattregisters öffnet ein Dialogfeld *Einfügen*, über das sich eine Tabellenvorlage für das neue Blatt auswählen lässt.

HINWEIS

Verschieben Sie das Teilerfeld ⊕ ↔ ◀ (links neben der horizontalen Bildlaufleiste) mit der Maus, um den Anzeigebereich der Blattregister zu vergrößern/verkleinern.

TIPP

Start

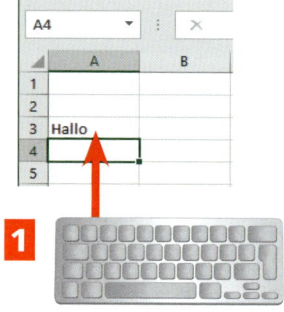

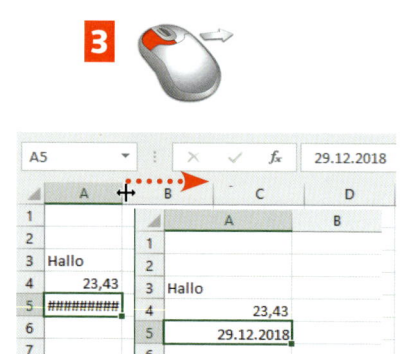

1 Klicken oder tippen Sie auf die Zelle A3, geben Sie einen Text (z. B. *Hallo*) ein, und drücken Sie die ⏎-Taste. Es wird die darunter liegende Zelle als aktiv markiert.

2 Geben Sie in der nächsten Zelle die Zahl *23,43* ein und drücken Sie die ⏎-Taste. Ob Nachkommastellen mit Nullwerten (z. B. bei Eingabe von 23,00) in einer Zelle angezeigt werden, hängt vom Zellformat ab (siehe Seite 138).

3 Erscheint nach einer Eingabe die Zeichenkette #### in der Zelle, erhöhen Sie die Zellbreite durch Ziehen des Spaltentrenners, bis der Wert sichtbar wird.

In die Zellen einer Kalkulationstabelle tragen Sie Daten wie Texte, Zahlen, Datumswerte etc. oder Formeln und Grafiken etc. ein. Die Adresse der aktiven (angewählten) Zelle (z. B. A4) wird im Namensfeld links neben der Bearbeitungsleiste und der Wert in der Bearbeitungsleiste angezeigt (Schritt 5).

WISSEN

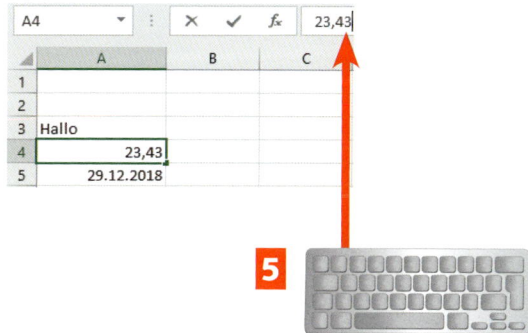

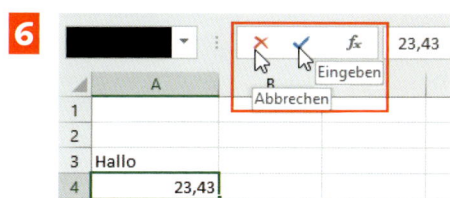

4 Um eine Zelleingabe zu korrigieren, wählen Sie diese erneut an, geben den neuen Wert ein und drücken die ⏎-Taste.

5 Den Wert einer angewählten Zelle können Sie in der Bearbeitungsleiste auch zeichenweise korrigieren (siehe Seite 60).

6 Änderungen an Zellwerten lassen sich mittels der ⏎-Taste oder der Schaltfläche *Eingeben* übernehmen bzw. mittels Esc oder der *Abbrechen*-Schaltfläche verwerfen.

Ende

Die ⏎-Taste wechselt nach einer Eingabe zur darunter liegenden Zelle. Mit der ⇥-Taste geht's zur rechten und mit ⇧+⇥ zur linken Nachbarzelle.

Die Cursortasten ↑, ↓, ← und → lassen sich ebenfalls zum Abschließen einer Eingabe und zum Anwählen der Folgezelle verwenden.

Sie können *Suchen und Ersetzen* (siehe Seite 62) oder die Rechtschreibprüfung (siehe Seite 64) ebenfalls auf Tabellen anwenden.

TIPP **TIPP** **HINWEIS**

Start

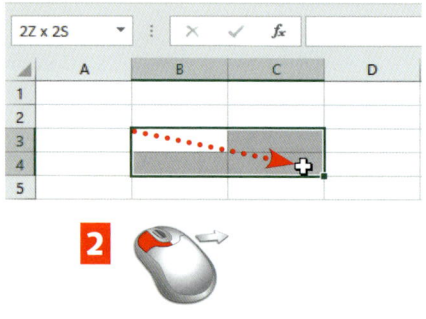

1

Taste	Funktion
↑	Eine Zelle höher
↓	Eine Zelle tiefer
←	Eine Zelle nach links
→	Eine Zelle nach rechts
⇆	Eine Zelle nach rechts
⇧ + ⇆	Eine Zelle nach links
Strg + ↑	Zur obersten Zeile
Strg + ↓	Zur letzten Zeile
Strg + ←	Zur ersten Spalte
Strg + →	Zur letzten Spalte

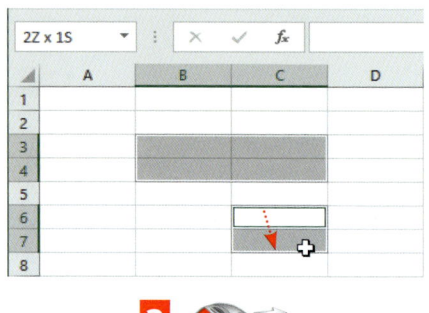

1 Statt die aktive Zelle per Mausklick oder Antippen anzuwählen, können Sie die hier gezeigten Tasten zur Positionierung in der Tabelle verwenden.

2 Um einen Zellbereich mit der Maus zu markieren, klicken Sie auf die erste Zelle und ziehen dann die Maus bei gedrückter linker Maustaste zur diagonalen Zelle.

3 Halten Sie die Strg-Taste beim Markieren gedrückt, um nicht benachbarte Zellbereiche mit der Maus zu markieren.

Markieren Sie Zellen in einer Tabelle, können Sie deren Wert korrigieren oder ein Format zuweisen. Neben dem Anklicken von Zellen per Maus oder Antippen per Finger beim Touchscreen lässt sich die aktive Zelle auch über die Tastatur auswählen.

WISSEN

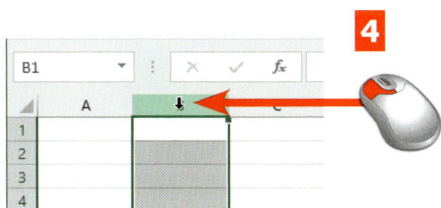

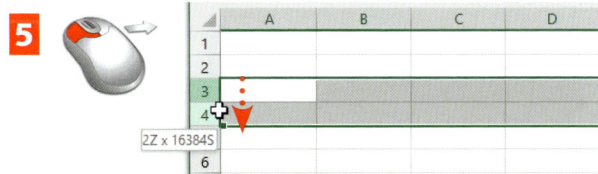

4 Klicken oder tippen Sie auf einen Spaltenkopf, um die gesamte Spalte zu markieren. Durch Ziehen der Maus über die Spaltenköpfe lassen sich mehrere Spalten markieren.

5 Ein Mausklick auf einen Zeilenkopf oder Ziehen der Maus über Zeilenköpfe markiert die betreffenden Zeilen der Tabelle.

6 Um die gesamte Tabelle zu markieren, drücken Sie die Tastenkombination Strg+A oder klicken auf das hier gezeigte Markierungsfeld.

Ende

Zum Markieren per Tastatur verwenden Sie die in Schritt 1 aufgeführten Tastenkombinationen bei gleichzeitig gedrückter ⇧-Taste.

Markierte Zellen werden grau hervorgehoben. Die Markierung heben Sie durch einen Mausklick auf eine beliebige Zelle auf.

TIPP

HINWEIS

Start

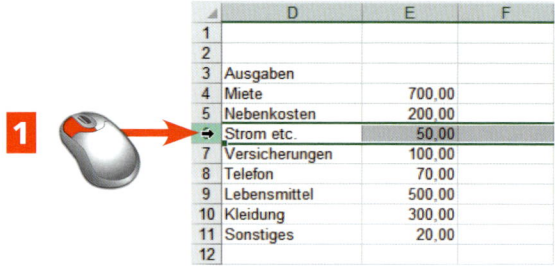

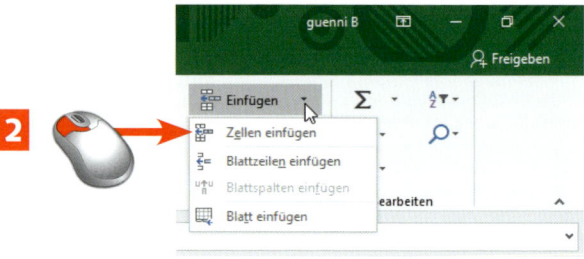

1 Um in einer Tabelle Zellen oder ganze Zeilen bzw. Spalten einzufügen oder zu löschen, markieren Sie den gewünschten Bereich (siehe Seite 130).

2 Wählen Sie auf der Registerkarte *Start* des Menübands in der Gruppe *Zellen* die Menüschaltfläche *Einfügen* und dann den Befehl *Zellen einfügen*.

3 War nur ein Zellbereich markiert, aktivieren Sie im angezeigten Dialogfeld *Zellen einfügen* das gewünschte Optionsfeld und bestätigen mit der *OK*-Schaltfläche.

Wenn Sie in Excel einen Zellbereich in einer Tabelle markieren und dann die [Entf]-Taste drücken, wird nur der Inhalt dieser Zellen gelöscht. Excel bietet aber die Möglichkeit, Zellen oder Zeilen/ Spalten zu löschen bzw. neu einzufügen.

WISSEN

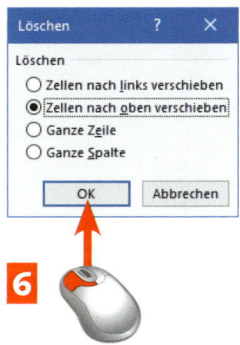

4 Sobald eine neue Zeile, Spalte oder Zelle eingefügt wurde, können Sie über die eingeblendete Schaltfläche *Einfügeoptionen* das Format einer Zelle übernehmen.

5 Zum Löschen markierter Zellen wählen Sie auf der Registerkarte *Start* die Schaltfläche
Löschen und dann den Menübefehl *Zellen löschen*.

6 Wählen Sie im ggf. angezeigten Dialogfeld *Löschen* eine der Optionen und bestätigen
Sie mit der *OK*-Schaltfläche, um den markierten Zellbereich aus der Tabelle zu
löschen.

Ende

Änderungen an der Tabellenstruktur können Sie sofort über
die Tastenkombination Strg+Z
oder über die Schaltfläche ↩
der Symbolleiste für den
Schnellzugriff zurücknehmen.

Öffnen Sie das Kontextmenü,
finden Sie ebenfalls Befehle,
um Zellen hinzuzufügen oder
zu löschen.

Das Dialogfeld *Zellen
einfügen* bzw. *Löschen*
erscheint nur, falls keine
komplette Spalte oder Zeile
markiert war.

TIPP | **TIPP** | **HINWEIS**

Start

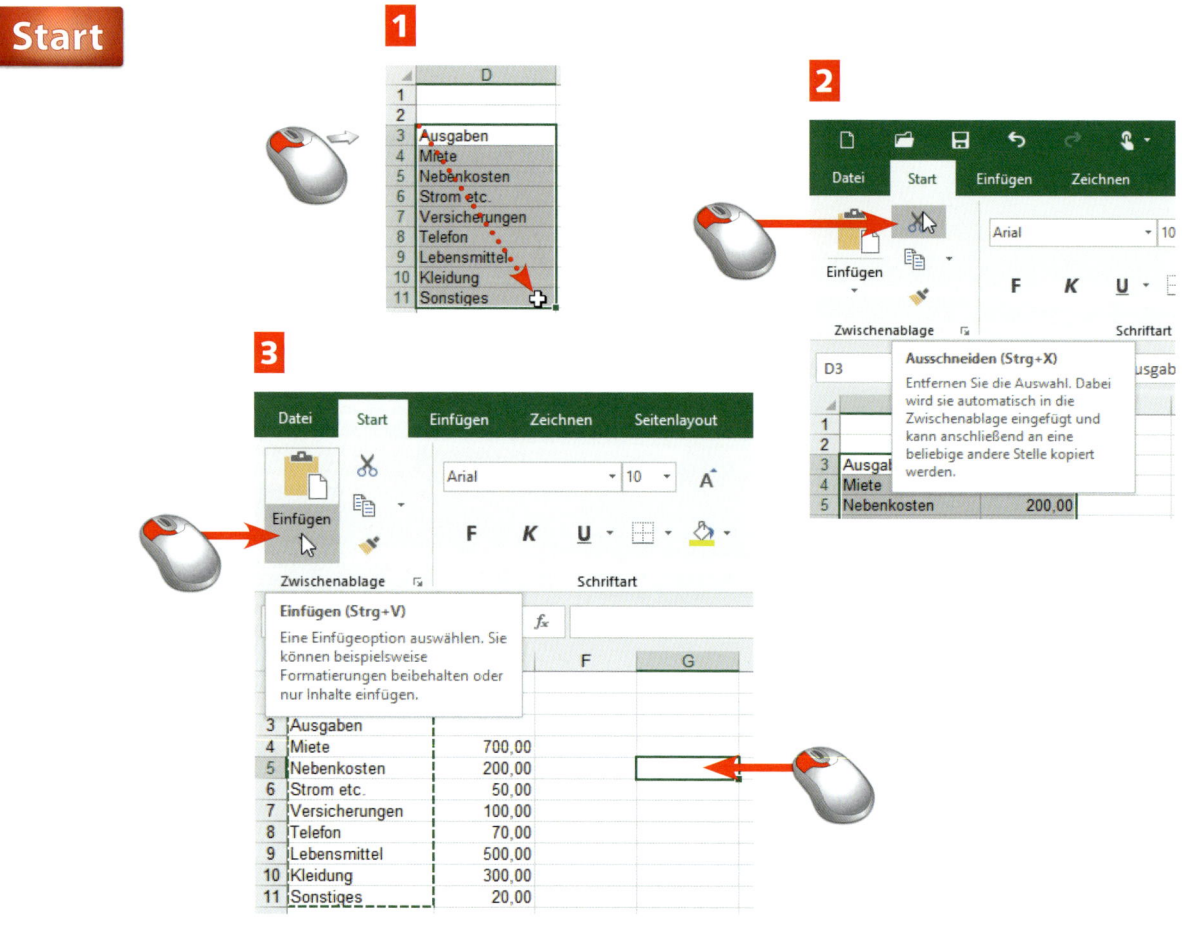

1 Markieren Sie den zu kopierenden/verschiebenden Zellbereich in der Tabelle.

2 Zum Verschieben wählen Sie im Menüband auf der Registerkarte *Start* in der Gruppe *Zwischenablage* die *Ausschneiden*-Schaltfläche.

3 Markieren Sie die Zelle für die linke obere Ecke des Zielbereichs, und wählen Sie in der Gruppe *Zwischenablage* der Registerkarte *Start* die *Einfügen*-Schaltfläche.

Auch in Excel lassen sich markierte Zellbereiche in einer Tabelle oder zwischen Tabellen kopieren bzw. verschieben. Dabei können Sie nur die Werte oder auch die komplette Zellstruktur übertragen.

WISSEN

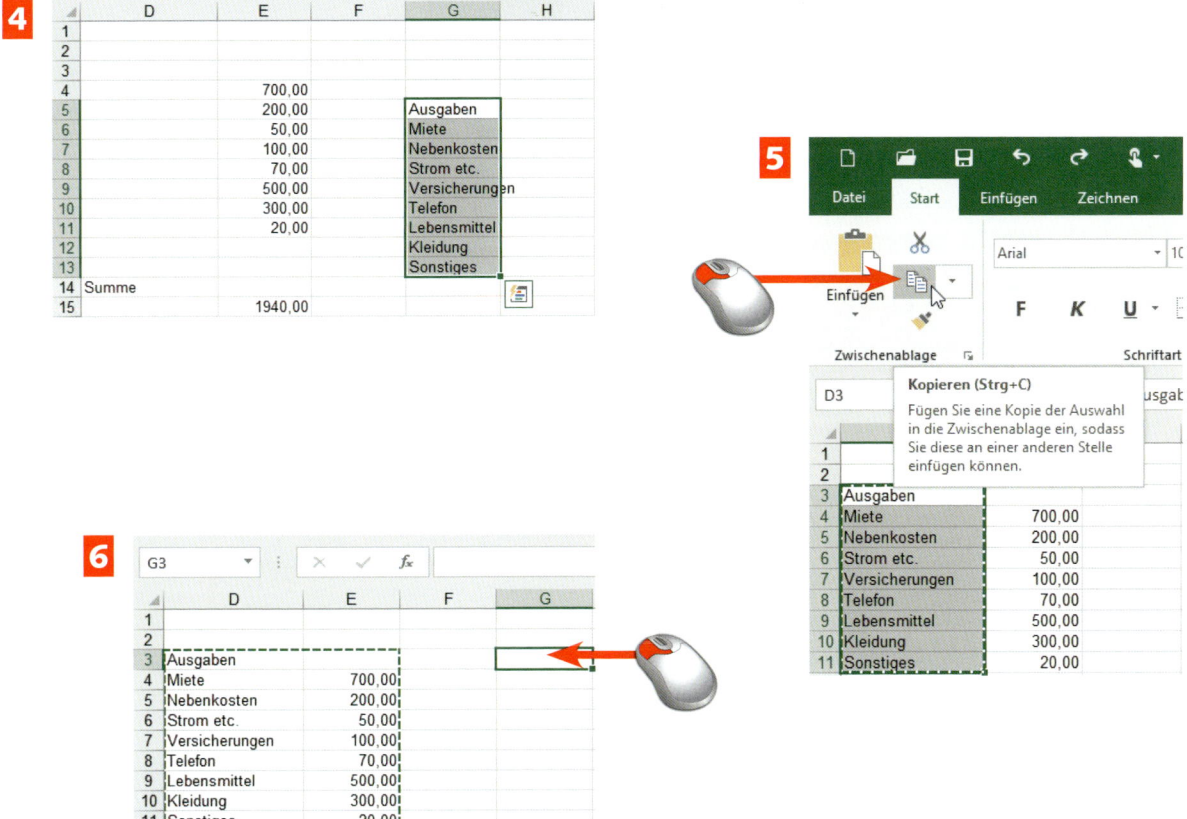

4 Der ausgeschnittene Zellbereich wird anschließend aus der Zwischenablage ab der markierten Zielzelle eingefügt.

5 Zum Kopieren markieren Sie die Zellen des gewünschten Bereichs und wählen dann auf der Registerkarte *Start* die Schaltfläche *Kopieren*.

6 Klicken oder tippen Sie auf die Zelle, in die der Inhalt der Zwischenablage als Kopie einzufügen ist.

Sie können auch diese Tastenkombinationen verwenden:
Strg+X (Ausschneiden)
Strg+C (Kopieren) und
Strg+V (Einfügen)

Achten Sie bei der Auswahl der Zielzelle darauf, dass der als Kopie einzufügende Zellbereich möglichst keine Zellen mit Werten überschreibt.

Excel belässt einen ausgeschnittenen Zellbereich im Dokument, zeigt diesen aber mit einem gestrichelten Rahmen an.

TIPP **HINWEIS** **HINWEIS**

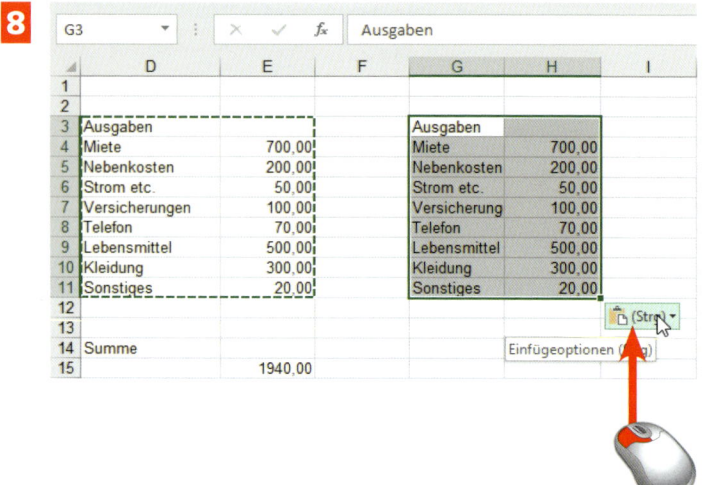

7 Wählen Sie auf der Registerkarte *Start* des Menübands die *Einfügen*-Schaltfläche, um den Inhalt der Zwischenablage in den Zielbereich einzufügen.

8 Wählen Sie die neben dem eingefügten Zellbereich eingeblendete Schaltfläche *Einfüge-optionen*.

9 Wählen Sie eine der im Menü *Einfügeoptionen* angezeigten Schaltflächen, um den Einfügemodus aus der Zwischenablage festzulegen.

Bei Excel können Sie beim Einfügen aus der Zwischenablage vorgeben, ob alles, nur die Formeln, nur die Werte etc. in den Zellbereich eingefügt werden sollen. In der Regel werden Sie die Option *Werte und Zahlenformat* 🔲 beim Einfügen wählen.

WISSEN

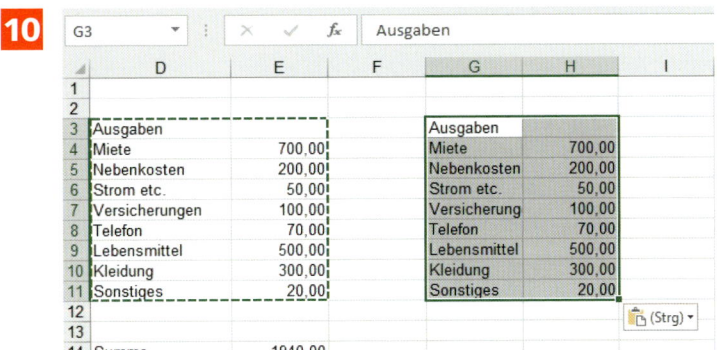

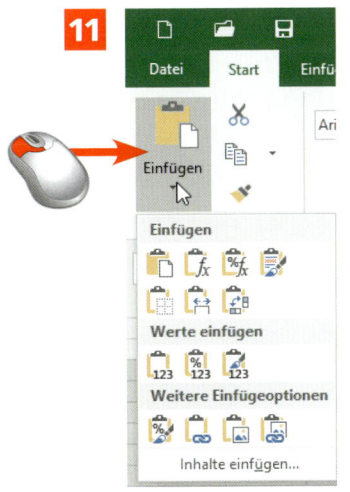

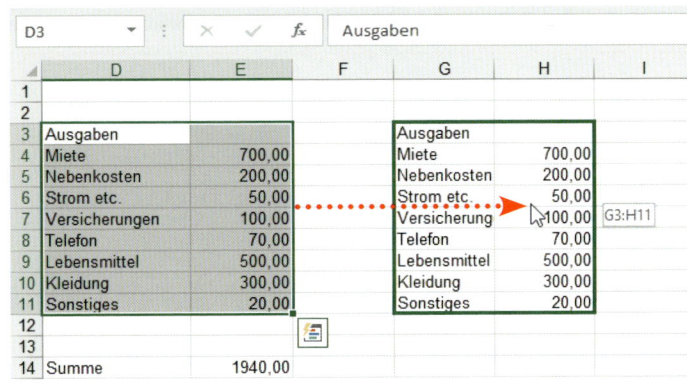

10 Anschließend sollte die Kopie des Zellbereichs in die Tabelle eingefügt worden sein. Drücken Sie ggf. die Esc-Taste, um die Markierung des Zellbereichs aufzuheben.

11 Alternativ können Sie in Schritt 7 auch das Menü der Schaltfläche *Einfügen* öffnen und dort Schaltflächen wie *Einfügen*, *Formeln*, *Werte* etc. (siehe Schritt 9) wählen.

12 Um einen markierten Zellbereich schnell innerhalb der Tabelle zu verschieben, ziehen Sie den Markierungsrahmen per Maus zur Zielzelle.

Ende

Halten Sie in Schritt 12 beim Ziehen die Strg-Taste gedrückt, wird der Zellbereich kopiert statt verschoben.	In Schritt 7 können Sie auch das Menü der Schaltfläche *Einfügen* öffnen und eine der Schaltflächen aus Schritt 9 wählen.	Die in den Schritten 1 bis 9 beschriebenen Techniken lassen sich auch zwischen verschiedenen Tabellen anwenden.
TIPP	**TIPP**	**HINWEIS**

Start

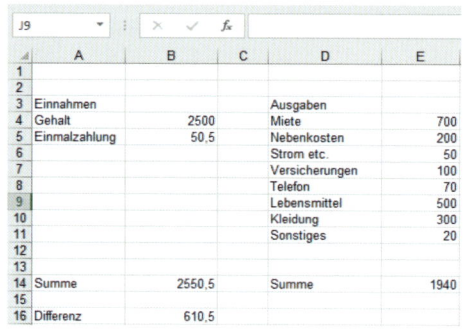

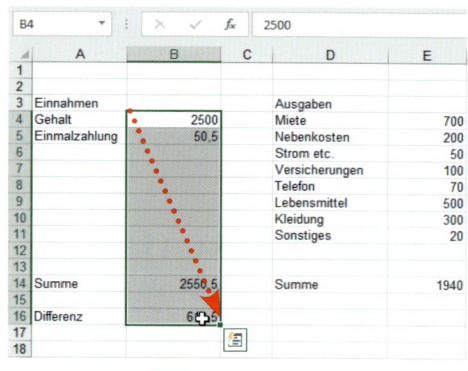

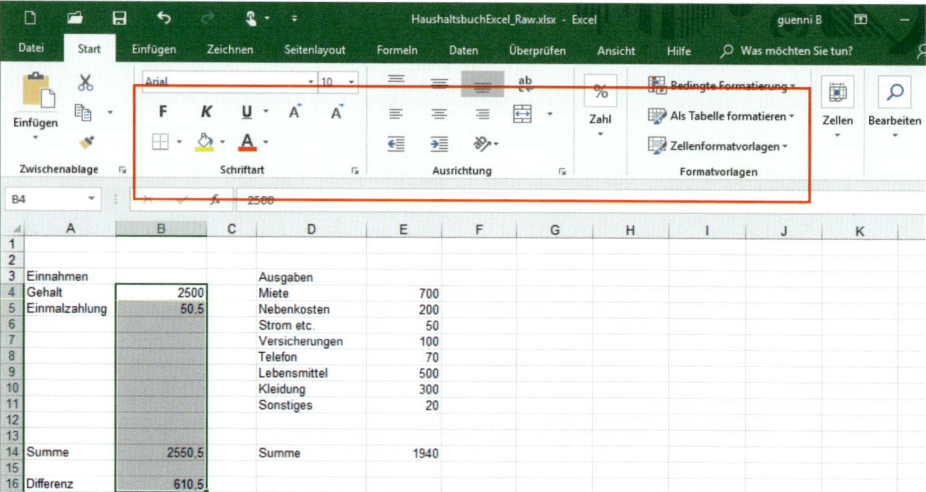

1 In eine Tabelle eingetragene Daten werden im Format *Standard* angezeigt. Bei Zahlen unterdrückt Excel z. B. nicht signifikante Nullen.

2 Um gezielt ein Zellformat zuzuweisen, markieren Sie die betreffenden Zellen.

3 Wechseln Sie ggf. im Menüband zur Registerkarte *Start* und weisen Sie über deren Schaltflächen die gewünschten Zellformate zu.

> Über die Zellformate legen Sie nicht nur fest, ob die Zellinhalte fett, kursiv oder mit anderen Formaten anzuzeigen sind. Das Zellformat bestimmt auch, wie der Zellinhalt selbst (z. B. als Dezimalzahl) angezeigt werden soll.

WISSEN

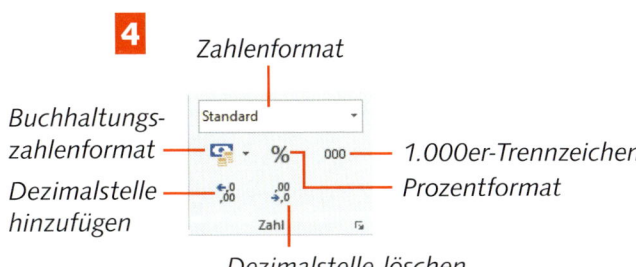

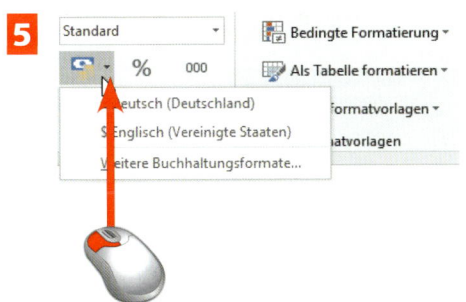

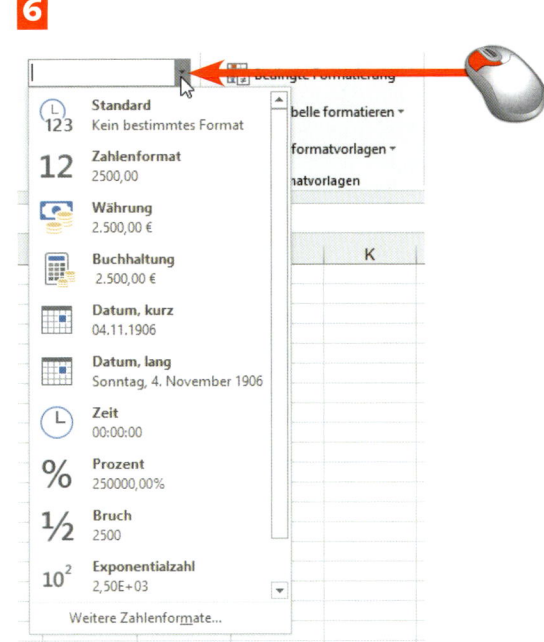

4 Über die Schaltflächen der Gruppe *Zahl* legen Sie Zellformate für die Zahlendarstellung fest (*Dezimalstelle hinzufügen* erhöht z. B. die Zahl der angezeigten Nachkommastellen).

5 Das Menü der Schaltfläche *Buchhaltungszahlenformat* ermöglicht es Ihnen, das Währungszeichen oder weitere Währungsformate zuzuweisen.

6 Über den Katalog des Feldes *Zahlenformat* können Sie verschiedene Zahlenformate (auch das Format *Standard*) abrufen und markierten Zellen zuweisen.

Wird ein Eingabewert plötzlich fehlerhaft (z. B. eine Dezimalzahl wird als Datum oder Prozentwert) angezeigt, überprüfen Sie das Zellformat.

Das Format *Standard* legt bei der Eingabe des ersten Werts dessen Darstellung fest. Später eingegebene andere Daten (z. B. Datum) werden dann im alten Format angezeigt (siehe Seite 158).

Beim Währungs- und Buchhaltungsformat werden Zahlen standardmäßig mit einem Währungskennzeichen und zwei Nachkommastellen dargestellt.

TIPP   **HINWEIS**   **HINWEIS**

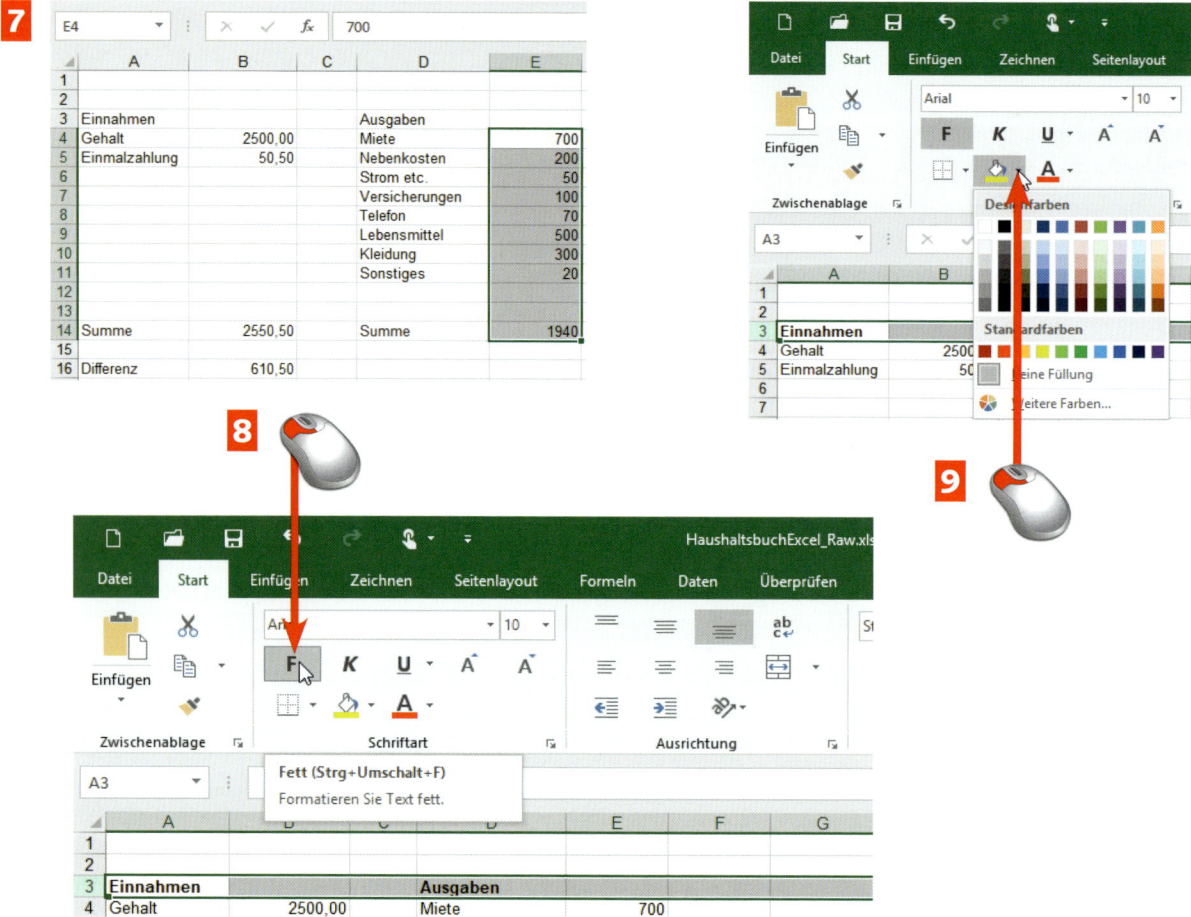

7 Hier wurden die Werte der in Schritt 1 gezeigten Beispieltabelle mit zwei Nachkommastellen beim Zellenformat ergänzt.

8 Um Zeichenformate zuzuweisen, markieren Sie die Zellen und wählen dann auf der Registerkarte *Start* die gewünschten Formate in der Gruppe *Schriftart* aus.

9 Über die Palette der Schaltfläche *Füllfarbe* der Gruppe *Schriftart* auf der Registerkarte *Start* lässt sich der Hintergrund der markierten Zelle(n) einfärben.

Über die Gruppen *Schriftart* und *Ausrichtung* der Registerkarte *Start* des Menübands passen Sie die Textdarstellung von Zellinhalten (ähnlich wie bei Word, siehe Seite 70) an.

WISSEN

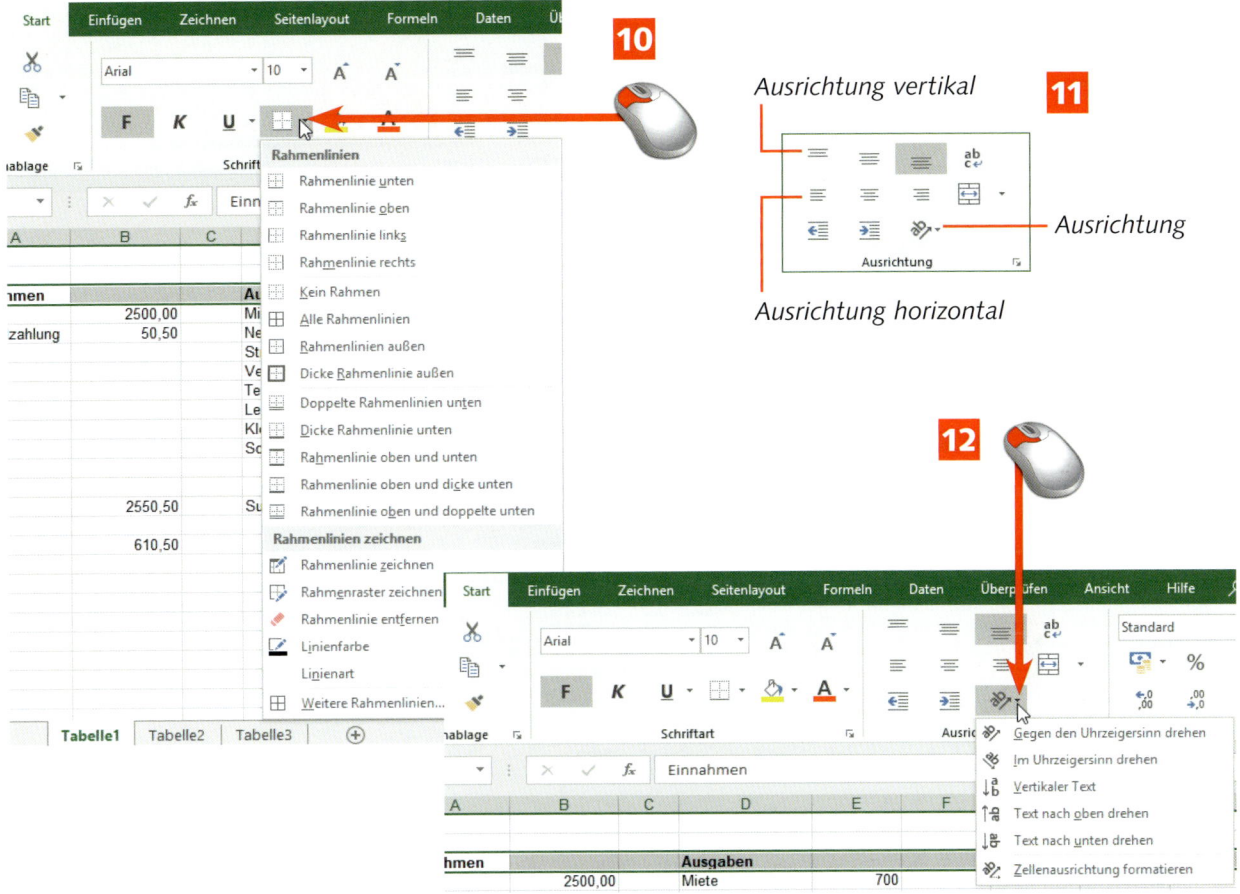

Ausrichtung vertikal **11**

Ausrichtung

Ausrichtung horizontal

10 Um markierte Zellen mit Linien an den Rändern zu versehen, öffnen Sie das Menü der Schaltfläche *Rahmenlinie* der Gruppe *Schriftart* und wählen die gewünschte Variante aus.

11 In der Gruppe *Ausrichtung* der Registerkarte *Start* finden Sie Schaltflächen, um Zellinhalte vertikal bzw. horizontal innerhalb der Zelle auszurichten.

12 Die Schaltfläche *Ausrichtung* der gleichnamigen Gruppe auf der Registerkarte *Start* öffnet ein Menü, über dessen Befehle Sie Zellinhalte z. B. gedreht anzeigen können.

Standardmäßig werden Zahlen rechtsbündig und Texte linksbündig in der Zelle dargestellt. Sie können die Ausrichtung aber über Zellformate vorgeben.

Verwenden Sie die Schaltfläche *Schriftfarbe*, um die Farbe der Zellinhalte zu ändern.

HINWEIS

TIPP

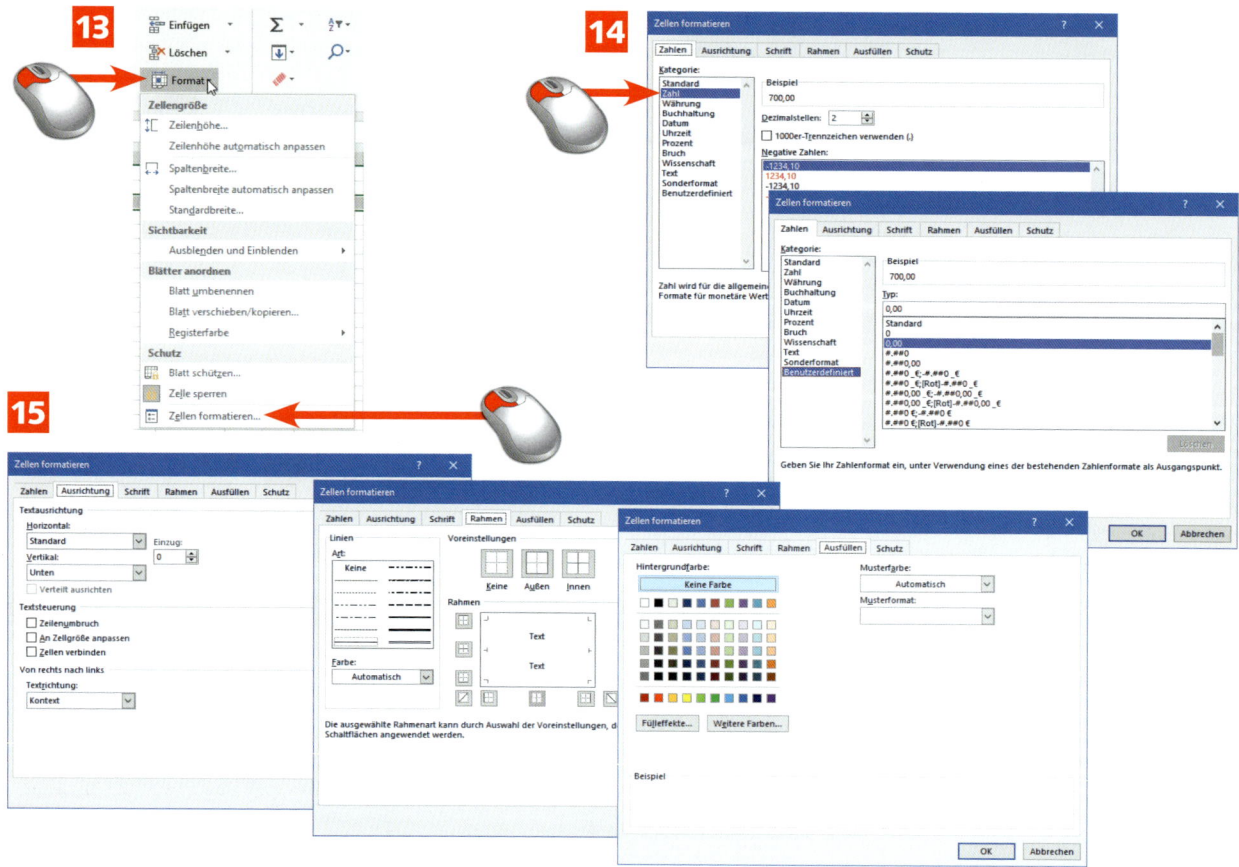

13 Markieren Sie einen Zellbereich und wählen Sie auf der Registerkarte *Start* die Schaltfläche *Format* und dann den Befehl *Zellen formatieren*.

14 Wählen Sie auf der Registerkarte *Zahlen* eine Kategorie aus, und passen Sie dann die für die Formatschablone angezeigten Optionen an.

15 Über die restlichen Registerkarten geben Sie die Ausrichtung, die Schriftart, die Füllfarbe oder die Rahmen sowie – falls gewünscht – den Zellschutz vor.

Um Zahlen oder Zellinhalte gezielt zu formatieren, können Sie auch das Eigenschaftenfenster *Zellen formatieren* öffnen. Auf der Registerkarte *Zahlen* finden Sie Formatschablonen für verschiedene Kategorien, und die anderen Registerkarten ermöglichen den Zugriff auf alle Zellformate.

WISSEN

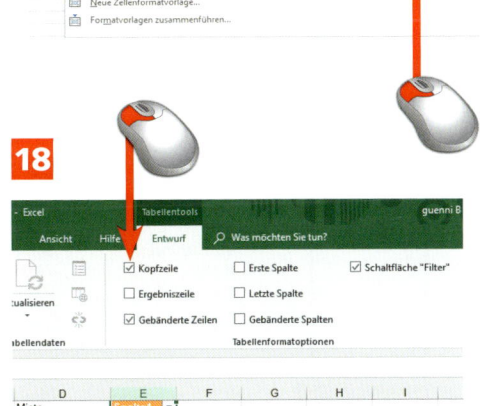

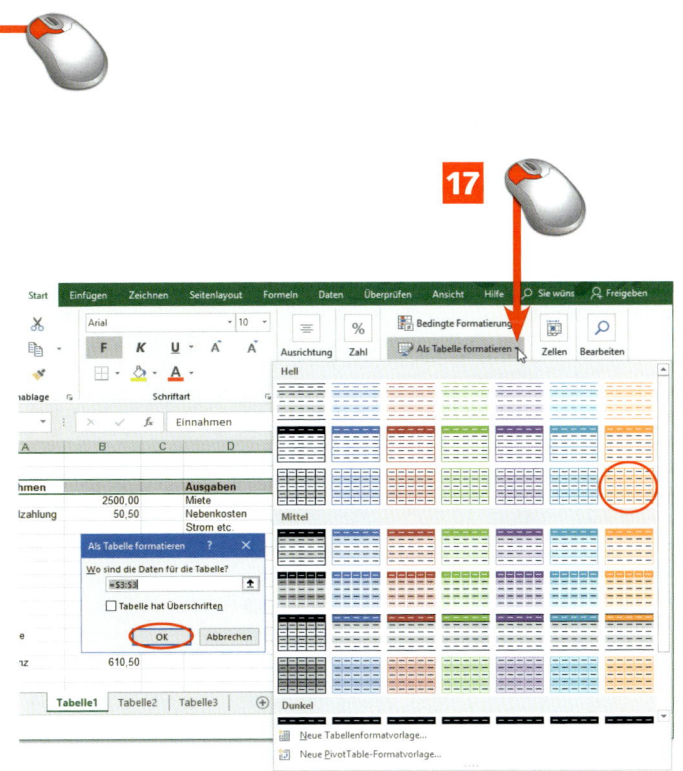

16 Die Schaltfläche *Zellenformatvorlagen* der Registerkarte *Start* öffnet einen Katalog, über dessen Einträge Sie markierte Zellen automatisch mit Zellformaten versehen.

17 Über den Katalog der Schaltfläche *Als Tabelle formatieren* lässt sich ein Tabellenformat wählen. Sobald Sie das angezeigte Dialogfeld mit *OK* bestätigen, wird das Format zugewiesen.

18 Löschen Sie (bei markierter Tabelle) auf der Registerkarte *Tabellentools/Entwurf* die Markierung des Kontrollkästchens *Kopfzeile*, um die Zeile mit den Listenfeldern auszublenden.

Ende

Im Katalog *Zellenformatvorlagen* auf der Registerkarte *Start* finden Sie verschiedene Kategorien, um Zellen als Überschriften oder Datenbereiche zu formatieren.

Die Option *Überschrift* blendet eine Zeile mit Listenfeldern ein, über die sich der Tabelleninhalt nach bestimmten Auswahlkriterien filtern lässt.

Auf der Registerkarte *Schutz* des Eigenschaftenfensters *Zellen formatieren* lassen sich markierte Zellbereiche vor Veränderungen schützen.

HINWEIS   **HINWEIS**   **TIPP**

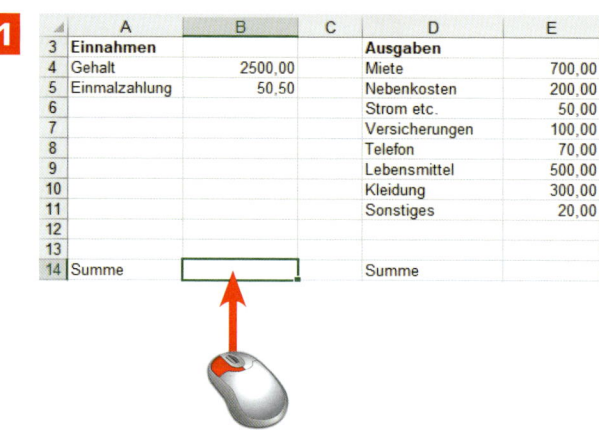

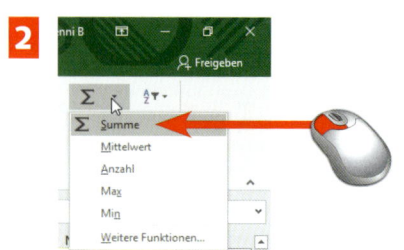

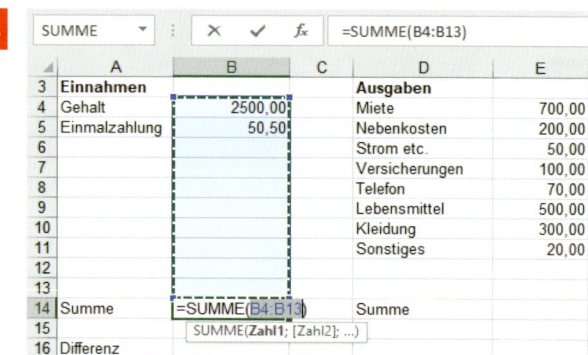

1 Um eine Zeile oder Spalte in einer Tabelle zu summieren, markieren Sie die Ergebniszelle durch einen Mausklick.

2 Wählen Sie auf der Registerkarte *Start* des Menübands die Schaltfläche *Summe* der Gruppe *Bearbeiten* (oder wählen Sie im angezeigten Menü den Befehl *Summe*).

3 Sobald der zu summierende Zellbereich mit einem gestrichelten Rahmen samt der Summenformel angezeigt wird, bestätigen Sie dies durch Drücken der ⏎-Taste.

Die Stärke von Excel besteht in der Möglichkeit, Berechnungen in Tabellen vorzunehmen. Sie können Zellen summieren, Ergebnisse über Ausdrücke ermitteln oder sehr komplexe Funktionen anwenden – wobei auch Zellwerte aus anderen Tabellen oder Arbeitsmappen in den Ausdruck einfließen können.

WISSEN

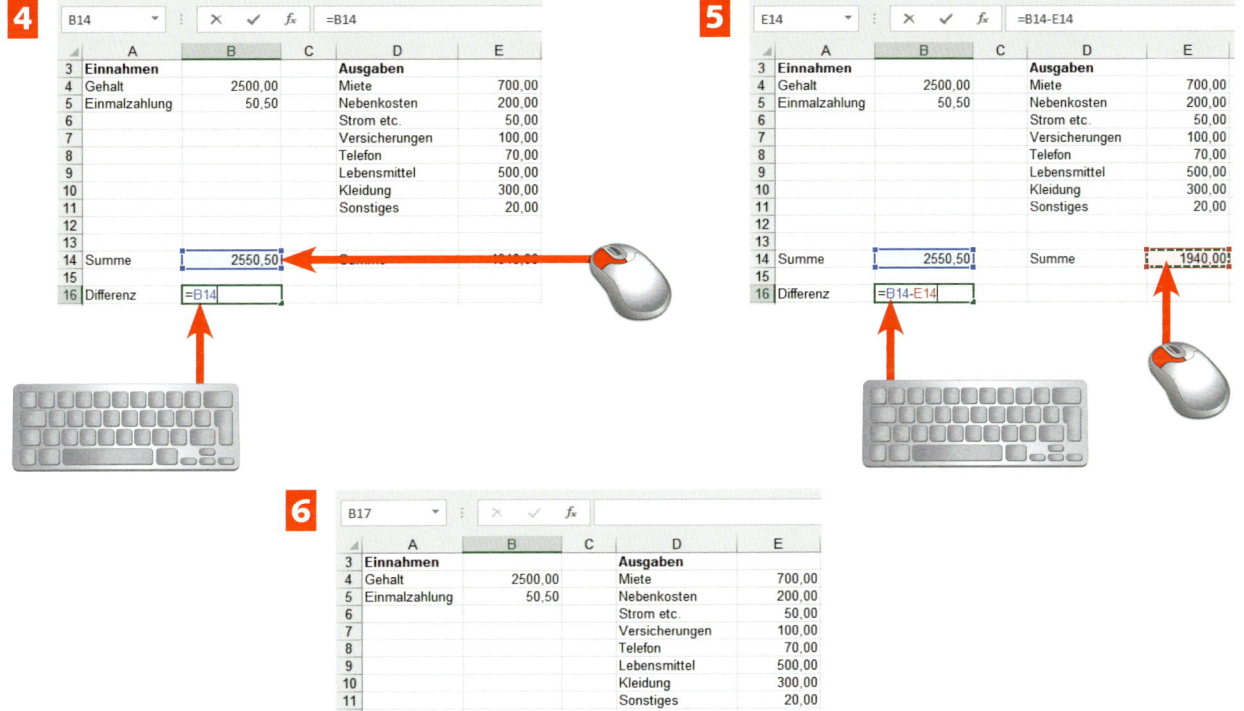

4 Um die Differenz aus den Zellen B14 und E14 zu ermitteln, klicken Sie auf die Ergebniszelle, tippen ein Gleichheitszeichen ein und klicken dann auf die erste Zelle (in diesem
Beispiel B14).

5 Sobald der Ausdruck =B14 in der Zelle erscheint, tippen Sie ein Minuszeichen ein und
klicken danach auf die zweite Zelle E16, um diese in den Ausdruck zu übernehmen.

6 Sobald Sie die Formel über die ⏎-Taste abschließen, wird das Ergebnis in der
Zelle angezeigt.

Ende

TIPP

Eine Formel der Art
=B16-E16 können Sie auch
direkt in die Ergebniszelle
eintippen. B16 und E16
stehen dabei für Zell-
referenzen.

TIPP

Zeigt Excel (z. B. beim Summieren)
den falschen Zellbereich durch den
gestrichelten Rahmen, markieren
Sie einfach die gewünschten
Zellen, bevor Sie die ⏎-Taste
drücken.

HINWEIS

Markieren Sie eine Zelle mit
einer Formel, wird der Ausdruck in der Bearbeitungsleiste angezeigt und lässt sich
hier (falls erforderlich) direkt
korrigieren.

Mit Excel zum Erfolg

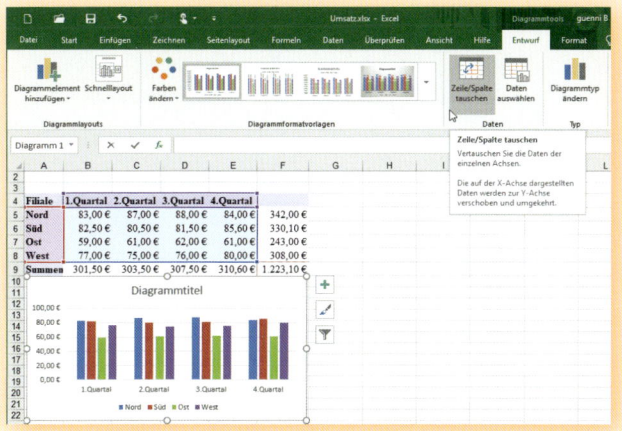

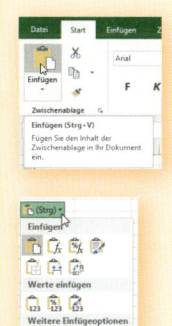

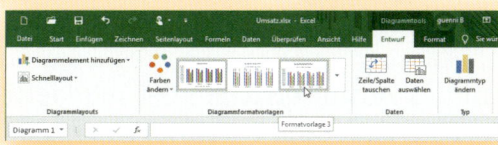

Start

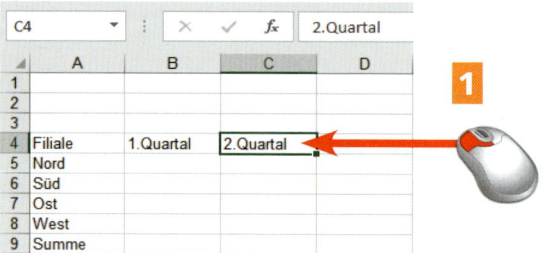

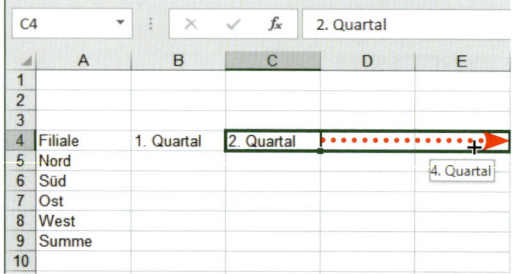 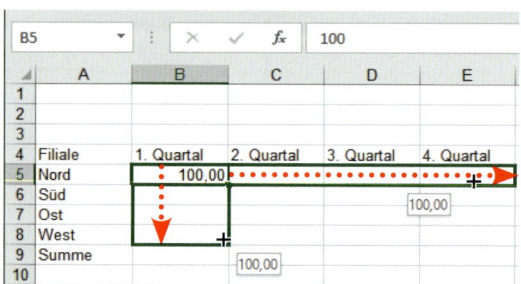

1 Möchten Sie die hier gezeigte Reihe in den Zellen D4, E4 etc. fortsetzen, markieren Sie Zellen, die bereits Werte aufweisen (hier z. B. C4).

2 Zeigen Sie per Maus auf das Ausfüllkästchen der markierten Zelle, und ziehen Sie dieses über die zu füllenden Zellen. Eine QuickInfo zeigt die Füllwerte an.

3 Kann Excel keine Reihe erkennen, werden die Werte der vorher markierten Zellen in den beim Ziehen des Ausfüllkästchens überstrichenen Bereich kopiert.

Die Funktion *AutoAusfüllen* ermöglicht es, Zellen mit Vorgabewerten (gleichen Werten oder Reihen) zu füllen. Erkennt *AutoAusfüllen* eine Reihe (z. B. 1, 2, 3), wird die Reihe beim Ziehen fortgesetzt. Andernfalls werden die Zellen beim Ziehen mit dem Wert der aktiven Zelle gefüllt.

WISSEN

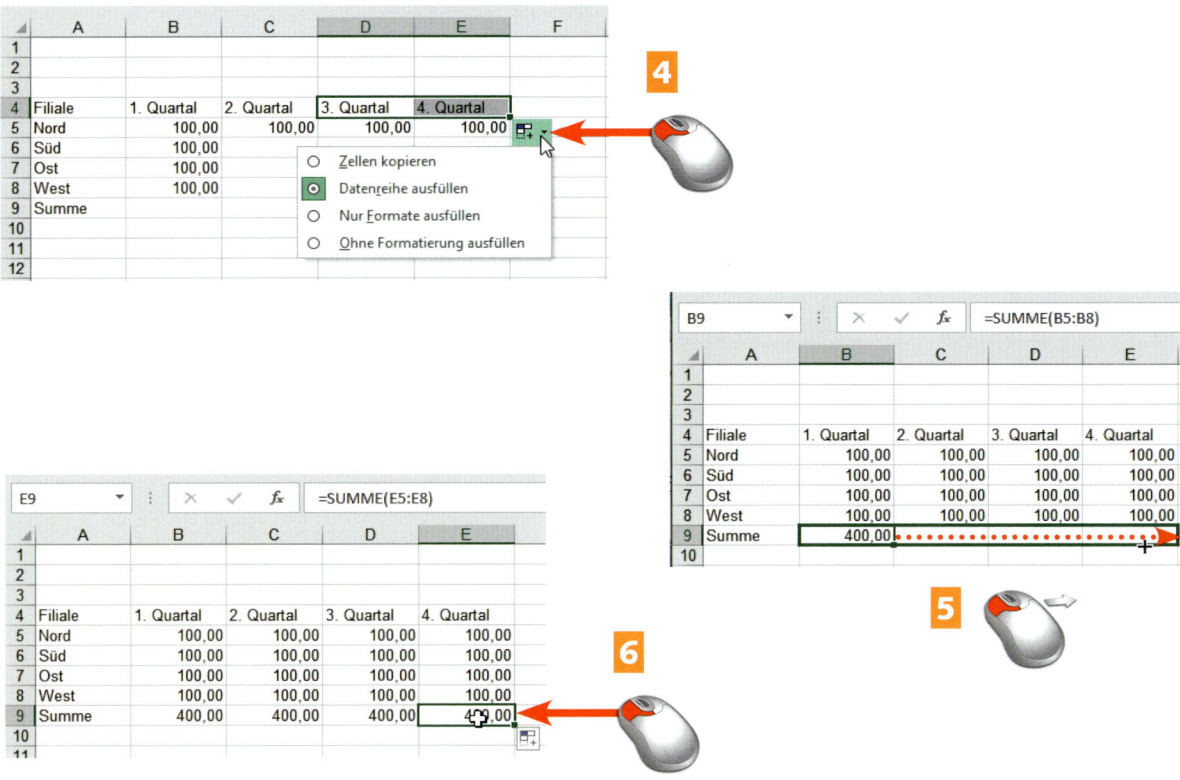

4 Nach dem Loslassen der Maustaste geben Sie über das Menü der Schaltfläche *Auto-Ausfülloptionen* vor, ob eine Datenreihe ausgefüllt oder ein Wert kopiert werden soll.

5 Enthält eine Zelle eine Formel (siehe Seite 144), lässt sich diese über *AutoAusfüllen* ebenfalls in andere Zellen übertragen.

6 Klicken Sie nach dem Übertragen der Formel eine der Zellen an, erscheint die Zellformel in der Bearbeitungsleiste. Excel hat die Zellbezüge automatisch angepasst. `Ende`

Bereits beim Ziehen können Sie über die QuickInfo kontrollieren, ob die gewünschten Füllwerte angezeigt werden.	Das Ausfüllkästchen findet sich in der rechten unteren Ecke der markierten Zelle. Der Mauszeiger wird über dem Ausfüllkästchen zu einem dünnen Kreuz.	Beim Ziehen des Ausfüllkästchens schaltet eine gleichzeitig gedrückte Strg-Taste den von Excel benutzten Modus um (statt Reihenbildung z. B. Kopieren bzw. umgekehrt).
TIPP	**FACHWORT**	**TIPP**

Start

1

| | SUMME | ▼ | : | × | ✓ | *fx* | =B3*(1+B8) |

◢	A	B	C	D
1				
2	**Umsatz Netto**	**Jan**	**Feb**	
3		100,00	110,00	
4		200,00	210,00	
5		300,00	285,00	
6	Summe	600,00	605,00	
7				
8	MwSt	0,19		
9				
10				
11	**Umsatz Brutto**	**Jan**	**Feb**	
12		=B3*(1+B8)	130,90	
13		238,00	249,90	
14		357,00	339,15	
15	Summe	714,00	719,95	

2

| | SUMME | ▼ | : | × | ✓ | *fx* | =B4*(1+B9) |

◢	A	B	C	D
1				
2	**Umsatz Netto**	**Jan**	**Feb**	
3		100,00	110,00	
4		200,00	210,00	
5		300,00	285,00	
6	Summe	600,00	605,00	
7				
8	MwSt	0,19		
9				
10				
11	**Umsatz Brutto**	**Jan**	**Feb**	
12		119,00	130,90	
13		=B4*(1+B9)	249,90	
14		357,00	339,15	
15	Summe	676,00	719,95	

3

| | SUMME | ▼ | : | × | ✓ | *fx* | =B3*(1+$B$8) |

◢	A	B	C	D
1				
2	**Umsatz Netto**	**Jan**	**Feb**	
3		100,00	110,00	
4		200,00	210,00	
5		300,00	285,00	
6	Summe	600,00	605,00	
7				
8	MwSt	0,19		
9				
10				
11	**Umsatz Brutto**	**Jan**	**Feb**	
12		=B3*(1+$B$8)		
13		238,00	249,90	
14		357,00	339,15	
15	Summe	714,00	719,95	

1 Hier werden relative Zellbezüge verwendet, um aus dem Nettobetrag (Zelle B3) und dem Mehrwertsteuersatz (Zelle B8) den Bruttowert der Umsatztabelle zu berechnen.

2 Kopieren Sie die Formel (z. B. über *AutoAusfüllen*) aus Zelle B12 in die Zellen B13 und B14, passt Excel die relativen Zellbezüge an, das Ergebnis wird also falsch!

3 Um das Anpassen der Zelle mit dem Mehrwertsteuersatz zu verhindern, verwenden Sie einen absoluten Zellbezug in der Art *$B$8* im Ausdruck.

Die Angabe *A3* bezieht sich auf die Zelle in Zeile 3 und Spalte A, während die Angabe *A1:C3* den Zellbereich zwischen Zelle A1 und C3 referenziert. Solche relativen Zellbezüge werden beim Kopieren, AutoAusfüllen oder Verschieben durch Excel angepasst. Absolute Zellbezüge verhindern diese Anpassung durch Excel.

WISSEN

4

| SUMME | ▼ | : | × ✓ fx | =B4*(1+$B$8) |

◢	A	B	C	D
1				
2	**Umsatz Netto**	Jan	Feb	
3		100,00	110,00	
4		200,00	210,00	
5		300,00	285,00	
6	Summe	600,00	605,00	
7				
8	MwSt	0,19		
9				
10				
11	**Umsatz Brutto**	Jan	Feb	
12		119,00	130,90	
13		=B4*(1+$B$8)		
14		357,00	339,15	
15	Summe	714,00	719,95	

5

| SUMME | ▼ | : | × ✓ fx | =B$10*(1-$B5) |

◢	A	B	C	D	E
1					
2	**Preis Netto**	100			
3					
4	**Rabattstufen**				
5	Stufe 1: 5 Stück	5%			
6	Stufe 2: 10 Stück	10%			
7	Stufe 3: > 30 Stück	15%			
8					
9	MwSt				
10	VK-Preis Stufe 0	100,00	200,00	300,00	400,00
11	VK-Netto/Stck				
12	**Stufe 1**	=B$10*(1-$B5)		285,00	380,00
13	**Stufe 2**	90,00	180,00	270,00	360,00
14	**Stufe 3**	85,00	170,00	255,00	340,00

6

| SUMME | ▼ | : | × ✓ fx | =C$10*(1-$B5) |

◢	A	B	C	D	E
1					
2	**Preis Netto**	100			
3					
4	**Rabattstufen**				
5	Stufe 1: 5 Stück	5%			
6	Stufe 2: 10 Stück	10%			
7	Stufe 3: > 30 Stück	15%			
8					
9	MwSt				
10	VK-Preis Stufe 0	100,00	200,00	300,00	400,00
11	VK-Netto/Stck				
12	**Stufe 1**	95,00	=C$10*(1-$B5)		380,00
13	**Stufe 2**	90,00	180,00	270,00	360,00
14	**Stufe 3**	85,00	170,00	255,00	340,00

4 Kopieren Sie dann die Zellformel (z. B. per *AutoAusfüllen*) in Nachbarzellen, werden nur die relativen Zellverweise angepasst, absolute Zellreferenzen bleiben unverändert.

5 Hier werden gemischte Zellbezüge mit absoluter Referenz auf Spalte B und Zeile 10 (erkennbar am vorangestellten $-Zeichen) im Ausdruck benutzt.

6 Beim Kopieren der Formeln fixieren die absoluten Verweise (z. B. $10) die Spalten/Zeilen, die relativen Adressbestandteile werden dagegen angepasst.

Ende

Wenn Sie einen Zellbezug in der Bearbeitungsleiste markieren, lassen sich die möglichen Varianten mit der Funktionstaste F4 schrittweise abrufen.

Bei *$B5* liegt ein absoluter Zellbezug auf die Spalte B und ein relativer Zellbezug auf die Zeile 5 vor. Bei *C$10* wird die Spalte C relativ und die Zeile 10 absolut adressiert.

Absolute Zellbezüge erkennen Sie an einem vorangestellten $-Zeichen vor der Zeile/Spalte (z. B. *$A$1*). Es sind auch gemischte Zellbezüge (siehe Schritt 6) zulässig.

TIPP   **HINWEIS**   **HINWEIS**

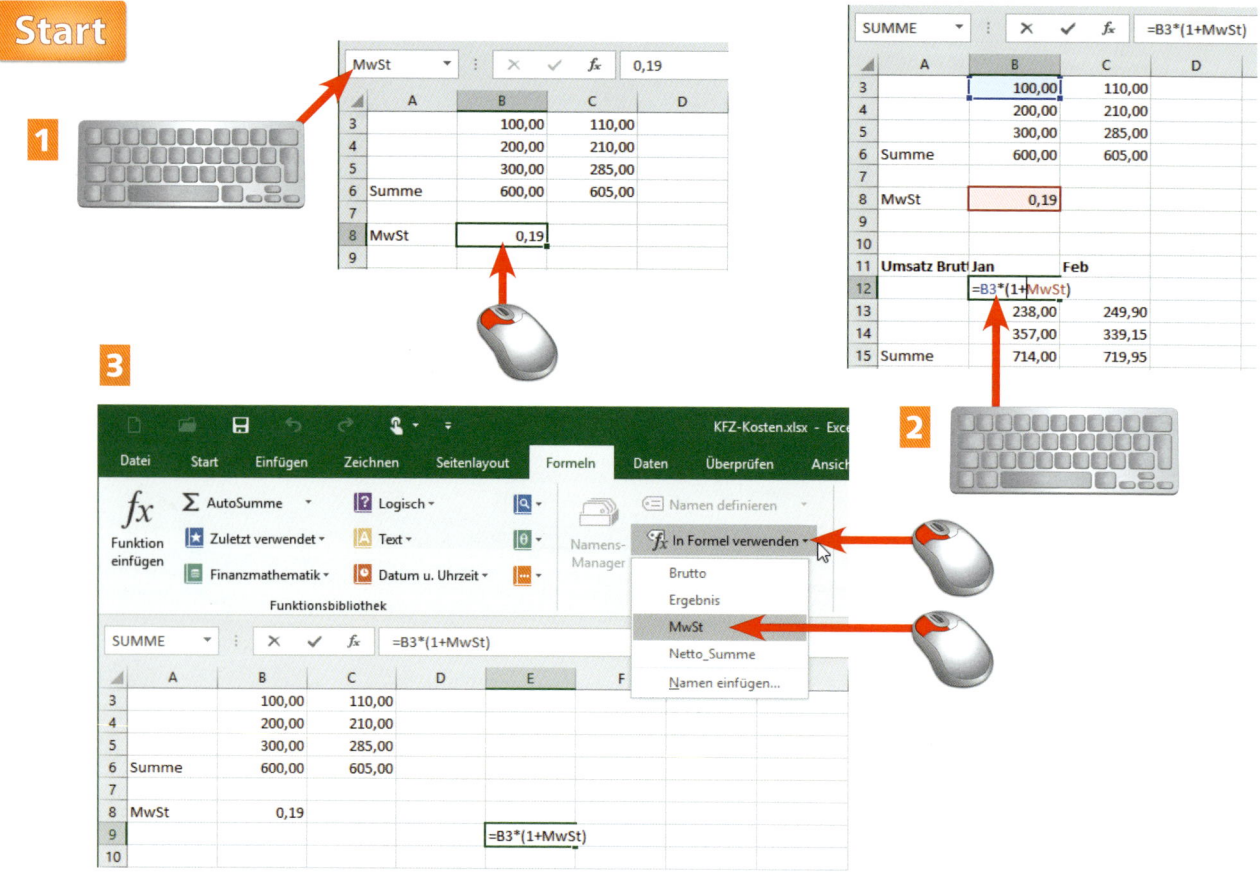

1 Um Zellen einen Namen zuzuweisen, markieren Sie den betreffenden Tabellenabschnitt, klicken in das Namenfeld, tippen den Namen ein und drücken die ⏎-Taste.

2 Beim Eintragen einer Formel in eine Zelle können Sie dann statt der Zellreferenz *B8* den Namen (hier *MwSt*) in den Ausdruck einfügen.

3 Alternativ wechseln Sie bei der Formeleingabe im Menüband zur Registerkarte *Formeln*, klicken auf *In Formel verwenden* und dann auf den Namen.

Bei Tabellen mit umfangreichen Berechnungen ist die Bedeutung von Formeln der Art *=A15*B23+(C8-A23+5)* nur schlecht verständlich. Versehen Sie Zellen oder Bereiche in einer Tabelle mit einem beschreibenden Namen, den Sie dann in Formeln einbeziehen können.

WISSEN

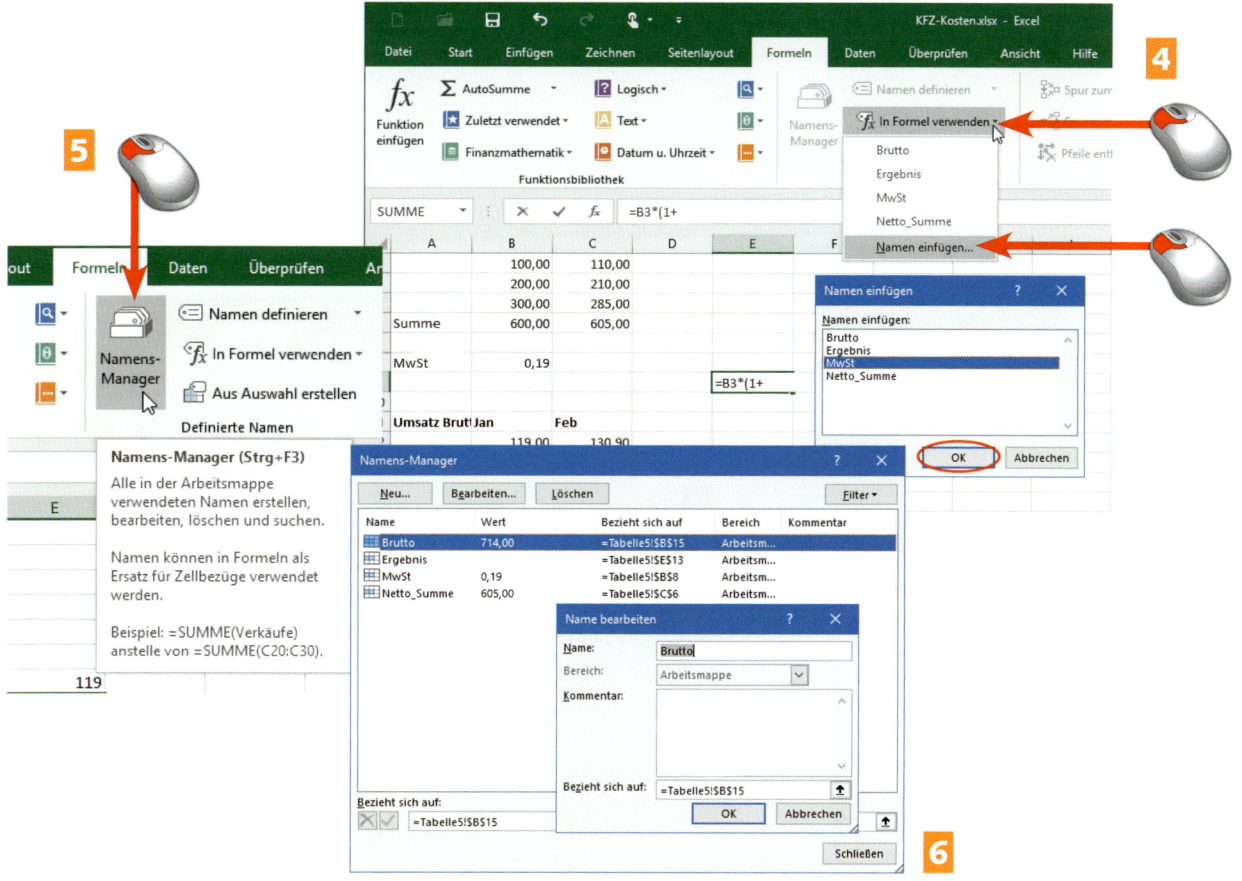

4 Zur Eingabe können Sie auf der Registerkarte *Formeln* auch den Befehl *Namen einfügen* der Menüschaltfläche *In Formel verwenden* wählen, anschließend im Dialogfeld auf den Namen klicken und dann mit *OK* bestätigen.

5 Zur komfortablen Verwaltung der Namen klicken Sie auf die Schaltfläche *Namens-Manager* in der Gruppe *Definierte Namen* der Registerkarte *Formeln*.

6 Der Namens-Manager zeigt alle bisher definierten Namen an und stellt Funktionen bereit, um Namen neu anzulegen (Vordergrund), zu ändern oder zu löschen.

Ende

TIPP

Der Namens-Manager lässt sich auch über die Tastenkombination [Strg]+[F3] aufrufen.

HINWEIS

Namen bestehen aus Buchstaben, Ziffern, dem Unterstrich und dem Punkt, dürfen aber keine Zellbezüge, Funktionsnamen oder Zeichen für Operatoren wie +, – etc. aufweisen.

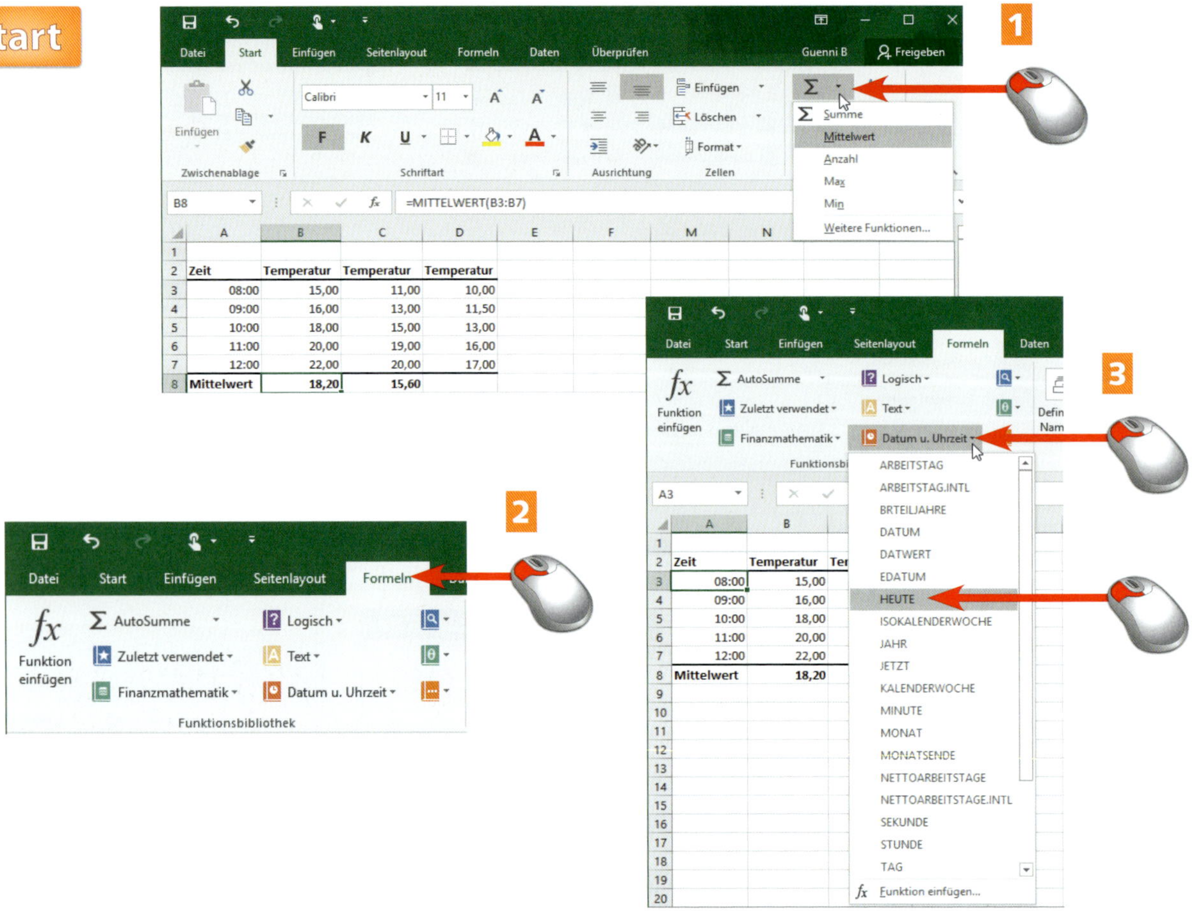

1 Häufig benötigte Funktionen (z. B. *Summe*) fügen Sie über die Menüeinträge der Schaltfläche *Summe* der Registerkarte *Start* in den Ausdruck der aktuellen Zelle ein.

2 Wechseln Sie im Menüband zur Registerkarte *Formeln*, erhalten Sie über die Schaltflächen der Gruppe *Funktionsbibliothek* Zugriff auf weitere Funktionen.

3 Um das aktuelle Datum in eine Zelle einzufügen, klicken Sie auf die Schaltfläche *Datum u. Uhrzeit* der Registerkarte *Formeln* und wählen die Funktion *HEUTE*.

Funktionen sind ein mächtiges Werkzeug, um in Excel-Tabellen Berechnungen durchzuführen. Neben der Summierung (siehe Seite 144) stellt Excel eine umfangreiche Sammlung leistungsfähiger Funktionen aus unterschiedlichen Anwendungskategorien zur Verfügung.

WISSEN

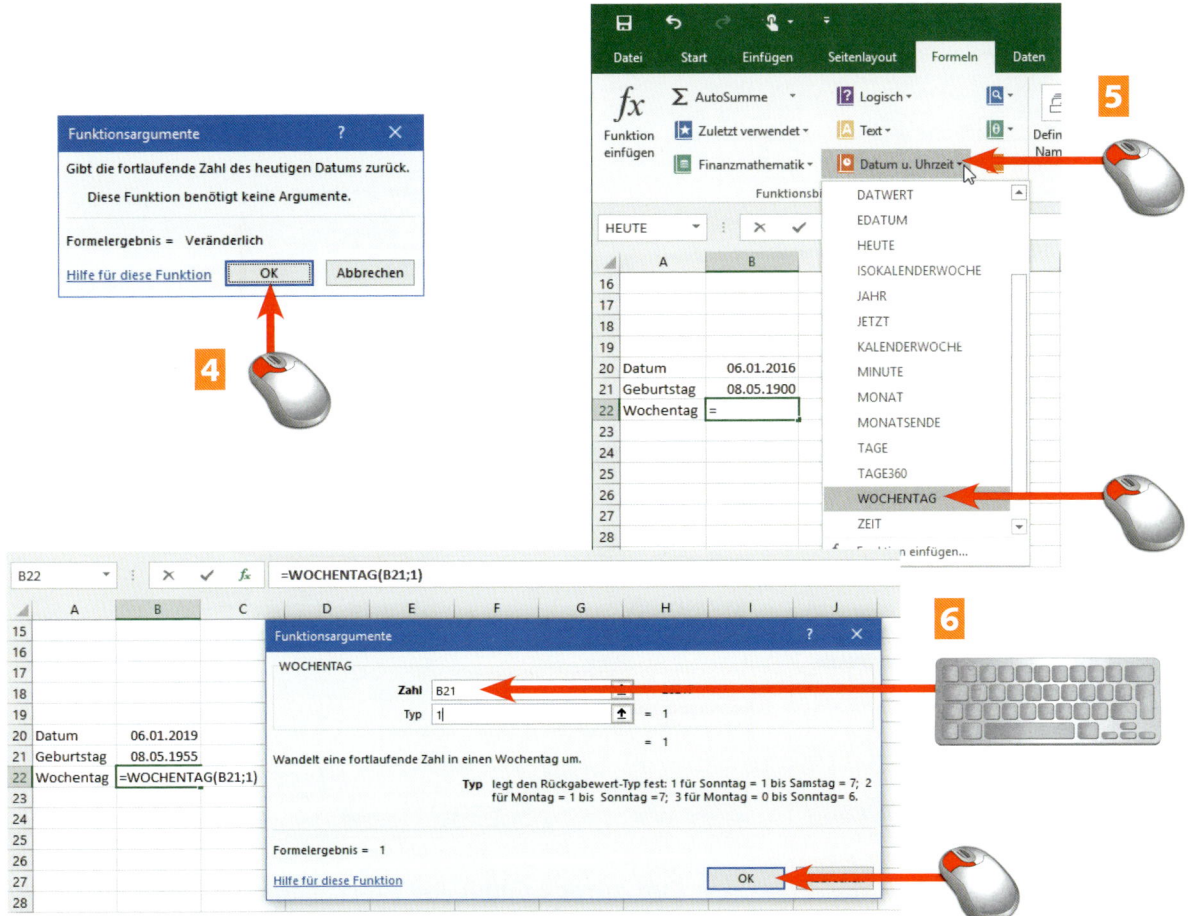

4 Da die Funktion *HEUTE()* keine Argumente benötigt, schließen Sie das Dialogfeld *Funktionsargumente* über die *OK*-Schaltfläche. In der Zelle erscheint das aktuelle Datum.

5 Möchten Sie z. B. den Wochentag für ein Datum bestimmen, öffnen Sie das Menü der Schaltfläche *Datum u. Uhrzeit* und wählen die Funktion *WOCHENTAG*.

6 Geben Sie im Dialogfeld *Funktionsargument* die Werte oder Zellreferenzen für die benötigten Argumente an und wählen Sie die *OK*-Schaltfläche.

Die Schaltfläche *Funktion einfügen* (siehe Schritt 8, Seite 156) der Bearbeitungsleiste öffnet ein Dialogfeld zum Einfügen einer Funktion bzw. zum Bearbeiten der Funktionsargumente.	Eine Information zum erwarteten Argument erscheint, wenn Sie im Dialogfeld *Funktionsargument* das jeweilige Feld anwählen. Details zur Funktion liefert der Hyperlink *Hilfe für diese Funktion*.	Soll das angewählte Feld im Dialogfeld *Funktionsargument* einen Zellbezug als Argument aufnehmen, markieren Sie in der Tabelle einfach die gewünschte Zelle (Schritt 6).

TIPP   **HINWEIS**   **HINWEIS**

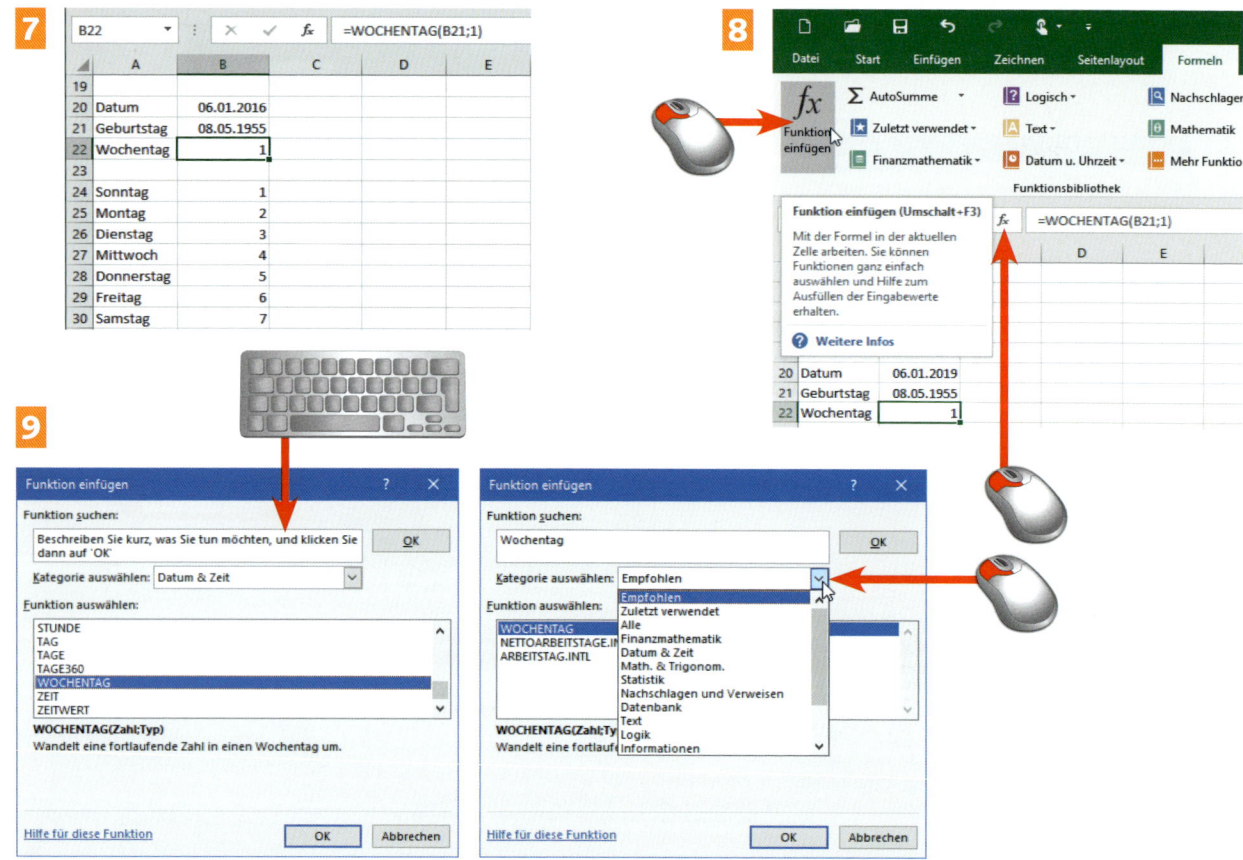

7 Hier zeigt die Zelle B16 das Ergebnis: Der zurückgelieferte Wert 1 für das eingegebene Geburtsdatum entspricht einem Sonntag.

8 Beliebige Funktionen fügen Sie über die Schaltfläche *Funktion einfügen* in der Bearbeitungsleiste oder auf der Registerkarte *Formeln* ein.

9 Im angezeigten Dialogfeld können Sie nach Funktionen suchen oder über Kategorien nachschlagen. Markieren Sie den Funktionsnamen und klicken Sie auf *OK*.

Verwenden Sie den Funktions-Assistenten, um komplexere Ausdrücke in eine Formel einzugeben. Dann kann die Formel in einem Dialogfeld aus verschiedenen Funktionen und Ausdrücken kombiniert werden.

WISSEN

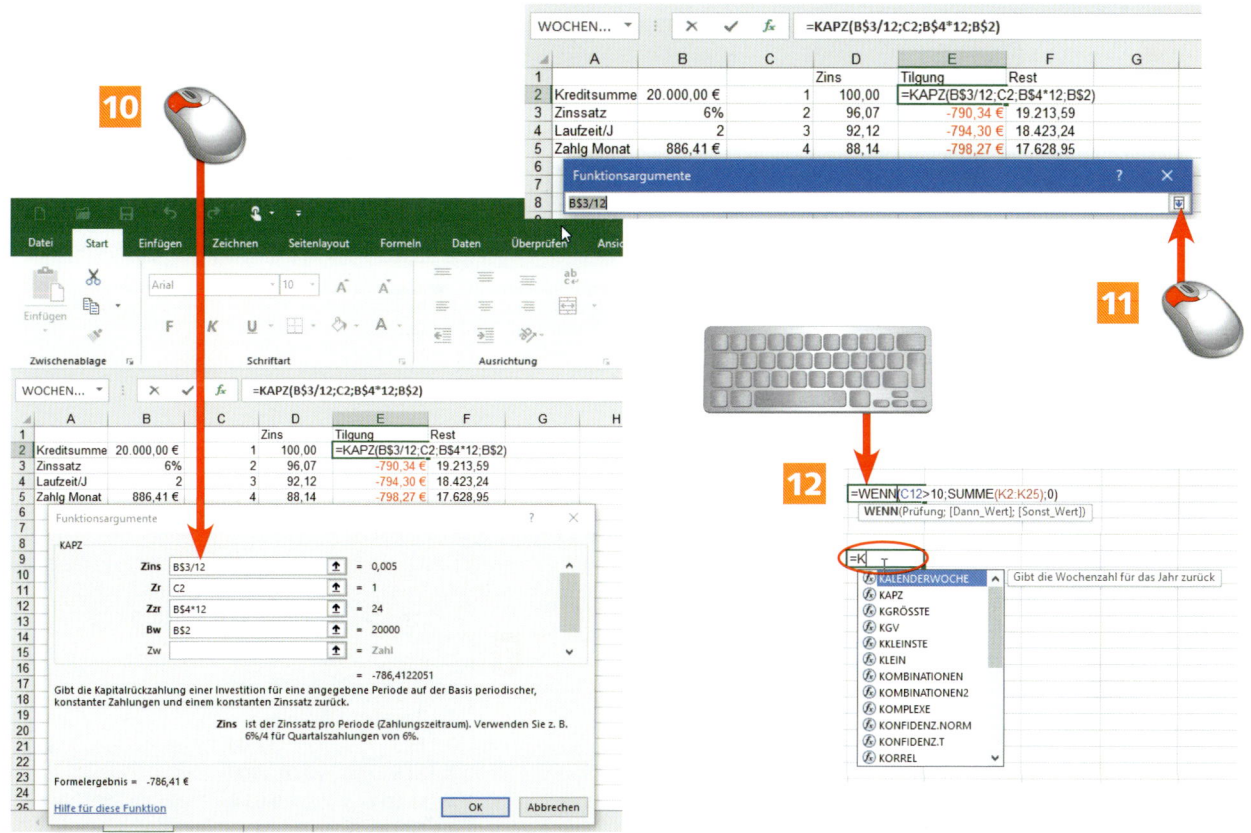

10 Im Dialogfeld *Funktionsargumente* geben Sie die Argumente der Funktion ein. Verdeckt das Dialogfeld einen Zellbereich, wählen Sie die *Reduzieren*-Schaltfläche rechts neben dem Eingabefeld.

11 Markieren Sie dann die Zelle, deren Referenz zu übernehmen ist, in der Tabelle, und klicken Sie auf die *Erweitern*-Schaltfläche des reduzierten Dialogfelds.

12 Geschachtelte Funktionen geben Sie ggf. direkt per Tastatur in den Ausdruck ein. Beim Eintippen der Anfangsbuchstaben lässt sich die Funktion aus einer Auswahlliste wählen.

Ende

TIPP

Auf der Registerkarte *Formeln* des Menübands finden Sie in der Gruppe *Funktionsbibliothek* Schaltflächen, um direkt auf Funktionen aus verschiedenen Kategorien zuzugreifen.

FACHWORT

Argumente sind Platzhalter, über die Werte an eine Funktion übergeben werden. Argumente werden in einer Klammer hinter dem Funktionsnamen, getrennt durch Kommas, angegeben.

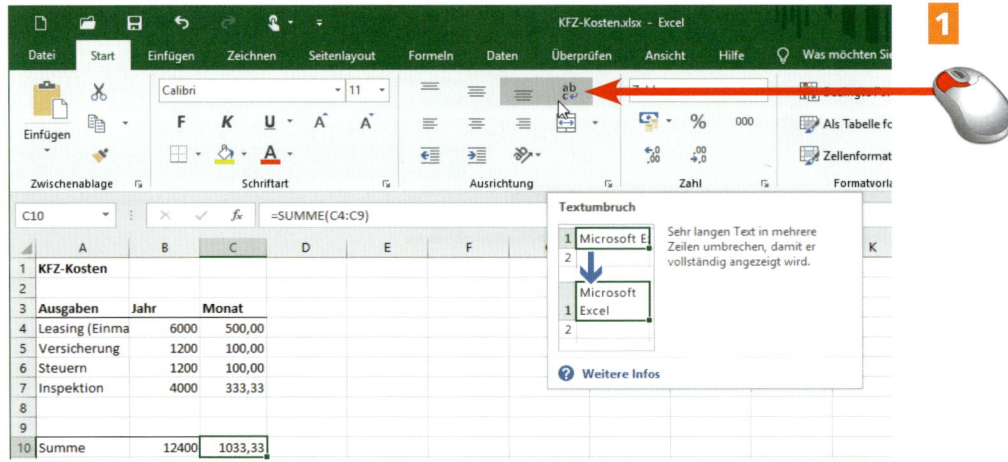

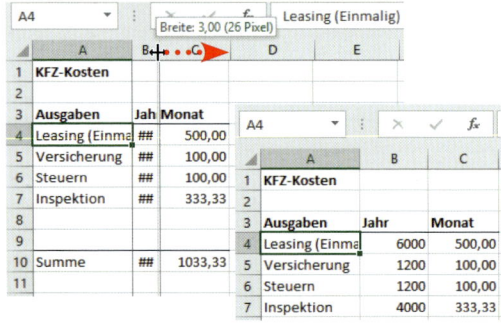

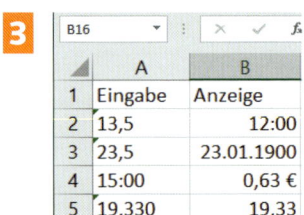

1 Werden längere Texte am rechten Zellenrand abgeschnitten, wählen Sie auf der Register-karte *Start* des Menübands die Schaltfläche *Textumbruch*.

2 Werden Zellinhalte plötzlich durch die Zeichenfolge #### dargestellt, erhöhen Sie die Spaltenbreite durch Ziehen des (oder Doppelklick auf den) rechten Spaltentrenners.

3 Zeigt Excel nach der Eingabe eines Werts (wie hier) etwas gänzlich anderes an? Dann überprüfen Sie das Zellformat der betreffenden Zelle und korrigieren Sie dieses ggf.

Bei der Eingabe von Werten oder bei umfangreichen Berechnungen in Tabellen wird es selten ohne Fehler oder Darstellungsprobleme abgehen. Dann gilt es, solche Probleme zu analysieren und zu beheben.

WISSEN

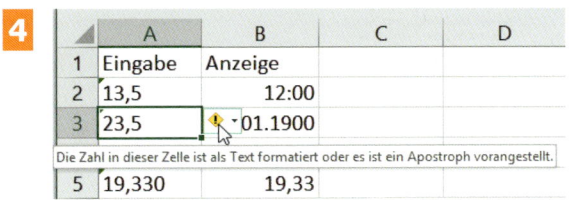

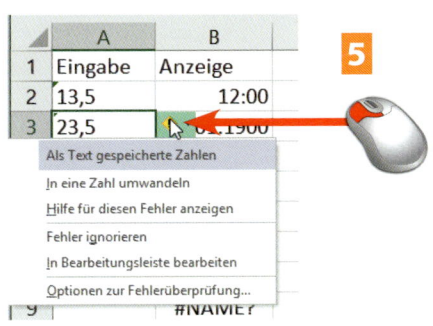

4 Ein grünes Dreieck in der linken oberen Ecke einer Zelle weist auf einen Fehler hin. Durch Zeigen auf die Schaltfläche neben der aktiven Zelle lässt sich ein Hinweis zu dem Fehler aufrufen.

5 Wählen Sie diese Schaltfläche, lassen sich im eingeblendeten Menü Befehle zur Fehlerkorrektur wählen (hier z. B. zur Korrektur einer als Text eingegebenen Zahl).

6 Taucht in einer Ergebniszelle ein Text mit vorangestelltem #-Zeichen auf? Das grüne Dreieck signalisiert, dass ein Fehler gefunden wurde, und der Text gibt den Fehler an.

Ein Zeilenumbruch in einem Text der Zelle lässt sich auch durch Drücken der Tastenkombination (Alt)+(←) einfügen.

Wie Sie Zellformate zuweisen bzw. anpassen, ist auf Seite 138 beschrieben. Infos zu Fehlerwerten finden Sie auf Seite 160.

Excel zeigt den Wert einer Zelle immer gemäß den Vorgaben im Zellformat an. Eine Datums- oder Uhrzeitangabe kann dann als Dezimalzahl erscheinen.

TIPP **HINWEIS** **HINWEIS**

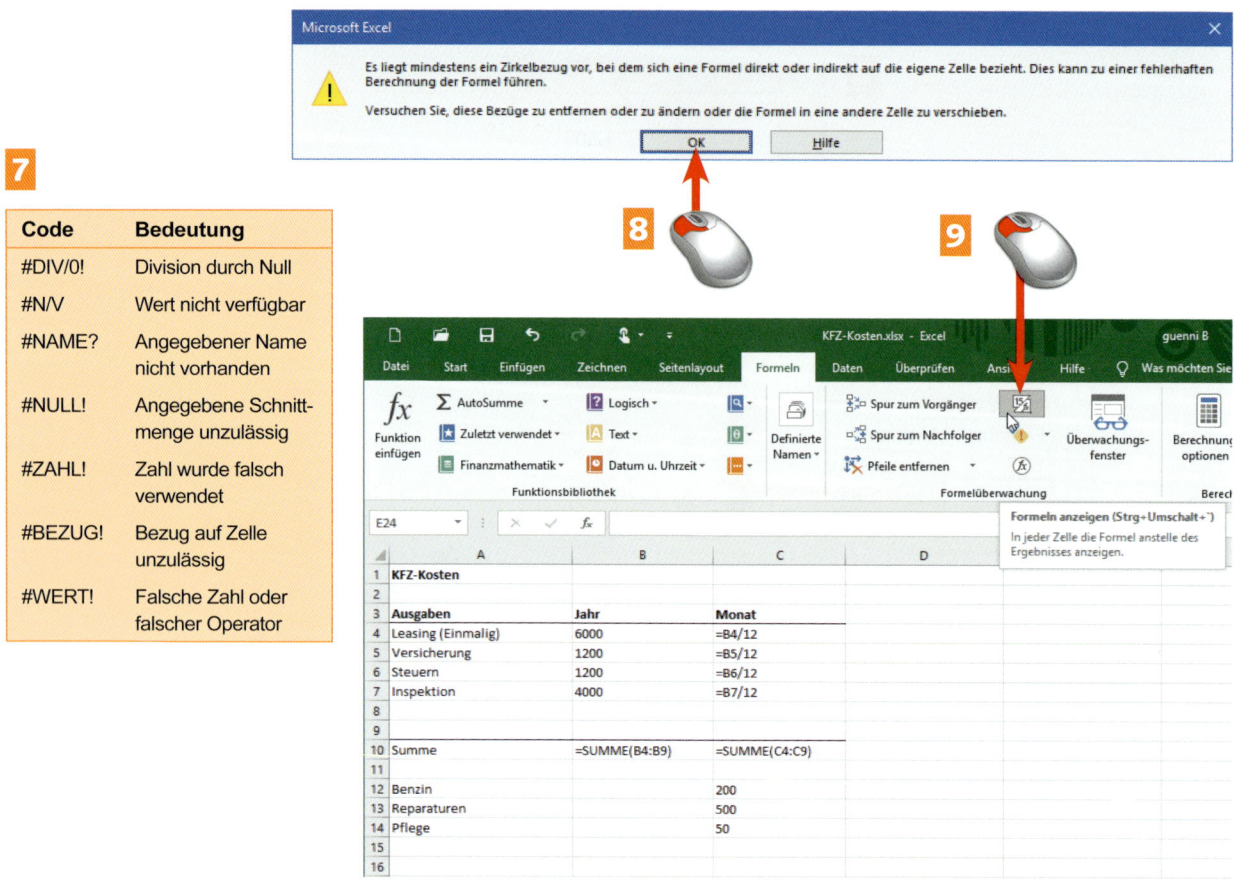

7

Code	Bedeutung
#DIV/0!	Division durch Null
#N/V	Wert nicht verfügbar
#NAME?	Angegebener Name nicht vorhanden
#NULL!	Angegebene Schnittmenge unzulässig
#ZAHL!	Zahl wurde falsch verwendet
#BEZUG!	Bezug auf Zelle unzulässig
#WERT!	Falsche Zahl oder falscher Operator

7 Die möglichen Fehlerwerte und deren Ursache sind in dieser Tabelle aufgelistet.

8 Erscheint eine Zirkelbezugswarnung, klicken Sie auf die *OK*-Schaltfläche, um die Hilfeseite mit Hinweisen zum Problem und zur Lösung anzuzeigen.

9 Um alle Formeln einer Tabelle einzublenden, wählen Sie auf der Registerkarte *Formeln* des Menübands die Schaltfläche *Formeln anzeigen* an.

Mit den Funktionen *Spur zum Vorgänger* und *Spur zum Nachfolger* können Sie Berechnungssequenzen in einer Tabelle nachvollziehen und so fehlerhafte Bezüge aufdecken.

WISSEN

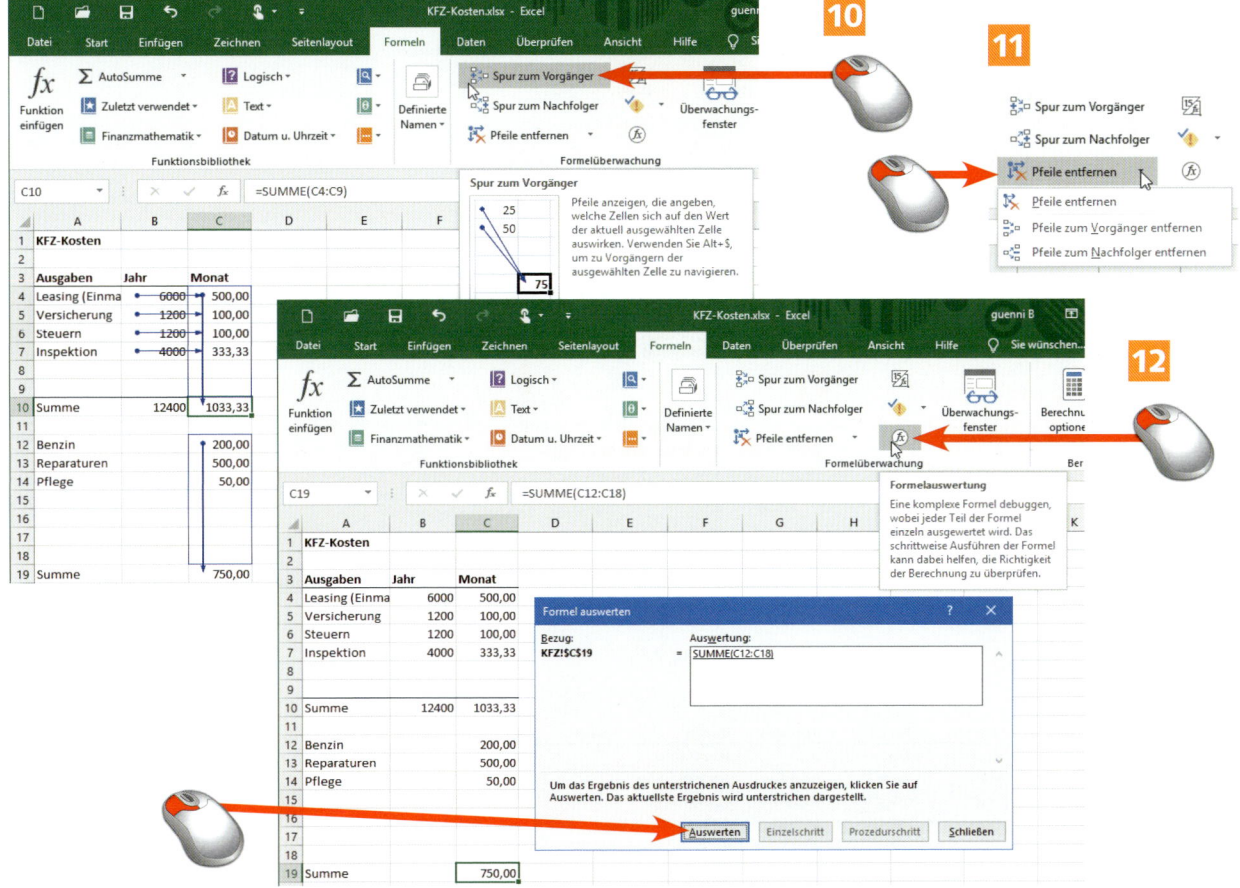

10 Wählen Sie auf der Registerkarte *Formeln* einmal oder mehrfach die Schaltflächen *Spur zum Vorgänger/Nachfolger* an, werden die Zellbezüge durch Pfeile angezeigt.

11 Die Schaltfläche *Pfeile entfernen* bzw. deren Menübefehle entfernen die Pfeile, die die Spur der Zellbezüge zum Vorgänger/Nachfolger anzeigen.

12 Über die Schaltfläche *Formelauswertung* öffnen Sie das Dialogfeld *Formel auswerten*, in dem Sie eine komplexere Formel der aktiven Zelle schrittweise berechnen lassen können.

Ende

Klicken oder tippen Sie auf eine Zelle, werden deren Zellbezüge durch farbige Rahmen in der Tabelle markiert.	Zirkelbezüge bedeuten, dass ein Wert in eine Berechnung eingeht, der vom Ergebnis der Zelle abhängt (z. B. =C1 als Eingabe in Zelle C1).	Die Schaltfläche *Fehlerüberprüfung* der Registerkarte *Formeln* testet alle Berechnungsformeln einer Tabelle auf Fehler.
TIPP	**FACHWORT**	**HINWEIS**

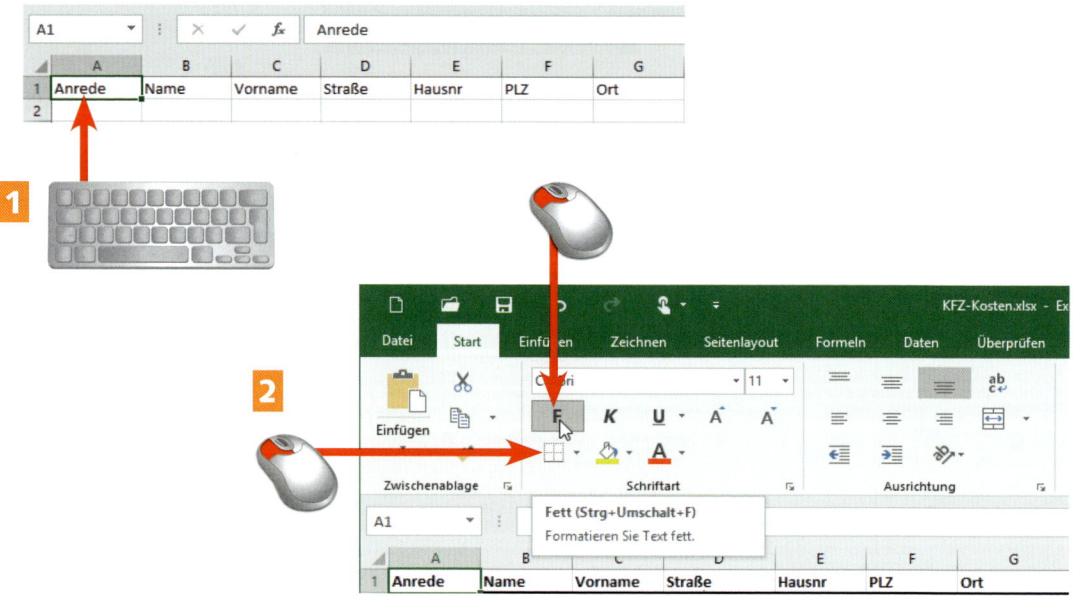

1 Um die Liste mit einer Kopfzeile zu versehen, geben Sie einfach die Spaltenüberschriften in eine Zeile ein.

2 Anschließend formatieren Sie die Kopfzeile fett und versehen die Zellen mit einem Strich am unteren Rand.

3 Tragen Sie die Daten der Liste zeilenweise in die Tabelle ein. Die Liste könnte dann wie hier gezeigt aussehen.

Die Tabellenstruktur von Excel eignet sich hervorragend, um Listen (z. B. Adresslisten) zu gestalten. Über Formate lassen sich Kopf- und Spaltenüberschriften realisieren. Sie können anschließend die Suchfunktion in Excel zum Zugriff auf Listenelemente verwenden.

WISSEN

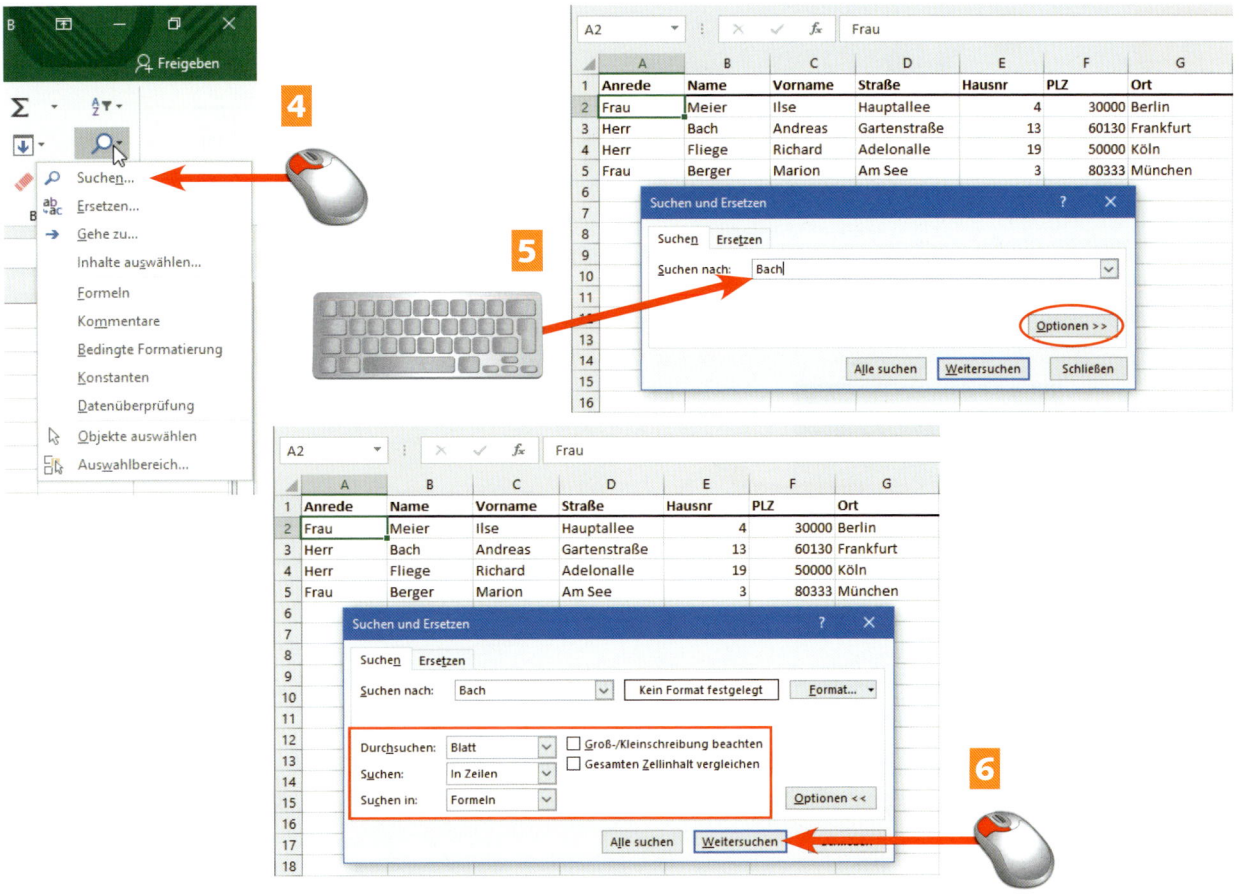

4 Zur Suche in der Liste markieren Sie die erste Zelle der Liste. Dann wählen Sie auf der Registerkarte *Start* die Schaltfläche *Suchen und Auswählen* und dann *Suchen*.

5 Geben Sie auf der Registerkarte *Suchen* des Dialogfelds den Suchbegriff in das Feld *Suchen nach* ein. Verwenden Sie die Schaltfläche *Optionen*, um das Dialogfeld zu erweitern.

6 Legen Sie im Dialogfeld die Suchoptionen fest, und wählen Sie die Schaltfläche *Weitersuchen*. Bei einem Treffer wird dieser als aktive Zelle markiert.

Ende

Durch das Formatieren der Kopfzeile erkennt Excel beim Anwenden verschiedener Funktionen u. U. automatisch, dass es sich um eine Überschrift handelt.

Die Schaltfläche *Optionen* erweitert/reduziert das Dialogfeld *Suchen und Ersetzen*. Sie können im erweiterten Dialogfeld die Suche auf ein Arbeitsblatt begrenzen und die Suchrichtung vorgeben.

TIPP   **HINWEIS**

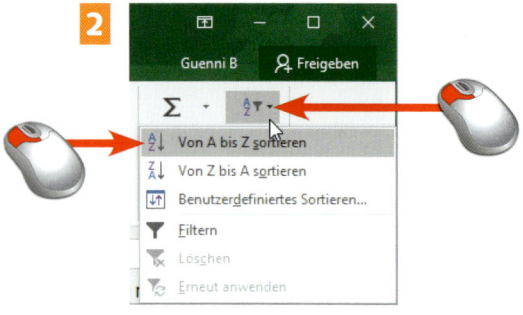

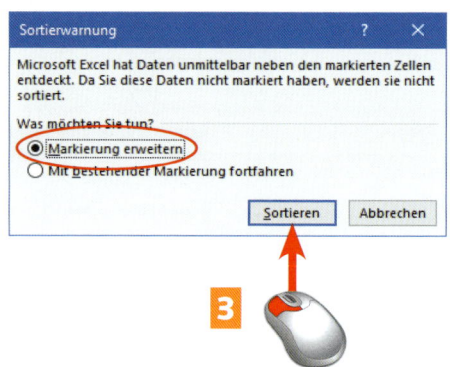

1 Um eine Liste nach einer bestimmten Spalte zu sortieren, markieren Sie die betreffenden Zellen der Tabelle (oder klicken auf den Spaltenkopf, um die Spalte zu markieren).

2 Wählen Sie auf der Registerkarte *Start* des Menübands die Schaltfläche *Sortieren und Filtern* und dann den Befehl *Von A bis Z sortieren*.

3 Erscheint das Dialogfeld *Sortierwarnung*, aktivieren Sie die Option *Markierung erweitern* und wählen anschließend die *Sortieren*-Schaltfläche.

Bestehende Listen lassen sich nach Spalteninhalten sortieren, um ggf. schneller auf Einträge zugreifen zu können. Excel stellt dabei verschiedene Sortieroptionen zur Verfügung. An der unterschiedlichen Formatierung zwischen Kopfzeile und Datenbereich der Liste erkennt Excel, wo die Daten beginnen.

WISSEN

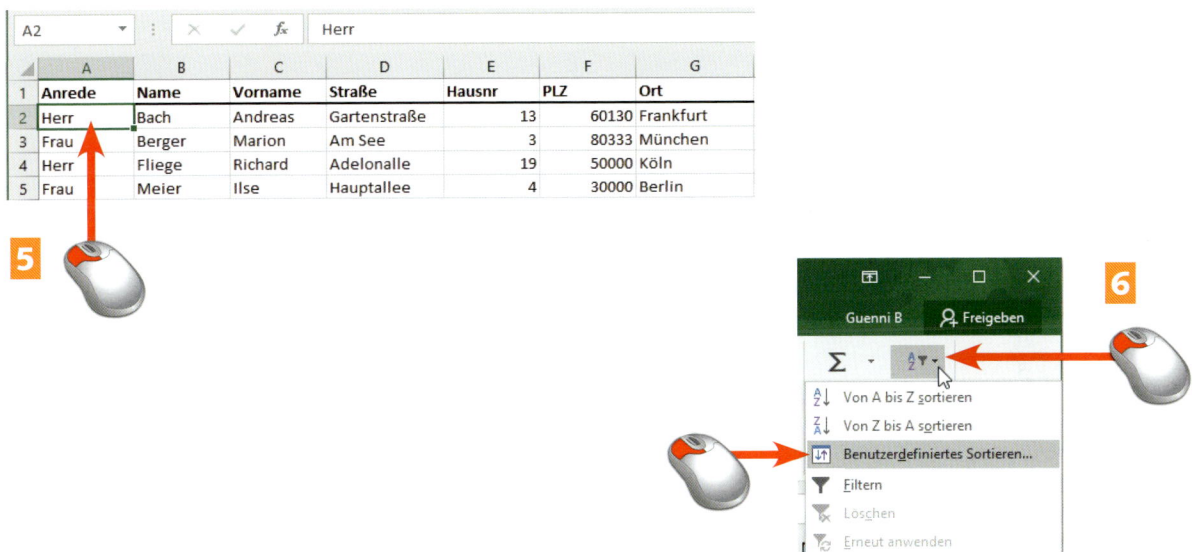

4 Anschließend zeigt Excel die Liste – sortiert nach den Einträgen der in Schritt 1 markierten Spalte – an.

5 Um eine Liste nach mehreren Spalten (z. B. Name, Vorname, Ort) zu sortieren, markieren Sie die erste Zelle der Liste.

6 Öffnen Sie auf der Registerkarte *Start* des Menübands das Menü der Schaltfläche *Sortieren und Filtern*, und wählen Sie den Befehl *Benutzerdefiniertes Sortieren* aus.

Auf der Registerkarte *Daten* finden Sie ebenfalls die Schaltflächen zum Sortieren und Filtern.	Der Befehl *Von Z bis A sortieren* ermöglicht es, Listen in umgekehrter Reihenfolge – absteigend – zu sortieren.	Markieren Sie die gesamte Tabelle vor dem Sortieren, wird diese nach der ersten Spalte sortiert.
TIPP	**TIPP**	**HINWEIS**

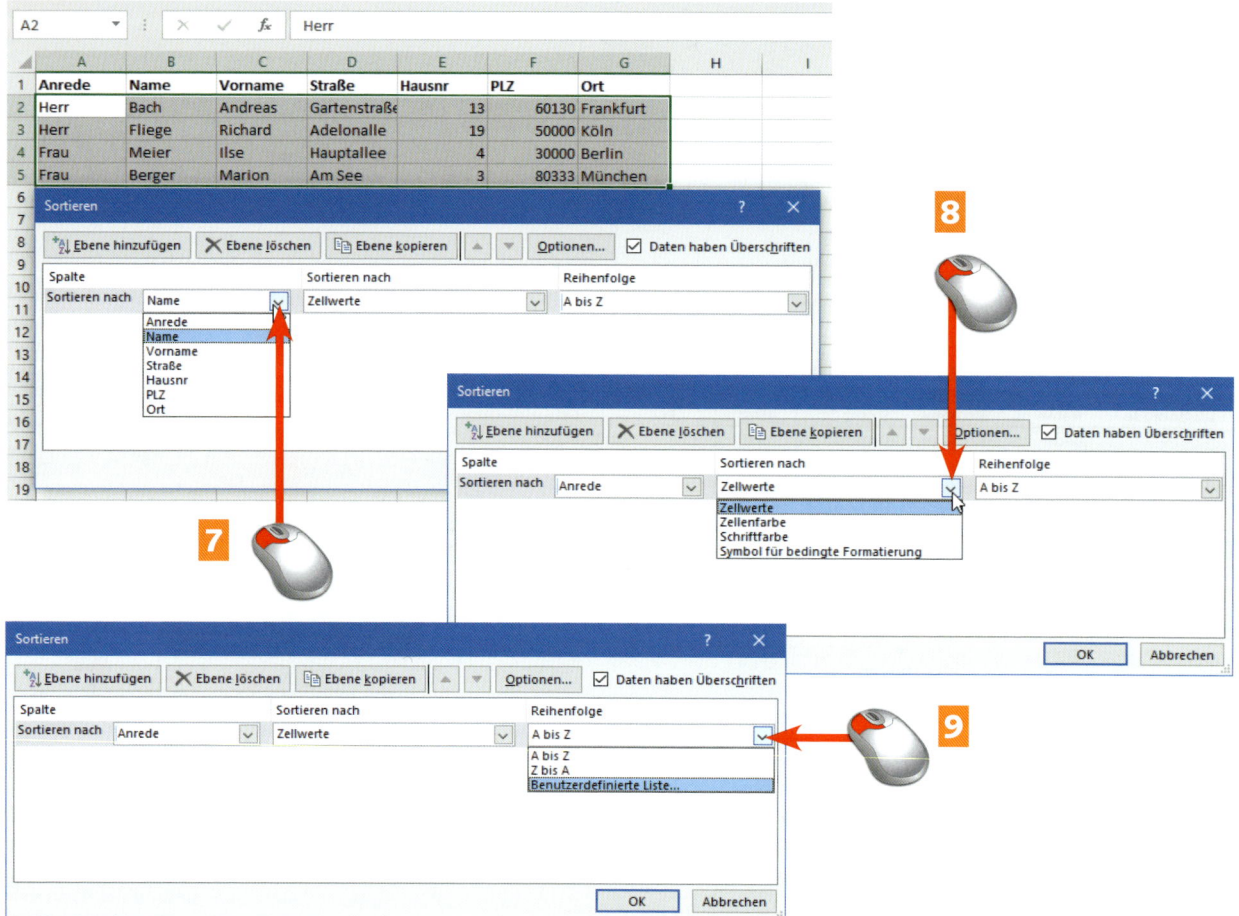

7 Sobald das Dialogfeld *Sortieren* erscheint und die Liste als markiert angezeigt wird, bestimmen Sie über das Listenfeld *Spalte* die erste Sortierspalte.

8 Legen Sie ggf. im Listenfeld *Sortieren nach* fest, ob die Spalte nach Zellwerten, Formatierungen etc. sortiert werden soll.

9 Passen Sie – falls gewünscht – die Reihenfolge der Sortierung über das Listenfeld *Reihenfolge* im Dialogfeld *Sortieren* an.

Über den Befehl *Benutzerdefiniertes Sortieren* im Menü zur Schaltfläche *Sortieren und Filtern* lassen Sie Listen gezielt über mehrere Spalten und nach unterschiedlichen Kriterien sortieren.

WISSEN

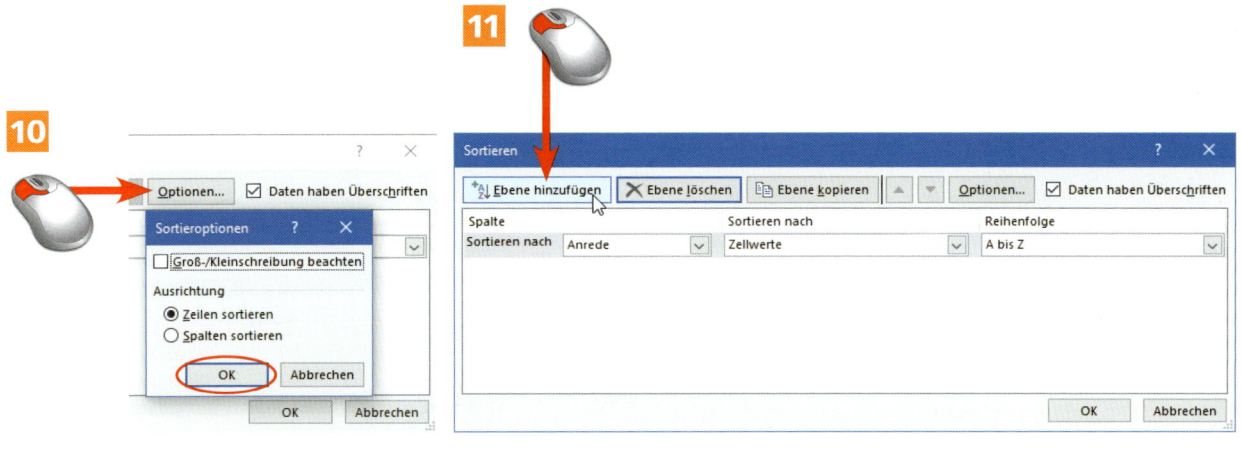

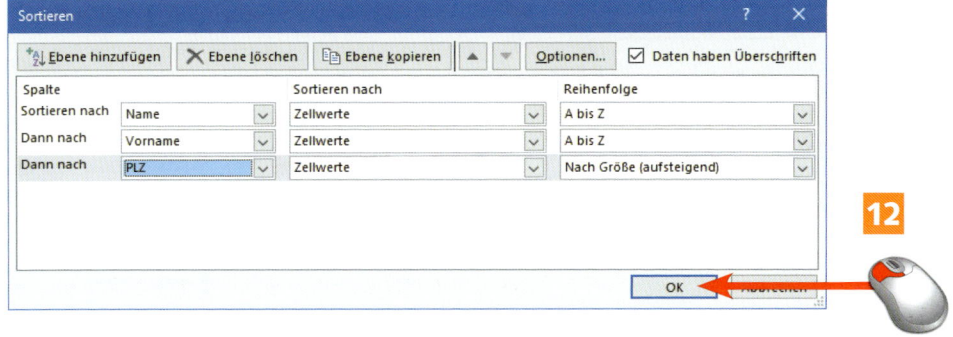

10 Wählen Sie ggf. im *Sortieren*-Dialogfeld die Schaltfläche *Optionen*, und legen Sie im Dialogfeld *Sortieroptionen* fest, ob nach Zeilen oder Spalten sortiert werden soll.

11 Wählen Sie ggf. im *Sortieren*-Dialogfeld die Schaltfläche *Ebene hinzufügen* und tragen Sie weitere Sortierkriterien ein.

12 Sind alle Sortierkriterien eingetragen, bestätigen Sie mit der *OK*-Schaltfläche. Die Liste wird dann nach den vorgegebenen Kriterien sortiert.

Ende

Über die Schaltfläche *Ebene hinzufügen* lässt sich im Dialogfeld *Sortieren* eine neue Kriterienzeile für eine zusätzliche Sortierspalte einfügen.

Die Sortierkriterien im Dialogfeld *Sortieren* werden von oben nach unten abgearbeitet.

HINWEIS

HINWEIS

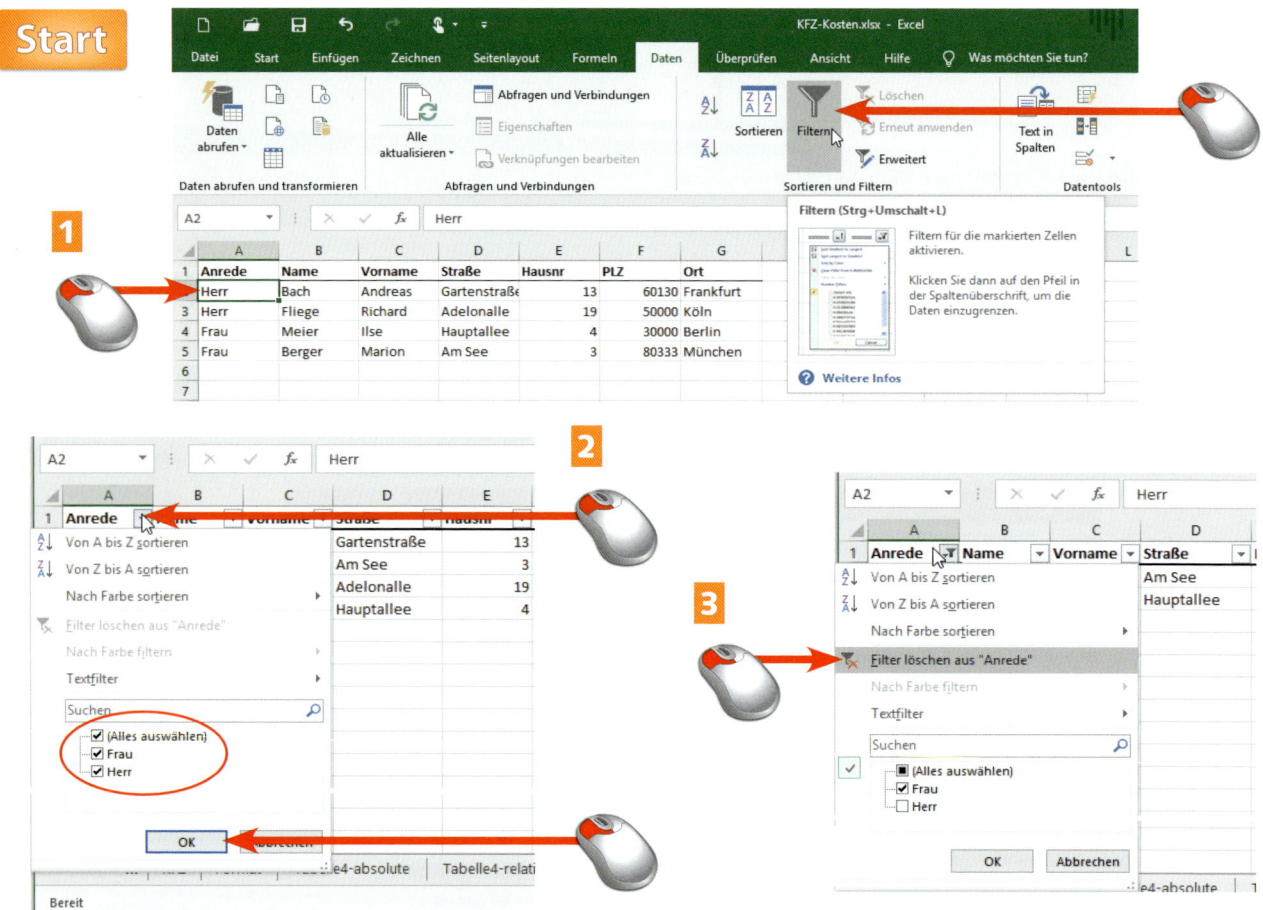

1 Zum Filtern der Daten markieren Sie eine Zelle der Liste, wechseln im Menüband zur Registerkarte *Daten* und wählen die *Filtern*-Schaltfläche.

2 Zur Definition der Filterkriterien öffnen Sie das Listenfeld der Spalte über dessen Schaltfläche, markieren die Kontrollkästchen der Auswahlkriterien und bestätigen mit *OK*.

3 Hier wird die Spalte *Anrede* nach »Frau« gefiltert. Löschen lässt sich der Filter über den Befehl *Filter löschen aus "..."*.

Beim Sortieren bleiben alle Daten in der Liste erhalten. Interessieren nur bestimmte Daten (z. B. alle Adressen in München), filtern Sie die nicht passenden Daten aus der Liste »heraus«. Dies ist mit der Excel-Filterfunktion möglich.

WISSEN

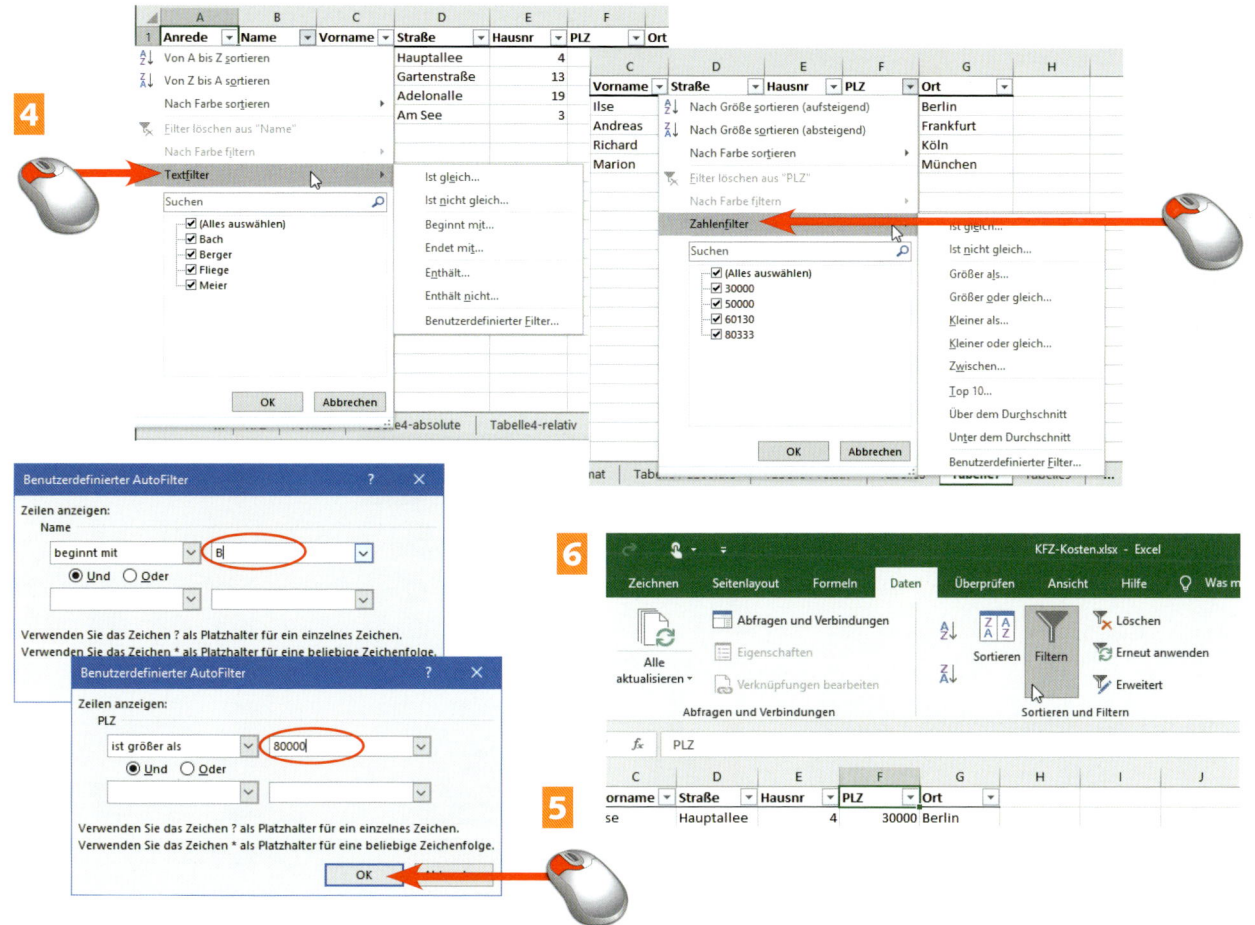

4 Je nach Wert der Spalte können Sie über die Befehle *Textfilter* oder *Zahlenfilter* ein Untermenü öffnen und dort einen Vergleichsbefehl wählen.

5 Anschließend lassen sich in das Dialogfeld *Benutzerdefinierter AutoFilter* die Filterbedingungen (z. B. *beginnt mit B*) eintragen und über *OK* aktivieren.

6 Die gefilterte Liste erscheint in der Tabelle. Um die Gesamtliste erneut anzuzeigen, schalten Sie den Filter (z. B. durch Anwahl der gleichnamigen Schaltfläche) ab.   **Ende**

TIPP

Die Schaltfläche zum Filtern finden Sie auch auf der Registerkarte *Start* unter *Sortieren und Filtern*.

TIPP

Zum Abschalten des Filters wählen Sie die Schaltfläche *Filtern* erneut an. Die Kopfzeile mit den Listenfeldern zur Auswahl der Filterkriterien verschwindet dann.

HINWEIS

Sie erkennen am eingeblendeten Filtersymbol der Schaltfläche des Listenfelds, ▼ ⧩, ob ein Filterkriterium für die Spalte gesetzt ist.

Start

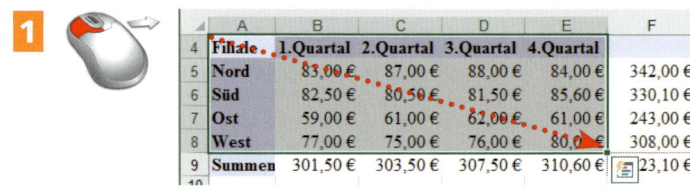

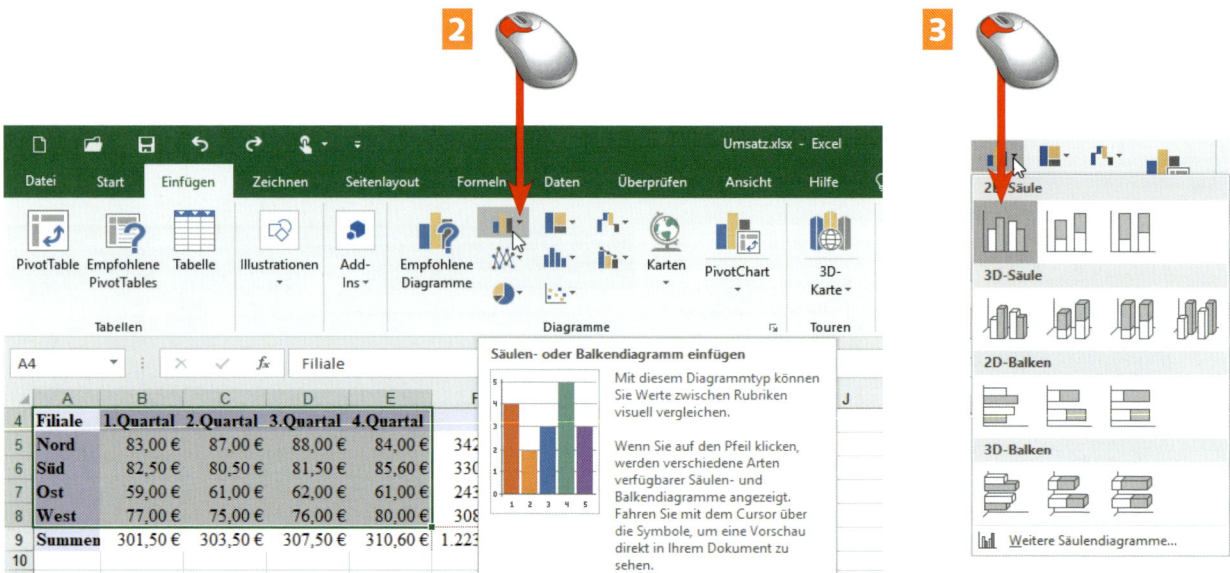

1 Zum Visualisieren der Daten im Diagramm markieren Sie den darzustellenden Datenbereich (ggf. mitsamt den Überschriften) in der Tabelle.

2 Wechseln Sie im Menüband zur Registerkarte *Einfügen*, und wählen Sie eine der Schaltflächen (hier *Säule*) in der Gruppe *Diagramme* an.

3 Wählen Sie im eingeblendeten Katalog den gewünschten Diagrammtyp aus.

Excel stellt mächtige Funktionen bereit, um Tabellendaten in Form von Diagrammen darzustellen. Sie können also mit wenigen Mausklicks die Daten in Form von Diagrammen visualisieren und so für Berichte oder Präsentationen aufbereiten.

WISSEN

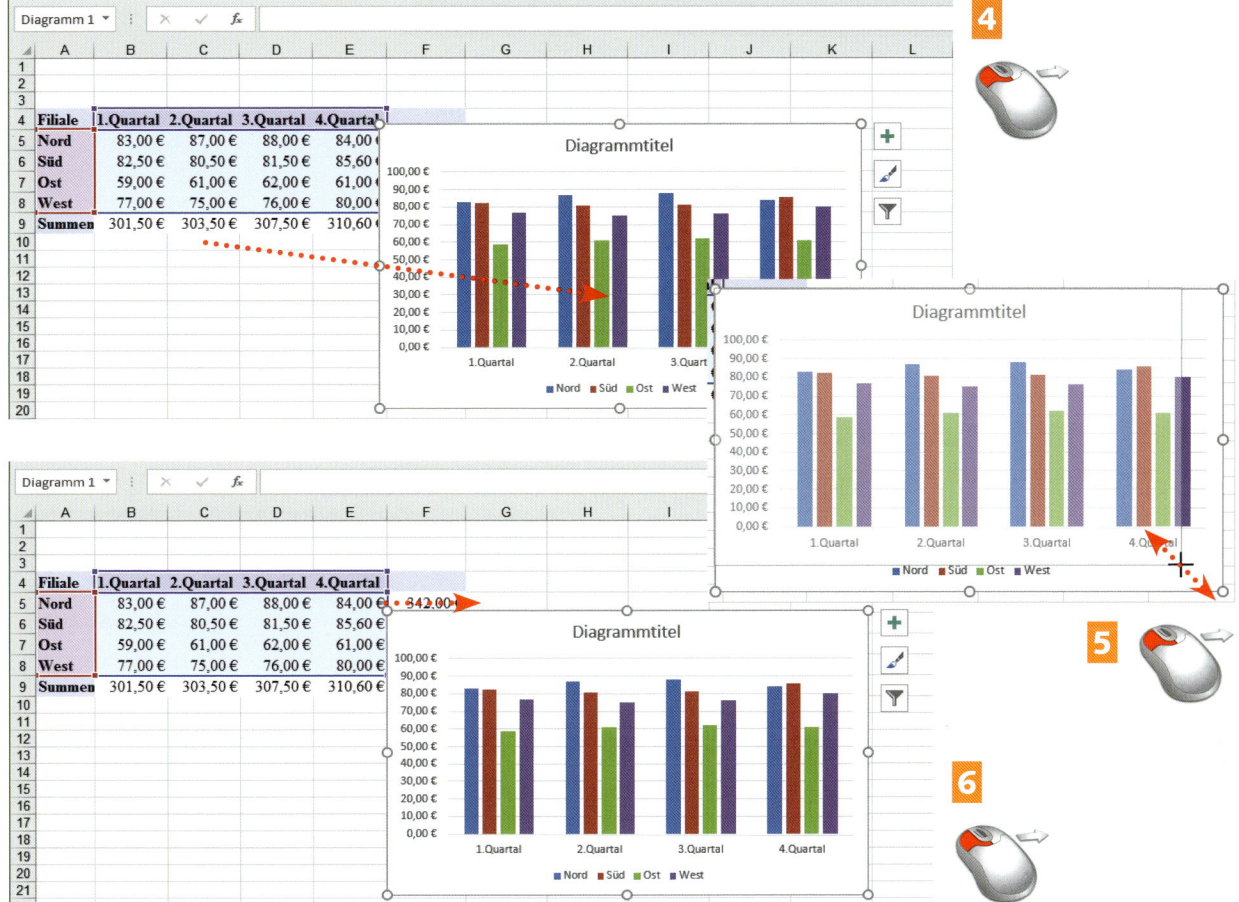

4 Sobald Excel das Diagramm in den Vordergrund der Tabelle eingefügt hat, ziehen Sie das Diagramm über den Diagrammbereich in einen freien Tabellenbereich.

5 Bei Bedarf passen Sie die Größe des markierten Diagramms durch Verschieben der Ziehmarken des Diagrammbereichs an.

6 Ist ein falscher Datenbereich markiert (erkennbar am blauen Rahmen in der Tabelle), erweitern/reduzieren Sie den Rahmen durch Verschieben der Ziehmarken.

Überlegen Sie sich vor dem Aufruf der Diagrammfunktion, welche Datenbereiche visualisiert werden sollen und welche Überschriften einzubeziehen sind.

Achten Sie beim Verschieben des Diagramms auf die angezeigte QuickInfo. Sie müssen den Diagrammbereich und nicht die Zeichnungsfläche verschieben.

Sobald Sie den Markierungsrahmen des Datenbereichs ändern, aktualisiert Excel die Diagrammdarstellung entsprechend.

TIPP   **TIPP**   **HINWEIS**

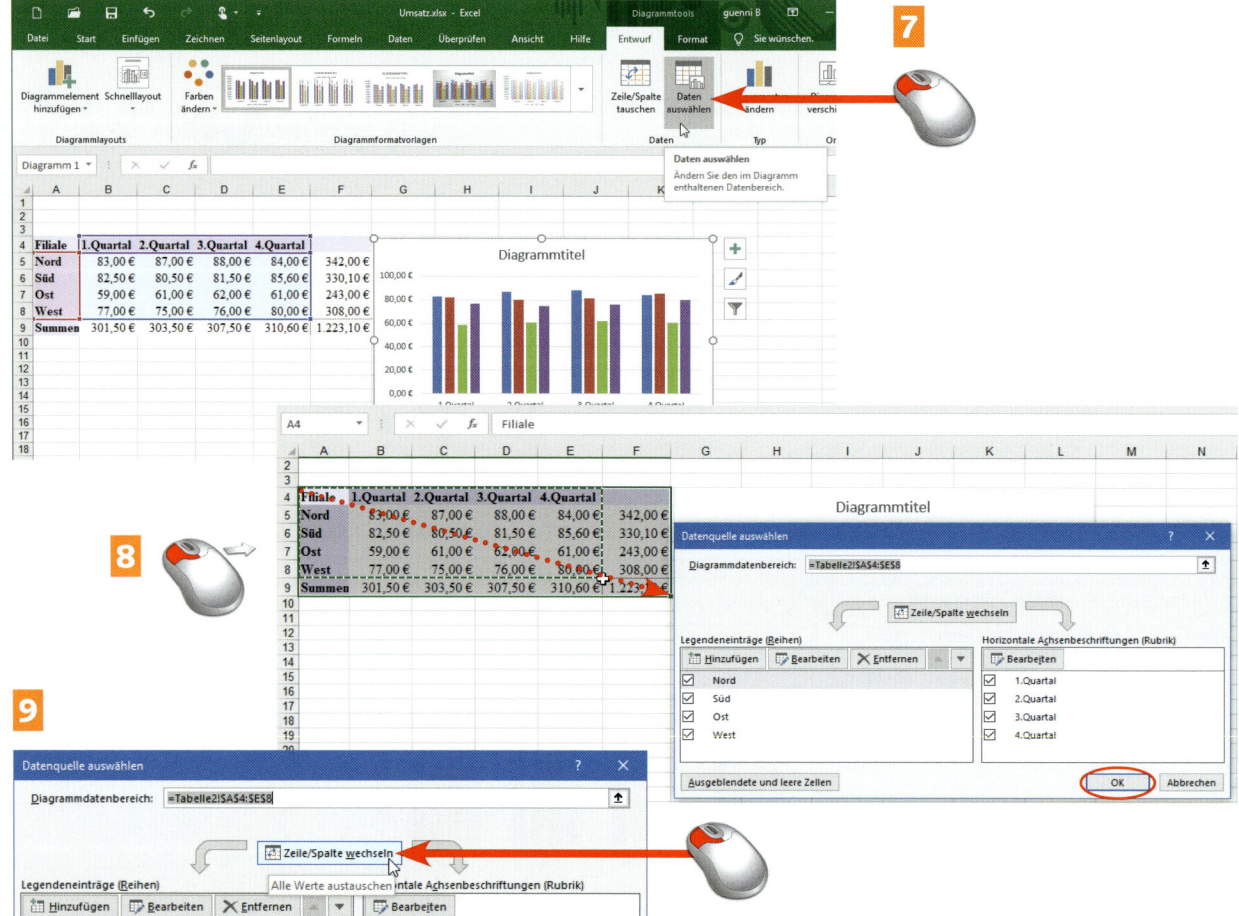

7 Um den Datenbereich gezielt anzupassen, wählen Sie auf der Registerkarte *Diagramm-tools/Entwurf* die Schaltfläche *Daten auswählen*.

8 Der Datenbereich lässt sich durch direktes Markieren in der Tabelle anpassen, wenn Sie vorher im Dialogfeld *Datenquelle auswählen* in das Feld *Diagrammdatenbereich* klicken.

9 Um die Zeilen und Spalten des Diagramms zu tauschen, wählen Sie im Dialogfeld *Datenquelle auswählen* die Schaltfläche *Zeile/Spalte wechseln*.

Nach dem Erstellen passen Sie das Diagramm über die Schalt-flächen der Registerkarte *Diagrammtools/Entwurf* an. Zudem besteht die Möglichkeit, Diagrammelemente durch Markieren zu löschen oder deren Größe und Position zu verändern.

WISSEN

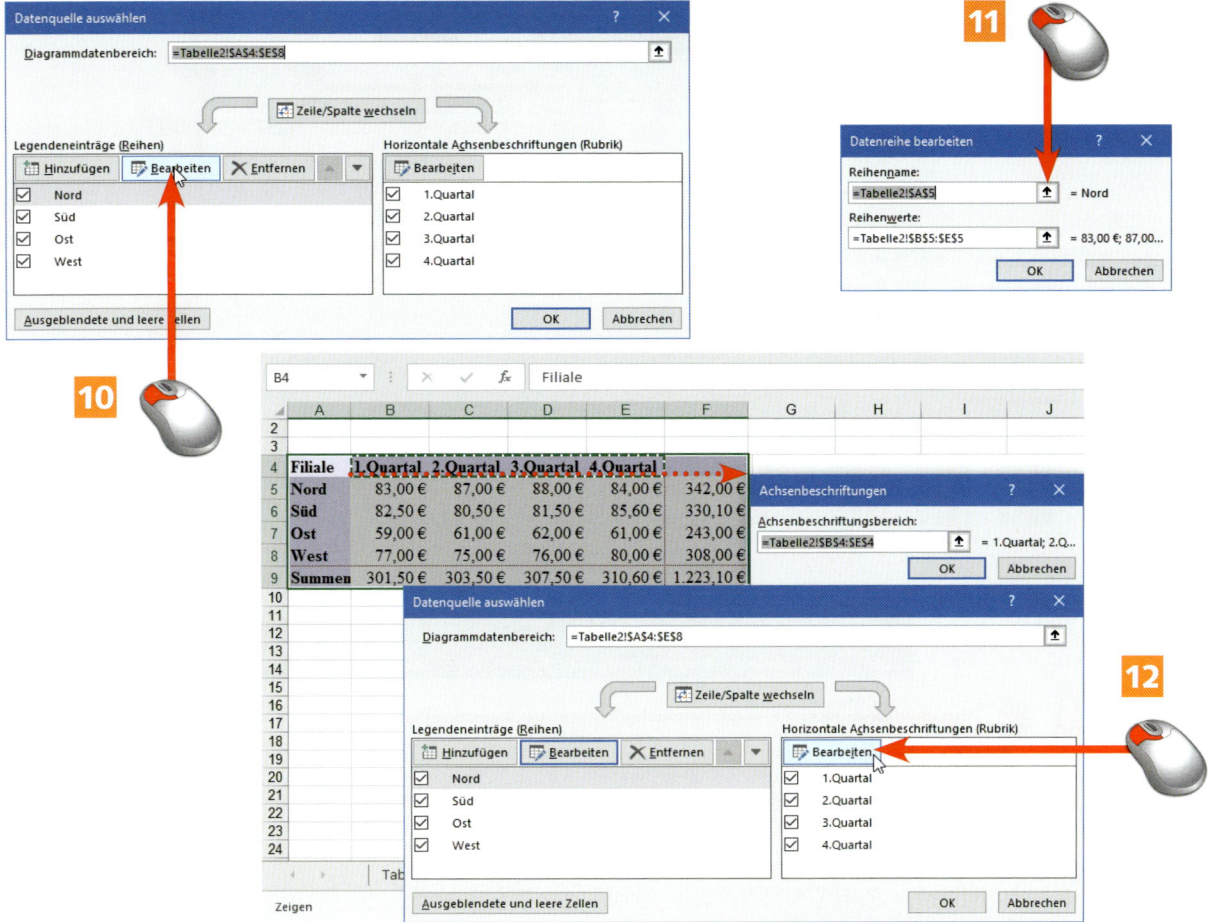

10 Um Legendeneinträge anzupassen, markieren Sie im Dialogfeld *Datenquelle auswählen* den betreffenden Eintrag in der Spalte und klicken auf die linke *Bearbeiten*-Schaltfläche.

11 Anschließend wählen Sie die *Reduzieren*-Schaltfläche der Felder *Reihenname* bzw. *Reihenwerte*, um die zugehörigen Zellen in der Tabelle zu markieren.

12 Wählen Sie die rechte Schaltfläche *Bearbeiten* im Dialogfeld *Datenquelle auswählen*, können Sie in der Tabelle die Zellen für die Achsenbeschriftung auswählen.

Über die beiden Schaltflächen ▲ ▼ des Dialogfelds *Datenquelle auswählen* können Sie die Reihenfolge der Legendeneinträge ändern.

Das Feld *Reduzieren* ⬆ in Dialogfeldern verkleinert diese zur Auswahl der Tabellenbereiche. Über die ⏎-Taste oder die Schaltfläche *Erweitern* wird das Dialogfeld wieder vollständig angezeigt.

TIPP   **HINWEIS**

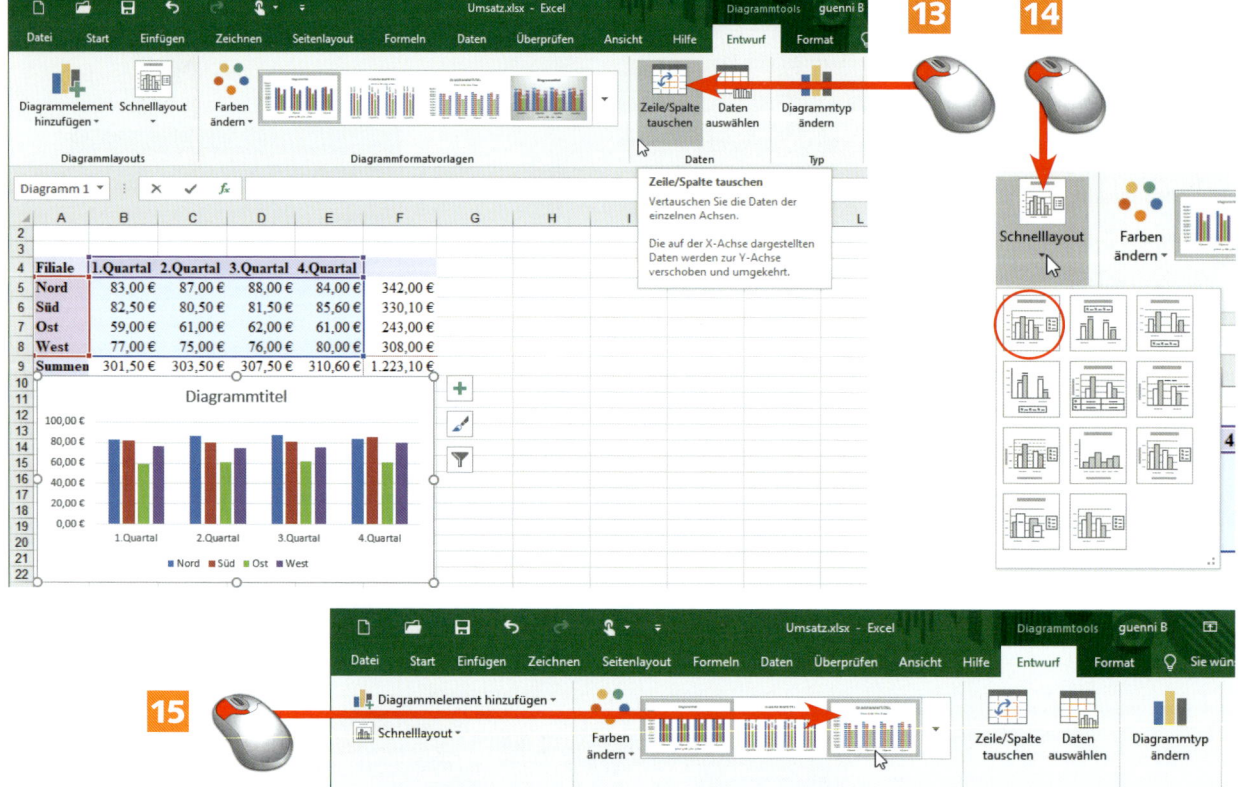

13 Über die Schaltfläche *Zeile/Spalte wechseln* der Registerkarte *Diagrammtools/Entwurf* schalten Sie die Darstellung der Zeilen/Spalten im Diagramm um.

14 Über den Katalog *Schnelllayout* der Registerkarte *Diagrammtools/Entwurf* können Sie festlegen, ob das Diagramm z. B. mit horizontalen/vertikalen Linien etc. versehen werden soll.

15 Mit den Schaltflächen bzw. dem Katalog der Gruppe *Diagrammformatvorlagen* in der Registerkarte *Diagrammtools/Entwurf* lässt sich die Farbe der Diagrammelemente bestimmen.

Über Kontextmenübefehle und Optionen der Registerkarte *Diagrammtools/Entwurf* können Sie das Diagramm individuell an Ihre Anforderungen anpassen..

WISSEN

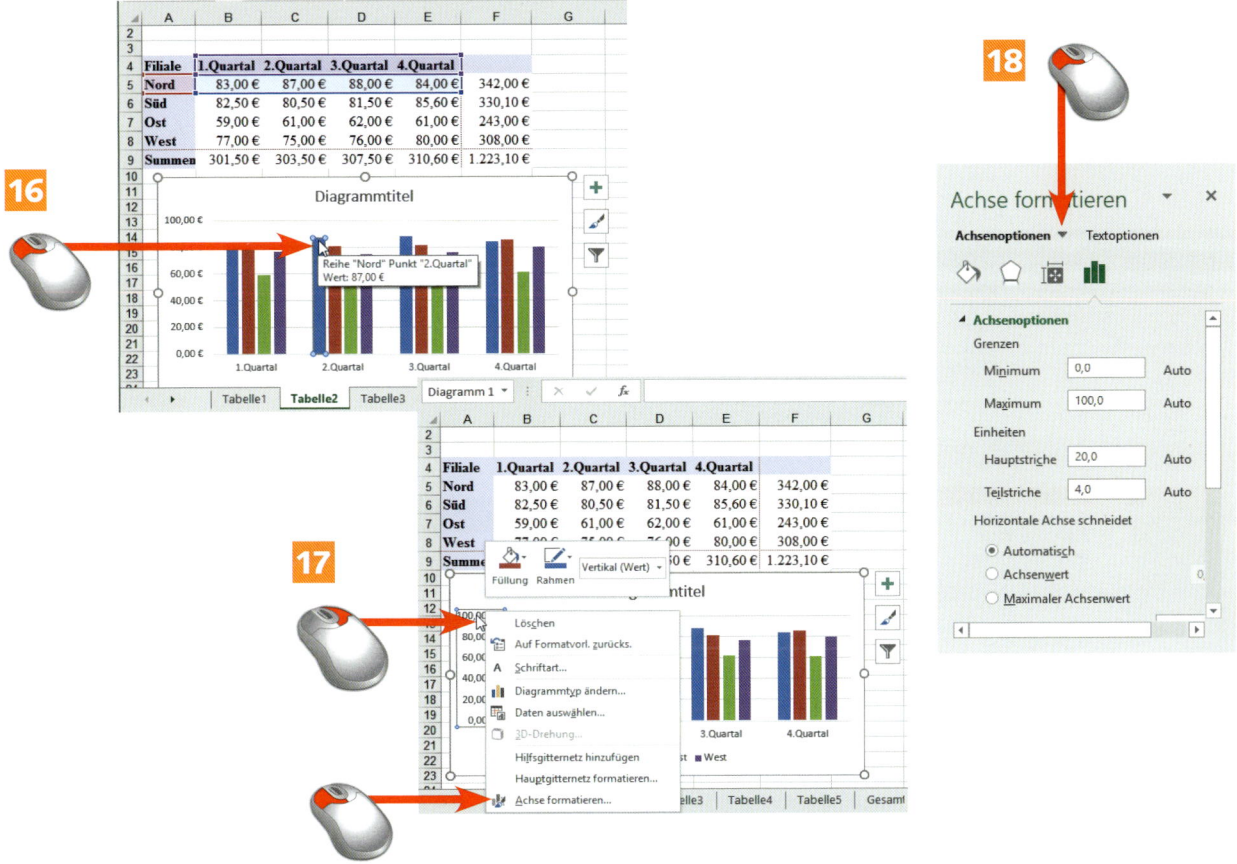

16 Klicken Sie im Diagramm auf einen Balken, wird die zugehörige Datenreihe in der Tabelle markiert. Durch Zeigen auf einen Balken lässt sich dessen Wert in einer QuickInfo abrufen.

17 Klicken Sie ein markiertes Diagrammelement mit der rechten Maustaste an, finden Sie – abhängig vom jeweiligen Element – im Kontextmenü einen Befehl wie beispielsweise *Achse formatieren*, *Datenreihen formatieren* usw.

18 Excel öffnet eine Seitenleiste (im Beispiel *Achse formatieren*), über die Sie die Format-einstellungen für das Element (Achse, Legende etc.) anpassen können (siehe auch Seite 178 ff.).

Ende

TIPP

Zum Bearbeiten eines Diagramms markieren Sie dieses vorher (z. B. per Mausklick). Nur dann erscheint die Registerkarte *Diagrammtools/Entwurf*.

TIPP

Ist ein Balken in einem Diagramm markiert, können Sie die Daten-reihe mit der [Entf]-Taste aus dem Diagramm löschen.

HINWEIS

Die Schaltfläche *Zeile/Spalte wechseln* wird gesperrt, sobald eine horizontale Achsenbeschrif-tung festgelegt wurde (siehe Seite 173, Schritt 12).

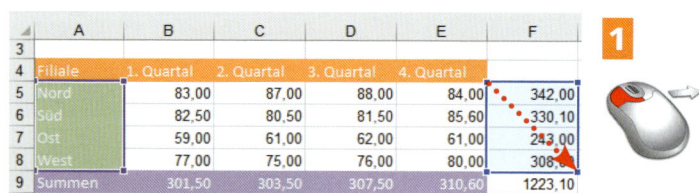

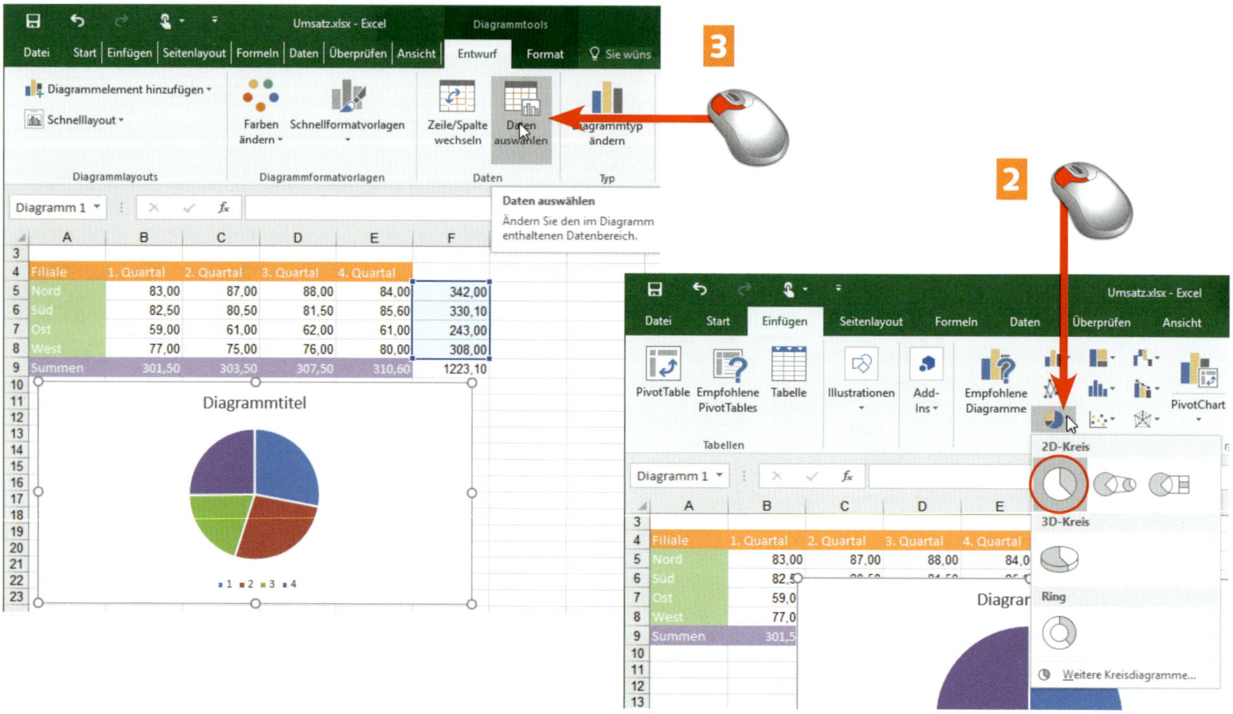

1 Um die Umsatzverteilung der Filialen in der hier gezeigten Tabelle als Kreisdiagramm darzustellen, markieren Sie die Zellen mit dem Gesamtumsatz der Filialen.

2 Wechseln Sie im Menüband zur Registerkarte *Einfügen*, klicken Sie auf die Schaltfläche *Kreis*, und wählen Sie anschließend den Diagrammtyp in der Palette aus.

3 Schieben Sie das angelegte Kreisdiagramm ggf. in einen freien Zellbereich, passen Sie dessen Größe an, und klicken Sie dann auf die Schaltfläche *Daten auswählen*.

Mit Kreisdiagrammen lässt sich die Verteilung von Werten gut visualisieren. Excel unterstützt verschiedene Kreisdiagrammtypen. Hier wird ein Ansatz zum Erstellen von Kreisdiagrammen vorgestellt.

WISSEN

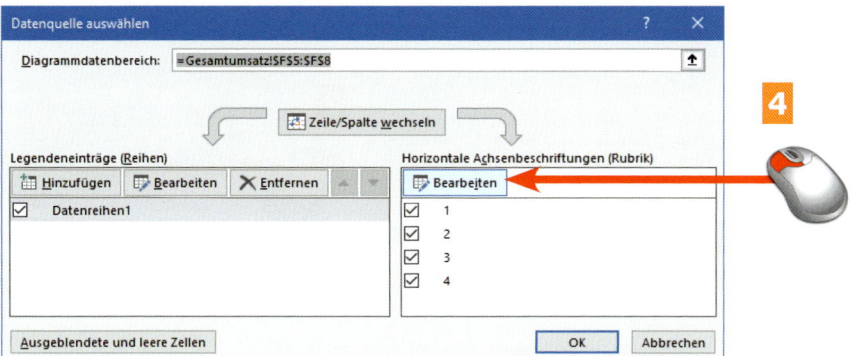

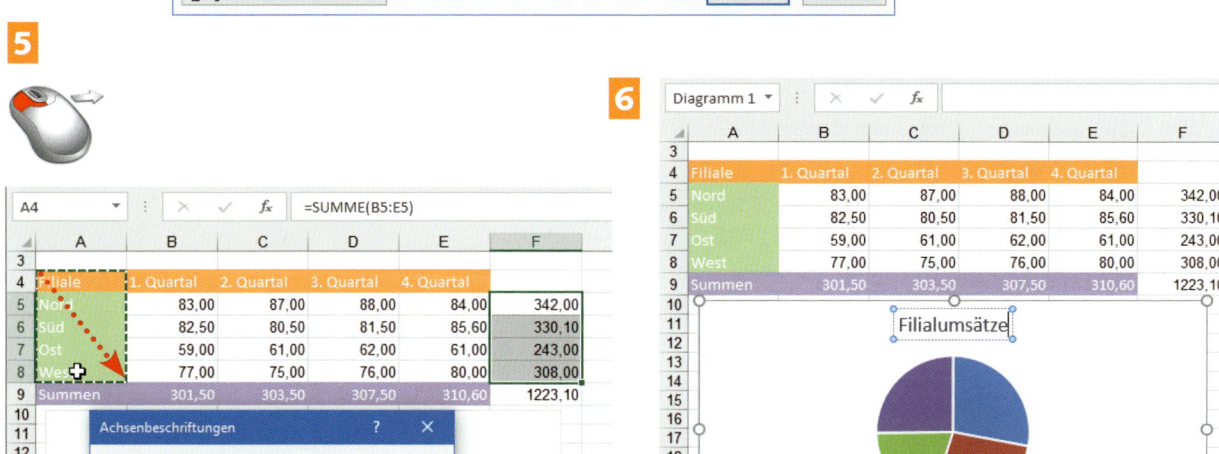

4 Um die Legendenbeschriftung festzulegen, wählen Sie im Dialogfeld *Datenquelle auswählen* die Schaltfläche *Bearbeiten* der Rubrik *Horizontale Achsenbeschriftungen*.

5 Markieren Sie in der Tabelle die Zellen mit den Filialnamen und schließen Sie die Dialogfelder *Achsenbeschriftungen* sowie *Datenquelle auswählen* über die *OK*-Schaltfläche.

6 Sobald das Kreisdiagramm angezeigt wird, passen Sie ggf. dessen Beschriftungen und Eigenschaften an.

Ende

TIPP

Wenn Sie zusätzlich die Zellen mit den Filialnamen vor dem Anlegen des Diagramms markieren, sparen Sie sich Schritt 4.

HINWEIS

Wie Sie Diagrammoptionen ändern, können Sie auf den Seiten 174 ff. sowie auf den Seiten 178 ff. nachlesen.

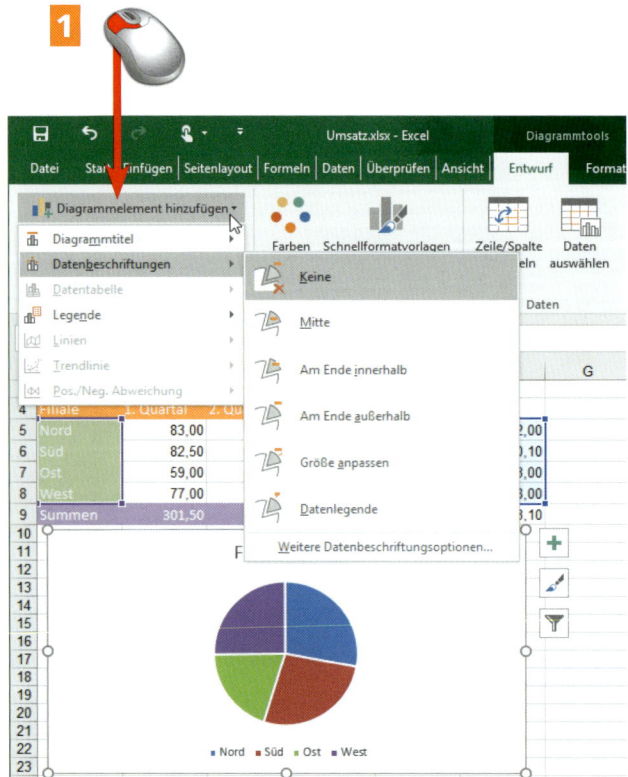

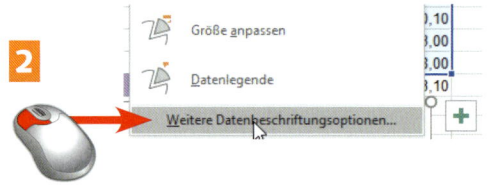

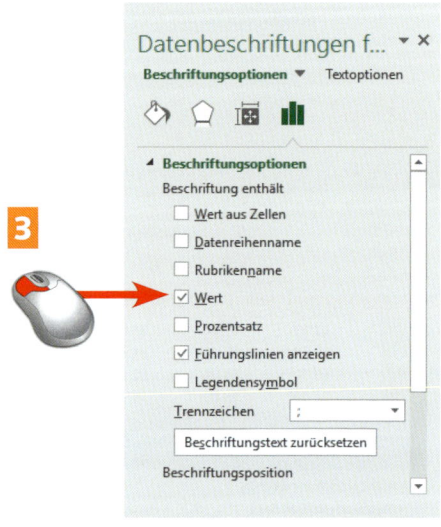

1 Datenbeschriftungen für ein Kreisdiagramm erhalten Sie über die Befehle der Schaltfläche *Diagrammelement hinzufügen* der Registerkarte *Diagrammtools/Entwurf*.

2 Über den Befehl *Weitere Datenbeschriftungsoptionen* des Menüs (siehe Schritt 1) blenden Sie die Seitenleiste *Datenbeschriftungen formatieren* ein.

3 Wählen Sie in der Seitenleiste eine Kategorie aus, und legen Sie die Beschriftungsoptionen fest.

Über die Registerkarte *Diagrammtools/Entwurf* des Menübands lässt sich ein markiertes Diagramm anpassen (z. B. Diagrammtyp nachträglich ändern oder Beschriftungen bzw. Legendentexte anzeigen).

WISSEN

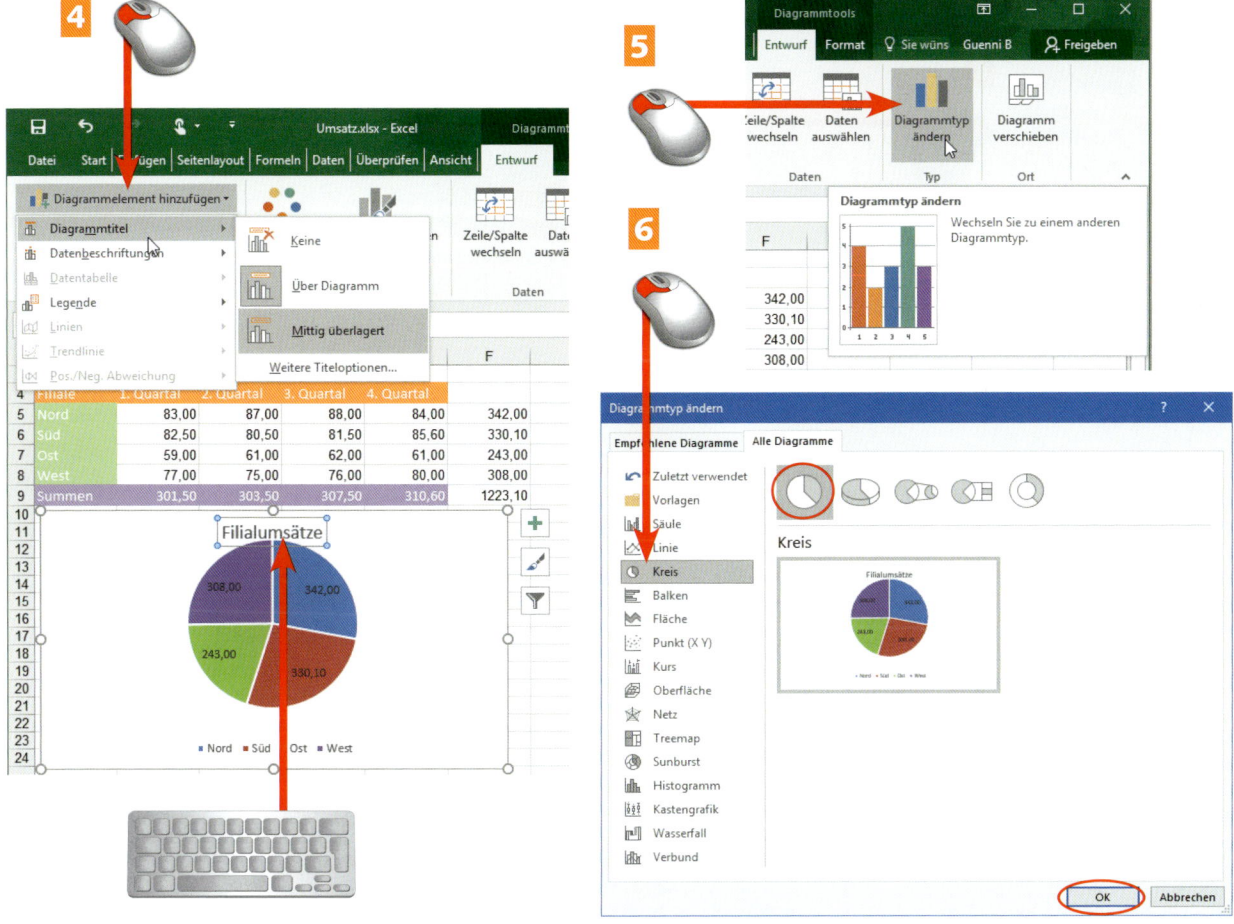

4 Über *Diagrammelement hinzufügen/Diagrammtitel* der Registerkarte *Diagrammtools/ Entwurf* blenden Sie das Titelfeld ein, markieren dieses und geben den Titeltext ein.

5 Klicken Sie auf der Registerkarte *Diagrammtools/Entwurf* des Menübands auf die Schaltfläche *Diagrammtyp ändern*, um das in Schritt 6 gezeigte Dialogfeld zu öffnen.

6 Wählen Sie im Dialogfeld die Diagrammkategorie sowie den Untertyp aus, wird das Diagramm nach einem Klick auf die *OK*-Schaltfläche geändert.

Um in Kreisdiagrammen die Werte in Prozent anzuzeigen, markieren Sie in der Kategorie *Beschriftungsoptionen* (Schritt 3) das Kontrollkästchen *Prozentsatz*.	Auf Wunsch können Sie die Legende über *Diagrammelement hinzufügen/Legende/Keine* der Registerkarte *Diagrammtools/ Entwurf* ausblenden.	Befehle wie *Weitere Titeloptionen* (Schritt 4) oder *Weitere Legendenoptionen* ermöglichen das Anpassen der Optionen (Seite 180 ff.).
TIPP	**HINWEIS**	**HINWEIS**

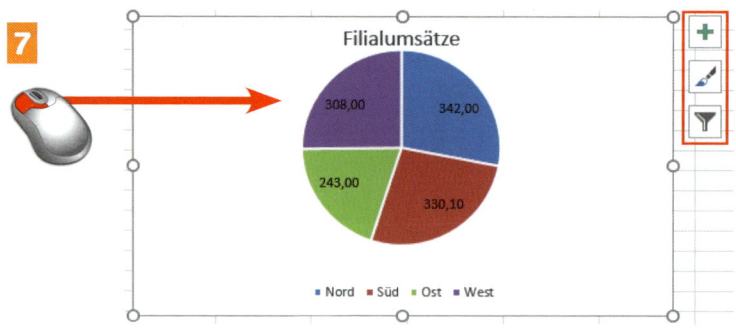

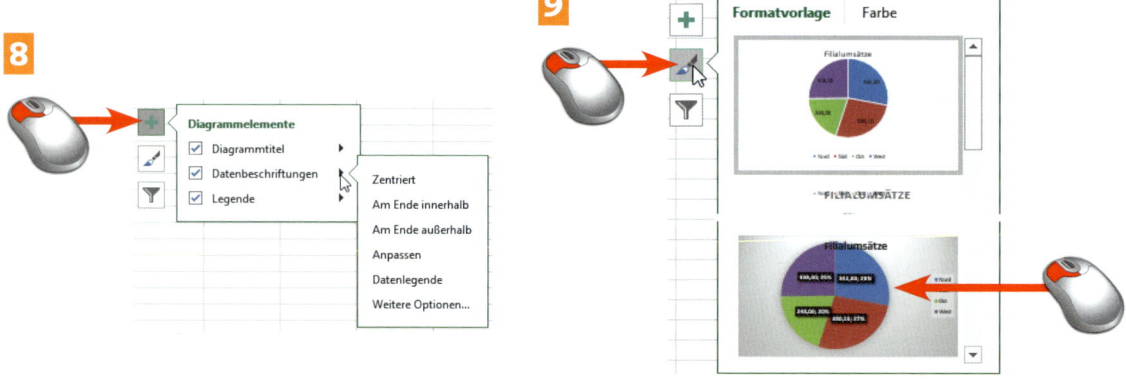

7 Markieren Sie ein Diagramm, um die hier sichtbaren Schaltflächen einzublenden.

8 Über die Schaltfläche *Diagrammelemente* lassen sich Diagrammelemente wie Titel etc. mittels Kontrollkästchen ein- oder ausblenden.

9 Mittels Diagrammformatvorlagen passen Sie die optische Diagrammdarstellung an.

Excel ermöglicht es Ihnen, über die neben dem markierten Diagramm einblendbaren Schaltflächen schneller verschiedene Darstellungsoptionen zu wählen.

WISSEN

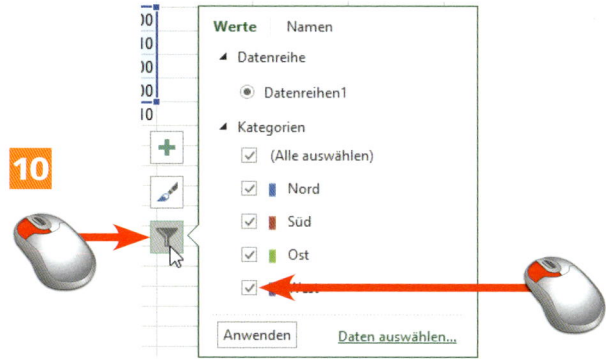

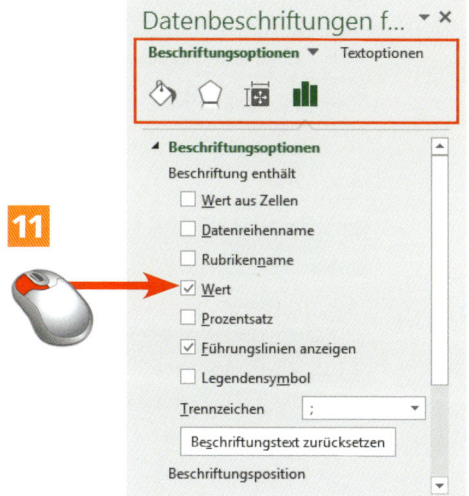

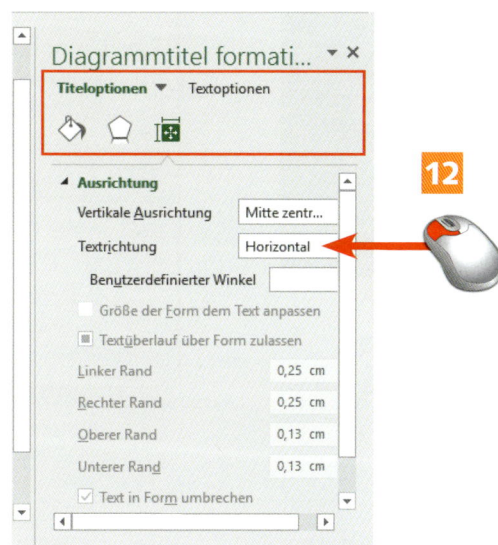

10 Die Schaltfläche *Diagrammfilter* ermöglicht es Ihnen, in einem Katalog Werte oder Namen durch Löschen des jeweiligen Kontrollkästchens herauszufiltern.

11 In der Seitenleiste *Datenbeschriftungen formatieren* wählen Sie eine der angebotenen Kategorien aus und passen die Beschriftungs- bzw. Textoptionen an.

12 Die Seitenleiste *Diagrammtitel formatieren* ermöglicht es, Farbe, Text und Lage der Diagrammtitel zu beeinflussen.

Ende

TIPP

Diagrammformatvorlagen lassen sich auch auf der Registerkarte *Diagramm-tools/Entwurf* abrufen (siehe auch Seite 174, Schritt 15).

HINWEIS

Wählen Sie auf der Registerkarte *Diagramm-tools/Entwurf* die Menüschaltfläche *Diagramm-element hinzufügen*, ermöglichen Befehle wie *Diagrammtitel/Weitere Titeloptionen* oder *Legende/Weitere Legendenoptionen* die Anzeige einer Seitenleiste (Schritt 11, 12).

Start

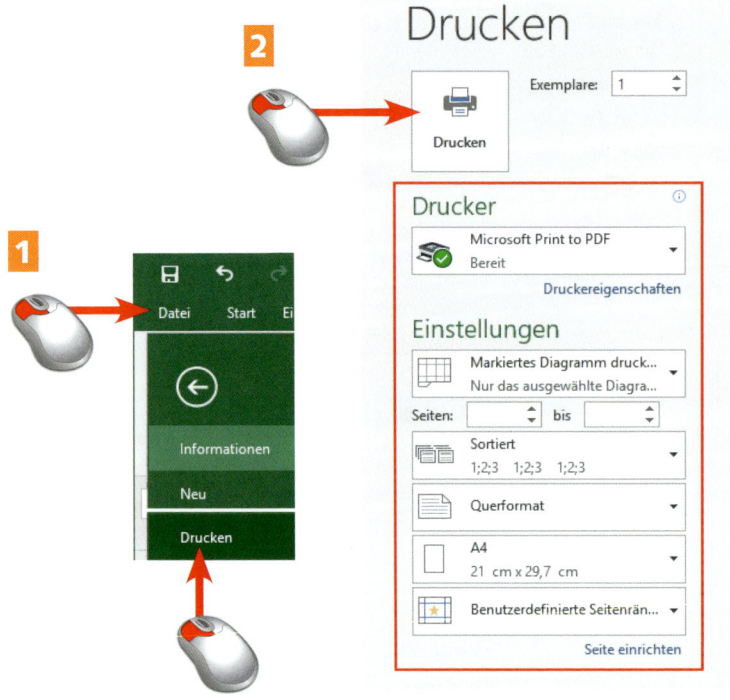

1 Wechseln Sie zur Registerkarte *Datei*, wählen Sie den Befehl *Drucken* oder drücken Sie die Tastenkombination `Strg`+`P`.

2 Wählen Sie in der Backstage-Ansicht die Optionen für den Ausdruck aus, und starten Sie die Ausgabe über die *Drucken*-Schaltfläche.

3 Für eine Ausgabe im Querdruck setzen Sie in der Spalte *Einstellungen* der Backstage-Ansicht die Ausrichtung auf *Querformat*.

Excel stellt Funktionen zum Drucken kompletter Arbeitsmappen bereit. Sie können aber auch Zellbereiche zum Drucken vorsehen und als Druckbereiche definieren. Die Auswahl erfolgt über die oberste Menüschaltfläche der Rubrik *Einstellungen* in der Backstage-Ansicht.

WISSEN

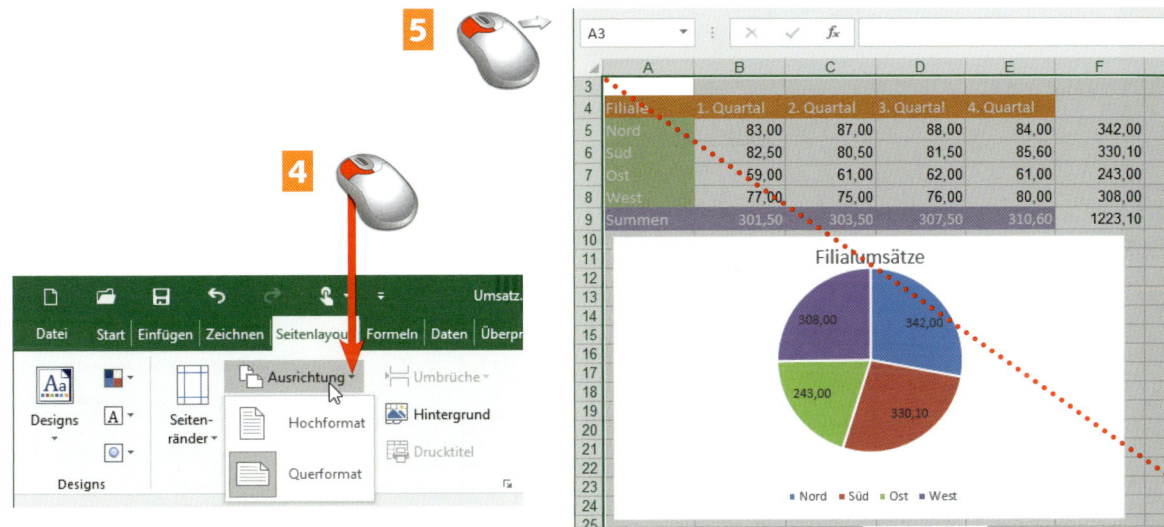

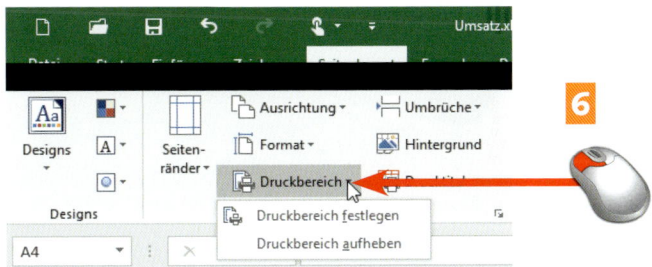

4 Um Tabellen standardmäßig im Querformat zu drucken, wählen Sie auf der Register-karte *Seitenlayout* die Schaltfläche *Ausrichtung* und dann den Befehl *Querformat*.

5 Sollen nur ausgewählte Zellen einer Tabelle häufiger gedruckt werden, markieren Sie den zu druckenden Zellbereich in der Tabelle.

6 Wählen Sie auf der Registerkarte *Seitenlayout* des Menübands die Schaltfläche *Druck-bereich* und dann den Befehl *Druckbereich festlegen*.

Mehrere Tabellen markieren Sie zum Ausdruck, indem Sie deren Blattregister per Strg-Taste anklicken.	Excel druckt nur die Tabellen-inhalte, die in einem oder mehreren definierten Druck-bereichen enthalten sind.	Markieren Sie einen Druck-bereich, lässt sich dieser über den Befehl *Druckbereich aufheben* wieder löschen.
TIPP	**HINWEIS**	**HINWEIS**

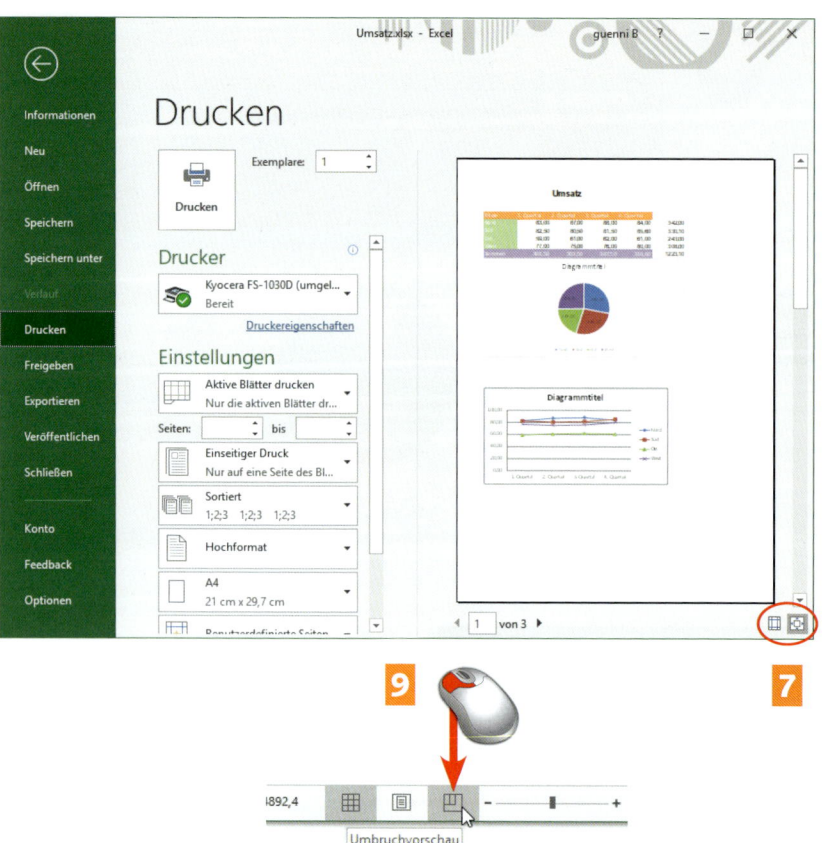

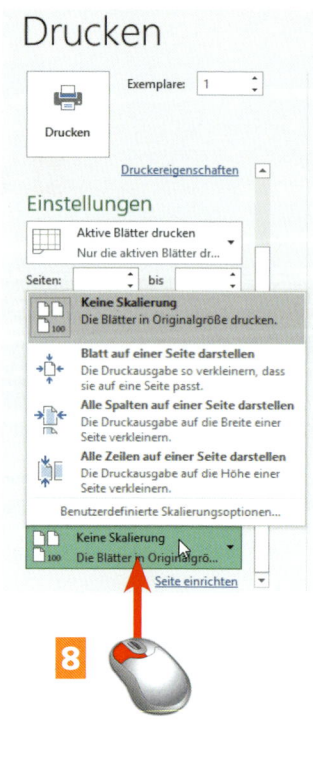

7 In der Backstage-Ansicht zeigt die Druckvorschau den gewählten Druckbereich. Schalt-flächen blenden Seitenränder ein/aus und passen den Zoom der Druckvorschau an.

8 Diese Menüschaltfläche in der Rubrik *Einstellungen* der Backstage-Ansicht ermöglicht es Ihnen, eine Skalierung der Druckausgabe vorzunehmen.

9 Wechseln Sie zur Anzeige der Arbeitsmappe zurück, lässt sich über die Schaltfläche *Umbruchvorschau* der Statusleiste die Lage der Seitenumbrüche innerhalb der Tabelle einsehen.

Über gezielt in Tabellen eingefügte Seitenumbrüche können Sie festlegen, wie Excel Tabellenabschnitte auf Papier ausdruckt. Die Seitenumbruchvorschau ermöglicht die Beurteilung, wie das Ergebnis im Ausdruck aussehen wird.

WISSEN

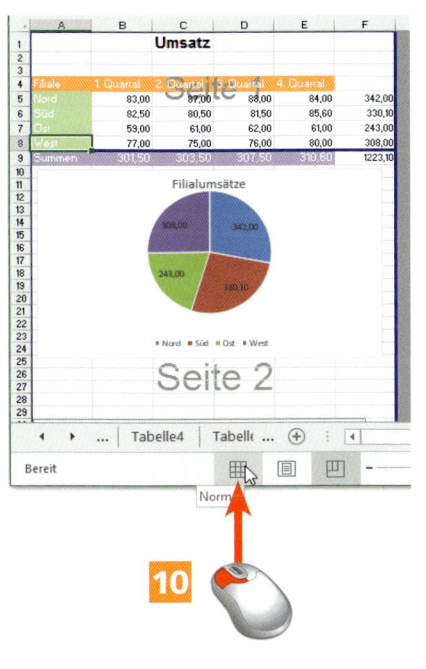

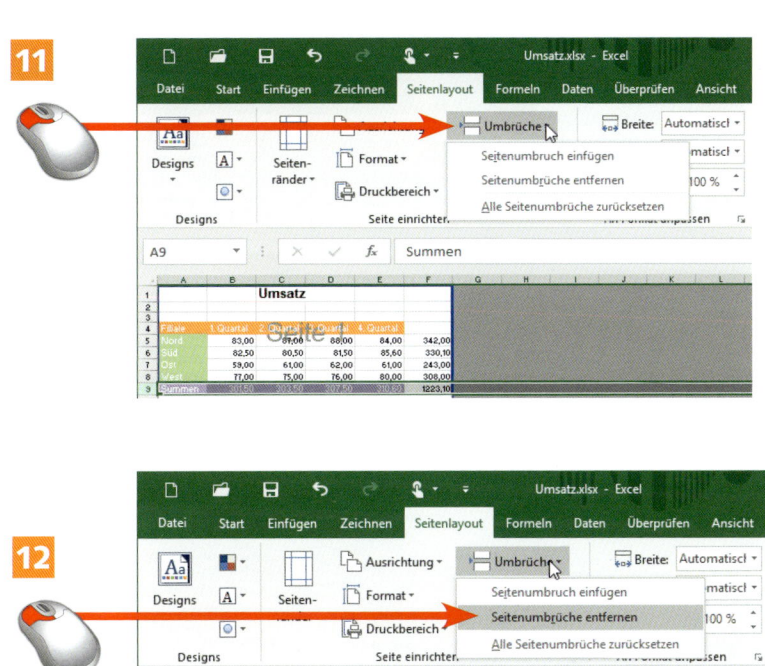

10 In der Umbruchvorschau werden die Druckseiten durch blaue Ränder angezeigt. Über die Schaltfläche *Normal* in der Statusleiste geht es zur Tabellendarstellung zurück.

11 Markieren Sie eine Zelle und wählen Sie auf der Registerkarte *Seitenlayout* die Schaltfläche *Umbrüche*. Der Befehl *Seitenumbruch einfügen* erzwingt einen Seitenwechsel im Ausdruck.

12 Zum Löschen des Seitenumbruchs klicken Sie auf die Zelle unterhalb der Umbruchlinie und wählen im Menü der Schaltfläche *Umbrüche* den Befehl *Seitenumbrüche entfernen*.

Ende

Die Position eines Seitenumbruchs können Sie in der Umbruchvorschau per Maus verschieben:

Auf der Registerkarte *Seitenlayout* öffnet die Schaltfläche *Drucktitel* das Eigenschaftenfenster *Seite einrichten* zum Festlegen von Drucktiteln, Seitenfolge etc.

Seitenumbrüche werden mit einer gestrichelten Linie in der Tabelle angezeigt.

TIPP   **HINWEIS**   **HINWEIS**

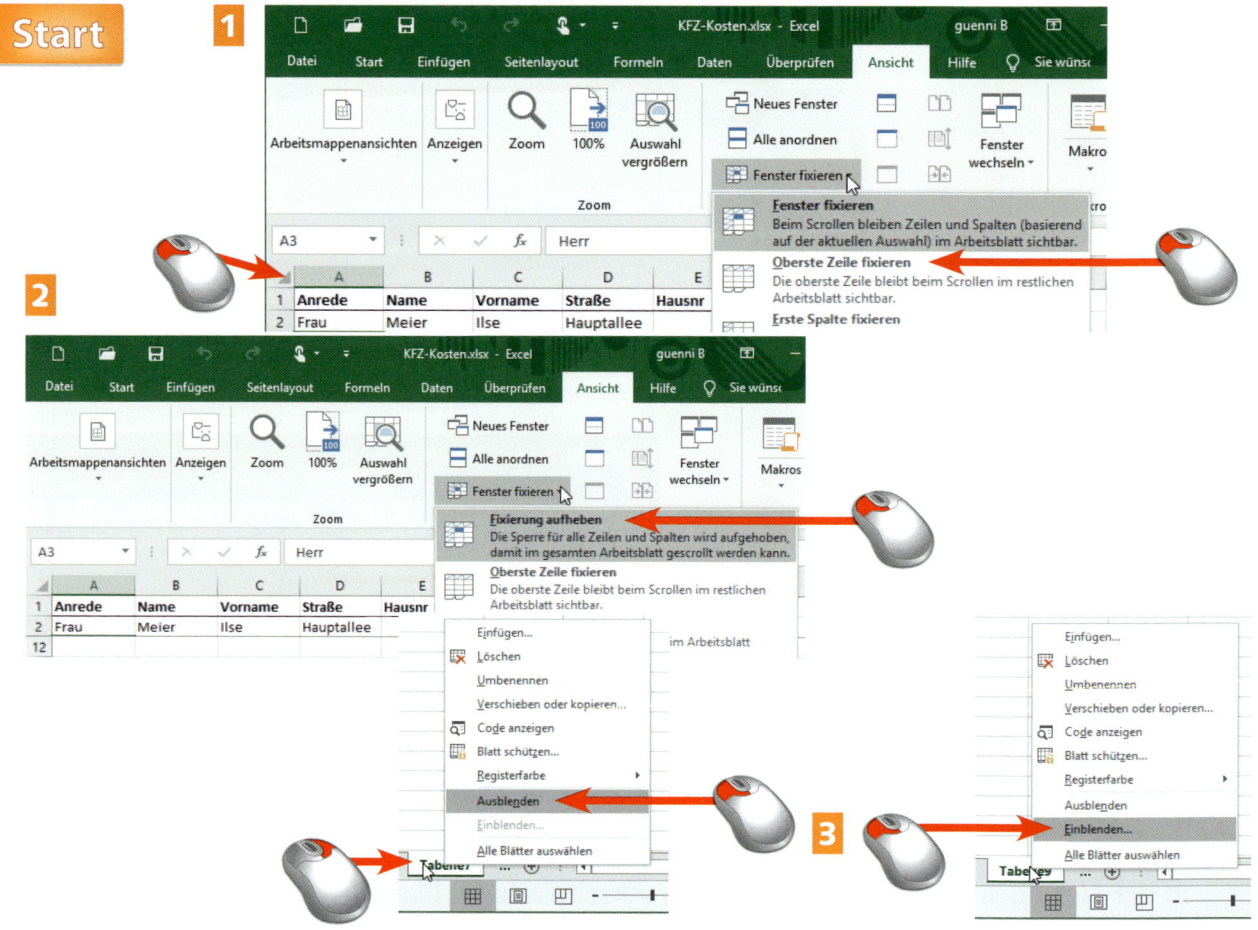

1 Wählen Sie auf der Registerkarte *Ansicht* die Schaltfläche *Fenster fixieren*, können Sie über die Menübefehle die Tabelle ab der aktuellen Zelle oder Zeilen/Spalten fixieren.

2 Die markierten Zeilen bleiben beim Blättern in der Liste in der Anzeige stehen. Über den Befehl *Fixierung aufheben* lösen Sie die Fixierung der Zellen wieder.

3 Über die Kontextmenübefehle *Ausblenden* und *Einblenden* eines Blattregisters können Sie Tabellen aus der Anzeige herausnehmen und wieder zulassen.

Sie können in Excel-Tabellen Fenster fixieren, um z. B. Tabellen-
köpfe beim Blättern in der Anzeige beizubehalten. Zudem lassen
sich Tabellen oder Zeilen/Spalten ein-/ausblenden und Zellbereiche
vor Veränderungen schützen.

WISSEN

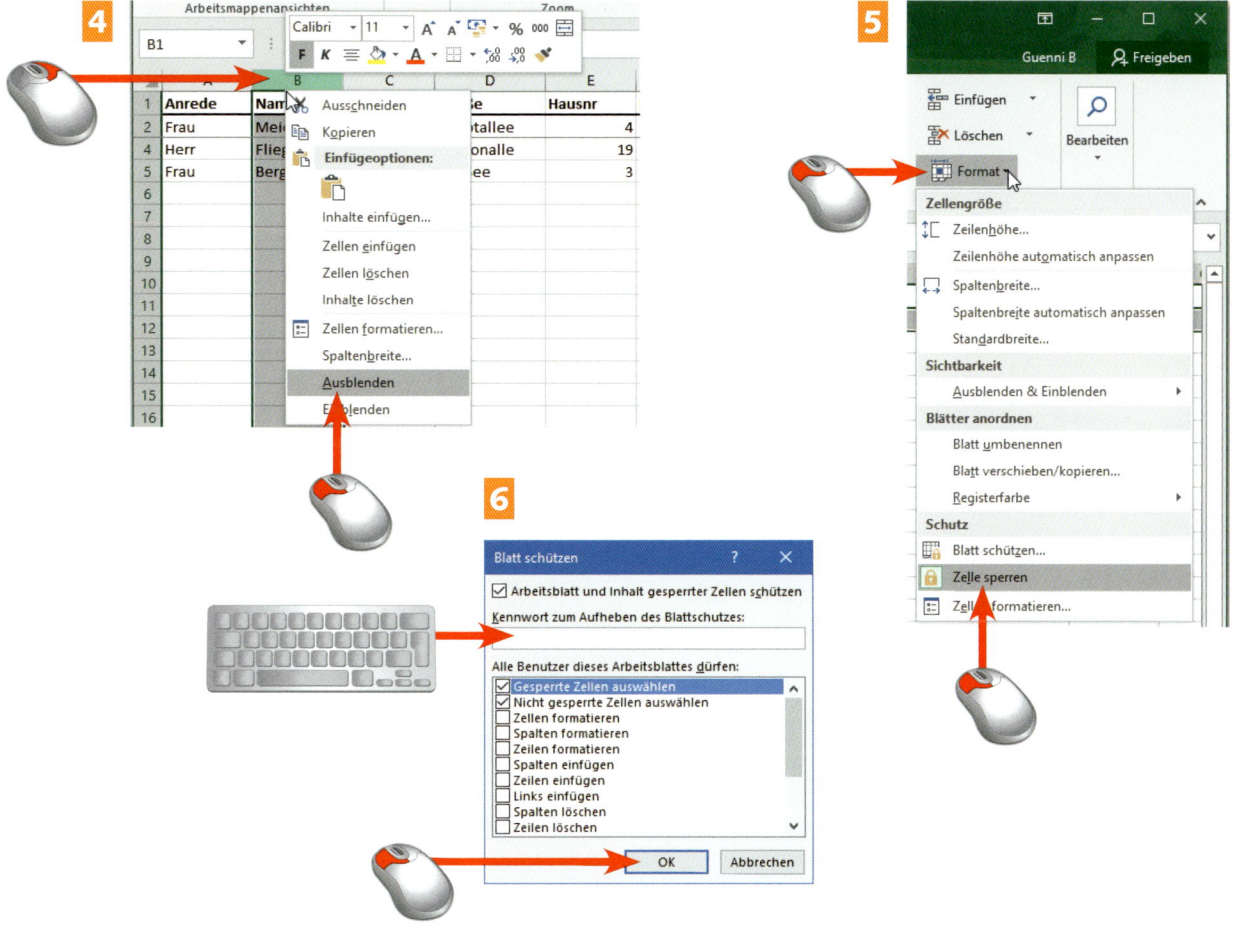

4 Im Kontextmenü einer Zeile/Spalte finden Sie die Befehle *Ausblenden* und *Einblenden*, um die betreffenden Zellen aus der Anzeige auszublenden bzw. zuzulassen.

5 Über die Menüschaltfläche *Format* der Registerkarte *Start* finden Sie Menübefehle zum Ein-/Ausblenden der Blätter. Über *Zelle sperren* werden markierte Zellen gesperrt.

6 Der Befehl *Blatt schützen* der Menüschaltfläche *Format* öffnet das gleichnamige Dialogfeld. Legen Sie dort Kennwort und Schutzoptionen für das Arbeitsblatt fest. **Ende**

Das Fixieren von Fenstern ist hilfreich, um beim Blättern in langen Listen die Überschrift in der Anzeige des Fensters festzuhalten.

Das Sperren von Zellen über das Zellformat wird erst wirksam, nachdem Sie den Blattschutz in Schritt 6 aktiviert haben.

HINWEIS

HINWEIS

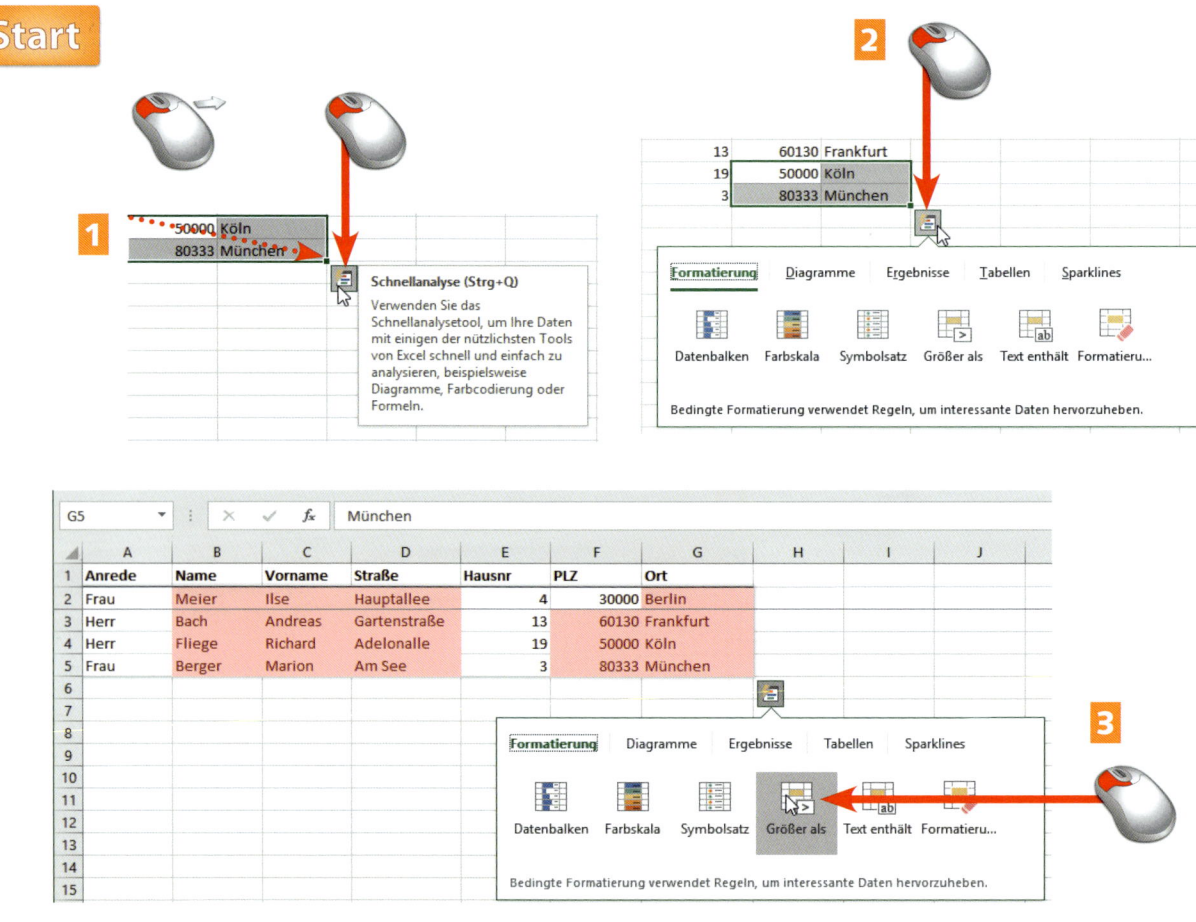

1 Markieren Sie einen Zellbereich, um die Schaltfläche zur Schnellanalyse einzublenden.

2 Bei Anwahl der Schaltfläche *Schnellanalyse* öffnet Excel einen Katalog mit Analyse-funktionen.

3 Wählen Sie eine Kategorie (z. B. *Formatierung*) und klicken Sie auf eine Schaltfläche, um das Format zuzuweisen.

Die Schnellanalyse ermöglicht Ihnen in Excel (speziell bei Finger-bedienung auf Touchscreens) den komfortablen Zugriff auf verschiedene Darstellungs- und Analysefunktionen.

WISSEN

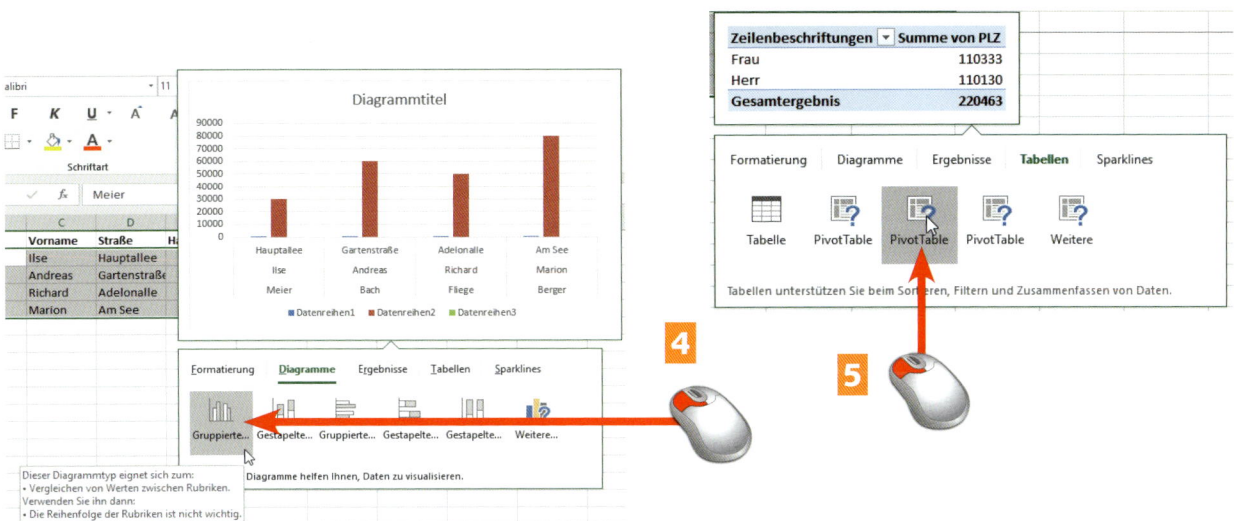

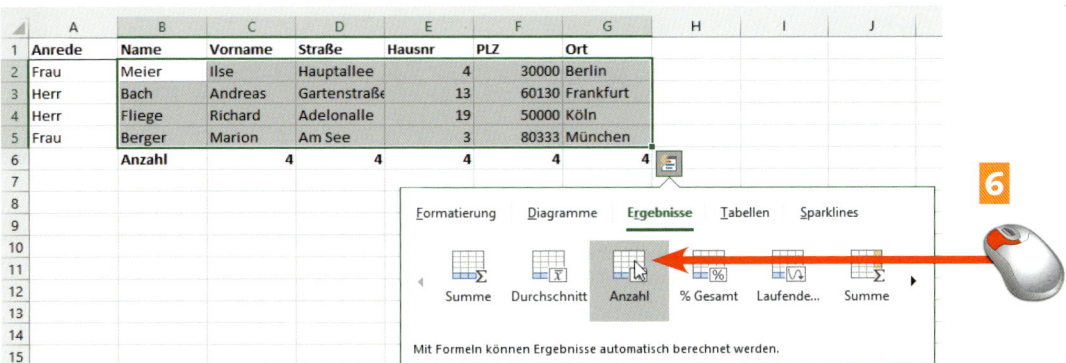

4 In der Kategorie *Diagramme* des Katalogs zur Schnellanalyse wird der Diagrammtyp beim Zeigen als Vorschau eingeblendet und bei Anwahl eingefügt.

5 Über die Schaltflächen der Kategorie *Ergebnisse* wenden Sie Funktionen wie Summe, Durchschnitt etc. auf die markierten Tabellenwerte an.

6 Über die Kategorien *Tabellen* und *Sparklines* können Sie spezielle Auswertungen wie PivotTables oder Gewinn- und Verlustdarstellungen abrufen.

Ende

Drücken Sie die Esc-Taste, um die Schaltfläche zur Schnellanalyse auszublenden.

TIPP

Die Schnellanalyse lässt sich auch mit der Tastenkombination Strg+Q einblenden.

TIPP

Über die Schaltfläche *Formatierung löschen* der Kategorie *Formatierung* können Sie zugewiesene Schnellformate wieder entfernen.

HINWEIS

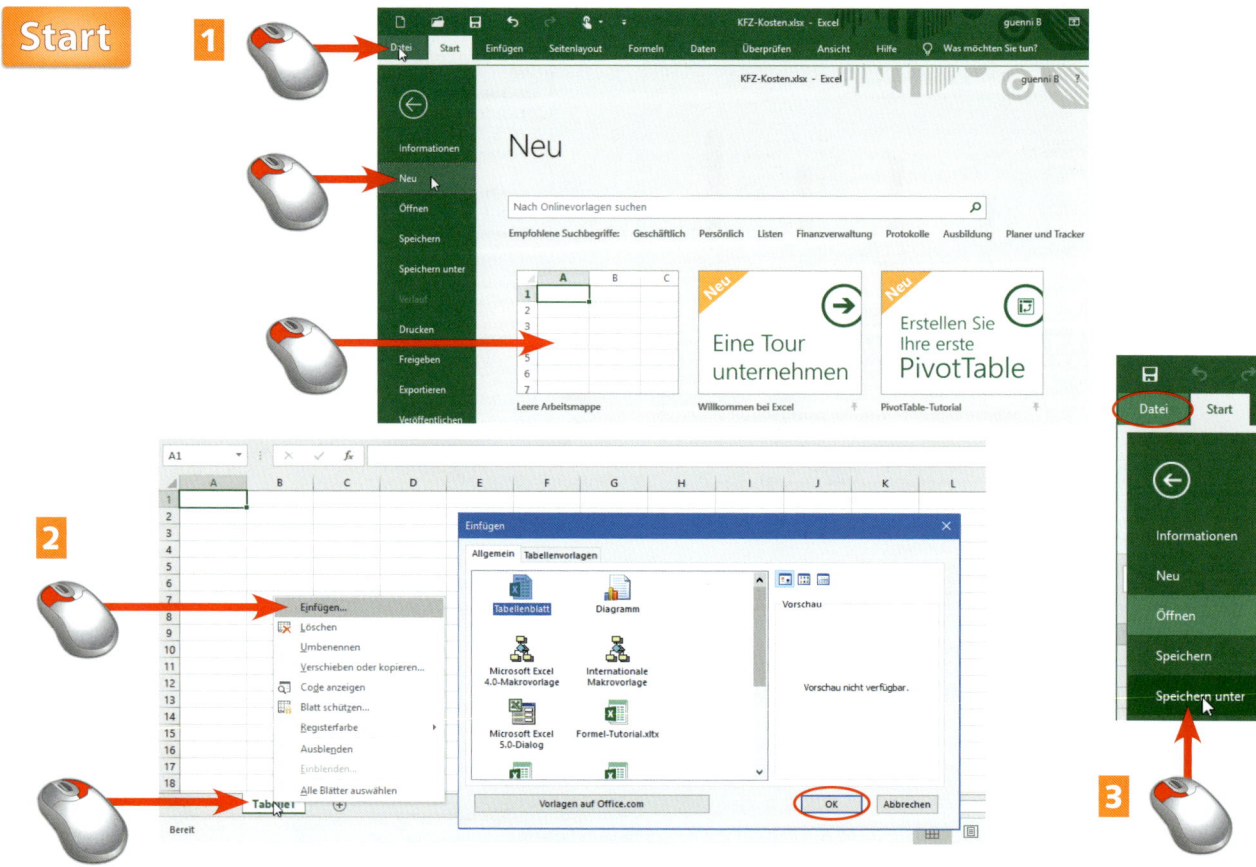

1 In der Registerkarte *Datei* können Sie über den Befehl *Neu* in der Backstage-Ansicht eine Vorlage für neue Excel-Arbeitsmappen auswählen.

2 Der Kontextmenübefehl *Einfügen* eines Blattregisters öffnet ein Dialogfeld, auf dessen Registerkarten Sie eine Vorlage für das einzufügende Blatt (Tabelle, Diagramm) wählen.

3 Zum Speichern einer Arbeitsmappe als Vorlage klicken Sie auf den Registerreiter *Datei* und wählen in der Backstage-Ansicht den Befehl *Speichern unter*.

Ähnlich wie bei Word können Sie in Excel Tabellen oder Arbeitsmappen als Vorlagen speichern. Zudem lassen sich Daten aus Fremdanwendungen importieren.

WISSEN

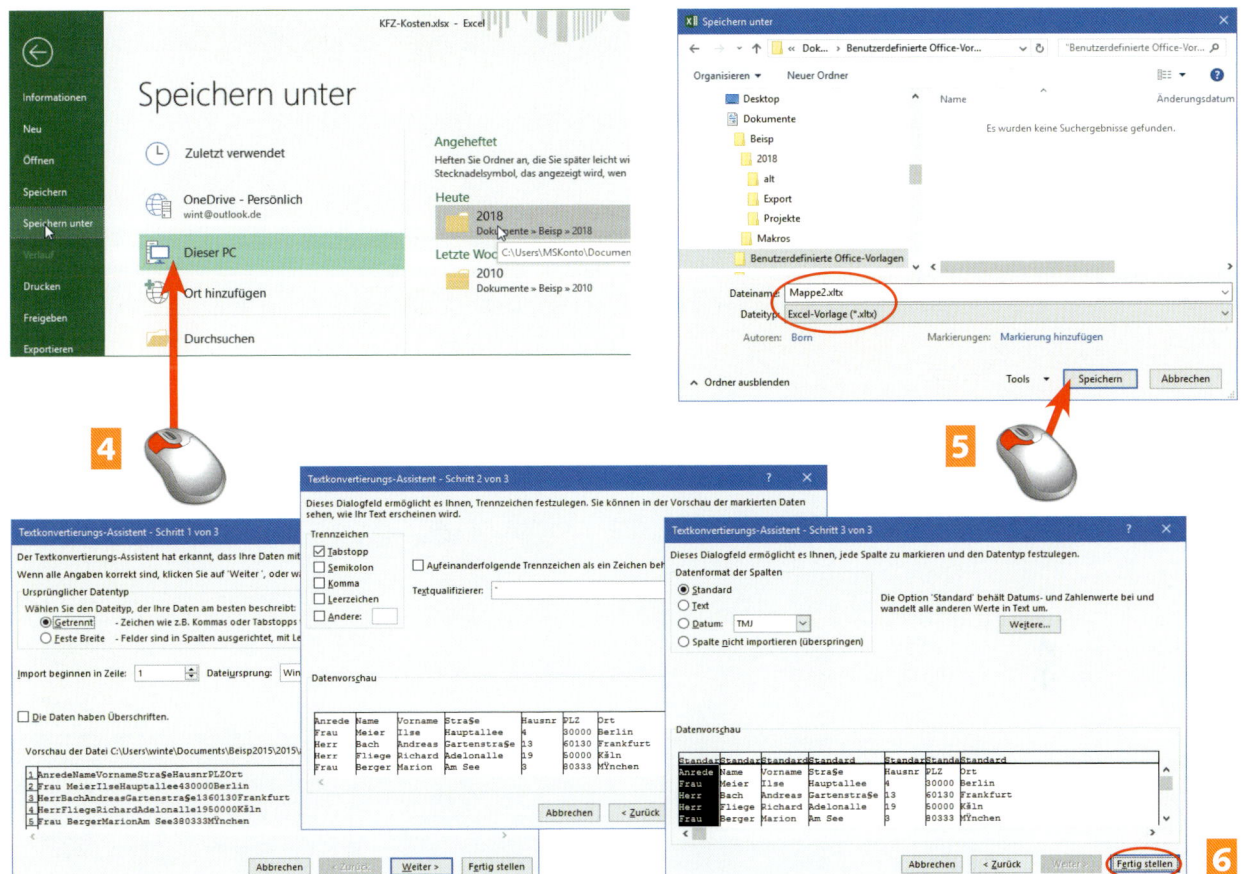

4 Wählen Sie im rechten Teil der Backstage-Ansicht das Speicherziel *Dieser PC* und ein Speicherziel oder die Schaltfläche *Durchsuchen* (siehe auch Seite 32).

5 Wählen Sie im Dialogfeld *Speichern unter* als Dateityp *Excel-Vorlage (*.xltx)* sowie den Zielordner *Benutzerdefinierte Office-Vorlagen*. Legen Sie dann noch den Dateinamen fest, und klicken Sie auf *Speichern*.

6 Wählen Sie beim Öffnen eine Textdatei mit Tabellendaten (Typ *Textdateien (*.prn;*.txt;*csv)*, fragt ein Assistent schrittweise die Importoptionen ab.

Ende

Ein breit unterstütztes Exportformat für Tabellendaten ist das textbasierte Format Comma Separated Value (CSV).

Die Schritte zum Öffnen von Dokumenten sind auf Seite 34 ff. beschrieben.

Über die Schaltflächen *Weiter* und *Fertig stellen* blättern Sie zwischen den Dialogfeldern des Textkonvertierungs-Assistenten.

TIPP   **HINWEIS**   **HINWEIS**

Präsentieren mit PowerPoint

6

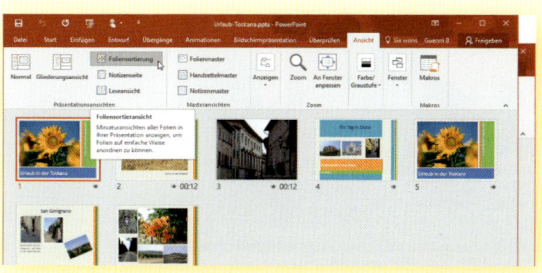

Start

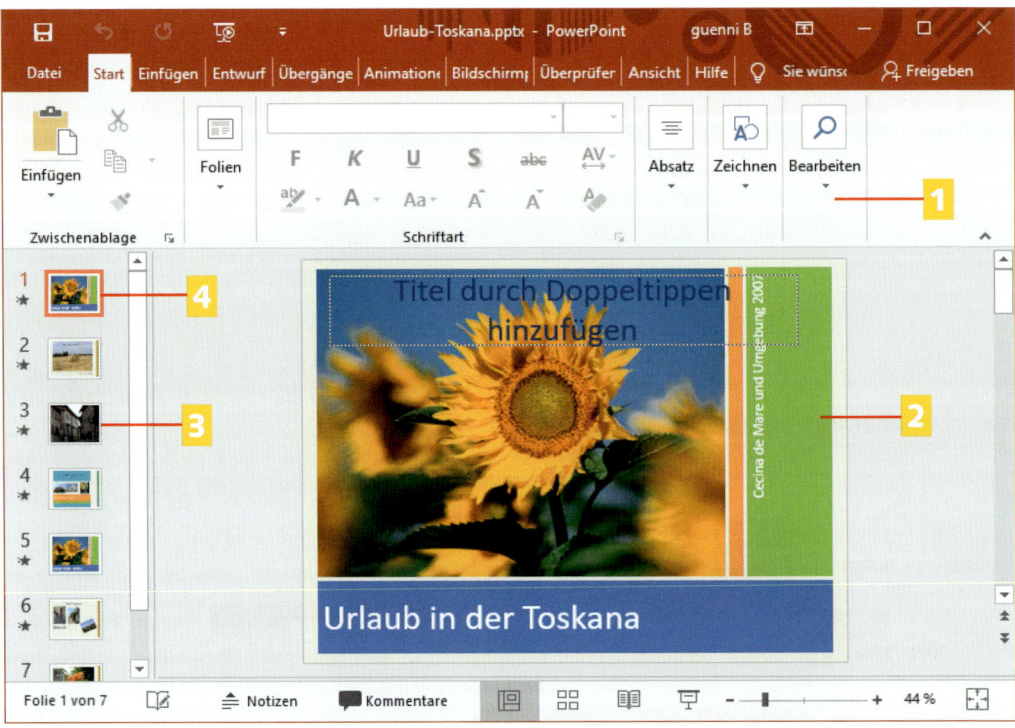

1 Das Menüband am oberen Dokumentrand sowie die Elemente zum Einstellen der Anzeigemodi oder des Zooms in der Statusleiste kennen Sie bereits von Seite 24 ff.

2 Der Layoutbereich zeigt den Inhalt bzw. das Layout der aktuellen Folie an. Eine Folie kann Texte, Grafiken und andere Elemente enthalten.

3 Die Folienübersicht zeigt Ihnen die Abfolge aller Folien in der Präsentation an.

4 Die aktuell ausgewählte Folie wird zur Kennzeichnung farblich umrahmt.

PowerPoint ist ein Präsentationsprogramm, in dem Sie Dokumentseiten anlegen können. Diese Seiten (als Folien bezeichnet) lassen sich über PowerPoint als Bildschirmpräsentation oder über einen Beamer wiedergeben.

WISSEN

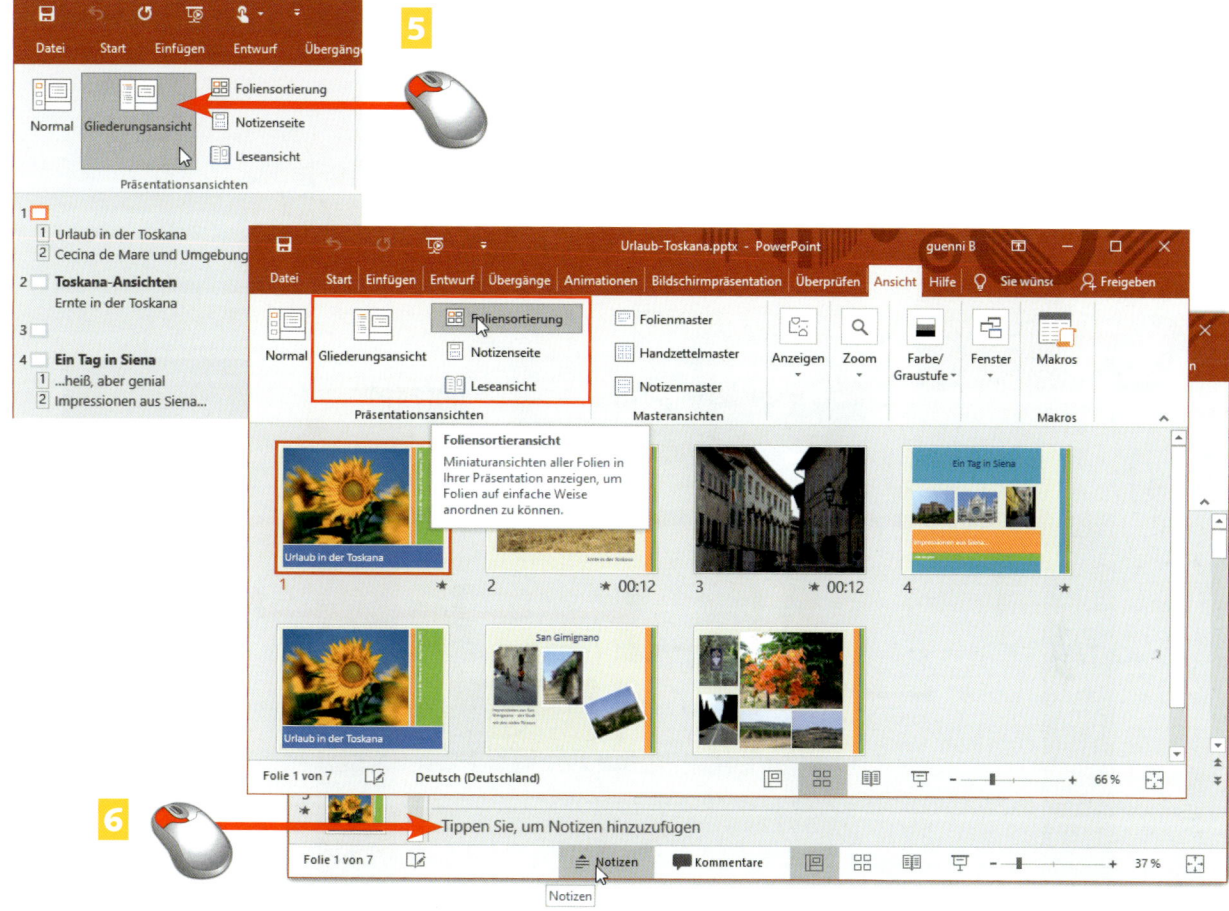

5 Über die Schaltflächen *Gliederungsansicht* und *Normal* der Registerkarte *Ansicht* schalten Sie zwischen der Folienübersicht und der Gliederungsansicht um.

6 Bei manchen Vorlagen und aktiver Gliederungsansicht wird auch der Notizenbereich am unteren Dokumentrand angezeigt. Die Statusleiste sowie die Gruppe *Präsentationsansichten* der Registerkarte *Ansicht* des Menübands enthalten die Schaltflächen für Darstellungsmodi wie *Normal* oder *Foliensortierung*.

Ende

Im Notizenbereich können Sie Kommentare zu Folien ablegen, die bei der Präsentation nicht mit angezeigt werden sollen.	Im Modus *Foliensortierung* (Schritt 6, Hintergrund) lässt sich die Folienreihenfolge leicht durch Ziehen per Maus ändern.	In der Gliederungsansicht werden die Textinhalte der Folien dargestellt.
TIPP	**TIPP**	**HINWEIS**

1 Um eine neue Präsentation zu erstellen, wählen Sie den Registerreiter *Datei* des Menübands und in der Backstage-Ansicht den Befehl *Neu*.

2 Wählen Sie in der Spalte *Neu* der Backstage-Ansicht eine Kategorie (z. B. *Empfohlene Suchbegriffe*) und dann eine Vorlage aus oder klicken Sie auf *Leere Präsentation*.

3 Markieren Sie ggf. ein Layout für die gewünschte Präsentationsvorlage aus, und klicken Sie auf die Schaltfläche *Erstellen*.

PowerPoint bietet eine Reihe von Vorlagen, die Ihnen die grundlegende Gestaltung einer Präsentation abnehmen. Sobald Sie eine neue Präsentation auf Basis einer solchen Vorlage angelegt haben, müssen die Folien nur noch mit den Inhalten versehen werden.

WISSEN

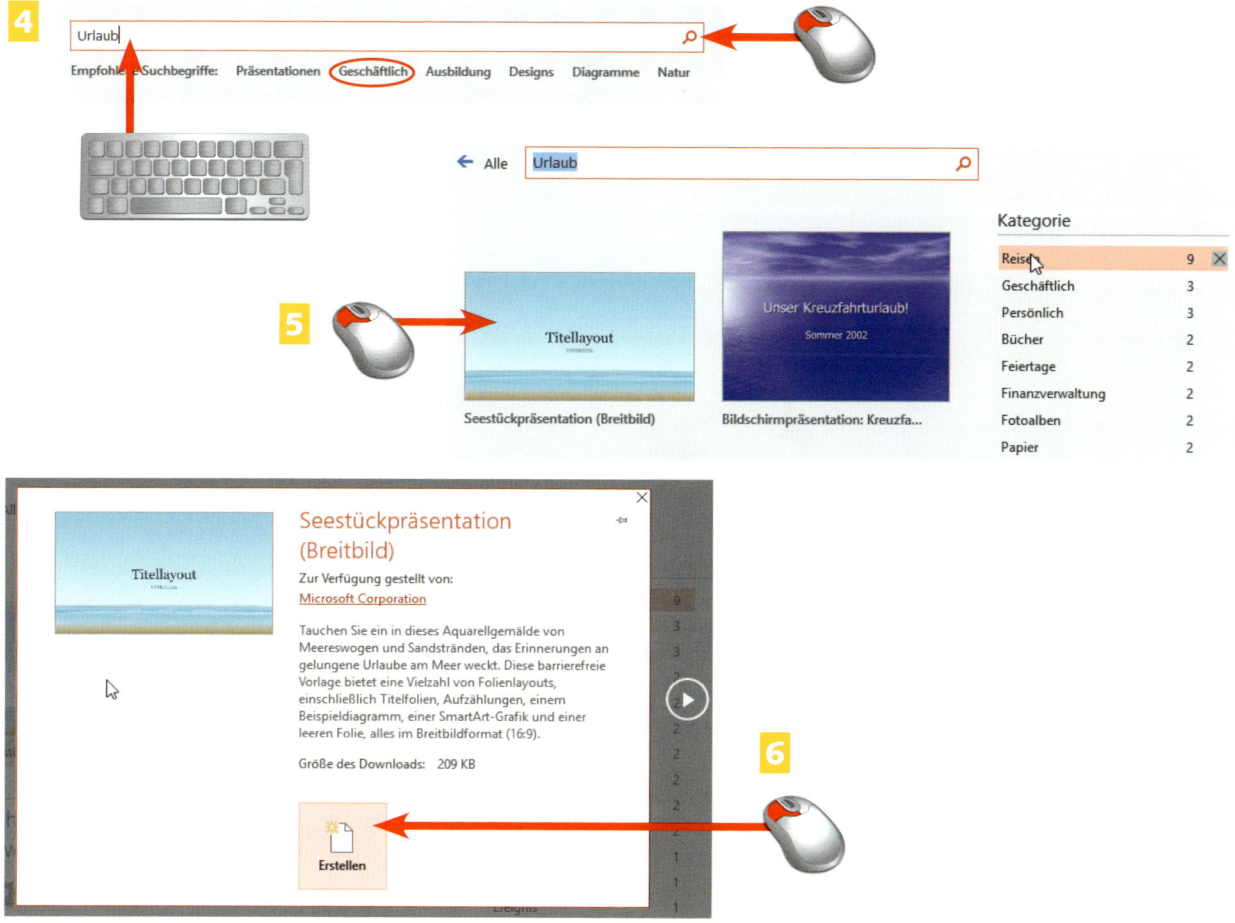

4 Wählen Sie im Kopfbereich der Backstage-Ansicht eine Kategorie aus oder geben Sie im Suchfeld einen Begriff für die Onlinesuche ein und klicken Sie auf das *Suchen*-Symbol.

5 Wählen Sie im folgenden Schritt eine der gefundenen Vorlagen aus. Über die *Start*-Schaltfläche gelangen Sie zur Seite aus Schritt 4 zurück.

6 Klicken Sie im eingeblendeten Fenster auf die Schaltfläche *Erstellen*. Warten Sie anschließend, bis der Download beendet ist und die Präsentation angezeigt wird.

Bevor Sie eine Präsentation erstellen, sollten Sie sich vorab einige Gedanken über die Inhalte und die Darstellung machen.	Über das Suchfeld der Backstage-Ansicht können Sie nach (auch online gespeicherten) Vorlagen suchen.	Um eigene Präsentationen mit einem firmenspezifischen Design anzufertigen, starten Sie mit einer leeren Präsentation und fügen die benötigten Elemente selbst in die Seiten ein.
TIPP	**TIPP**	**HINWEIS**

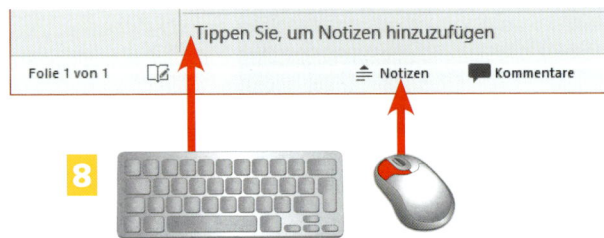

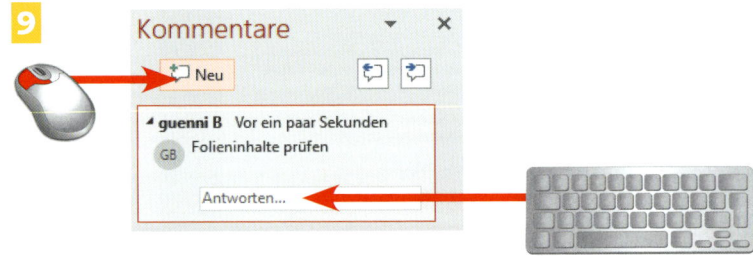

7 Wählen Sie in der Folienübersicht einen Eintrag, um die zugehörige Seite als Folie im Layoutbereich anzuzeigen.

8 Wird der Notizenbereich bei der Vorlage angezeigt, klicken oder tippen Sie ggf. auf das Teilfenster und geben Bemerkungen zur Folie als Notiz ein.

9 Über den Eintrag *Kommentare* (Schritt 8) lässt sich die gleichnamige Seitenleiste anzeigen. Wählen Sie die Schaltfläche *Neu*, und geben Sie einen Kommentar ein.

Notizen werden bei der Präsentation nicht angezeigt. Tragen Sie zu jeder Folie Bemerkungen in das Notizenfenster ein. Diese Notizen lassen sich mit den Folien ausdrucken und von Ihnen während der Präsentation z. B. als Gedankenstütze verwenden.

WISSEN

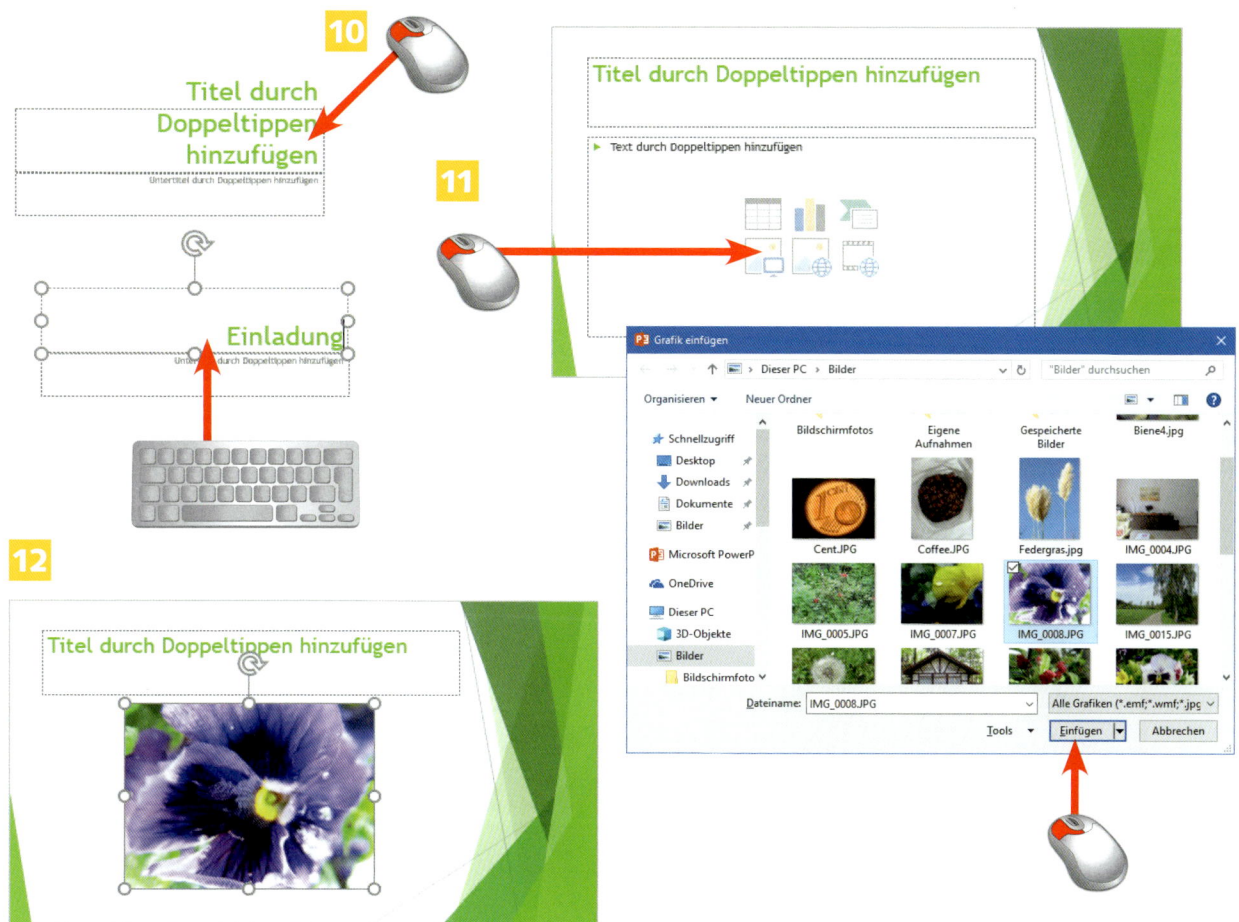

10 Wählen Sie im Folienlayout den Platzhalter für Texte an, tragen Sie den Text für den betreffenden Folieninhalt ein, und wählen Sie einen Punkt außerhalb der Markierung.

11 Bei einem Platzhalter für Objekte wie Grafiken klicken Sie diesen an, wählen im Dialogfeld eine Grafikdatei aus und bestätigen mit der *Einfügen*-Schaltfläche.

12 Die Grafik oder das Objekt wird in die Folie anstelle des Platzhalters eingefügt.

Ende

Fehlt der Notizenbereich, blenden Sie diesen über die Schaltfläche *Notizenseite* der Registerkarte *Ansicht* oder über *Notizen* in der Statusleiste ein.

Verwenden Sie die ab Seite 84 ff. bzw. 202 ff. beschriebenen Techniken, um markierte Objekte in der Größe anzupassen, zu verschieben oder zu löschen.

Die in den Word-Kapiteln beschriebenen Techniken zur Texteingabe/-korrektur sowie zur Grafikanpassung lassen sich auch in PowerPoint verwenden.

TIPP   **HINWEIS**   **HINWEIS**

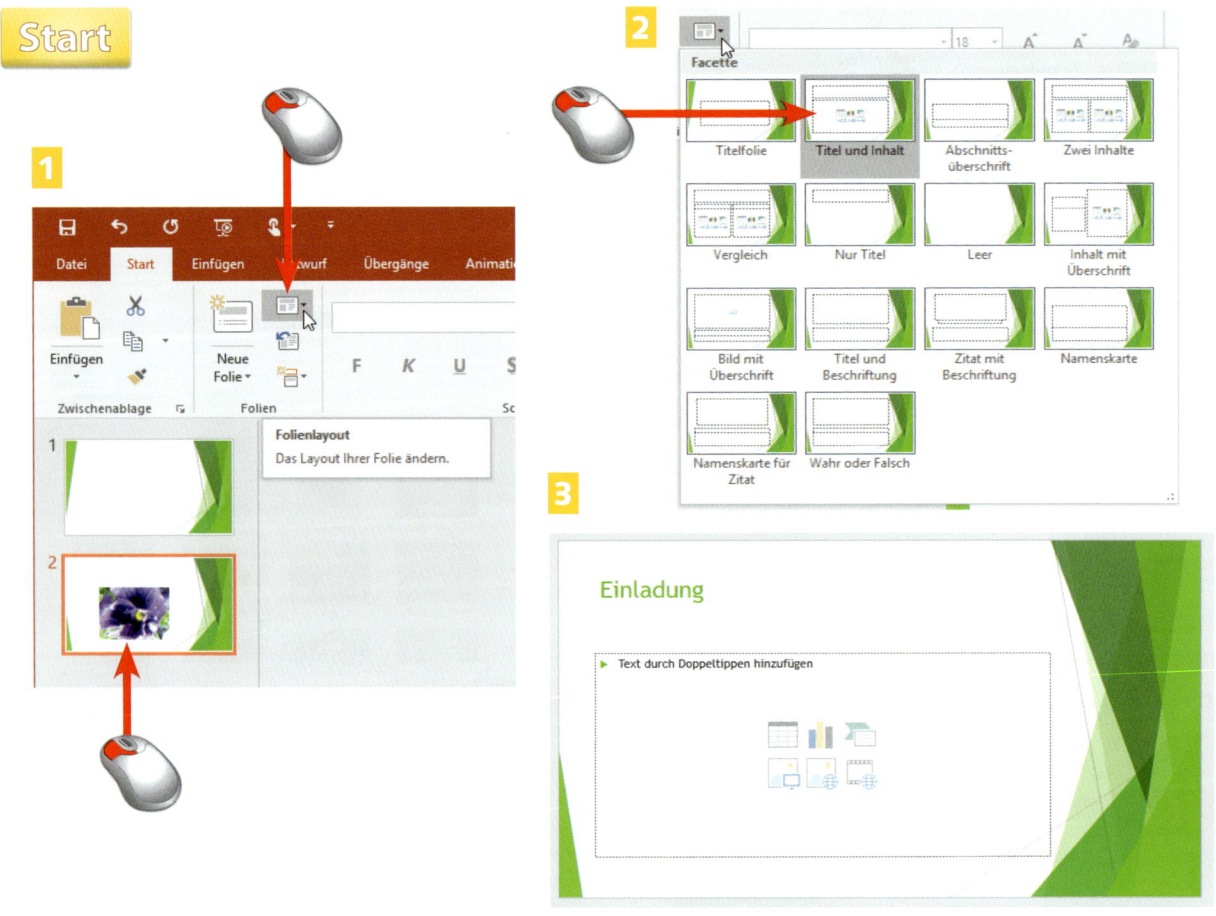

1 Passt das Design einer Seite nicht zum geplanten Folieninhalt, markieren Sie die Folie in der Folienübersicht, und wählen Sie *Layout* auf der Registerkarte *Start*.

2 Wählen Sie im eingeblendeten Katalog das gewünschte Layout aus.

3 PowerPoint passt die Seite so an, dass die Platzhalter für das ausgesuchte Layout vorhanden sind.

Das Folienlayout legt fest, welche Elemente (Text, Grafik, Tabellen etc.) in eine Dokumentseite eingefügt werden können. Das Foliendesign bestimmt die zu verwendenden Farben, Schriftarten, Hintergründe etc. und legt das Erscheinen aller Seiten der Präsentation fest.

WISSEN

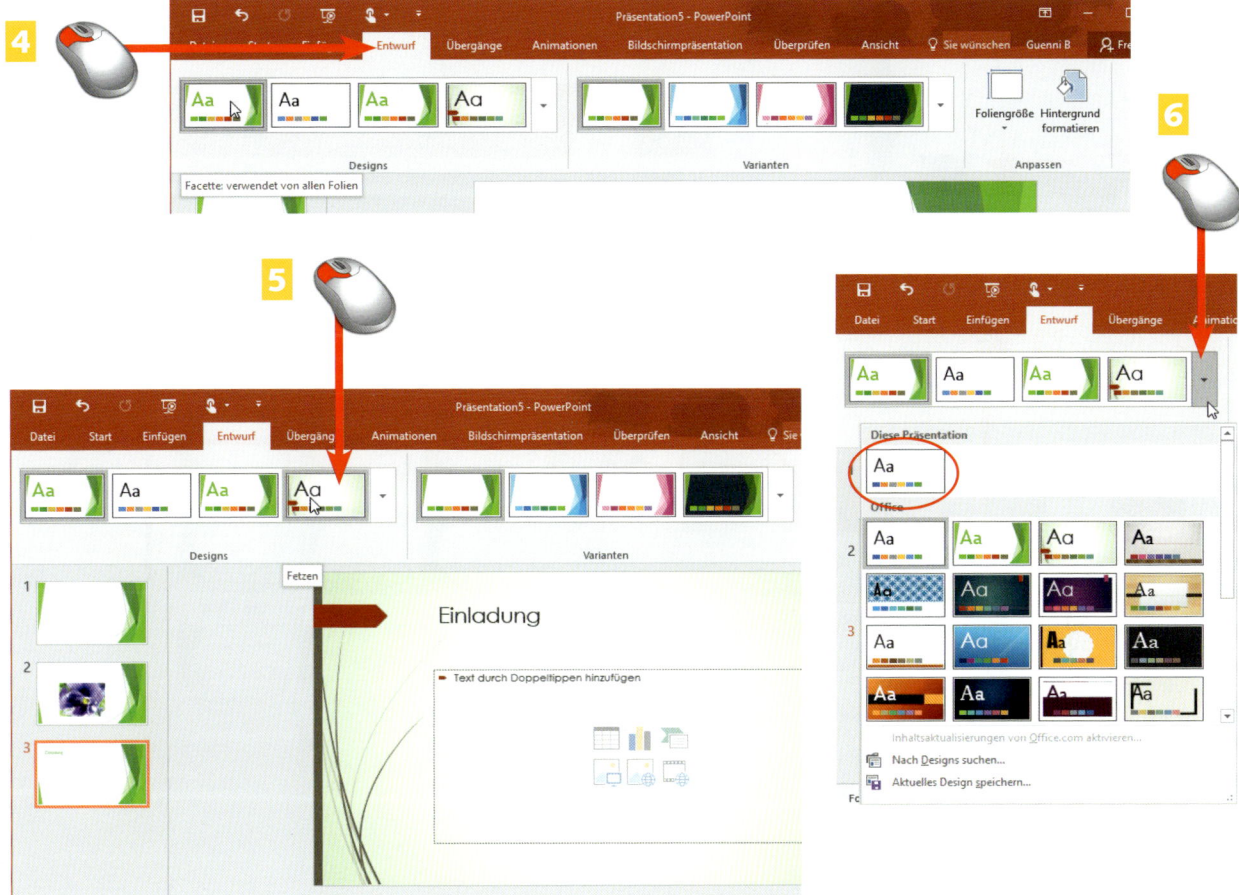

4 Um das Design für alle Folien zu ändern, wechseln Sie im Menüband zur Registerkarte *Entwurf*.

5 Zeigen Sie in der Gruppe *Designs* oder *Varianten* auf einen der Einträge, wird die Wirkung im Dokument angezeigt. Ein Mausklick übernimmt das Design für alle Folien.

6 Alternativ können Sie den Katalog der Gruppe *Designs* über die Schaltfläche *Weitere* öffnen und einen der Katalogeinträge wählen.

Ende

Der Layout-Katalog steht auch im Kontextmenü einer Folie über den Befehl *Layout* zur Verfügung.	Ungewollte Änderungen am Layout nehmen Sie über die *Rückgängig*-Schaltfläche der Symbolleiste für den Schnellzugriff zurück.	Änderungen am Layout oder am Design sollten Sie vornehmen, bevor Sie die Folien mit Inhalten füllen.
TIPP	**TIPP**	**HINWEIS**

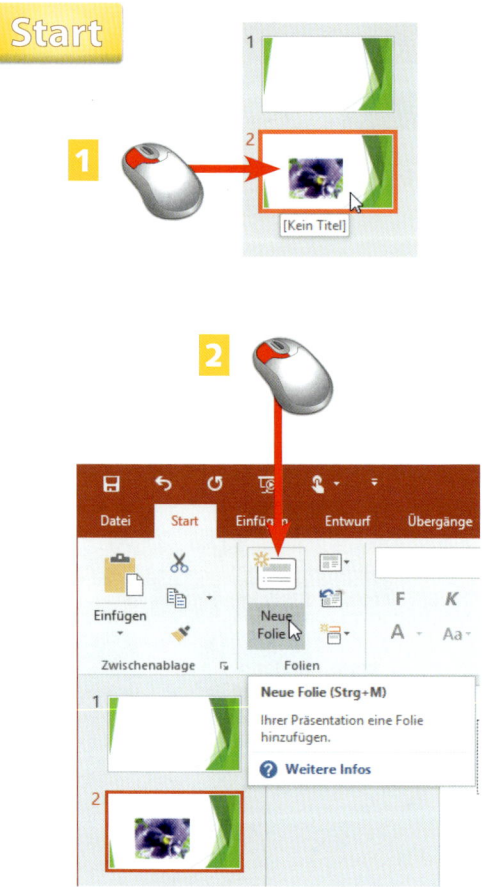

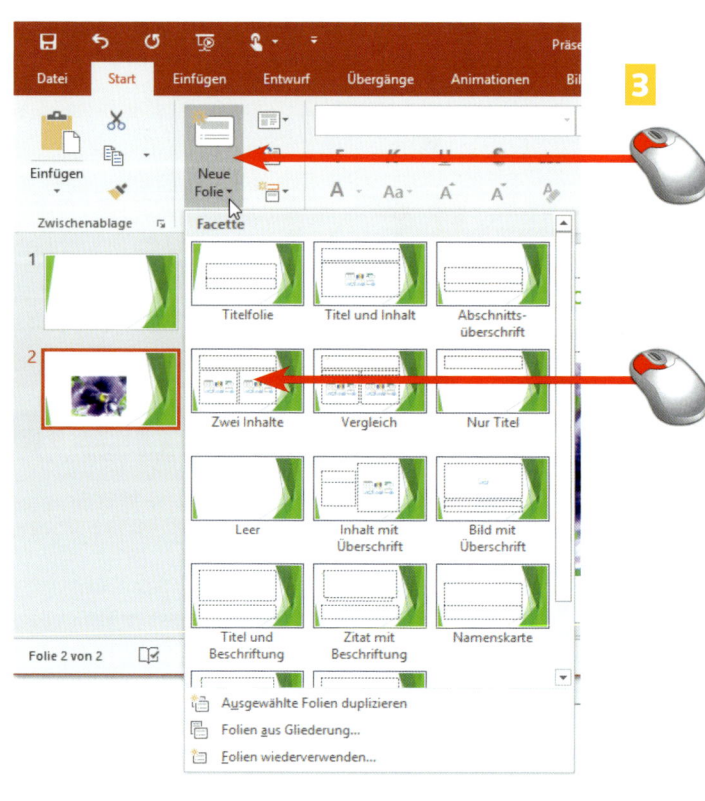

1 Um eine neue Folie in die Präsentation einzufügen, wählen Sie in der Folienübersicht die Folie aus, hinter der die neue Seite benötigt wird.

2 Wählen Sie auf der Registerkarte *Start* des Menübands die Schaltfläche *Neue Folie*, um sofort eine Folie zuzuweisen.

3 Oder Sie öffnen den Katalog der Schaltfläche *Neue Folie* und wählen gezielt eine Folie mit dem passenden Layout aus.

Eine Präsentation kann eine unterschiedliche Anzahl Folien beinhalten. Vermeiden Sie aber zu viele Folien im Vortrag, da dies u. U. die Aufnahmefähigkeit des Zuhörers überfordert. Kalkulieren Sie mit ca. 1–2 Minuten pro Folie.

WISSEN

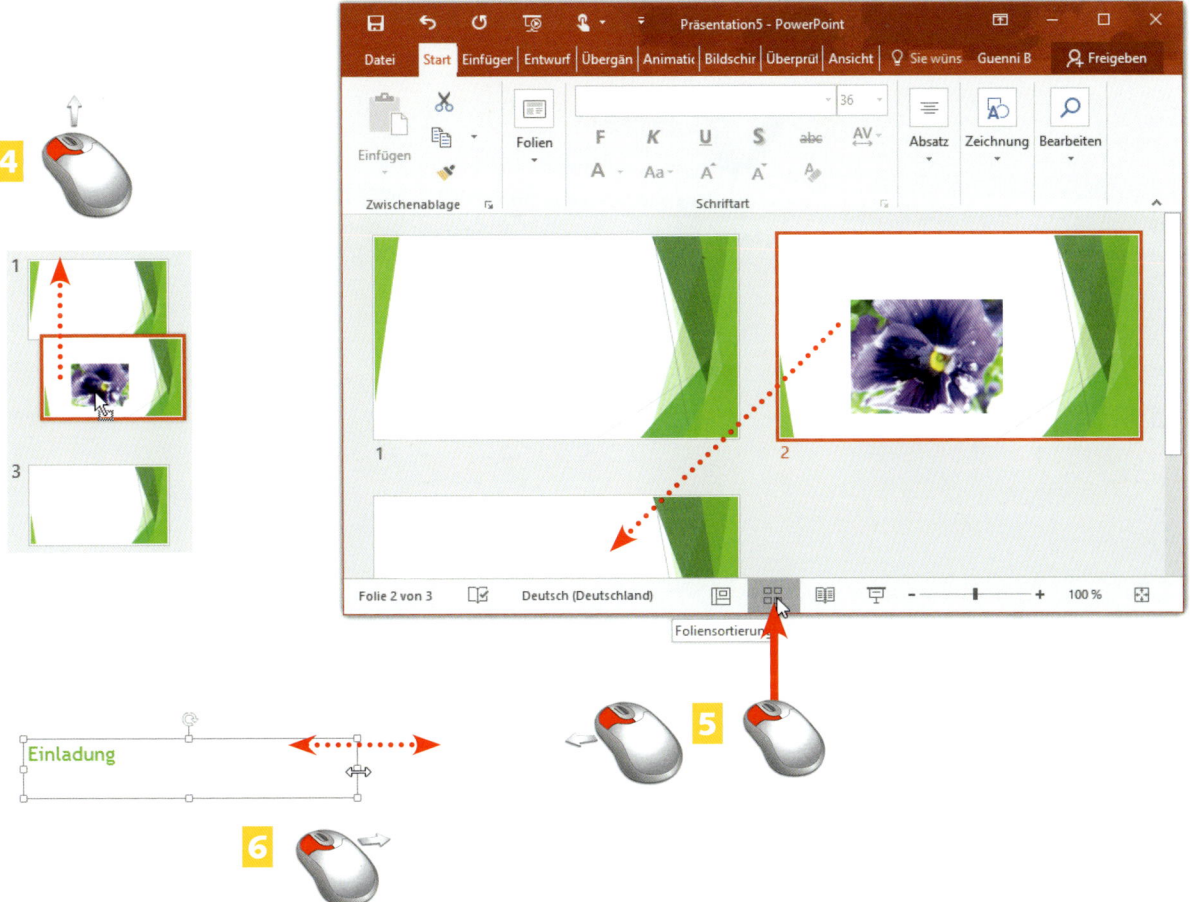

4 Die Reihenfolge der Folien verändern Sie, indem Sie deren Miniaturansicht (z. B. per Maus) in der Folienübersicht nach oben oder unten ziehen.

5 Oder Sie wählen in der Statusleiste die Schaltfläche *Foliensortierung* und ziehen die Folien im Dokumentbereich an die gewünschte Position.

6 Klicken oder tippen Sie auf ein Folienelement, sodass der Markierungsrahmen erscheint, können Sie dessen Größe über die Ziehmarken verändern.

Über den Kontextmenübefehl *Folie löschen* (oder die Entf-Taste) lässt sich eine in der Folienübersicht markierte Folie entfernen.

Über die Schaltfläche *Zurücksetzen* der Gruppe *Folien* auf der Registerkarte *Start* setzen Sie die Größe der Folienelemente auf die Vorgaben der Vorlage zurück.

TIPP

HINWEIS

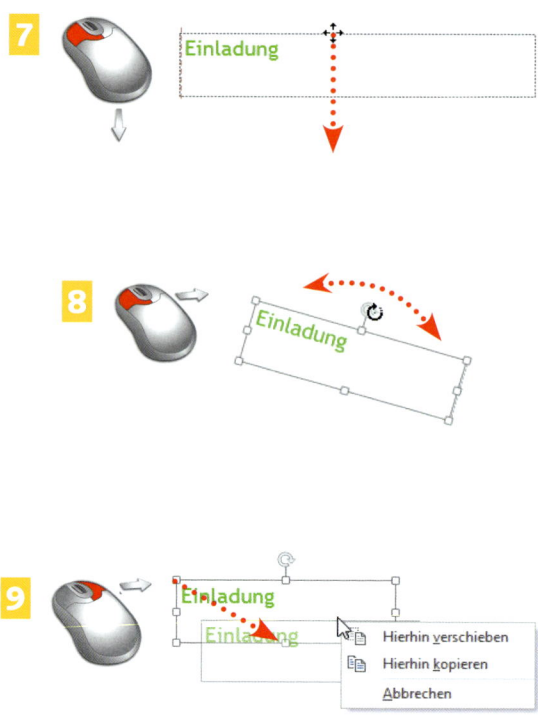

7 Zeigen Sie auf die Rahmenlinie, erscheint ein Doppelkreuz als Mauszeiger. Sie können dann die Position des Elements durch Ziehen mit der Maus verändern.

8 Über die Drehmarke eines markierten Elements drehen Sie dieses durch Ziehen dieser Marke um die eigene Achse.

9 Ziehen Sie den Markierungsrahmen eines Elements mit der rechten Maustaste ein Stück, lässt sich per Kontextmenü wählen, ob das Element zu verschieben oder zu kopieren ist.

Achten Sie darauf, dass eine Seite nicht mit zu vielen Elementen überladen wird (ca. 4 bis 5 Textpunkte reichen). Wählen Sie die Schriftgröße so, dass die Texte der Folien auch in den hinteren Reihen des Auditoriums lesbar sind.

WISSEN

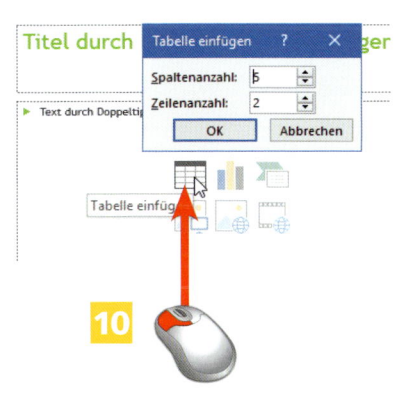

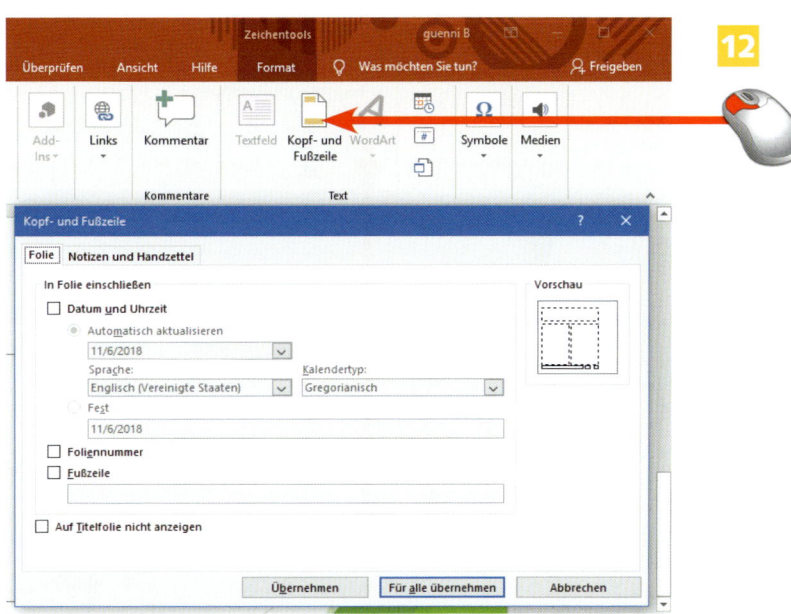

10 Wählen Sie einen Platzhalter zum Einfügen von Tabellen, Diagrammen etc. aus, öffnet sich ein Dialogfeld, in dem Sie die Optionen für das Element bestimmen.

11 Bei Bedarf fügen Sie über das Menüband mit den Schaltflächen der Registerkarte *Einfügen* Textfelder, Bilder, Formen, Tabellen etc. in die Folie ein.

12 Die Registerkarte *Einfügen* enthält auch Schaltflächen, um Kopf-/Fußzeilen oder eine Foliennummerierung einzufügen. Dialogfelder dienen zur Gestaltung dieser Elemente.

Ende

Ein markiertes Element lässt sich durch Drücken der Entf-Taste samt Inhalt aus der Folie löschen.

Das Einfügen von Grafiken, Formen, Cliparts etc. funktioniert ähnlich wie bei Word (siehe Kapitel 3). Die Elemente lassen sich dabei frei in der Folie positionieren.

TIPP

HINWEIS

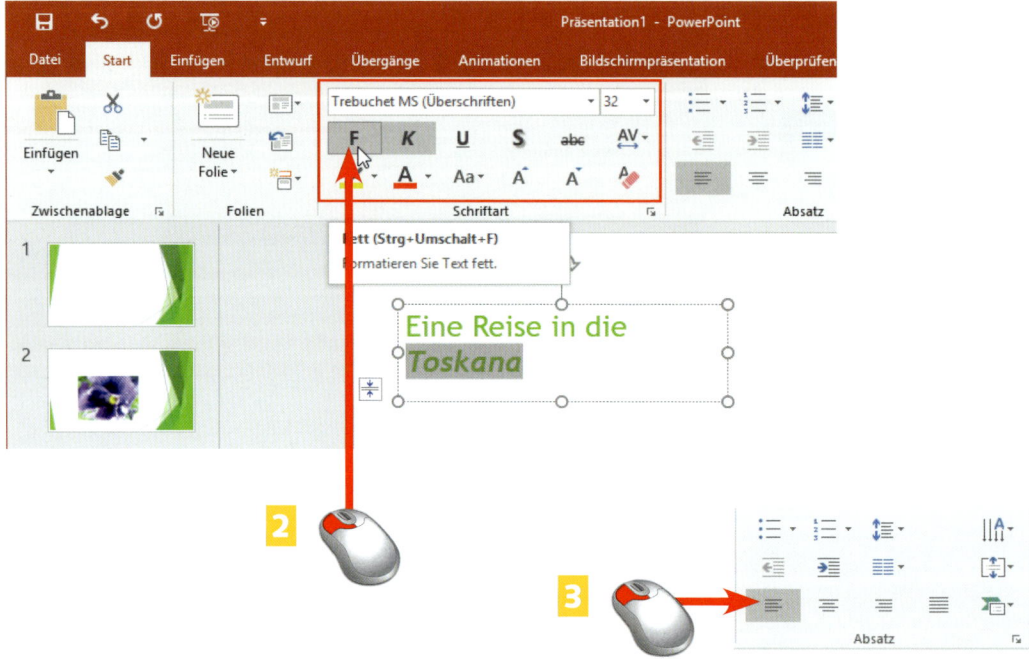

1 Um einen Text mit Zeichenformaten zu versehen, klicken Sie auf das Textelement und markieren dann die zu formatierenden Zeichen.

2 Anschließend weisen Sie über die Elemente der Gruppe *Schriftart* in der Registerkarte *Start* Zeichenformate wie Fett, Kursiv, Schriftarten, -farben und -größen etc. zu.

3 Absatzformate (linksbündig, zentriert, Aufzählung etc.) weisen Sie markierten Textstellen über die Schaltflächen der Gruppe *Absatz* in der Registerkarte *Start* zu.

Sie können Texte in einer Folie mit unterschiedlichen Formaten (Zeichen- und Absatzformaten) auszeichnen. Oder Sie versehen Textkästen mit einem Rahmen und einer Hintergrundfarbe, um bestimmte Folieninhalte optisch hervorzuheben.

WISSEN

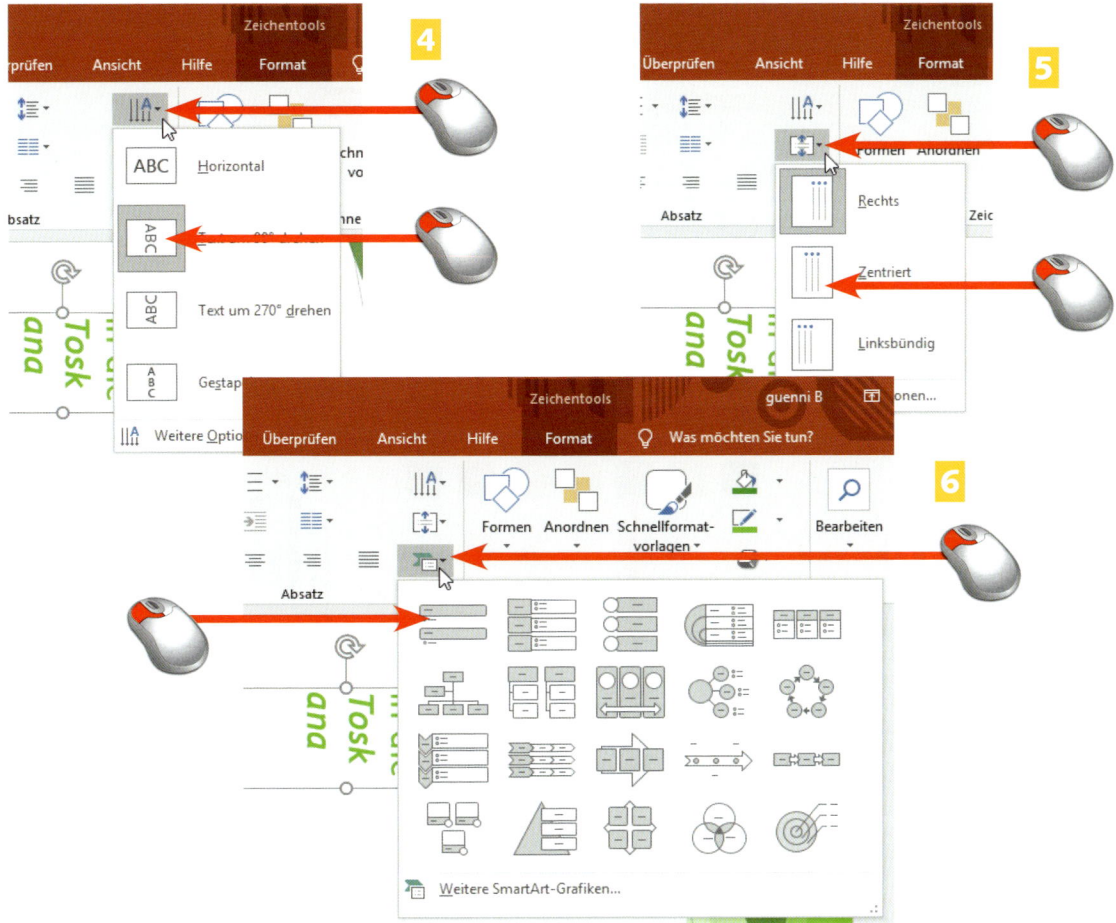

4 Über die Schaltfläche *Textrichtung* der Gruppe *Absatz* (Registerkarte *Start*) lässt sich der Inhalt eines markierten Textelements um 90 Grad gedreht anzeigen.

5 In diesem Fall stellt die Schaltfläche *Text ausrichten* der Gruppe *Absatz* Befehle bereit, um den gedrehten Text am linken/rechten Rand oder zentriert auszurichten.

6 Über den Katalog der Schaltfläche *In eine SmartArt-Grafik konvertieren* (Registerkarte *Start*) lassen sich Inhalte von Textfeldern mit speziellen Effekten darstellen.

Um ein ganzes Wort mit einem Zeichenformat zu versehen, reicht es, wenn die Einfügemarke vor dem Formatieren im Wort steht.

Markieren Sie den Positionsrahmen eines Textelements per Mausklick, werden Absatzformate dem kompletten Textelement zugewiesen.

TIPP

TIPP

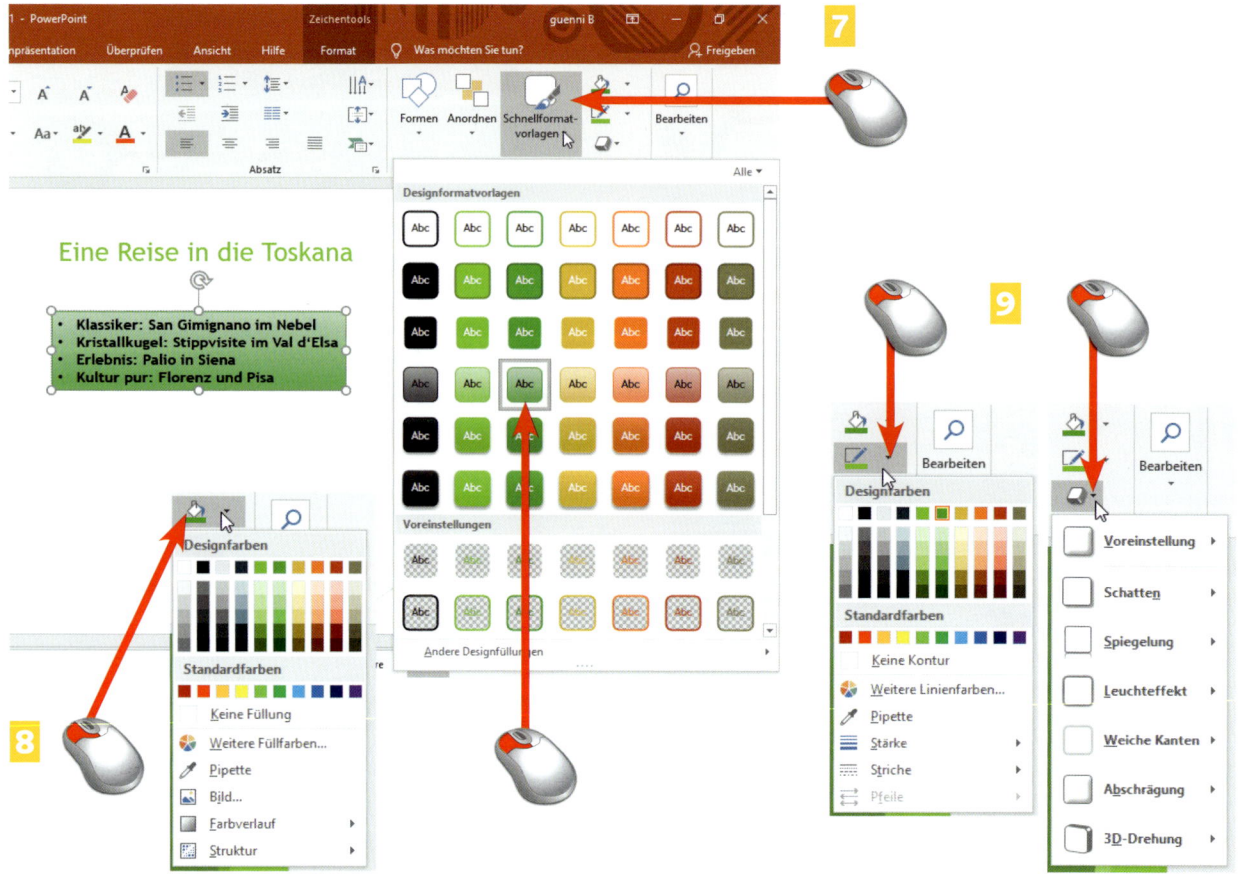

7 Auf der Registerkarte *Start* versehen Sie im Katalog der Schaltfläche *Schnellformat-vorlagen* (Gruppe *Zeichnung*) markierte Textblöcke mit Hintergründen.

8 Über die Palette der Schaltfläche *Fülleffekt* der Gruppe *Zeichnung* sowie über deren Befehle rufen Sie die Hintergrundfarbe, Füllmuster oder Farbverläufe auf.

9 Die beiden Schaltflächen *Formeffekte* und *Formkontur* der Gruppe *Zeichnung* ermöglichen es Ihnen, dem Textrahmen Grafikeffekte (Schatten, Leuchteffekt, 3D-Drehung etc.) zuzuweisen.

PowerPoint stellt neben den aus Word gewohnten Zeichen- und Absatzformaten eine Reihe weiterer Formate zur Gestaltung der Textblöcke bereit. Die Formatoptionen lassen sich über die Gruppe *Zeichnung* der Registerkarte *Start* und über die Registerkarte *Zeichentools/Format* aufrufen.

WISSEN

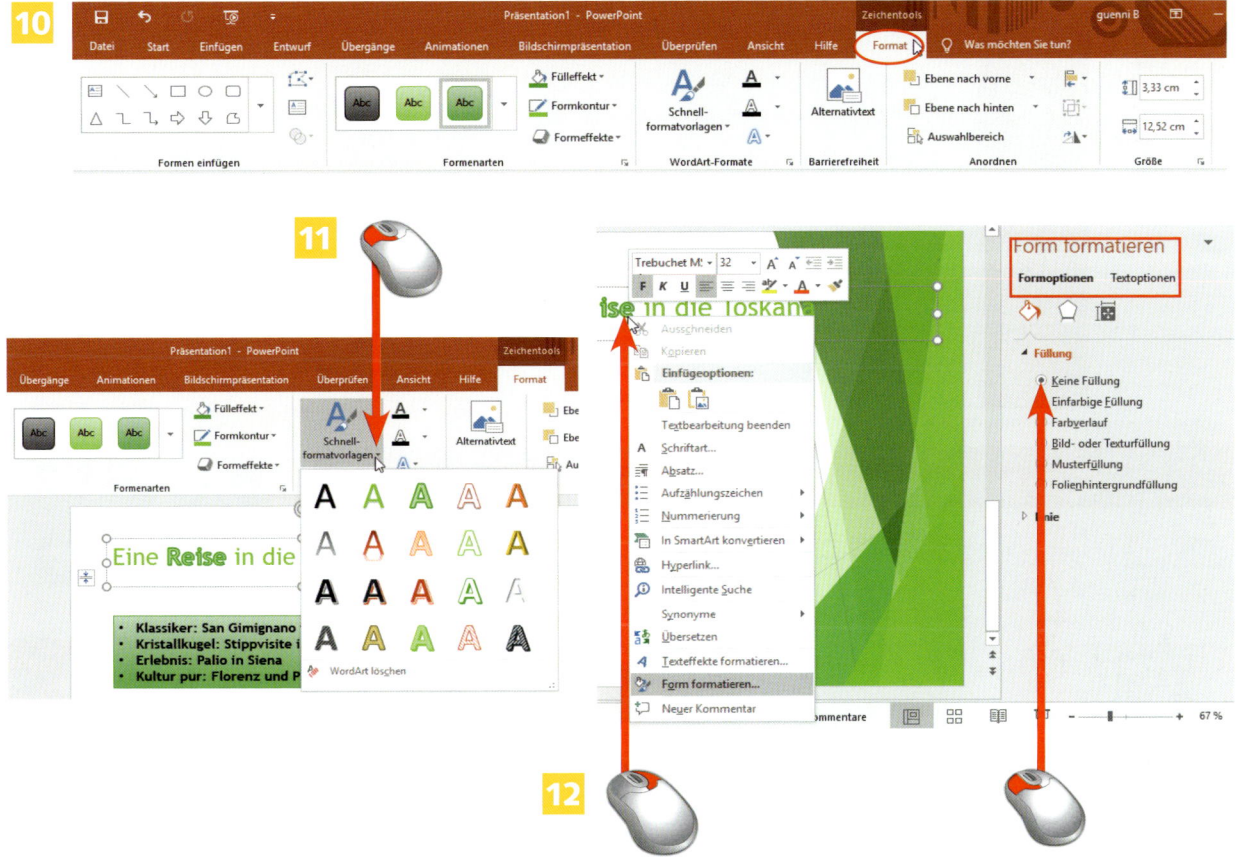

10 Ist ein Textelement mit einem Markierungsrahmen versehen, wechseln Sie zur Register-karte *Zeichentools/Format*, um die Formenarten aufzurufen.

11 Über die Einträge des Katalogs *WordArt-Formate* der Registerkarte *Zeichentools/Format* weisen Sie markierten Texten oder einem Textelement eine Konturschrift zu.

12 Über den Kontextmenübefehl *Form formatieren* eines Textelements öffnen Sie die gleichnamige Seitenleiste mit Optionen zur Anpassung verschiedener Formate.

Ende

TIPP

Über den Befehl *3D-Drehung* der Schaltfläche *Formeffekte* drehen Sie komplette Textblöcke im Raum und erzeugen so ganz witzige Effekte.

HINWEIS

Die Auswirkung der WordArt-Formate wird bereits beim Zeigen auf die Schalt-flächen der Registerkarte *Zeichentools/Format* sichtbar.

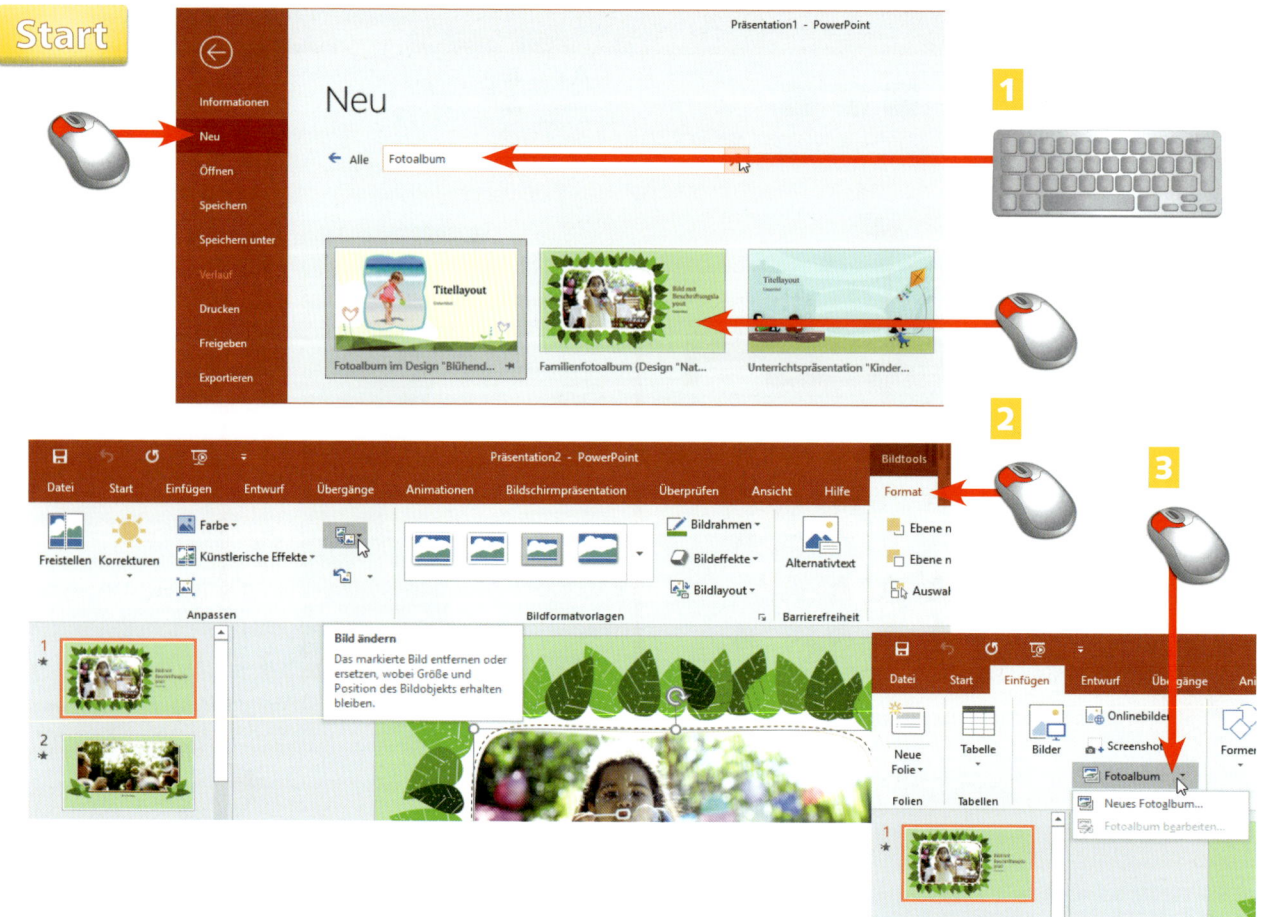

1 Suchen Sie beim Anlegen einer neuen Präsentation (siehe Seite 196) eine Beispiel-vorlage für ein Fotoalbum aus, und weisen Sie diese über *Erstellen* zu.

2 Auf der Registerkarte *Bildtools/Format* des Menübands finden Sie Schaltflächen und Optionen, um auf der Folie markierte Bilder auszutauschen oder anzupassen.

3 Ein neues Fotoalbum erzeugen Sie, indem Sie im Menüband zur Registerkarte *Einfügen* wechseln und die Schaltfläche *Fotoalbum* anwählen.

PowerPoint unterstützt über Dokumentvorlagen die Wiedergabe von Digitalfotos als Fotoalbum am Computer. Vorteil ist, dass dort auch Text mit angegeben werden kann. Alternativ können Sie ein Fotoalbum als Element in eine Präsentation einbauen. Dann werden die Fotos ganzseitig in die Folien eingefügt.

WISSEN

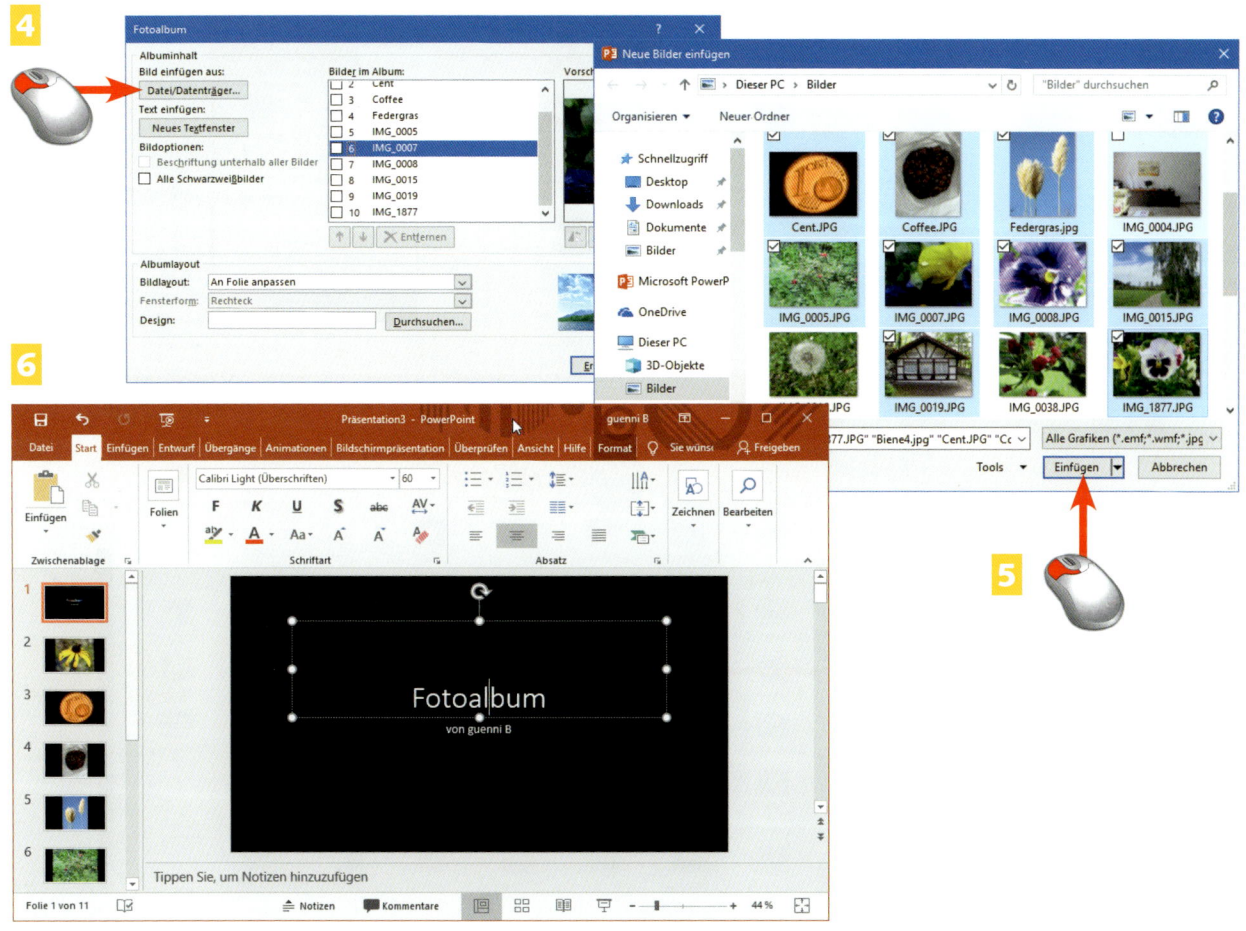

4 Im Dialogfeld *Fotoalbum* wählen Sie die Schaltfläche *Datei/Datenträger*, um das Dialogfeld zur Fotoauswahl zu öffnen.

5 Im Dialogfeld *Neue Bilder einfügen* lassen sich die Fotos z. B. durch Ziehen markieren und mit der *Einfügen*-Schaltfläche übernehmen.

6 Sobald Sie das Dialogfeld *Fotoalbum* über die Schaltfläche *Erstellen* (Schritt 4) verlassen, wird ein Fotoalbum mit Deckblatt und Fotoseiten als Präsentation erstellt. **Ende**

Die Schaltfläche *Bild ändern* der Gruppe *Anpassen* (Schritt 2) auf der Registerkarte *Bildtools/ Format* öffnet ein Fenster zur Auswahl eines neuen Fotos.

Im Dialogfeld *Fotoalbum* (Schritt 4) finden Sie Schaltflächen, um Fotos zu drehen, in der Helligkeit anzupassen, die Reihenfolge festzulegen, Bilder zu entfernen oder Textfelder zu Folien hinzuzufügen.

TIPP

HINWEIS

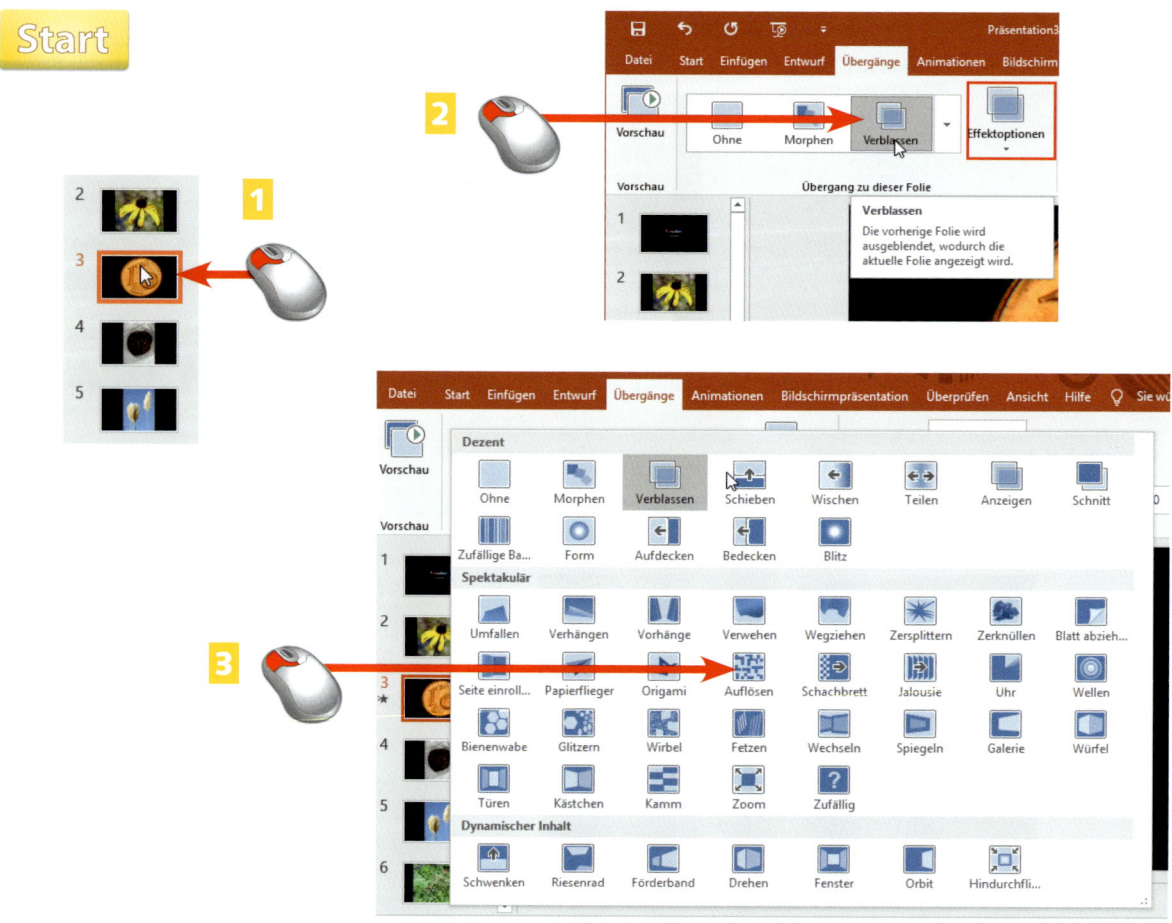

1 Markieren Sie in der Folienübersicht oder in der Foliensortierung die Seiten, für die der Übergang festgelegt werden soll.

2 Weisen Sie auf der Registerkarte *Übergänge* des Menübands in der Gruppe *Übergang zu dieser Folie* einen Übergangseffekt und ggf. einen Wert in *Effektoptionen* zu.

3 Bei Bedarf öffnen Sie den Katalog der Gruppe *Übergang zu dieser Folie* und wählen einen der angebotenen Übergänge mit Wischen, Schieben etc. aus.

In PowerPoint lässt sich festlegen, wie die einzelnen Folien während einer Präsentation eingeblendet werden sollen. Diese Funktion bezeichnet man als Folienübergang.

WISSEN

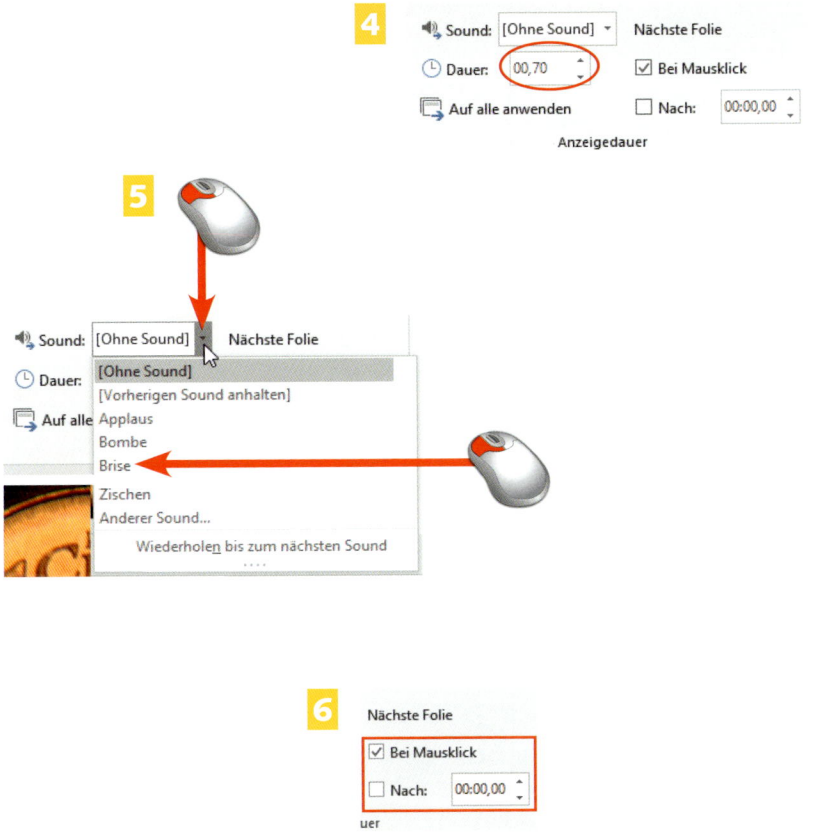

4 Stellen Sie anschließend die Übergangsdauer über das Drehfeld *Dauer* (Gruppe *Anzeige-dauer*) der Registerkarte *Übergänge* ein.

5 Möchten Sie beim Folienwechsel einen Sound abspielen, legen Sie das Soundschema über das betreffende Listenfeld der Registerkarte *Übergänge* fest.

6 Lassen Sie in der Kategorie *Nächste Folie* der Registerkarte *Übergänge* automatische Folienwechsel und Wechsel per Mausklick über die beiden Kontrollkästchen zu.

Ende

TIPP	HINWEIS	HINWEIS
Halten Sie die Strg-Taste gedrückt, um in der Folien-übersicht mehrere Folien durch Anklicken zu markieren. Die Tastenkombination Strg+A markiert alle Folien.	Die Einstellungen gelten für alle markierten Folien. Setzen Sie Sound und automatische Folien-wechsel zurückhaltend ein, um die Zuhörer nicht zu stark abzulenken.	Sobald Sie auf der Register-karte *Übergänge* einen Übergang zuweisen, wird die Wirkung bereits ange-zeigt.

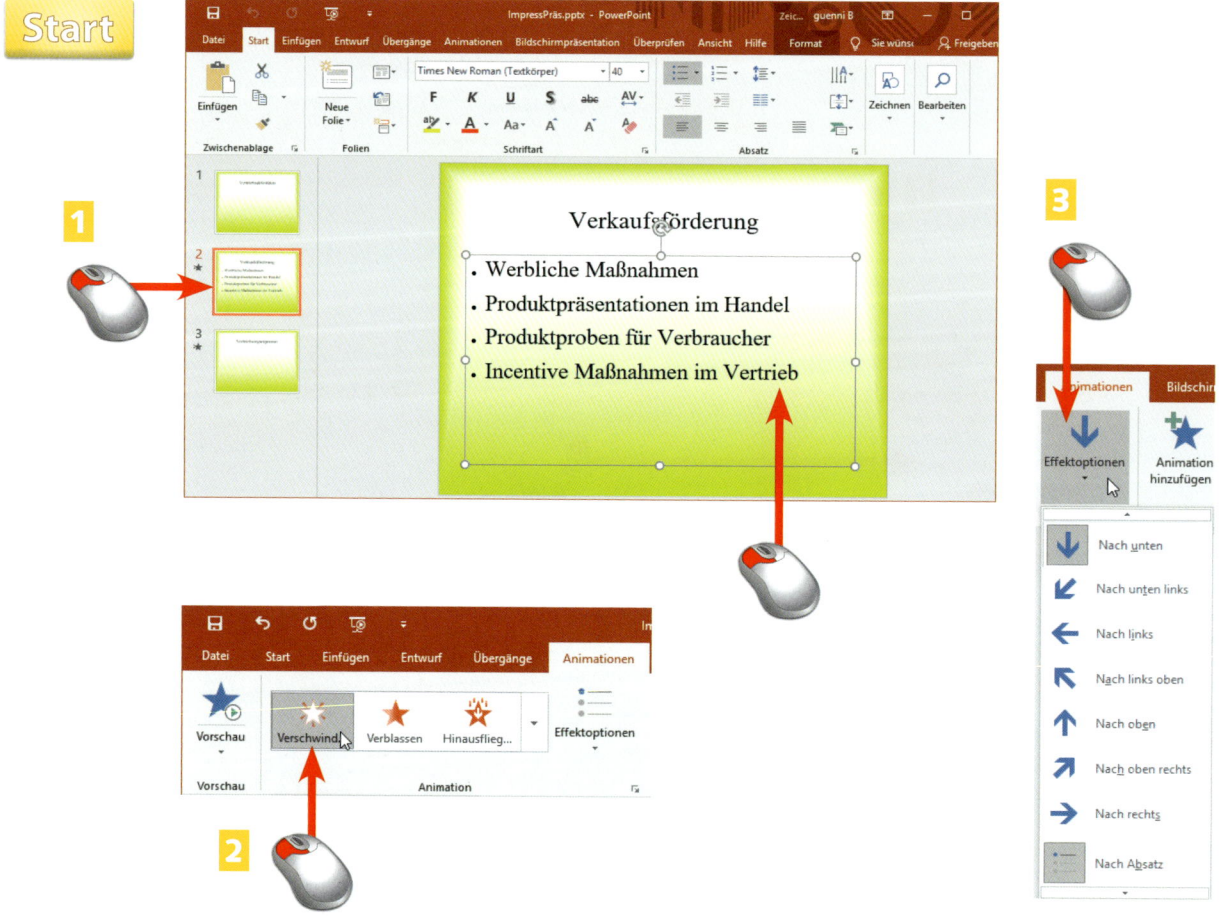

1 Markieren Sie in der Folienübersicht die gewünschte Folie und dann in der Folienansicht das zu animierende Element (Textfeld, Bild etc.) z. B. per Mausklick.

2 Wechseln Sie zur Registerkarte *Animationen* des Menübands, und weisen Sie über die Gruppe *Animation* einen Animationsstil zu.

3 Legen Sie ggf. über die Palette der Schaltfläche *Effektoptionen* (Registerkarte *Animationen*) fest, wie die Objekte animiert werden sollen.

Animationen ermöglichen es, während der Präsentation Elemente dynamisch in eine Folie einzublenden. Texte können z. B. per Mausklick in die Seite eingeblendet oder versteckt werden. Bereits beim Zuweisen des Animationseffekts (Schritt 2) sehen Sie die Wirkung auf der Seite mit dem Folieninhalt.

WISSEN

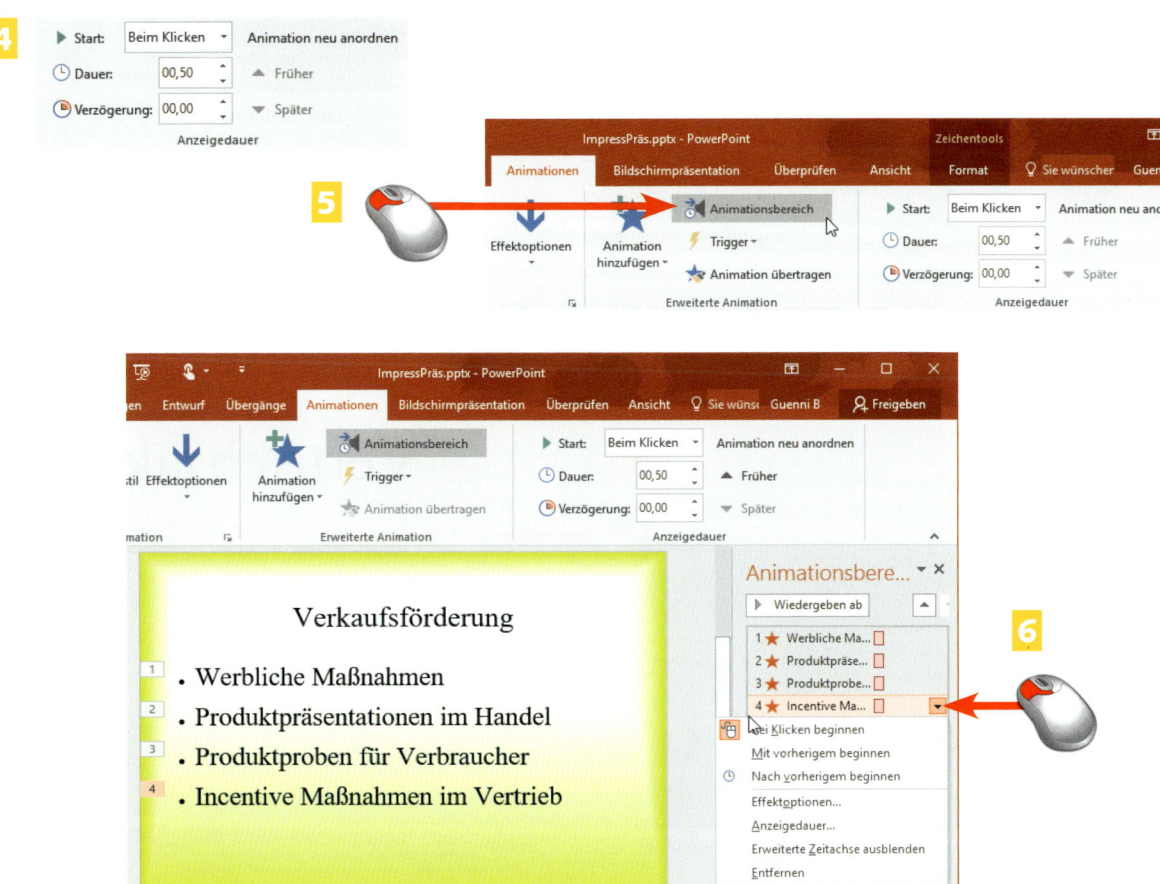

4 Passen Sie ggf. den Trigger sowie die Werte zum Starten, die Animationsdauer und die Verzögerung über die Gruppe *Anzeigedauer* der Registerkarte *Animationen* an.

5 Um Animationsdetails festzulegen, wählen Sie auf der Registerkarte *Animationen* die Schaltfläche *Animationsbereich*.

6 Wählen Sie im Animationsbereich (rechte Seitenleiste) einen Eintrag für ein animiertes Element an, und weisen Sie diesem über das Menü den Animationsmodus zu. **Ende**

Sind Animationen definiert, testen Sie das Verhalten der Seite über die Schaltfläche *Wiedergeben ab* der Seitenleiste *Animationsbereich* (Schritt 6).

Zum Löschen einer Animation markieren Sie diese in der Aufgabenleiste und wählen den *Entfernen*-Befehl im Menü (Schritt 6).

Über die Schaltfläche *Animation hinzufügen* lässt sich eine weitere Animation zu einem Element hinzufügen.

TIPP   **HINWEIS**   **HINWEIS**

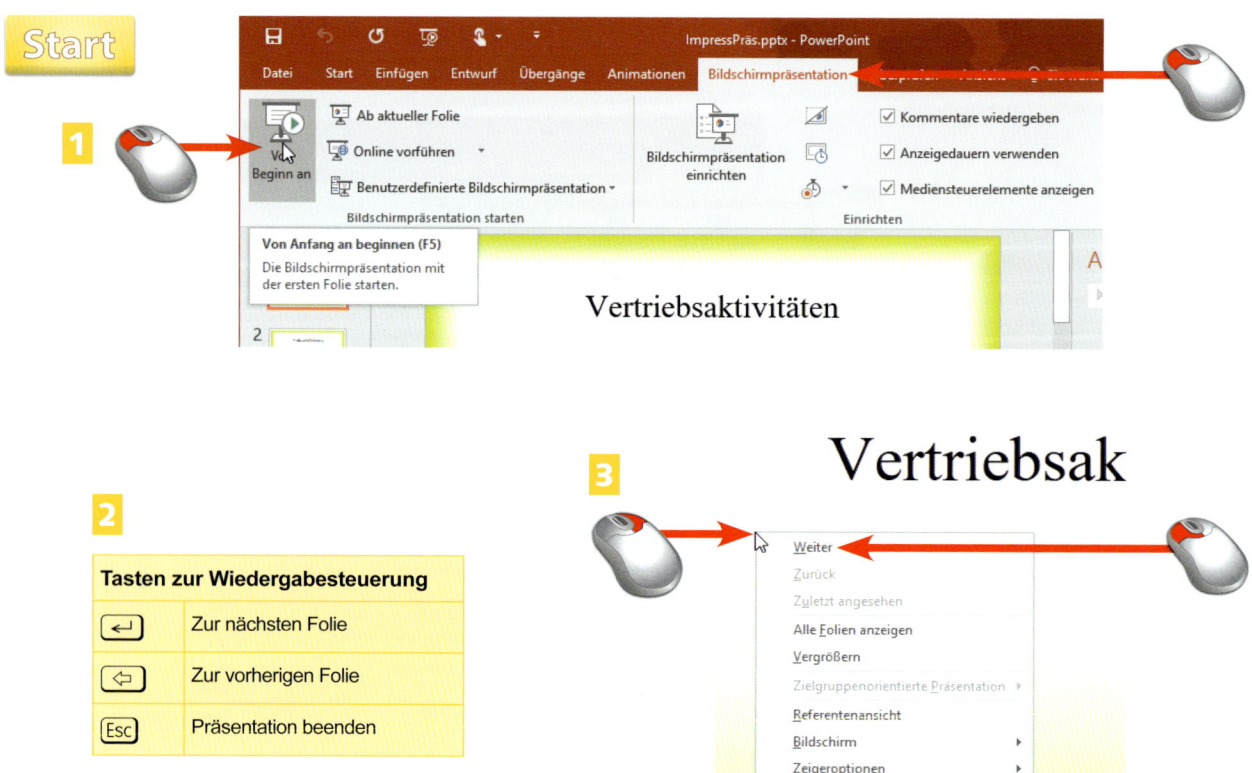

1 Zur Wiedergabe der Präsentation wechseln Sie zur Registerkarte *Bildschirmpräsentation* und wählen die Schaltfläche *Von Beginn an* oder *Ab aktueller Folie*.

2 Ein Mausklick genügt z. B. zum Weiterblättern zwischen Folien. Zudem können Sie die hier aufgeführten Tasten zur Wiedergabesteuerung verwenden.

3 Klicken Sie mit der rechten Maustaste auf die wiedergegebene Folie, erscheint ein Kontextmenü mit Befehlen zur Ablaufsteuerung.

Die Wiedergabe der Präsentation erfolgt am Bildschirm im Vollbildmodus. Das Bild lässt sich über einen angeschlossenen Beamer auf eine Großleinwand projizieren. Zur Ablaufsteuerung kann sowohl die Maus als auch die Tastatur verwendet werden.

WISSEN

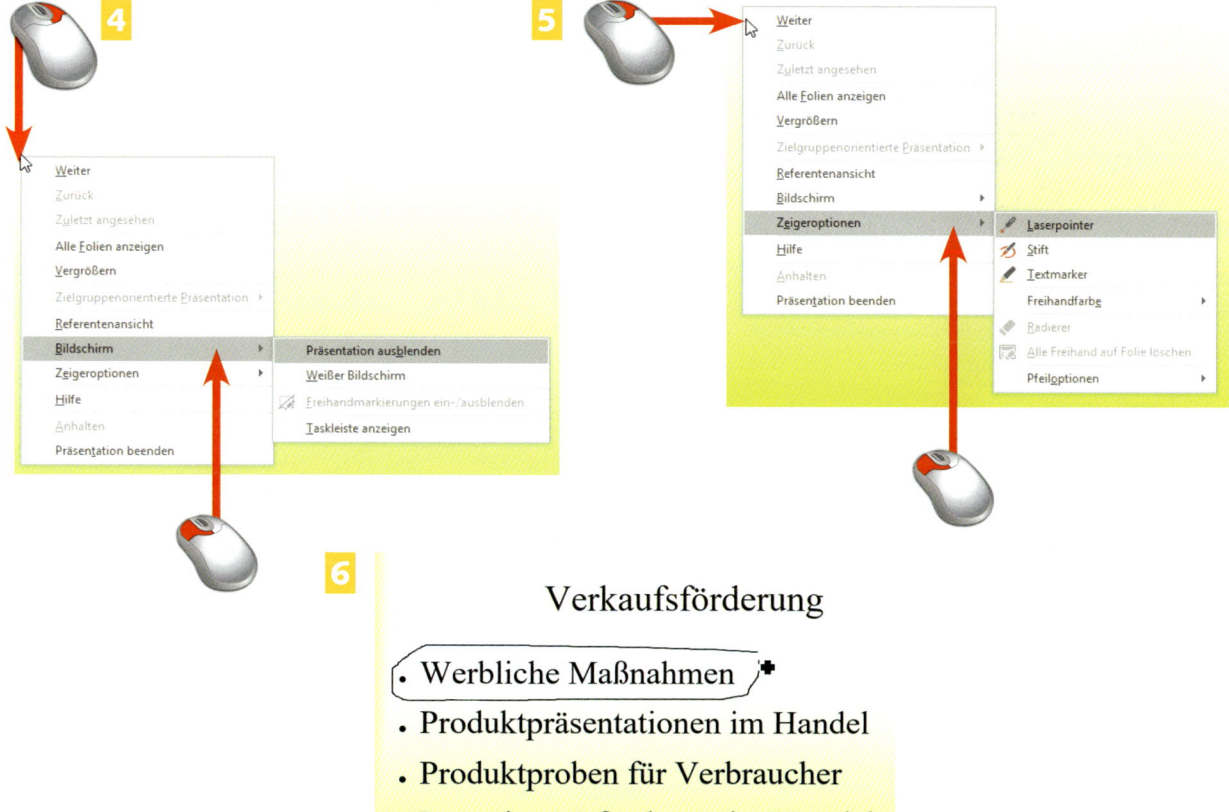

4 Die Kontextmenübefehle *Bildschirm/Präsentation ausblenden* bzw. *Weißer Bildschirm* unterbrechen die Präsentation mit einem schwarzen bzw. weißen Bildschirm.

5 Über den Kontextmenübefehl *Zeigeroptionen* können Sie Stifte oder Marker sowie deren Farben wählen.

6 Sind Stift oder Marker gewählt, lässt sich während der Präsentation durch Ziehen mit der Maus in den Folien zeichnen und markieren.

Ende

Die Präsentation lässt sich auch über die Schaltfläche ▭ ▭▭ ▭ ▭ ◐ ━━━ + 50% ⊡ der Statusleiste oder über die Funktionstaste F5 starten.

TIPP

Der Kontextmenübefehl *Bildschirm/Taskleiste anzeigen* ermöglicht den Wechsel zu einem anderen Programmfenster per Taskleiste.

TIPP

Sie können die Freihandmarkierungen per Kontextmenübefehl *Zeigeroptionen/Radierer* entfernen oder am Präsentationsende verwerfen.

HINWEIS

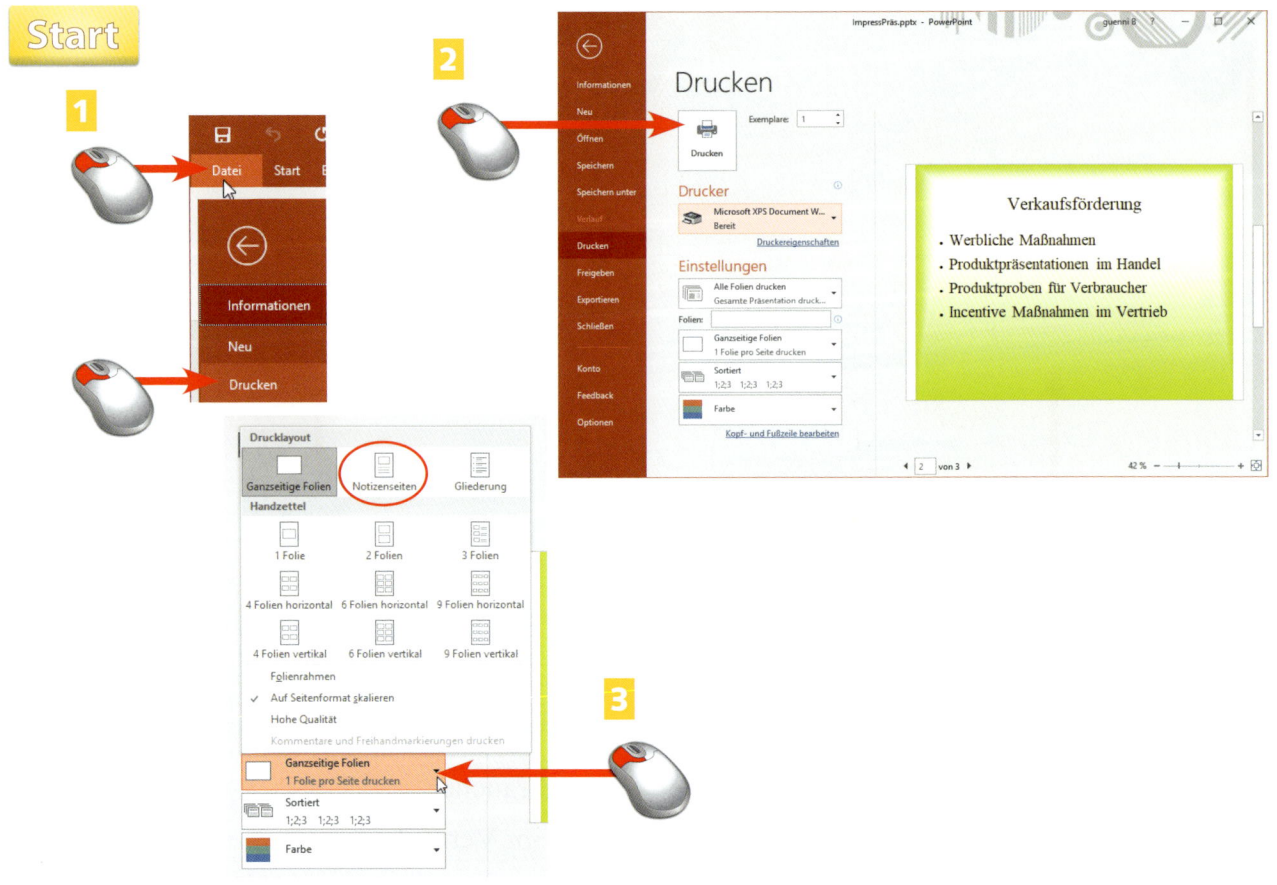

1 Drücken Sie die Tastenkombination $\boxed{\text{Strg}}+\boxed{\text{P}}$ oder wählen Sie den Registerreiter *Datei* und danach im Menü den Befehl *Drucken*.

2 Passen Sie in den Rubriken *Drucker* und *Einstellungen* der Backstage-Ansicht die Ausgabeoptionen an, und bestätigen Sie mit der Schaltfläche *Drucken*.

3 Um Handzettel, Notizen etc. zu drucken, wählen Sie den entsprechenden Wert in der Palette der hier gezeigten Schaltfläche.

PowerPoint ermöglicht es Ihnen, die Folien als Handzettel für die Teilnehmer oder Notizen für eigene Zwecke auszudrucken. Zudem können Sie die Präsentation in andere Formate exportieren, um diese ggf. zu verteilen.

WISSEN

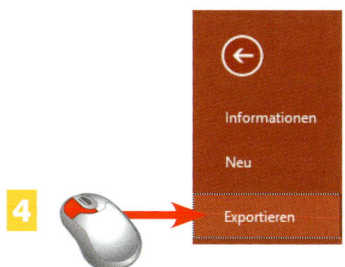

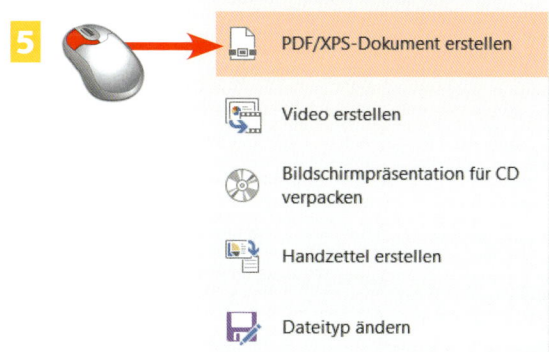

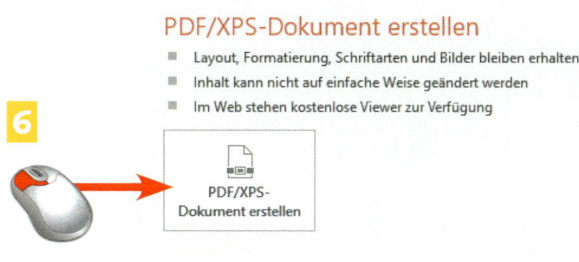

4 Um eine Präsentation in ein anderes Format zu exportieren, wählen Sie den Register-reiter *Datei* und im Menü den Befehl *Exportieren*.

5 Wählen Sie in der mittleren Spalte der Backstage-Ansicht das Sendeziel (z. B. *Video erstellen*, *PDF/XPS-Dokument erstellen*, *Handzettel erstellen* etc.).

6 Nehmen Sie in der rechten Spalte der Backstage-Ansicht die gewünschten Ein-stellungen vor, und wählen Sie die angezeigte Schaltfläche zum Starten der Aus-gabe aus.

Ende

Über den Befehl *Dateityp ändern* (Schritt 5) können Sie in der rechten Spalte der Backstage-Ansicht ein Exportformat (z. B. JPEG) wählen und die Präsentation über die Schaltfläche *Speichern unter* exportieren.

Bei Grafikformaten speichert PowerPoint jede Folienseite beim Export in eine separate Grafikdatei.

Neben den auf Seite 38 ff. erwähnten Formaten PDF und XPS eignet sich auch das für Webseiten verwendete HTML-Format zum Export einer Präsentation.

TIPP   **HINWEIS**   **HINWEIS**

OneNote für Notizen und Ideen

7

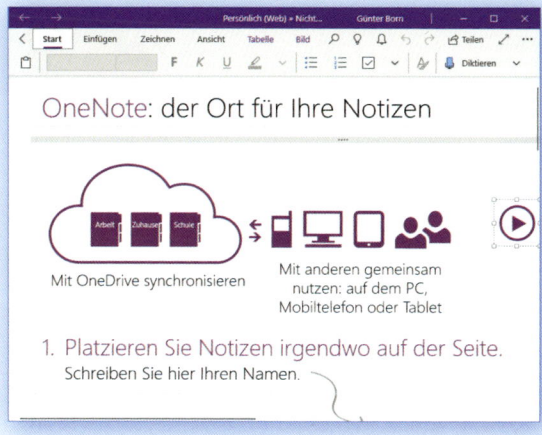
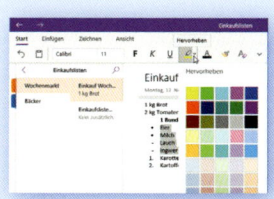
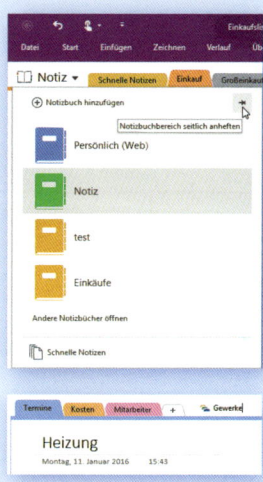

Start

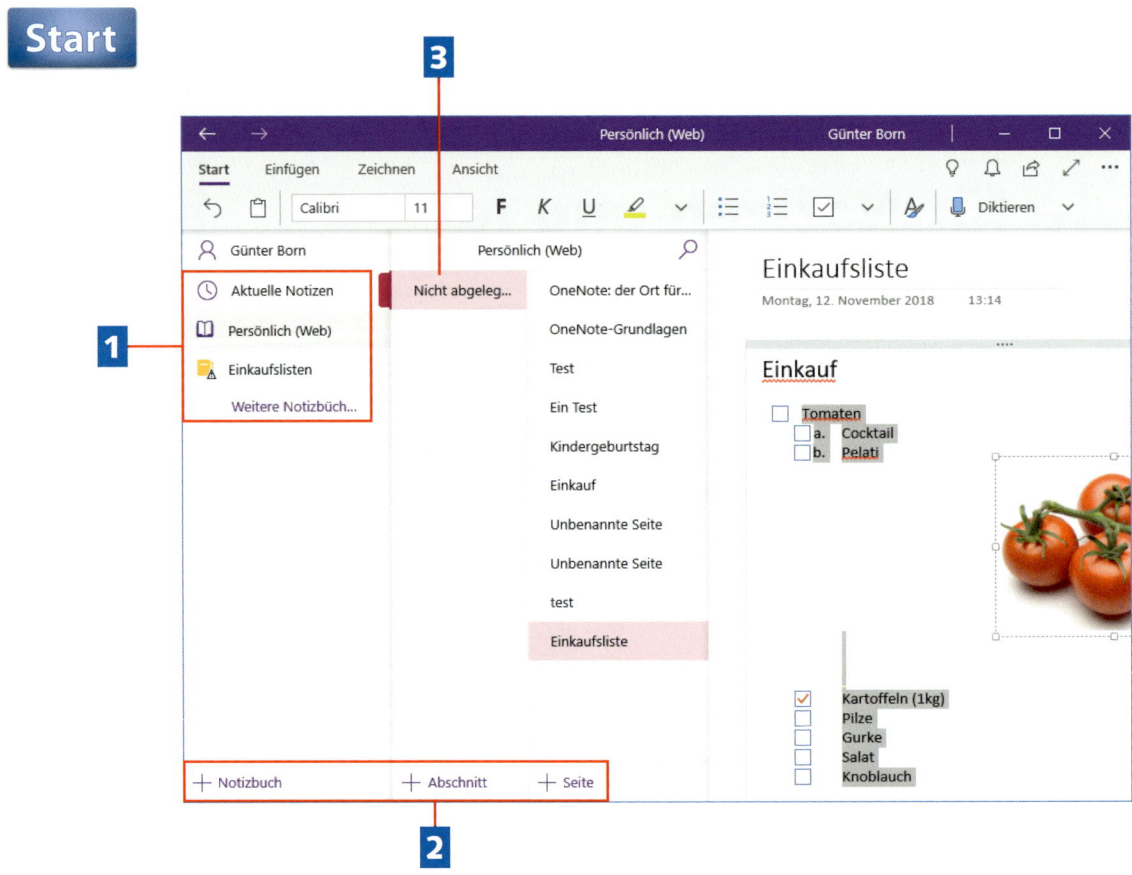

1 Über diese Einträge können Sie auf die Notizbücher (Schritt 4) zugreifen.

2 Am unteren Dokumentrand finden sich Elemente, um neue Notizbücher, Notizbuch-abschnitte oder Seiten des aktuellen Notizbuchs anzulegen.

3 Der Seitenbereich im Fenster zeigt die Abschnitte (links) sowie die Seiten und ggf. Unterseiten (Schritt 4) des gewählten (Notizbuch-)Abschnitts.

OneNote ist eine »Notizbuch«-App für Windows 10, die sich als Ideenspeicher eignet oder um Gedanken, Inspirationen oder einfach nur Notizen zu erfassen und zu verwalten. Es ist seit der Version 2019 nicht mehr Bestandteil von Office, allerdings als Thema im Buch trotzdem dabei, da viele Anwender es auch weiter kostenlos nutzen können und werden.

WISSEN

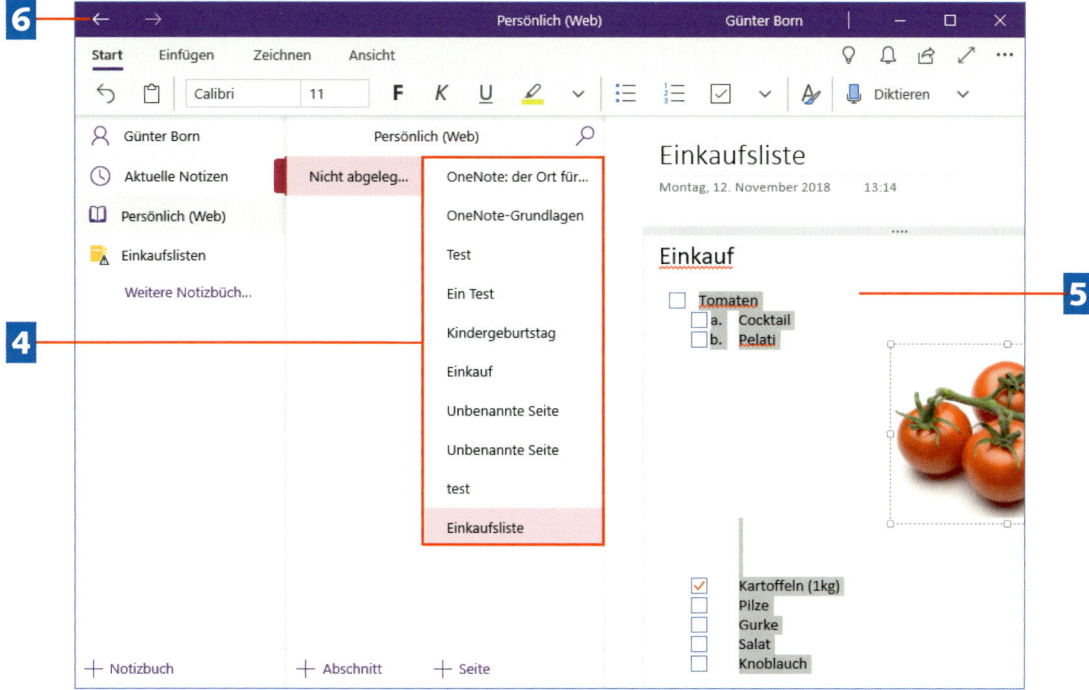

4 Eine gewählte Notizbuchseite wird im rechten Teil des Fensters (Schritt 5) eingeblendet.

5 Dieser Bereich zeigt den Inhalt einer angewählten Notizbuchseite an.

6 Wählen Sie diese Schaltfläche, um im Fenster einen Anzeigeschritt zurückzublättern.

Ende

TIPP

Die Breite der Spalten lässt sich durch Ziehen des Teilerfelds ⬌ (Schritt 6) mit der Maus anpassen.

HINWEIS

Ein Notizbuch besteht aus Seiten, die wiederum in Abschnitten (z. B. Privat, Beruflich, Projekt) zusammengefasst werden können.

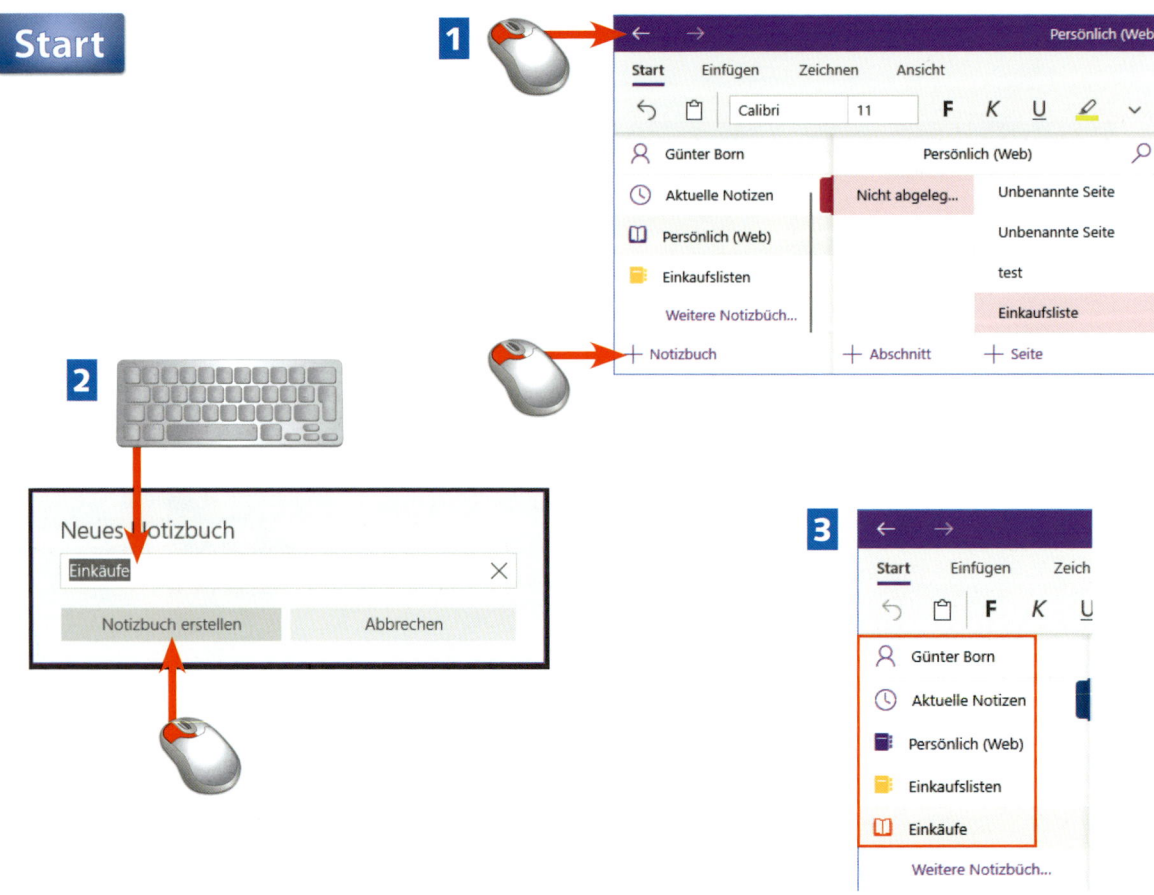

1 Zum Anlegen eines Notizbuchs wechseln Sie über die Schaltfläche *Zurück* zur hier sichtbaren Darstellung und klicken am unteren Fensterrand auf + *Notizbuch*.

2 Tragen Sie einen Notizbuchtitel in das Feld *Neues Notizbuch* ein und wählen Sie die Schaltfläche *Notizbuch erstellen*.

3 Notizbücher werden von der OneNote-App immer online gehalten und unter dem Benutzerkonto gespeichert.

OneNote-Notizbücher bestehen aus verschiedenen Seiten, die unterschiedliche Inhalte (Texte, Skizzen, Tabellen, Fotos etc.) enthalten können. Verschiedene Seiten des Notizbuchs lassen sich zu Abschnitten zusammenfassen.

WISSEN

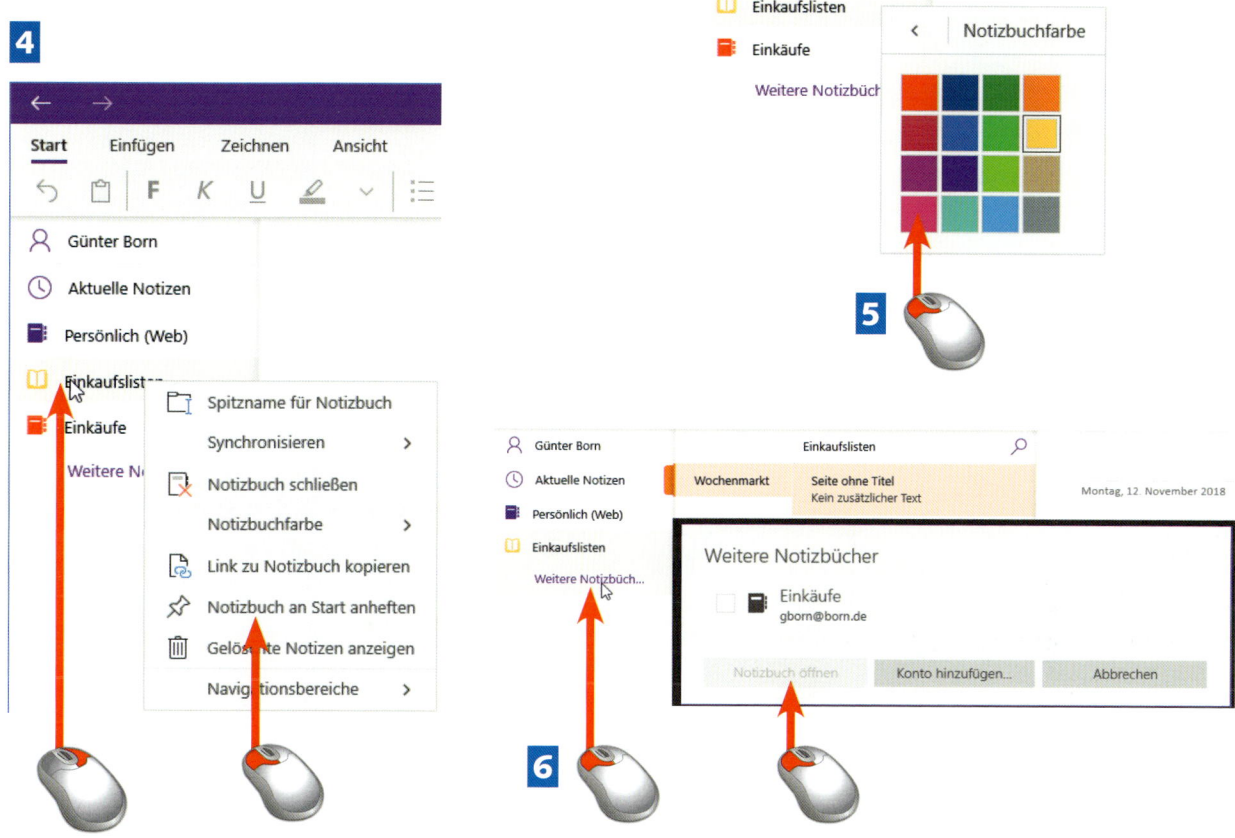

4 Wählen Sie ein Notizbuch per Rechtsklick an, lassen sich im Kontextmenü Befehle zum Schließen des Notizbuchs, zum Anheften etc. wählen.

5 Zur Auswahl der Farbe wählen Sie den Befehl *Notizbuchfarbe* (Schritt 4) und dann ein Farbfeld der Palette. Das funktioniert auch für Abschnitte.

6 Klicken Sie auf den Befehl *Weitere Notizbücher*, wählen Sie das Notizbuch und dann *Notizbuch öffnen*, um ein geschlossenes Notizbuch erneut anzuzeigen.

OneNote steht auch online über das Microsoft-Konto unter *www.onenote.com* im Browser zur Verfügung.

HINWEIS

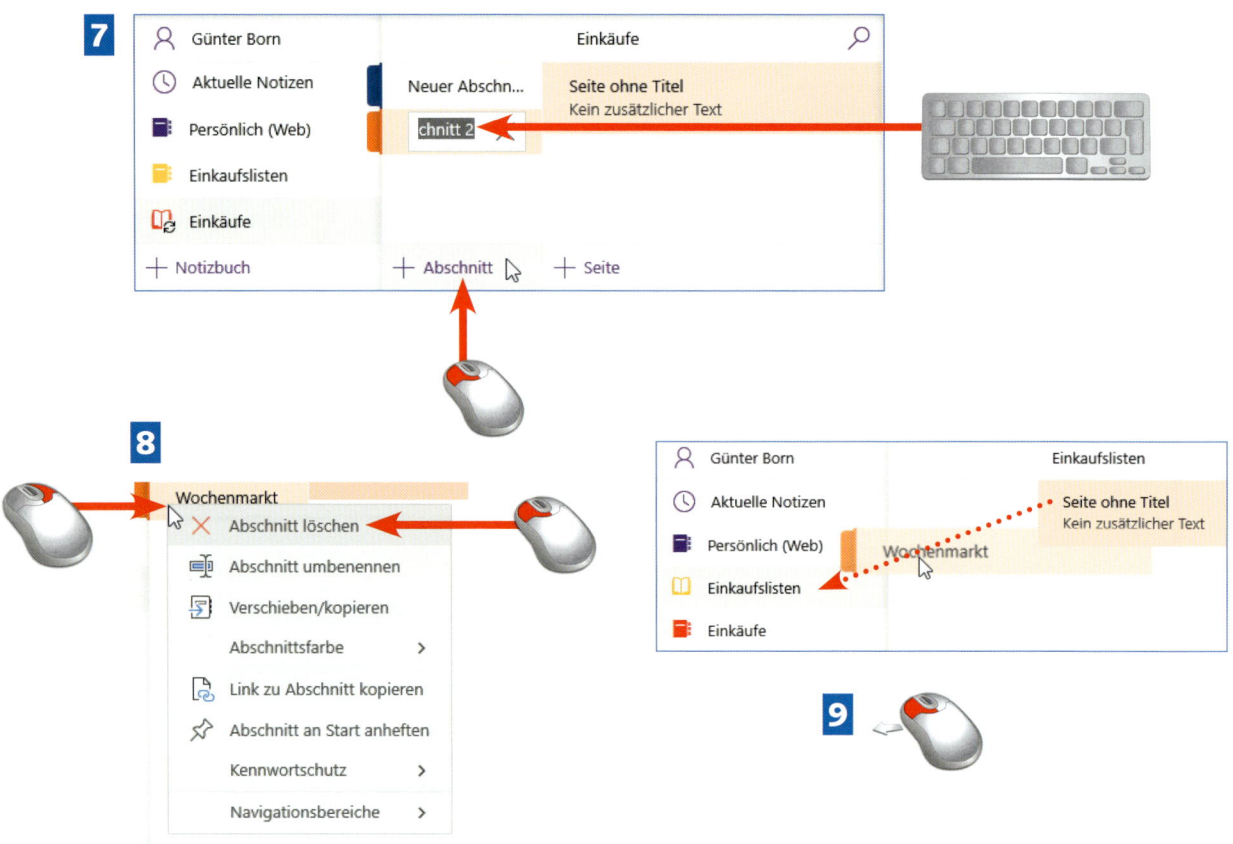

7 In einem markierten Notizbuch lassen sich Abschnitte über den Befehl am unteren Fensterrand anlegen und benennen.

8 Das Kontextmenü von Abschnitten enthält Befehle, um Elemente zu löschen, umzubenennen, zu kopieren/verschieben oder an das Windows-Startmenü anzuheften.

9 Bei Bedarf können Sie Abschnitte und Seiten auch per Maus von einem Notizbuch in ein anderes ziehen, um dieses zu verschieben.

Bei sehr vielen Seiten wird das Notizbuch ziemlich unübersichtlich. Abschnitte ermöglichen die bessere Strukturierung umfangreicher Notizbücher. Jeder Abschnitt kann seinerseits Seiten enthalten.

WISSEN

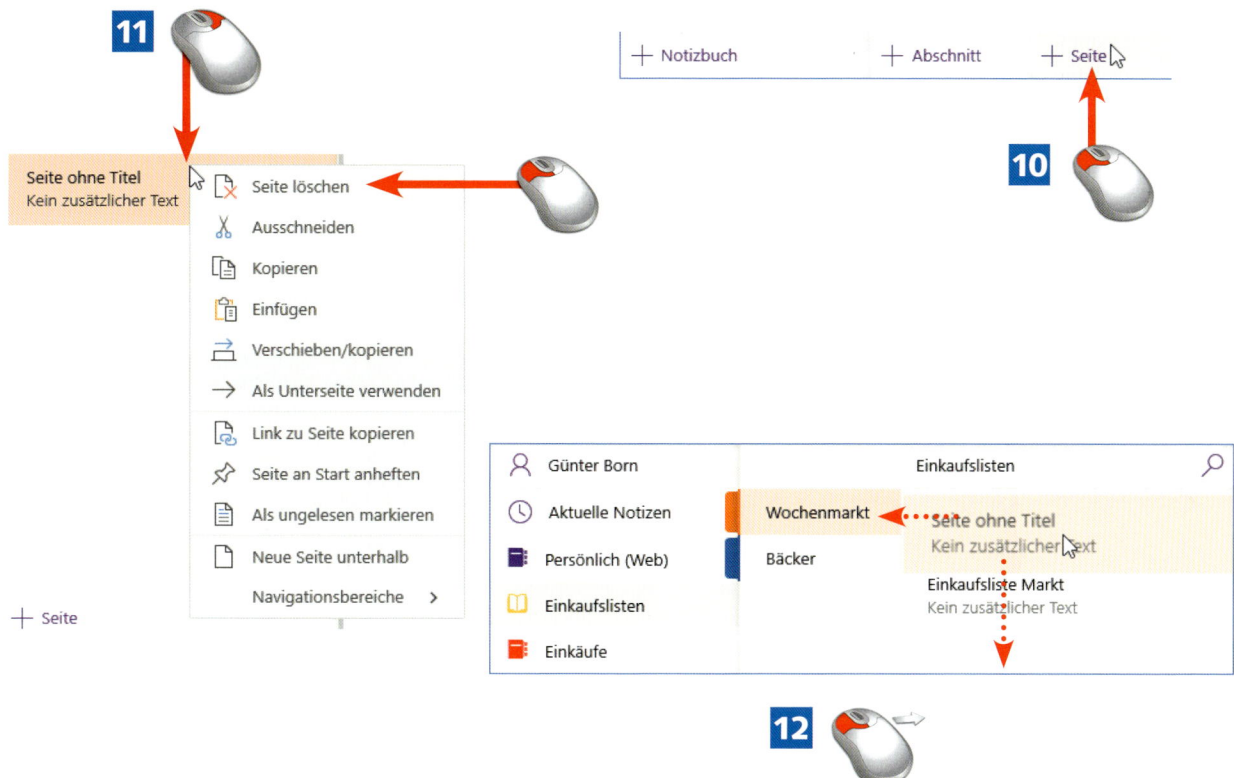

10 Über den Befehl *Seite* fügen Sie eine neue Seite in den Abschnitt des Notizbuchs ein. Den Seitentitel tippen Sie in das Titelfeld der Seite ein (Seite 228, Schritt 2).

11 Im Kontextmenü der Seiten finden Sie Befehle zum Löschen, Ausschneiden, Kopieren, Einfügen, Verschieben etc.

12 Zum Organisieren von Seiten können Sie diese auch durch Ziehen mit der Maus in der Spalte des Abschnitts oder zu anderen Abschnitten verschieben.   **Ende**

Legen Sie einen neuen Abschnitt an oder benennen Sie diesen um, lässt sich der Titel per Tastatur eintragen.

Der Kontextmenübefehl *Verschieben/ kopieren* (Schritt 8) ermöglicht das Kopieren oder Verschieben des Abschnitts innerhalb von Notizbüchern über ein Auswahlfenster.

TIPP   **TIPP**

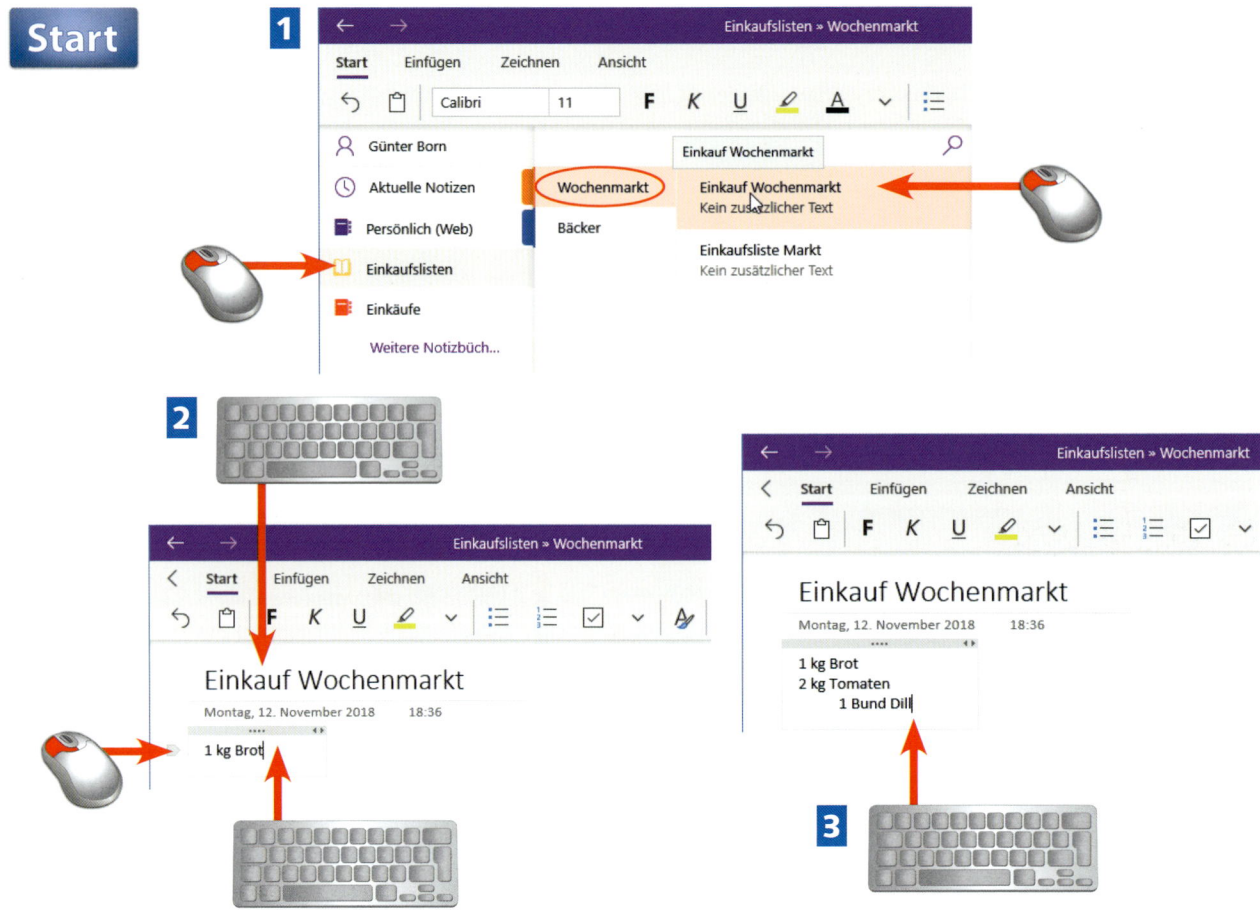

1 Um eine Notiz zu verfassen, wählen Sie das Notizbuch, dann den Abschnitt und schließlich die Seite oder Sie legen eine neue Seite an (Seite 226, Schritt 10).

2 Nach der Eingabe des Seitentitels klicken bzw. tippen Sie auf einen freien Abschnitt der Seite und geben den Text im angezeigten Markierungsrahmen (Notizencontainer) ein.

3 Neue Zeilen leiten Sie über die ⏎-Taste ein. Um eine Zeile nach rechts einzuziehen, drücken Sie die ⇥-Taste.

In eine Notizbuchseite lassen sich Texte direkt eintippen.
Das Geniale ist: Sie können die Texte frei auf der Seite platzieren und so z. B. Ideen auch optisch in Textgruppen strukturieren.

WISSEN

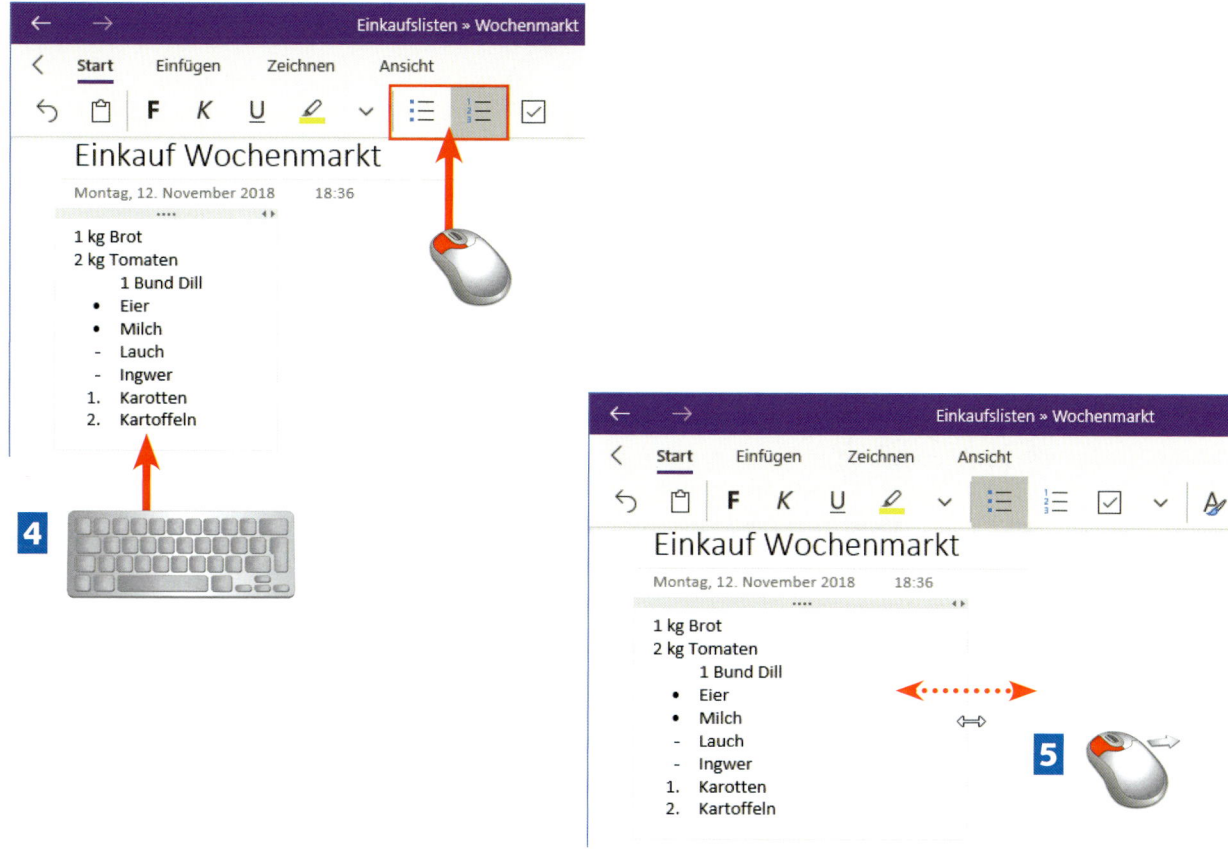

4 Um Texte automatisch zu nummerieren, tippen Sie die Ziffer *1.* vor dem Text ein. Eine dem Text vorangestellte Kennung * oder – leitet eine Aufzählung ein. Die ⇄-Taste veranlasst einen Einzug und eine gestufte Nummerierung. Eine Menüschaltfläche ermöglicht es Ihnen, eine Nummerierung bzw. Aufzählung wieder rückgängig zu machen.

5 Ein Notizencontainer lässt sich am rechten Rand in der Größe anpassen. OneNote umbricht den Textinhalt ggf. automatisch.

Formatierungen lassen sich über die betreffenden Schaltflächen der Registerkarte *Start* (Seite 230) zuweisen bzw. abschalten.

Der Markierungsrahmen des Notizencontainers erscheint beim Zeigen auf einen Text. Durch Anklicken bzw. Antippen des Rahmens wird dieser markiert. Ein Klick außerhalb der Markierung hebt diese wieder auf.

Durch zweimaliges Drücken der ↵-Taste wird eine Aufzählung bzw. Nummerierung unterbrochen.

TIPP   **HINWEIS**   **HINWEIS**

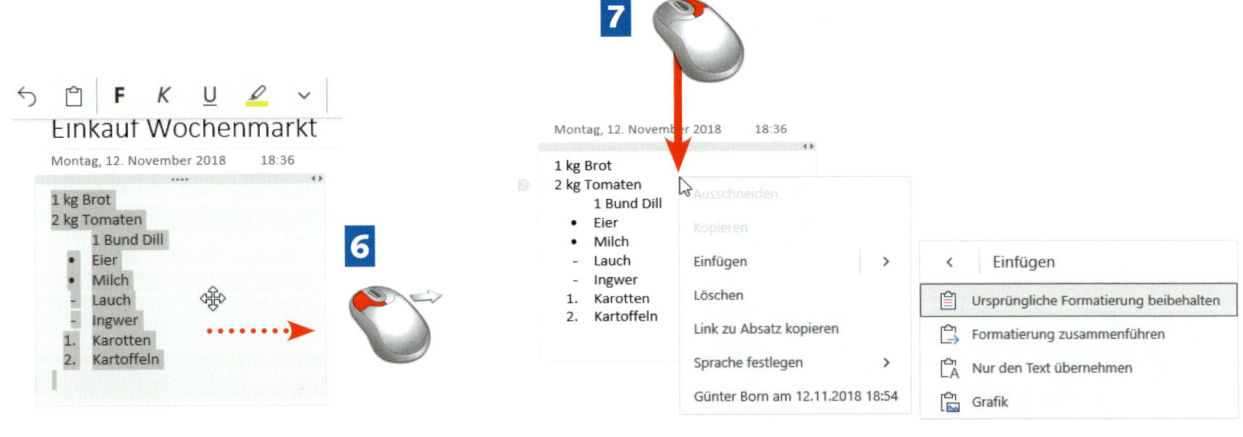

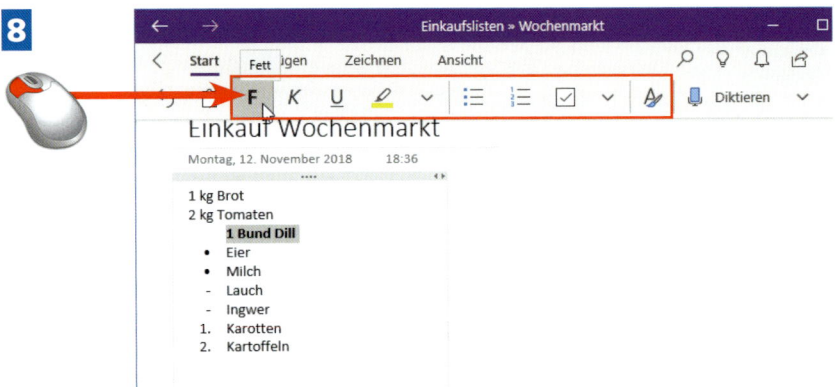

6 Markieren Sie den Rahmen (z. B. durch Anklicken), lässt sich dieser mitsamt seinem Inhalt verschieben.

7 Ein Rechtsklick auf einen Notizencontainer öffnet ein Kontextmenü mit Befehlen zum Löschen, Ausschneiden und Kopieren des markierten Elements.

8 Zum Formatieren eines Textes auf einer Notizseite markieren Sie diesen (z. B. durch Ziehen per Maus) und wählen Elemente der Registerkarte *Start*.

OneNote stellt auf der Registerkarte *Start* Schaltflächen und Elemente bereit, über die sich (markierte) Textelemente wie in Word oder Excel mit Zeichenformaten (Schriftart und -grad, Fett, Kursiv, Unterstreichen etc.) auszeichnen lassen.

WISSEN

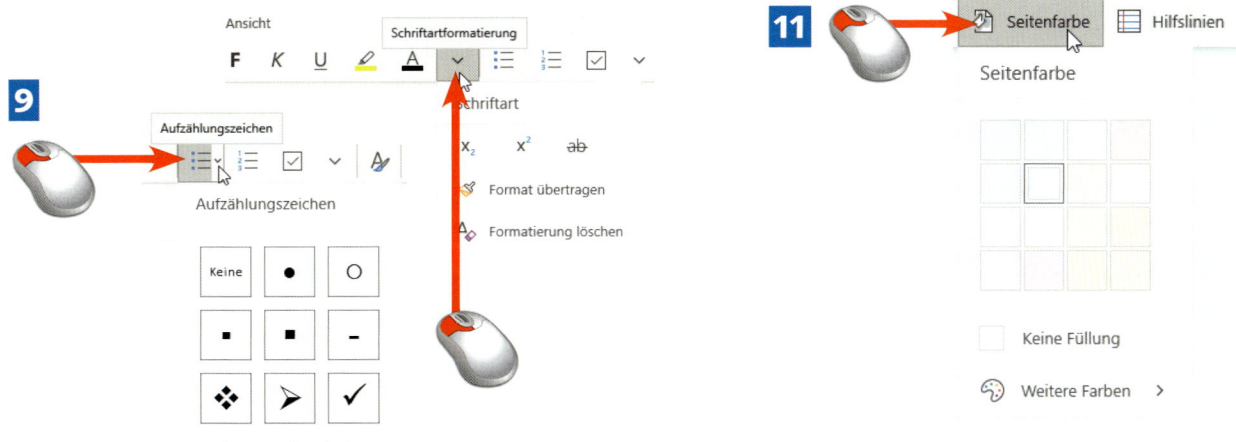

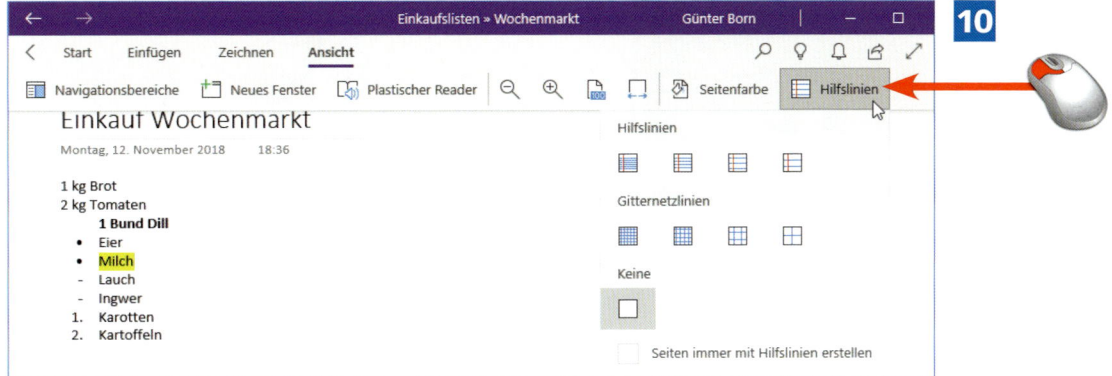

9   Über das Menü der Schaltfläche *Formatvorlagen* der Registerkarte *Start* weisen Sie einem Text ggf. Formatoptionen für Überschriften etc. zu.

10   Über die Menüschaltfläche *Hilfslinien* der Registerkarte *Ansicht* versehen Sie die Notizseite mit unterschiedlichen Hilfslinien.

11   Die Schaltfläche *Seitenfarbe* der Registerkarte *Ansicht* ermöglicht es Ihnen, die Notizseite mit einer Hintergrundfarbe einzufärben.

Ende

TIPP

Änderungen an einer Notizseite können Sie jederzeit über die Tastenkombination Strg+Z zurücknehmen.

TIPP

Das Symbol ◄ in einem Menü oder in der Menüleiste geht eine Befehlsebene zurück.

HINWEIS

Über die Schaltfläche *Hervorheben* der Registerkarte *Start* (Seite 238, Schritt 3) zeichnen Sie markierte Textbereiche mit unterschiedlichen Hintergrundfarben aus.

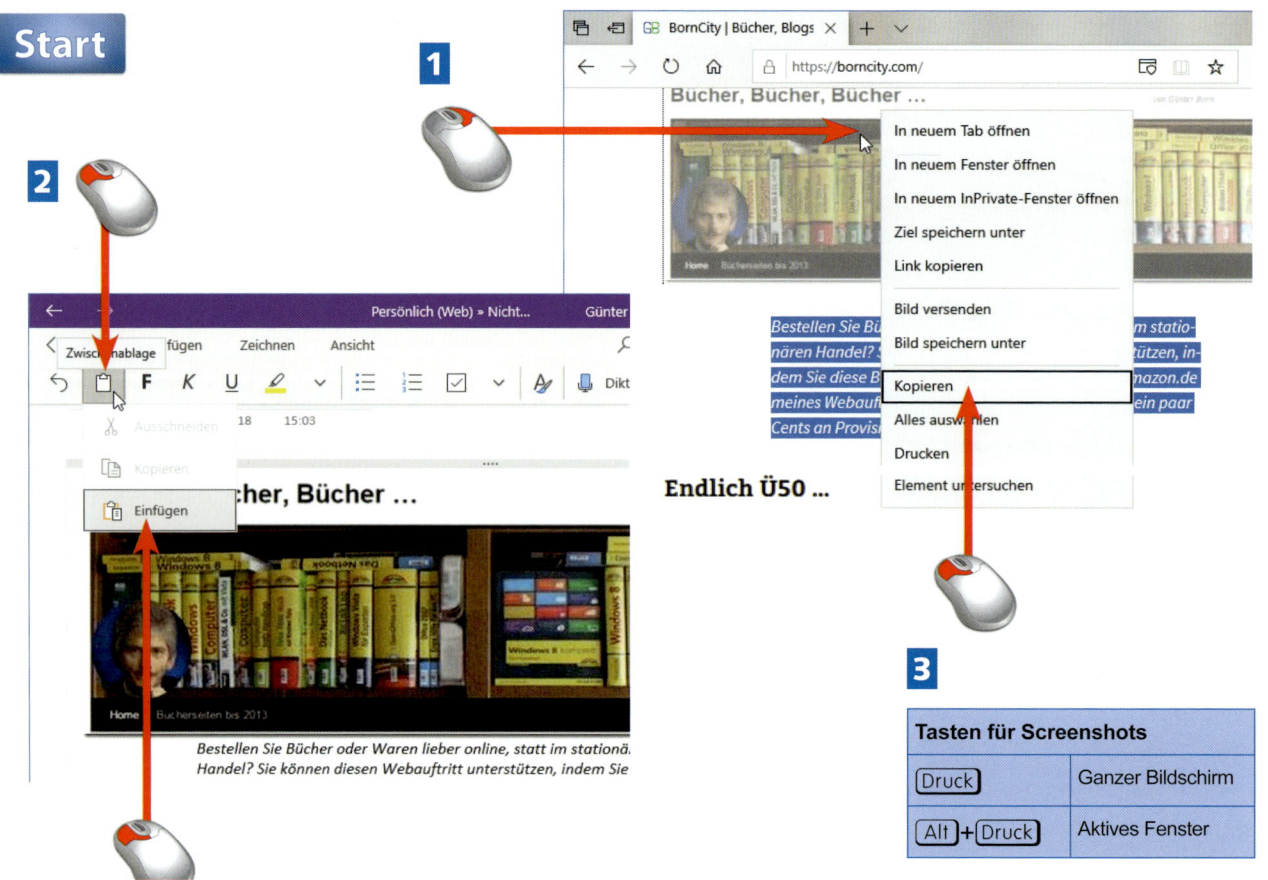

1 Stoßen Sie auf ein interessantes Dokument (z. B. eine Webseite), markieren Sie dieses im Anwendungsfenster und wählen den Kontextmenübefehl *Kopieren* (bzw. drücken Strg+C).

2 Fügen Sie den Inhalt der Zwischenablage über die Schaltfläche *Einfügen* und deren Menü der Registerkarte *Start* (bzw. über Strg+V) in die Notizbuchseite ein.

3 Mit der Taste Druck erzeugen Sie einen Screenshot des Desktops und mit Alt+Druck einen Screenshot des aktuellen Fensters in der Windows-Zwischenablage.

In OneNote-Notizbuchseiten lassen sich neben Texten unterschiedliche Dokumentinhalte wie Tabellen oder Dateien etc. einfügen oder komplette Dokumente aus anderen Anwendungen per Zwischenablage übernehmen. Dadurch wird das Notizbuch zum multimedialen Datenspeicher.

WISSEN

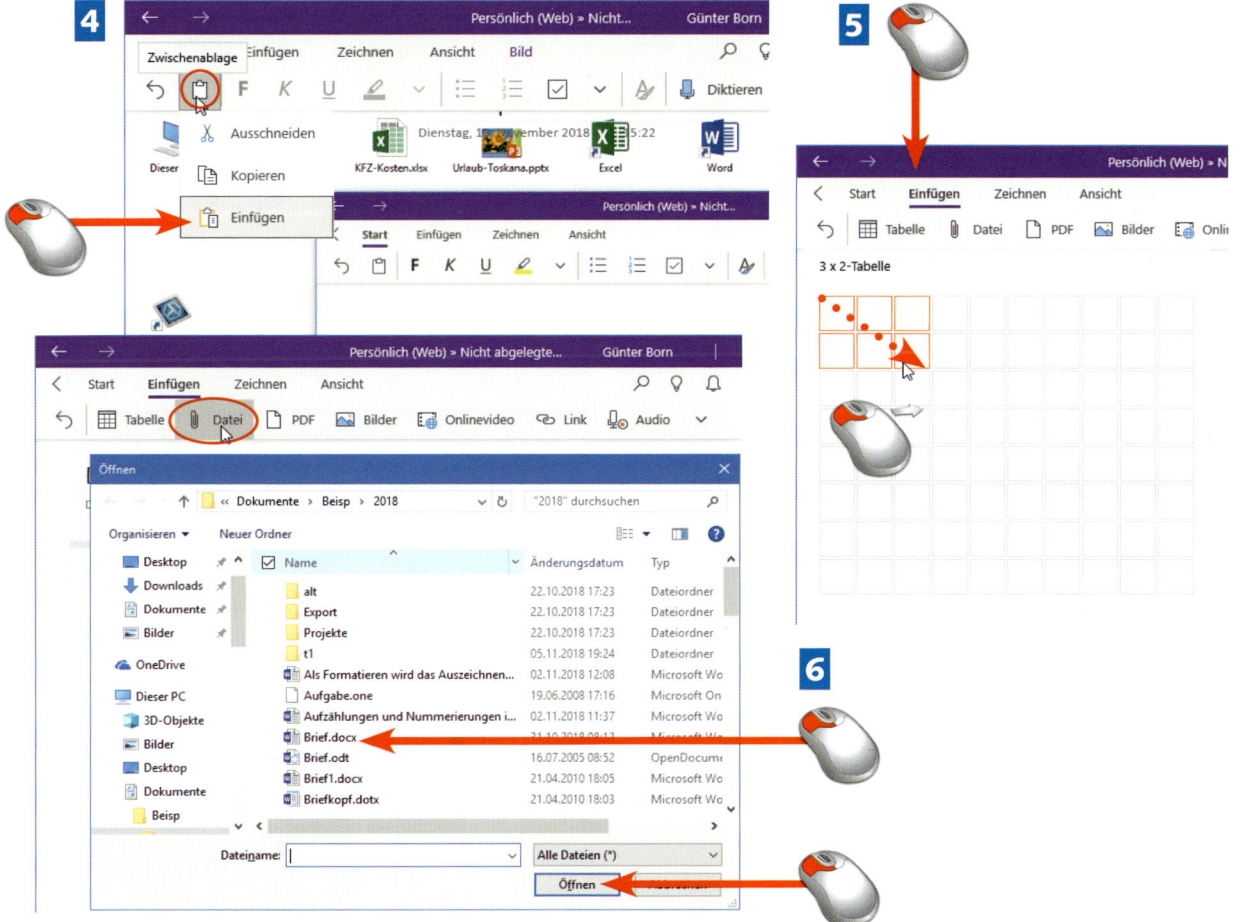

4 Klicken Sie in der Notizbuchseite auf die Einfügeposition und drücken Sie Strg+V, oder wählen Sie *Einfügen* (Schritt 2), um den Inhalt der Zwischenablage einzufügen.

5 Wählen Sie auf der Registerkarte *Einfügen* die Schaltfläche *Tabelle* und markieren Sie die Zellen in der Palette, wird eine Tabelle der angegebenen Größe in die Notiz eingefügt.

6 Über die Schaltfläche *Datei* der Registerkarte *Einfügen* lassen sich Dateien in einem Dialogfeld auswählen und in die Notiz einfügen.

Verwenden Sie die Tastenkombinationen Strg+C und Strg+V, um Inhalte per Zwischenablage zwischen Programmen zu übertragen.

Die Tastenkombination ⊞+Druck speichert einen Screenshot des Desktops als Grafikdatei im Ordner *Bilder/Bildschirmfoto*, die sich als Bild in die Notiz einfügen lässt.

Statt Dateien wie in Schritt 6 über die Schaltfläche *Datei* einzufügen, können Sie diese auch direkt per Maus in die Notiz ziehen.

TIPP   **TIPP**   **HINWEIS**

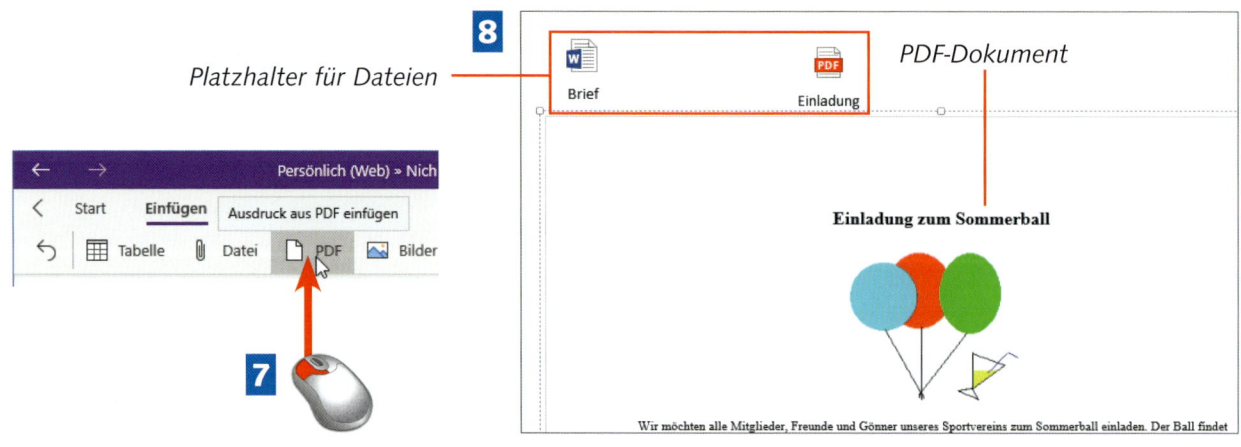

Platzhalter für Dateien

PDF-Dokument

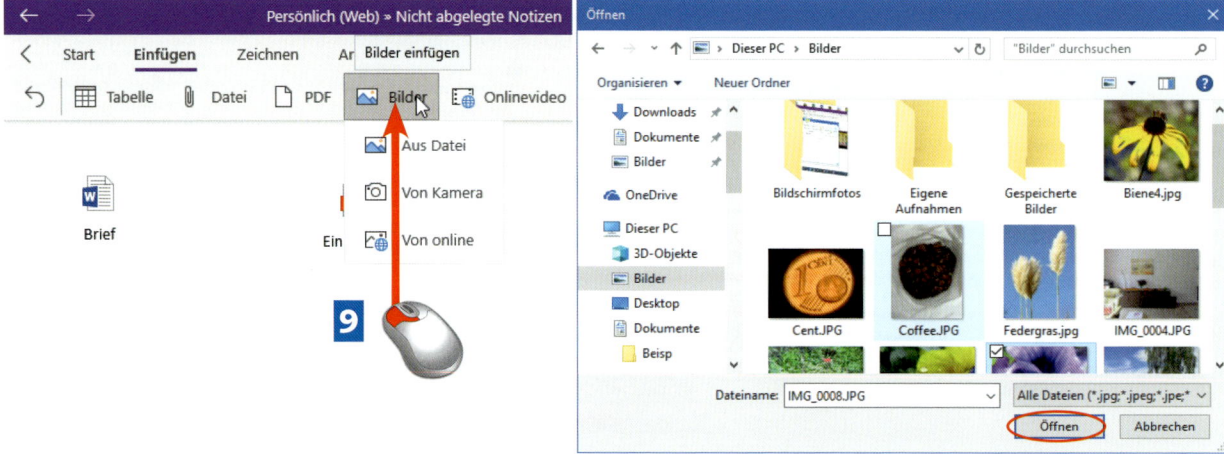

7 Verwenden Sie die Schaltfläche *PDF* der Registerkarte *Einfügen* und wählen Sie im angezeigten Dialogfeld das Dokument aus, um dieses in die Notiz einzufügen.

8 Dateien werden mit einem Symbol (z. B. *Brief*) in der Notiz angezeigt. Bei PDF-Dokumenten erscheint ein Symbol sowie der Inhalt des PDFs.

9 Über die Schaltfläche *Bilder* der Registerkarte *Einfügen* lassen sich Grafikdateien, Fotos oder Onlinebilder auswählen bzw. anfertigen und in die Notiz einfügen.

Ähnlich wie bei Word können Sie auch lokale oder online gespeicherte Bilder in Notizen einfügen.

WISSEN

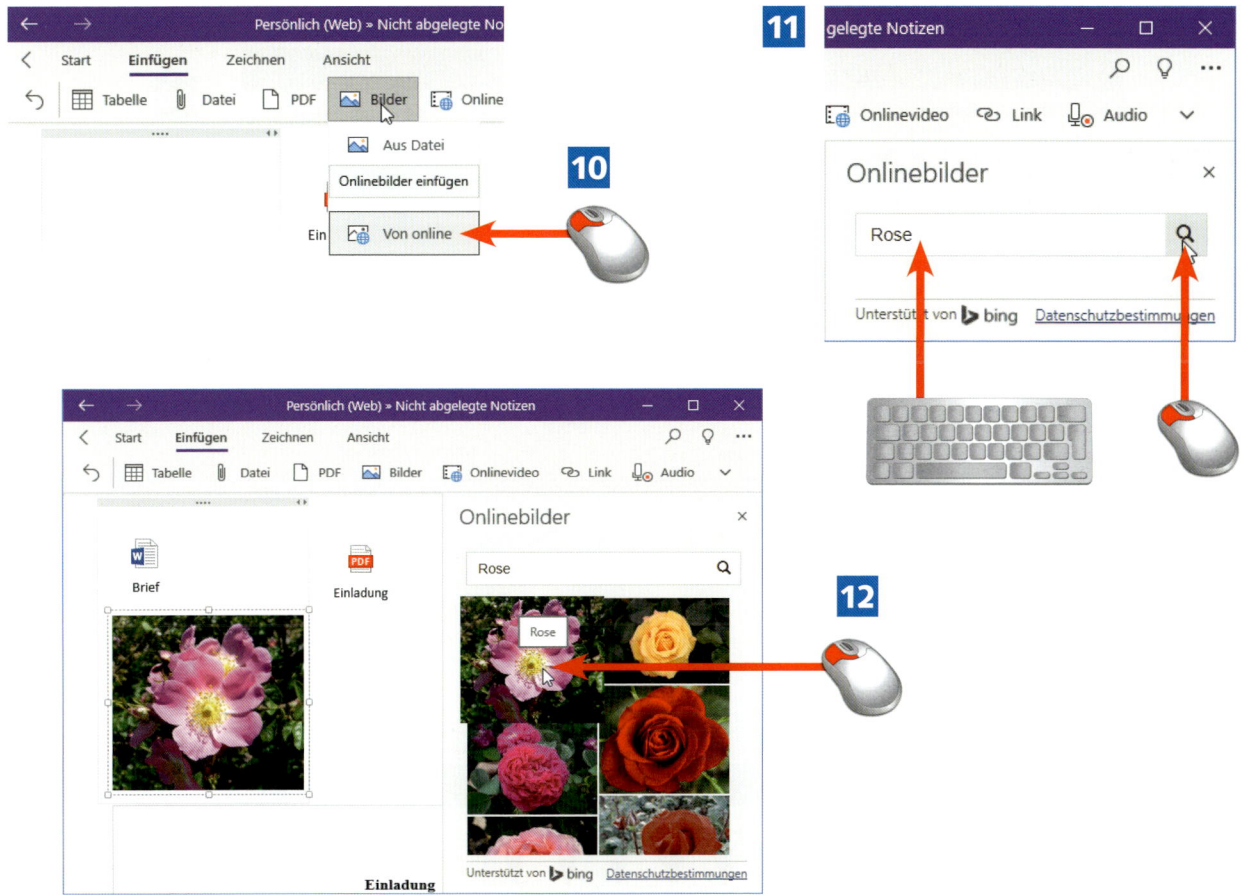

10 Um Onlinegrafiken in OneNote einzufügen, wählen Sie unter *Einfügen* die Schaltfläche *Bilder* und im Menü *Von online*.

11 Geben Sie den Suchbegriff im Suchfeld *Onlinebilder* ein und wählen Sie *Suchen*.

12 Klicken Sie in der Trefferliste auf das gewünschte Onlinebild, um dieses in die Notiz einzufügen.

Die Schaltfläche *Onlinevideos* der Registerkarte *Einfügen* (Schritt 9) ermöglicht es Ihnen, die URL eines einzufügenden Videos anzugeben.

Bei angewähltem Bild stellt die dann abrufbare Registerkarte *Bild* Elemente zum Drehen oder Spiegeln bereit.

TIPP

HINWEIS

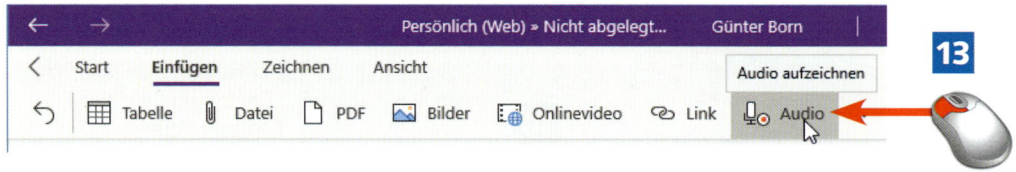

13 Über die Schaltflächen der Gruppe *Audio* der Registerkarte *Einfügen* lassen sich Audioaufzeichnungen starten.

14 Die Elemente der Registerkarte *Audio* dienen zur Aufnahme- und Wiedergabesteuerung. Die Aufzeichnung wird als Tonkonserve in der Notiz eingeblendet.

15 Zum Zeichnen auf einer Notizseite wechseln Sie zur Registerkarte *Zeichnen*.

Neben Texten oder Dateien lassen sich auch Sprachnachrichten in Notizen einfügen. Zudem lässt sich auf einer Notizbuchseite zeichnen.

WISSEN

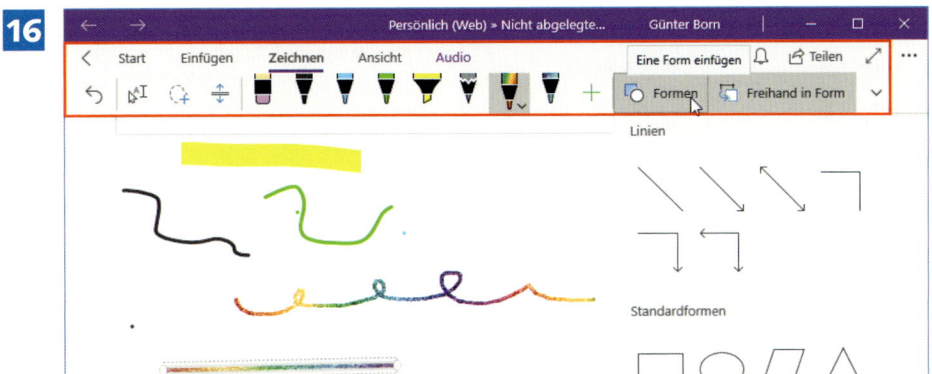

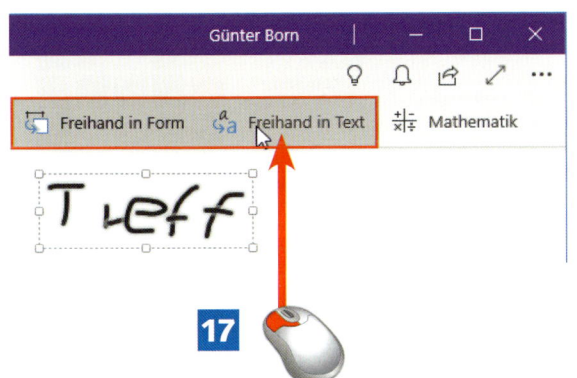

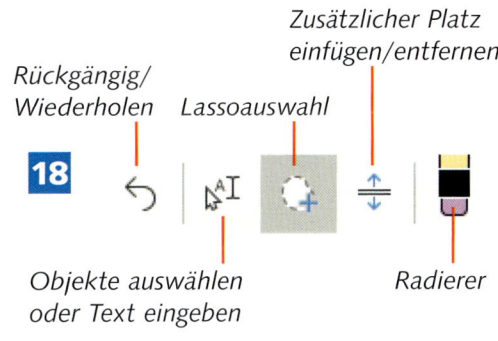

16 Wählen Sie einen Stift oder ein Formenwerkzeug aus der Zeichnungssymbolleiste aus, und fügen Sie eine Freihandskizze oder die Form in die Notiz ein.

17 Über die Elemente der Registerkarte *Zeichnen* konvertieren Sie markierte Skizzen in Text (*Freihand in Text*), in Formen oder in Formeln (*Mathematik*).

18 Diese Symbole ermöglichen es, Objekte auszuwählen, zu radieren, Platz einzufügen/zu entfernen und Schritte rückgängig zu machen.

Ende

Die Aufnahmelautstärke des Mikrofons stellen Sie über die Windows-Lautstärke für Aufnahmegeräte ein.

HINWEIS

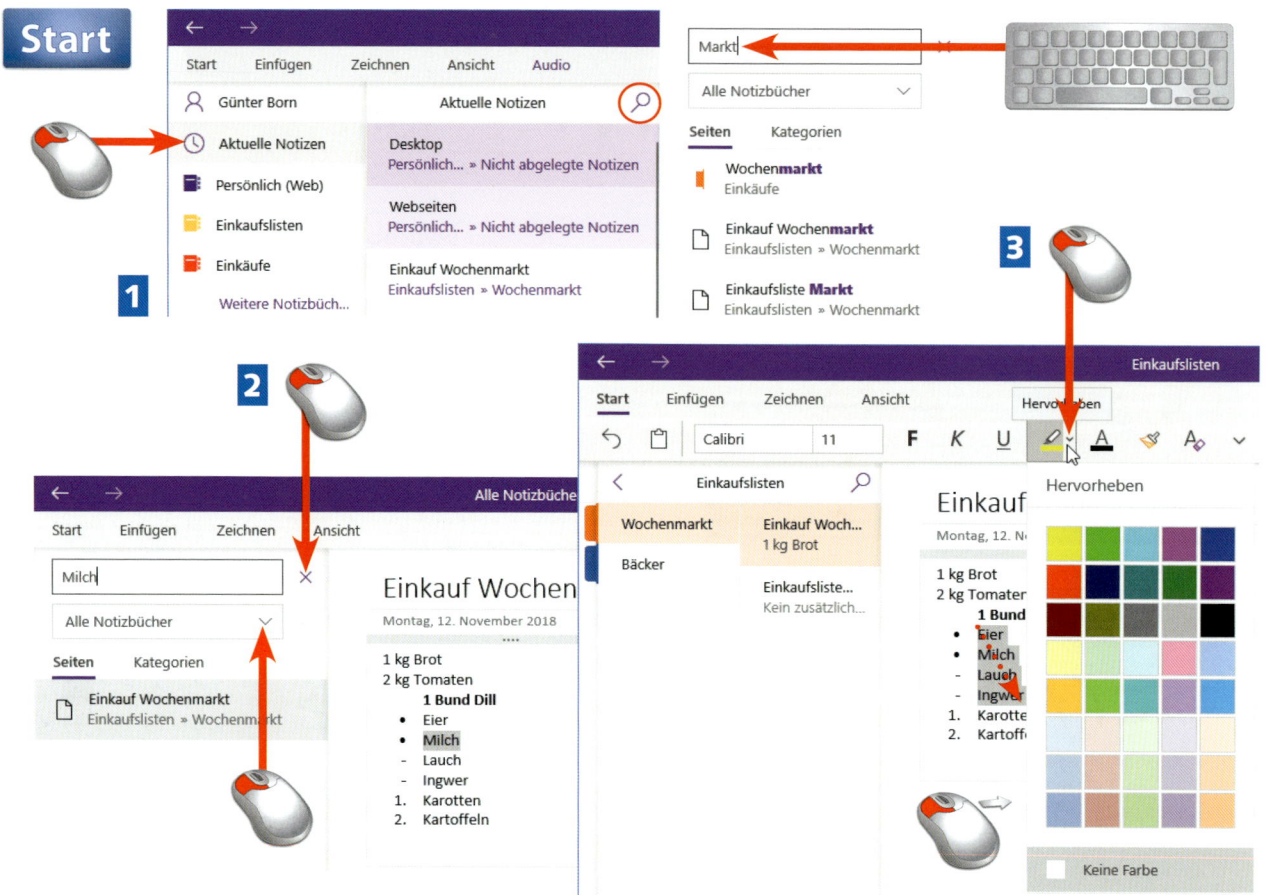

1 Zum Suchen in Notizen wählen Sie ein Notizbuch, klicken auf das Suchsymbol und tippen den Suchbegriff in das Suchfeld ein. Wählen Sie ggf. die Option (z. B. *Notizbücher*) und dann den Treffer in der Liste.

2 Treffer werden in der Notiz farbig unterlegt. Im Menü des Suchfelds lässt sich das Notizbuch wählen. Die Schaltfläche *x* des Suchfelds blendet den Suchbereich aus.

3 Markieren Sie Abschnitte im Notizbuch durch Ziehen per Maus und färben Sie diese über die Palette der Schaltfläche *Hervorheben* der Registerkarte *Start* ein.

OneNote unterstützt über ein angezeigtes Lupensymbol die Suche in Notizen. Weiterhin können Sie Inhalte in Notizen mit Kategoriezeichen markieren, um an wichtige Informationen oder zu erledigende Aufgaben erinnert zu werden.

WISSEN

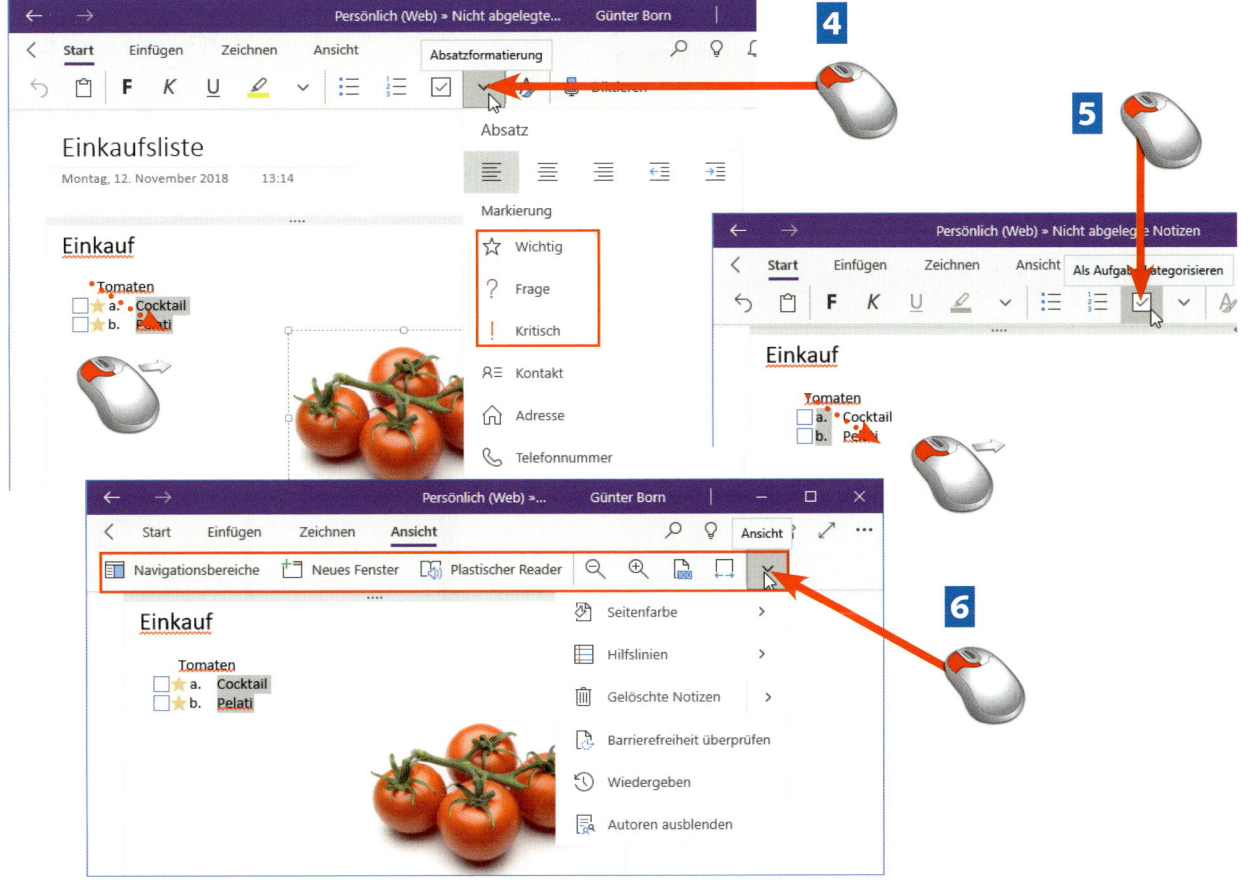

4 Sind Notizen zu verfolgen, markieren Sie die Textstellen und ordnen über die Befehle der Gruppe *Markieren* der Registerkarte *Start* verschiedene Symbole (Sternchen etc.) zu.

5 Über diese Schaltfläche der Registerkarte *Start* lassen sich Texten markierbare Kontrollkästchen zur Kennzeichnung von Aufgaben zuordnen und wieder entfernen.

6 Auf der Registerkarte *Ansicht* finden Sie Schaltflächen, um die Darstellung der Notizen zu ändern, ein neues Fenster zu öffnen etc.

Ende

TIPP	FACHWORT	HINWEIS
Ein Mausklick auf die *Kategorien*-Einträge weist der markierten Stelle das angezeigte Symbol zu. Ein weiterer Mausklick hebt die Markierung wieder auf.	Kontrollkästchen sind kleine Vierecke, die sich markieren lassen.	Die Markierung (Häkchen) von Kontrollkästchen setzen/löschen Sie durch Anklicken.

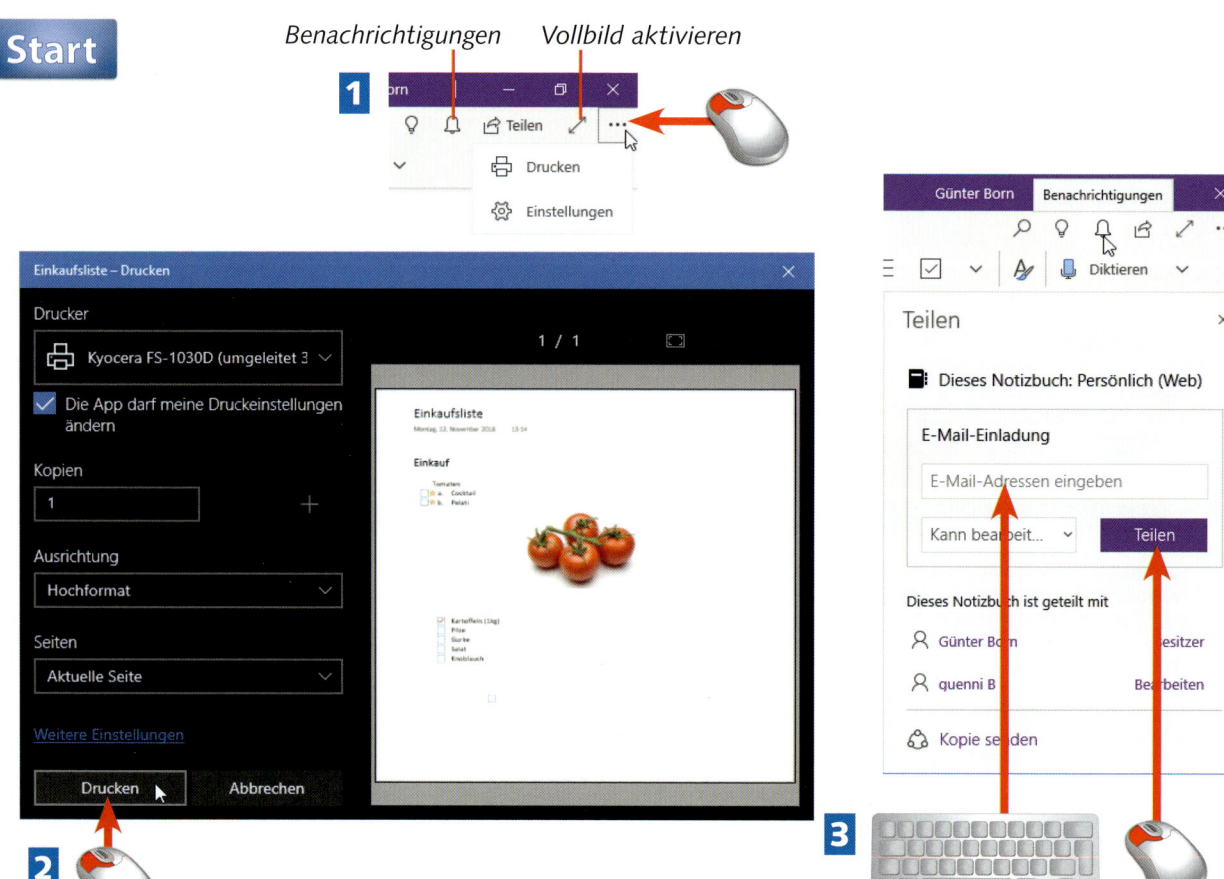

1 In der rechten oberen Ecke finden Sie Schaltflächen, um Erinnerungen festzulegen, den Vollbildmodus ein-/auszuschalten oder auf die Einstellungen (Schritt 5) zuzugreifen.

2 Klicken Sie auf die drei Pünktchen und dann auf *Drucken* (Schritt 1). Legen Sie die gewünschten Druckoptionen fest und starten Sie die Ausgabe über *Drucken*.

3 Klicken Sie auf die Schaltfläche *Teilen*, kann in der Seitenleiste *Teilen* eine E-Mail-Adresse angegeben und das Notizbuch an diesen Empfänger gesendet werden.

Sie können Notizen aus OneNote als Kopie per E-Mail teilen oder Seiten drucken sowie auf die Einstellungsoptionen zugreifen.

WISSEN

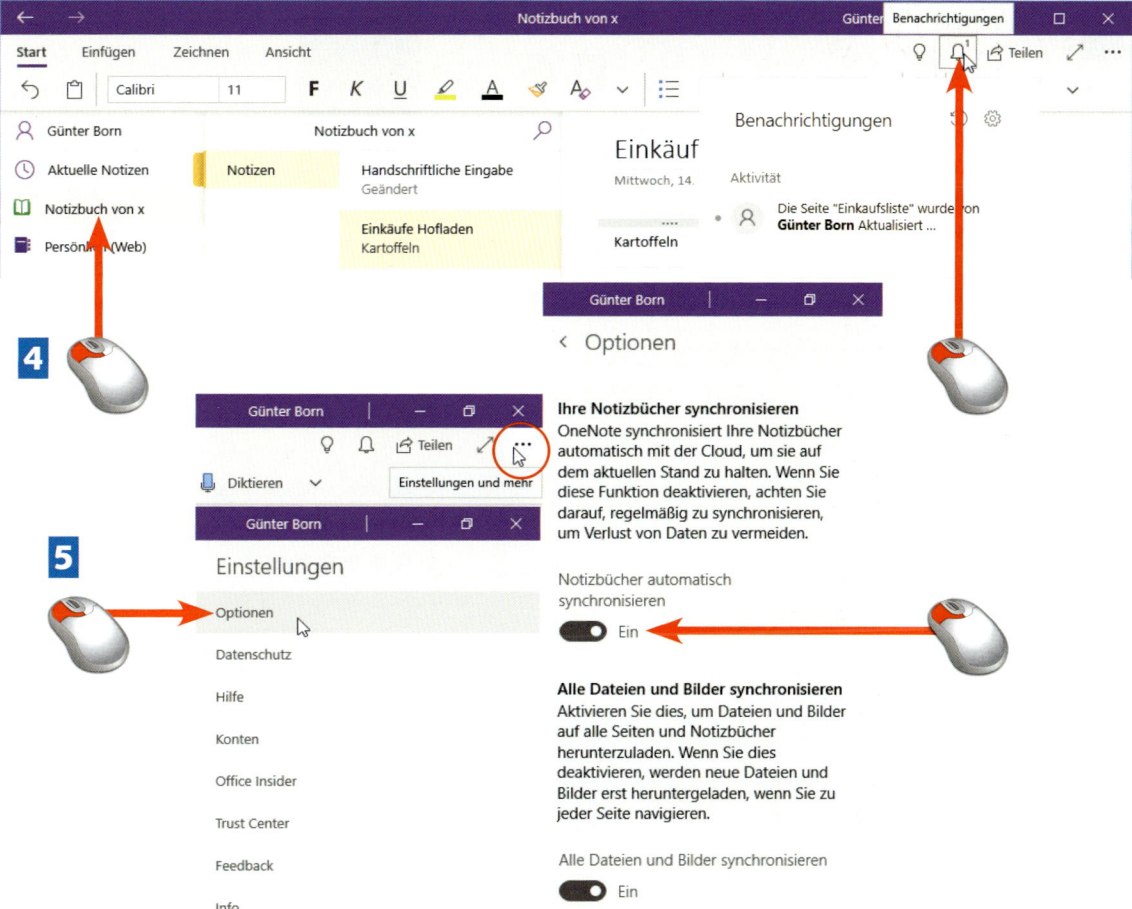

4 Geteilte Notizbücher tauchen am linken Rand in der Notizbuchliste auf. Wird ein geteiltes Notizbuch geändert, erhält der Besitzer eine Benachrichtigung.

5 Über die drei Pünktchen in der rechten oberen Ecke greifen Sie auf das *Einstellungen*-Menü zu. Legen Sie über den Befehl *Optionen* die Einstellungsoptionen in der angezeigten Seitenleiste fest.

Ende

TIPP

Über den Befehl *Bearbeiten* (Schritt 3) in der Seitenleiste *Teilen* wird das Teilen der Notiz aufgehoben oder angepasst.

HINWEIS

Verwalten Sie über *Konten* die OneNote zugeordneten Microsoft-Konten zur Speicherung der Notizbücher.

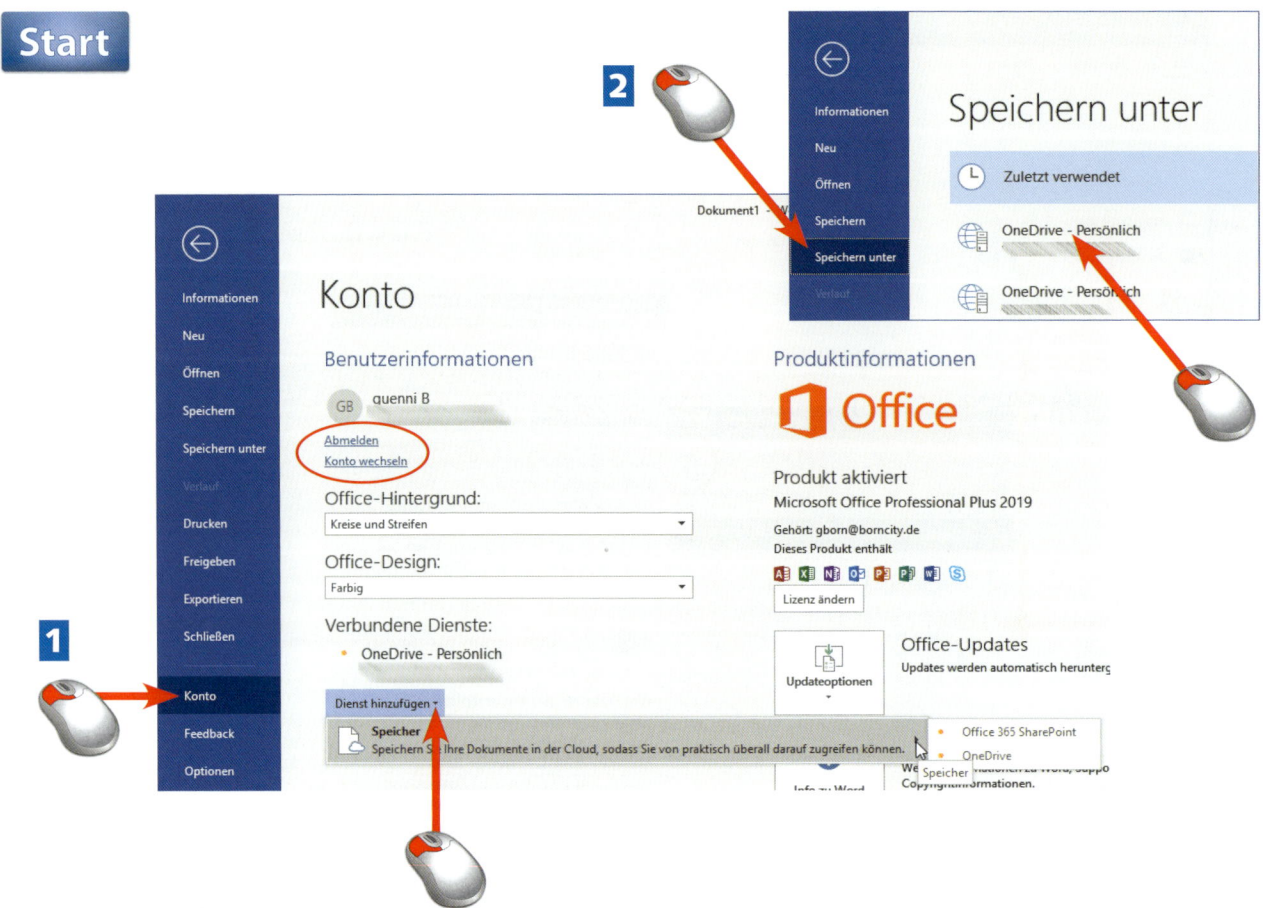

1 Wählen Sie in Word, Excel etc. die Registerkarte *Datei* und danach *Konto*. Dann lassen sich im Backstage-Bereich Konten an- und abmelden. Unter *Verbundene Dienste* kann dem Konto Onlinespeicher (OneDrive) zugeordnet oder gelöscht werden.

2 Um aus einer Office-Anwendung wie Word auf den Onlinespeicher zuzugreifen, wählen Sie unter *Datei* die Einträge *Öffnen* oder *Speichern unter* und in der rechten Spalte einen Onlinespeicher wie OneDrive.

Excel, Word, PowerPoint etc. ermöglichen das Speichern und Öffnen von Dateien auf Onlinespeichern wie OneDrive. Auch OneNote legt Notizen im OneDrive-Speicher des Microsoft-Kontos ab.

WISSEN

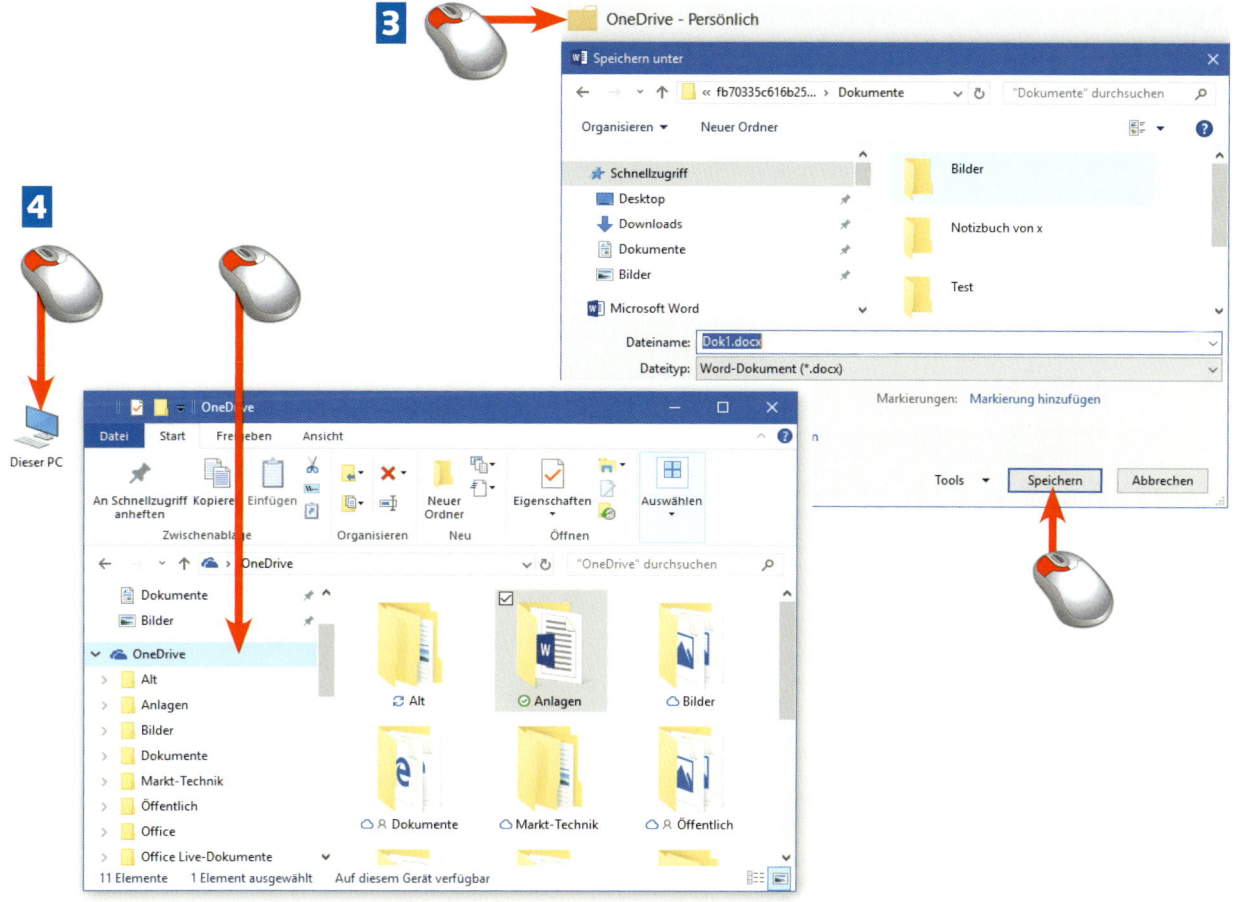

3 Anschließend markieren Sie *OneDrive – Persönlich* und navigieren im angezeigten Dialogfeld zum gewünschten Dokumentordner. Das funktioniert wie das Speichern oder Öffnen in lokalen Ordnern.

4 Bei Bedarf öffnen Sie unter Windows ein Ordnerfenster. Dort lässt sich im Navigationsbereich über *OneDrive* auf den Onlinespeicher zugreifen, um Dateien zu verwalten (löschen, umbenennen) oder zwischen lokalem und Onlinespeicher zu kopieren.

Ende

Der Zugriff auf Onlineinhalte kann bei großen Dateien sehr lange dauern.

HINWEIS

E-Mail-Verwaltung mit Outlook

8

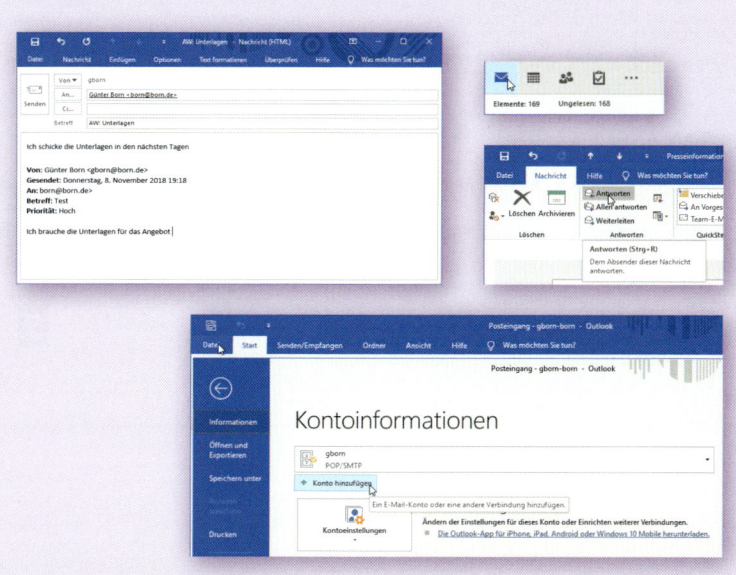

Start

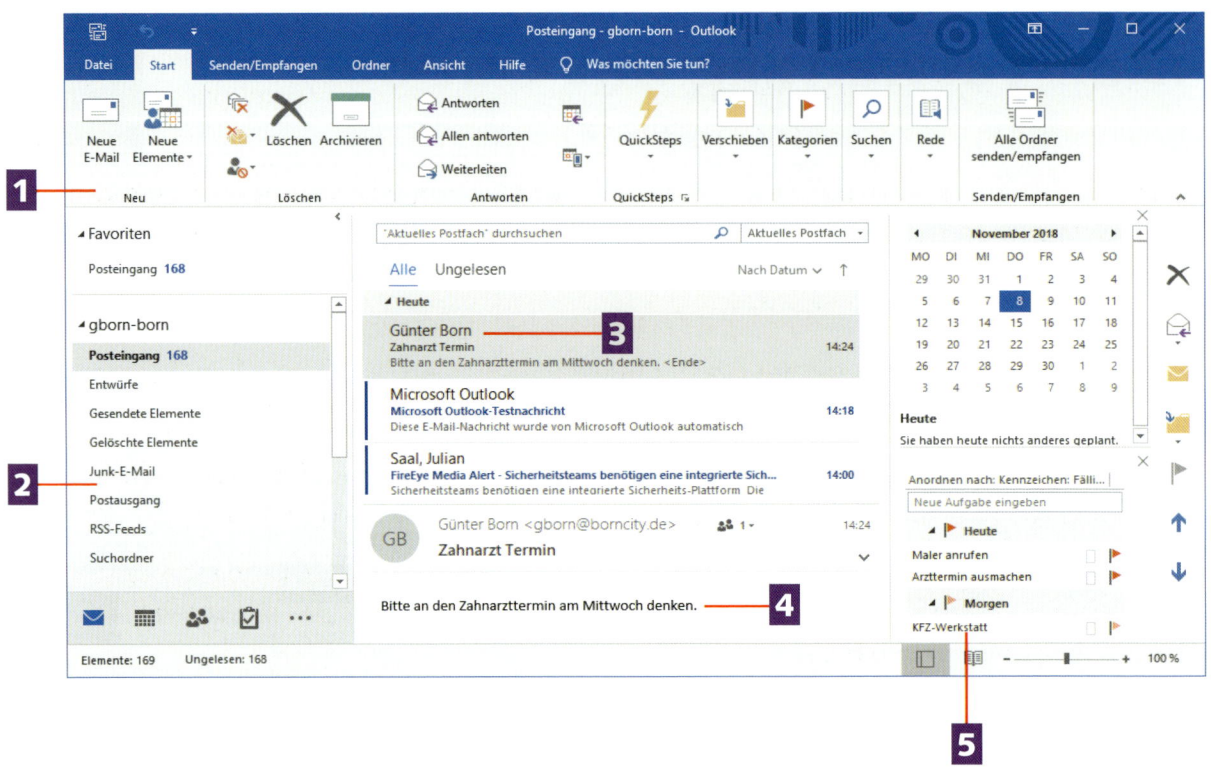

Outlook ist das in einigen Office-Varianten enthaltene Programm zum Verwalten von E-Mails, Kontakten, Notizen, Terminen und Aufgaben.

WISSEN

1 Am oberen Fensterrand finden Sie das Menüband, über dessen Registerkarten sich auf die Outlook-Funktionen zugreifen lässt. Auch die am unteren Fensterrand befindliche Statusleiste kennen Sie bereits von Seite 18.

2 Die Spalte am linken Rand des Fensters ist der als Ordnerbereich bezeichnete Navigationsbereich. Über die Gruppen am unteren Rand lässt sich auf die verschiedenen Outlook-Funktionskategorien zugreifen. Im oberen Teil des Bereichs werden dann Elemente zum Zugriff auf E-Mails, Kontakte, Aufgaben, Termine etc. angeboten.

3 Im Dokumentbereich wird der Inhalt des im Ordnerbereich angewählten Elements (z. B. Nachrichtenliste des Posteingangs, Vorgangsliste etc.) eingeblendet.

4 Bei einigen Elementen (z. B. E-Mails) kann Outlook den Inhalt einer Nachricht in einem separaten Teilfenster (hier der Lesebereich für E-Mails) im Dokumentbereich anzeigen.

5 Die optional einblendbare Spalte am rechten Fensterrand wird als Aufgabenleiste bezeichnet. Diese wird von einigen Funktionen verwendet, um z. B. Optionen für Termine oder Aufgaben anzupassen.

Ende

Die Größe der Teilfenster können Sie anpassen, indem Sie die Fensterteiler per Maus verschieben:

Die Aufgabenleiste (Punkt 5) ist auf der Registerkarte *Ansicht* über die Menüschaltfläche *Aufgabenleiste* ein- bzw. ausblendbar.

Die Ordnerleiste (linke Spalte) passen Sie über die Schaltflächen *Ordnerbereich minimieren/ erweitern* in der Breite an.

TIPP   **HINWEIS**   **HINWEIS**

Start

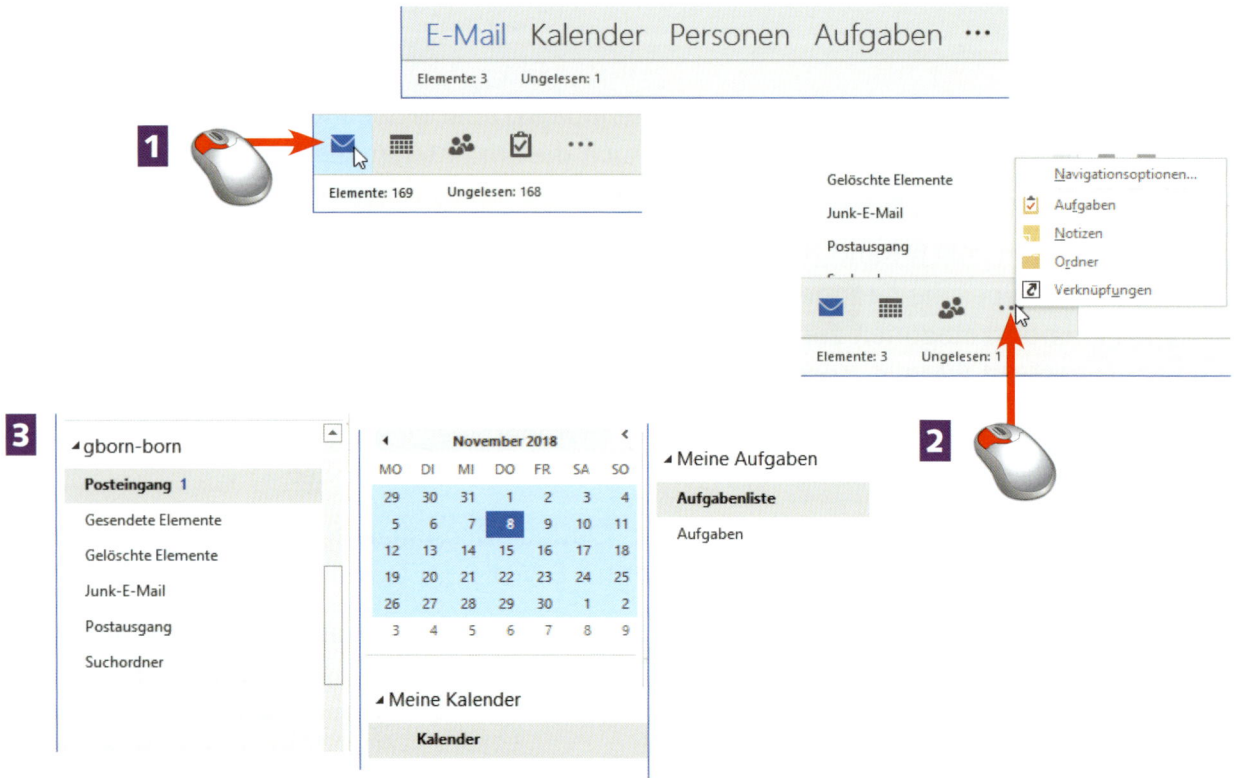

1 Zum Aufrufen einer Funktionskategorie wählen Sie eine der Gruppenschaltflächen (über die Symbole der Kompaktnavigation oder über deren Namen) im Ordnerbereich an.

2 Fehlen Gruppeneinträge wegen Platzmangel, wählen Sie die drei Pünktchen an, um die Kategorien als Menü einzublenden.

3 Je nach gewählter Gruppenschaltfläche zeigt der obere Ordnerbereich unterschiedliche Inhalte. Ein Mausklick auf einen Eintrag zeigt den Inhalt im Dokumentbereich an.

Der Ordnerbereich ermöglicht es Ihnen, in Outlook komfortabel auf die einzelnen Funktionskategorien wie E-Mails, Aufgaben, Kontakte, Notizen etc. zuzugreifen.

WISSEN

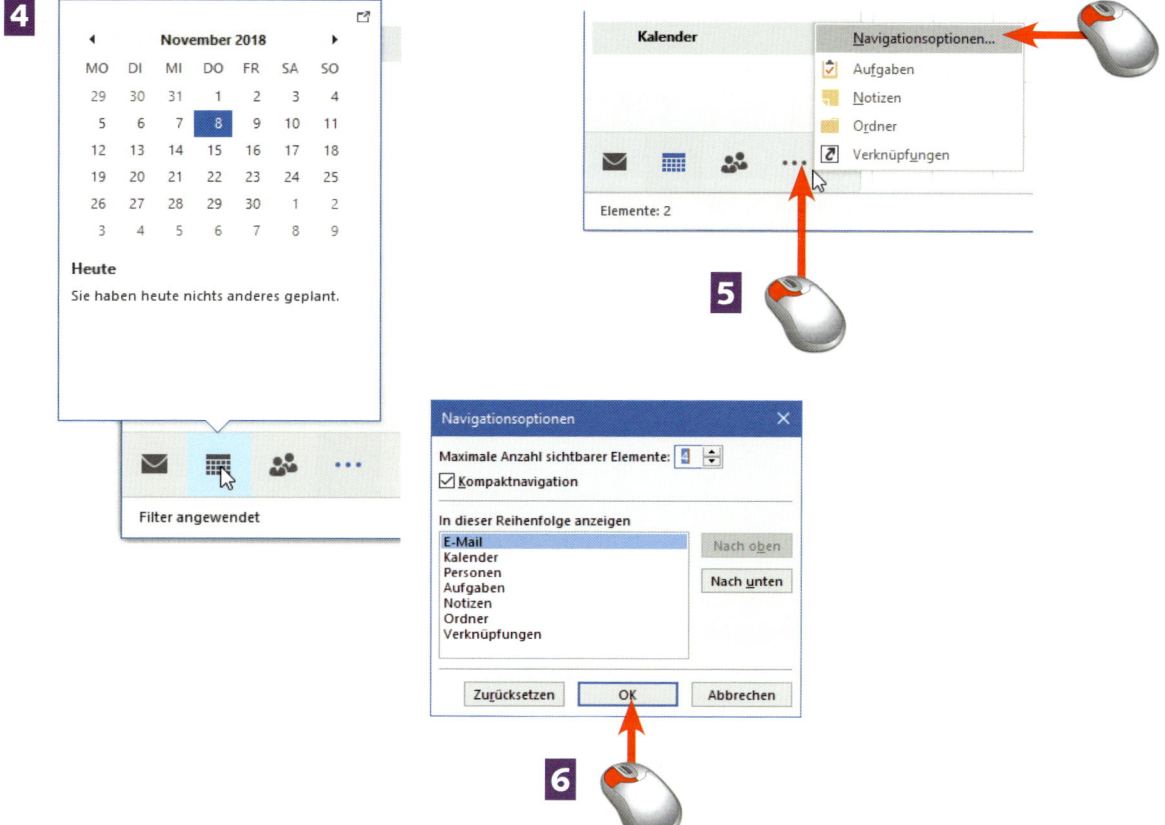

4 Beim Zeigen blendet Outlook bei manchen Symbolen des Ordnerbereichs ein Infofenster zum Suchen in Kontakten oder zum Schnellzugriff auf den Kalender ein.

5 Wählen Sie die Schaltfläche *Navigationsoptionen*, um den Bereich der Gruppenschaltflächen über das gleichnamige Dialogfeld anzupassen.

6 Im Dialogfeld *Navigationsoptionen* geben Sie die Zahl der maximal sichtbaren Elemente vor, deaktivieren ggf. die Kompaktnavigation und passen die Elementreihenfolge an.

Ende

TIPP	HINWEIS	HINWEIS
Über die Schaltfläche *Ordner* (Schritt 2) blenden Sie eine Liste aller in Outlook verwalteten Ordner im Ordnerbereich ein.	Bei deaktivierter Kompaktnavigation werden statt Symbolen Kategoriennamen angezeigt (Schritt 1).	Über die Schaltflächen *Nach oben/Nach unten* im Dialogfeld *Navigationsoptionen* verändern Sie die Reihenfolge der Einträge.

Start

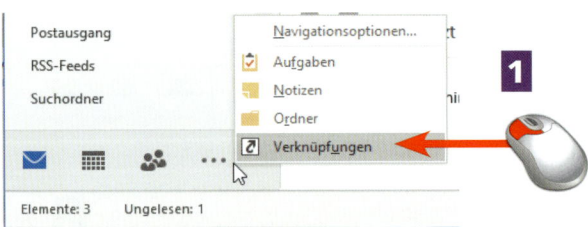

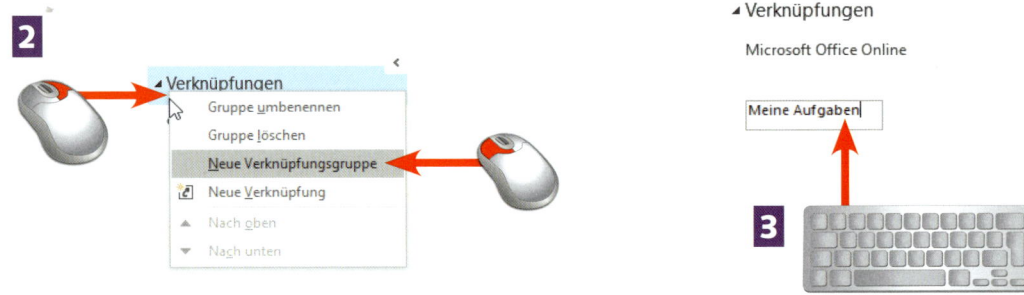

1 Wählen Sie im Ordnerbereich *Verknüpfungen*, um den Verknüpfungsbereich im oberen Teil einzublenden.

2 Im Ordnerbereich öffnen Sie das Kontextmenü der Gruppe *Verknüpfungen* und wählen den Kontextmenübefehl *Neue Verknüpfungsgruppe* aus.

3 Tippen Sie den Namen für die Gruppe ein und drücken Sie die ⏎-Taste, um die Benennung der neu angelegten Gruppe abzuschließen.

Sie können im Ordnerbereich eigene Verknüpfungen auf Aufgaben, Notizen etc. ablegen. Diese ermöglichen es Ihnen, per Mausklick auf die betreffenden Outlook-Inhalte zuzugreifen.

WISSEN

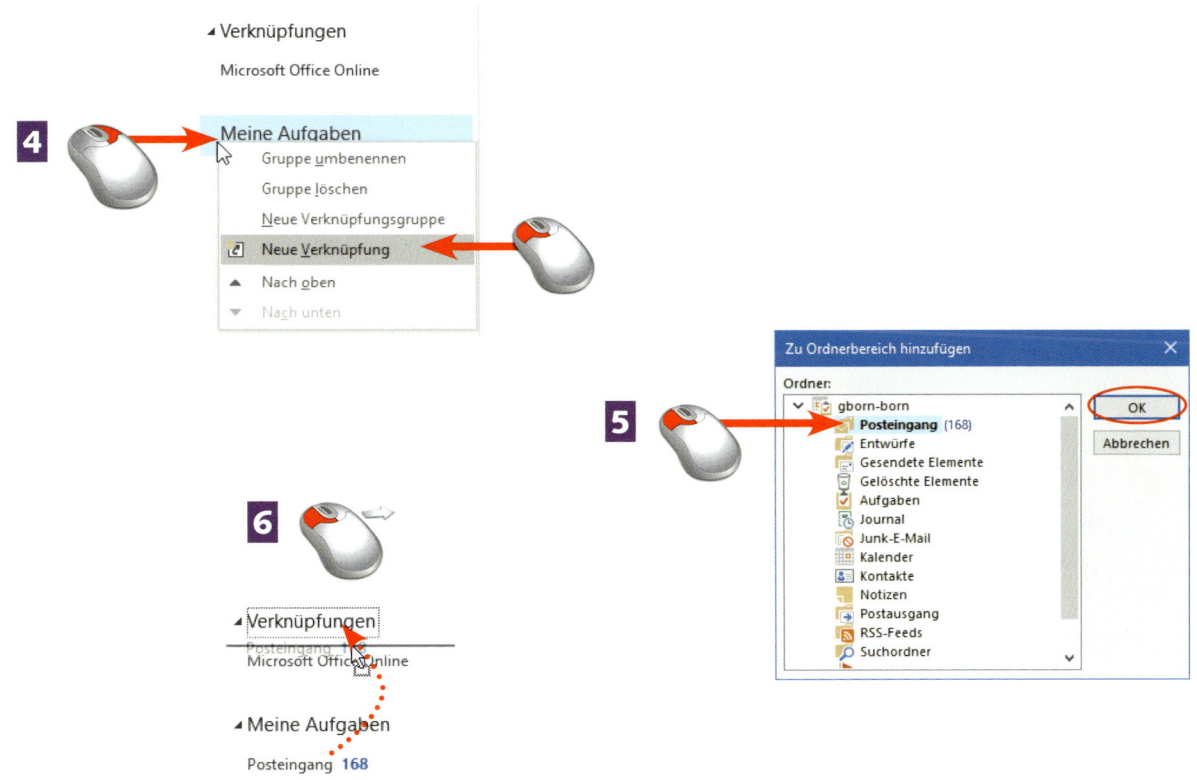

4 Öffnen Sie im Ordnerbereich das Kontextmenü einer Gruppe, und wählen Sie den Kontextmenübefehl *Neue Verknüpfung* aus.

5 Legen Sie im Dialogfeld den gewünschten Ordner fest, und bestätigen Sie dies über die *OK*-Schaltfläche.

6 Bei Bedarf können Sie Verknüpfungen im Ordnerbereich später zur gewünschten Gruppe ziehen und so verschieben.

Ende

Wählen Sie einen Gruppen- oder Verknüpfungseintrag per Rechtsklick an, um diesen über Kontextmenübefehle umzubenennen oder zu löschen.	Der Verknüpfungsbereich wird ausgeblendet, sobald Sie in der Navigationsleiste eine andere Gruppe (z. B. für E-Mail) anwählen.	Outlook verfügt in der Kategorie *Verknüpfungen* der Navigationsleiste bereits über die Gruppe *Microsoft Office Online*.
TIPP	**HINWEIS**	**HINWEIS**

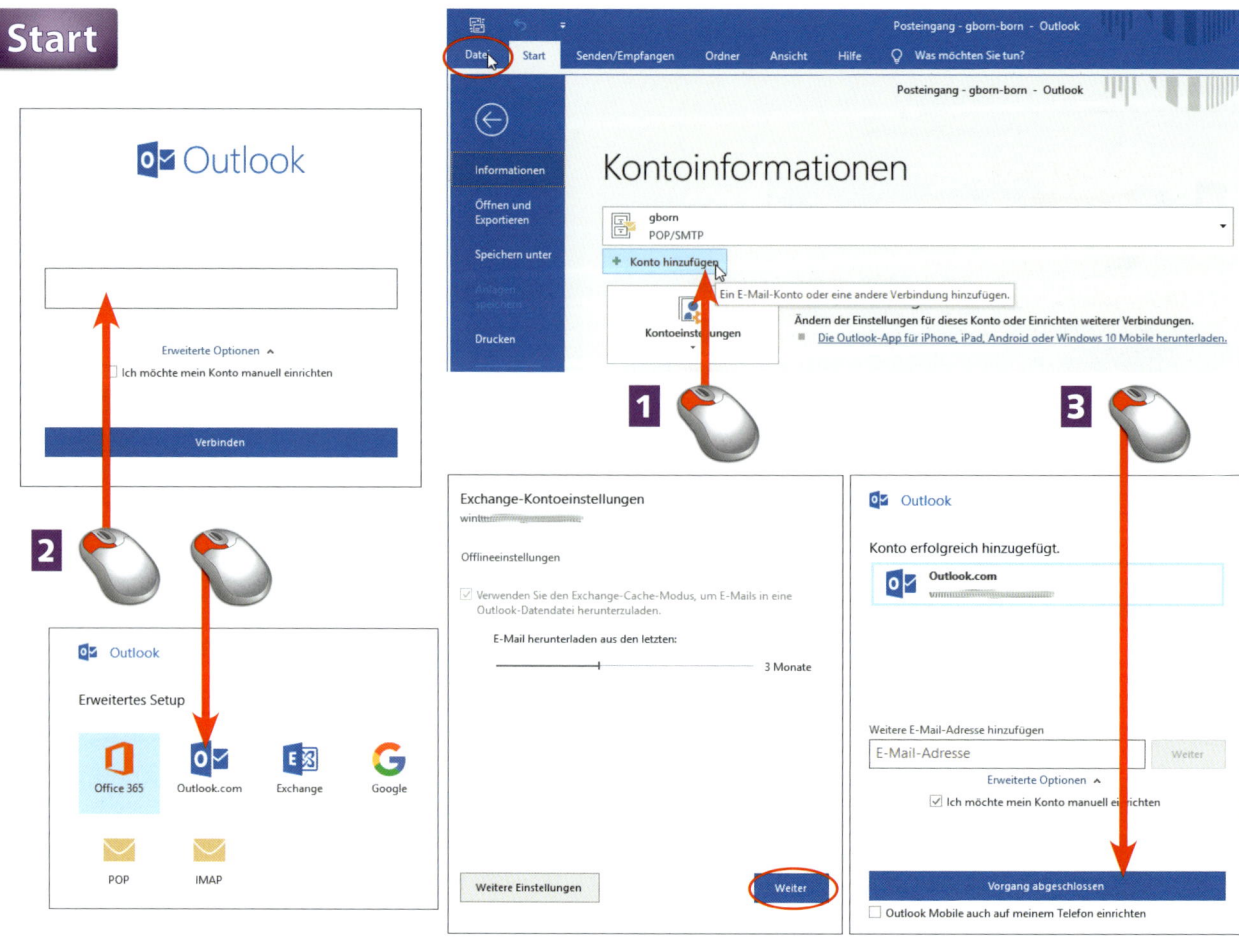

1 Gehen Sie zur Registerkarte *Datei*, wählen Sie ggf. den Befehl *Informationen* und dann in der Backstage-Ansicht die Schaltfläche *Konto hinzufügen*.

2 Tragen Sie in den angezeigten Fenstern die gewünschten Daten (Benutzername, E-Mail-Adresse, Kennwort) des E-Mail-Kontos ein und wählen Sie ggf. die Postfachart.

3 Durchlaufen Sie die Fenster über die angezeigten Schaltflächen und warten Sie bei einer automatischen Konfiguration, bis Outlook das Postfach erfolgreich eingerichtet hat.

Bevor Outlook E-Mails empfangen und versenden kann, müssen entsprechende E-Mail-Konten mit den Zugangsdaten zum E-Mail-Server eingerichtet werden. Diese Daten erfahren Sie beim Anbieter des E-Mail-Kontos.

WISSEN

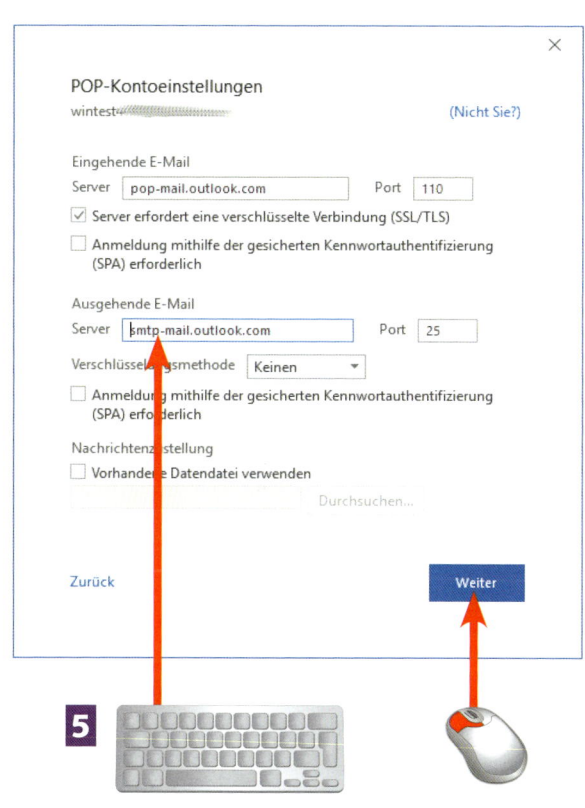

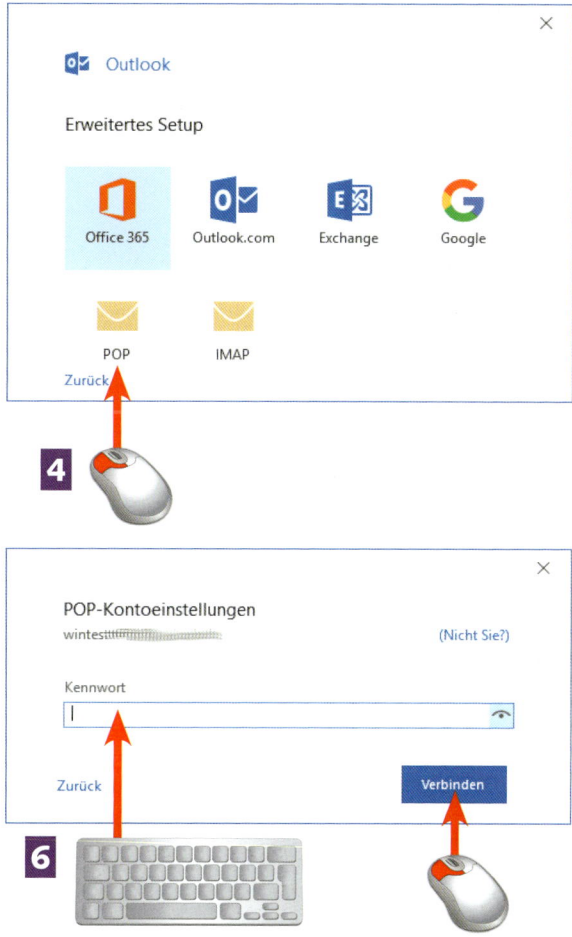

4 Bei der manuellen Konfiguration wählen Sie im Fenster *Erweitertes Setup* den Typ (hier *POP* oder *IMAP*).

5 Tragen Sie bei manueller Konfigurierung die Kontodaten in das Fenster ein. Über *Weiter* geht es zur Folgeseite.

6 Tragen Sie ggf. das Kennwort und weitere abgefragte Daten ein, warten Sie den Test der Kontoeinstellungen ab, und schließen Sie das Abschlussfenster.

Ende

Falls es in Schritt 3 zu Fehlermeldungen kommt, markieren Sie im vorherigen Fenster (Schritt 2) die Option *Ich möchte mein Konto manuell einrichten* und klicken auf *Verbinden*.

POP3, SMTP und IMAP sind Protokolle, auf deren Grundlage E-Mails vom E-Mail-Server abgeholt und versandt werden.

Verwenden Sie die angebotenen Optionen wie *Weiter* und *Zurück*, um zwischen den Fenstern zu wechseln.

TIPP

FACHWORT

HINWEIS

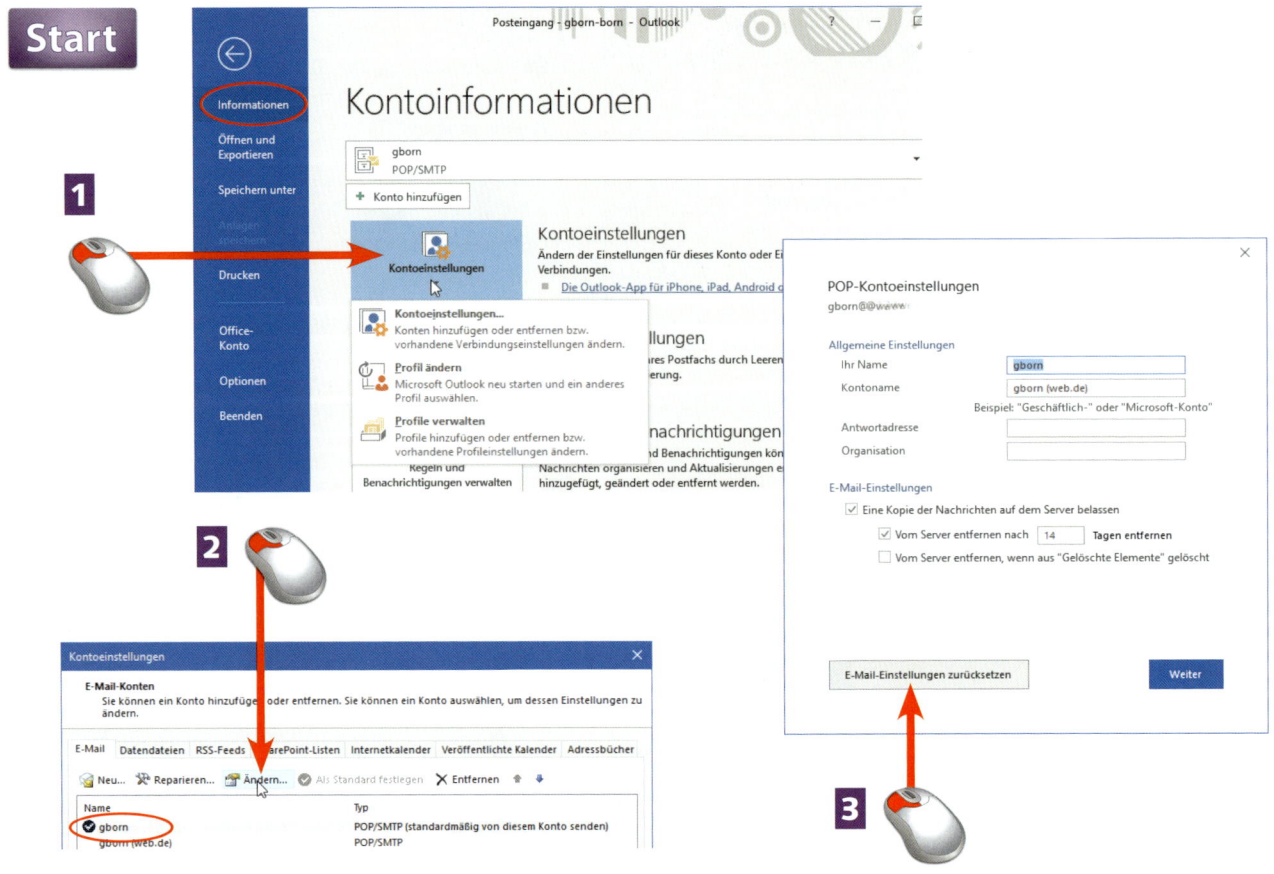

1 Wählen Sie in der Backstage-Ansicht den Befehl *Informationen*, dann die Schaltfläche *Kontoeinstellungen* und im zugehörigen Menü den gleichnamigen Befehl.

2 Wählen Sie auf der Registerkarte *E-Mail* des Dialogfelds *Kontoeinstellungen* das Konto aus, und klicken Sie anschließend auf die Schaltfläche *Ändern*.

3 Im angezeigten Fenster prüfen Sie die Kontoeinstellungen und löschen diese ggf. über *E-Mail-Einstellungen zurücksetzen*. Mit *Weiter* schalten Sie zum Folgefenster.

Gibt es Probleme mit dem Versand von E-Mails, überprüfen Sie die Kontodaten sowie die Outlook-Einstellungen. Über die Schaltfläche *Kontoeinstellungen testen* (Schritt 2) wird eine Nachricht über das E-Mail-Konto verschickt und der Status angezeigt.

WISSEN

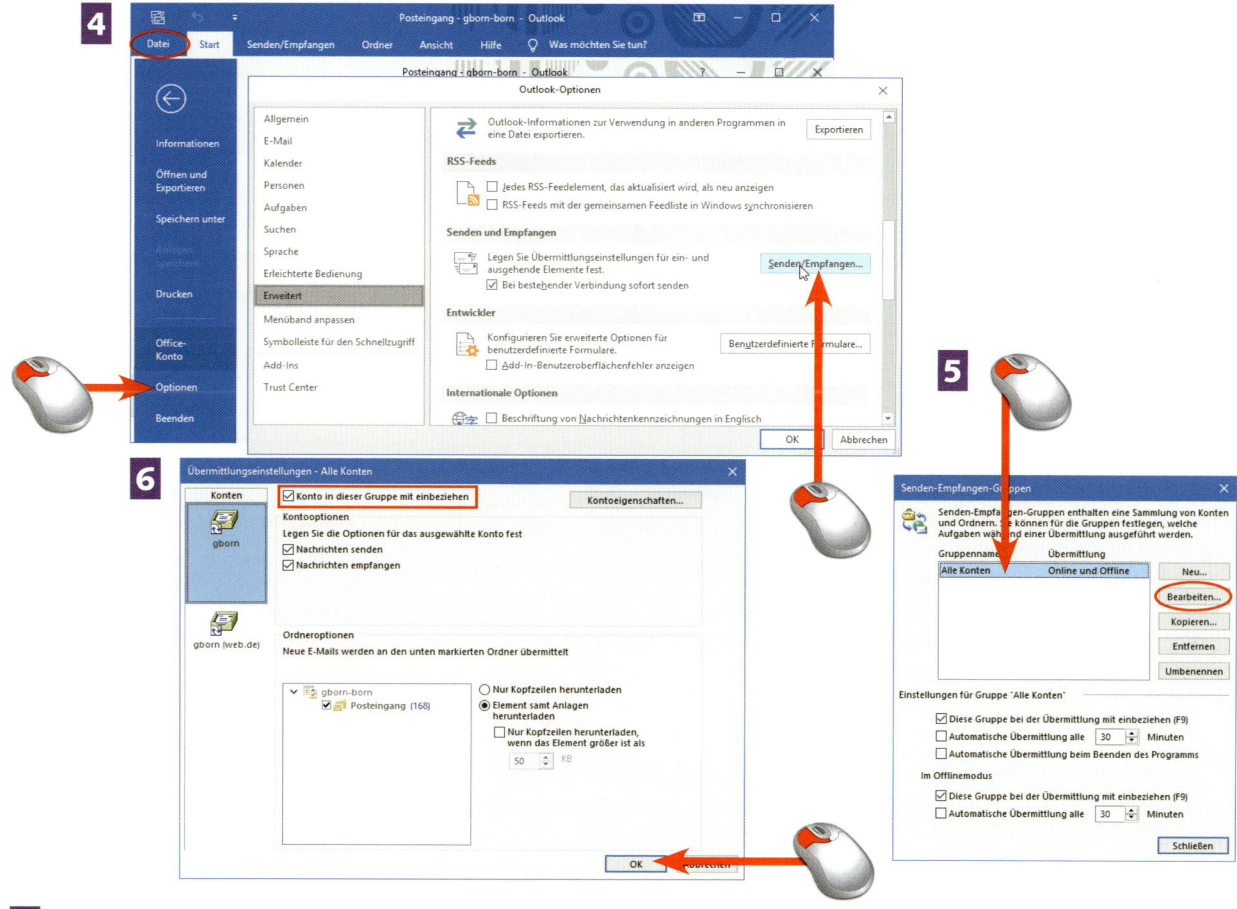

4 Wählen Sie im Menüband *Datei*, dann den Befehl *Optionen*. Wählen Sie im Dialogfeld *Outlook-Optionen* die Kategorie *Erweitert* aus, klicken Sie anschließend auf *Senden/ Empfangen*.

5 Markieren Sie den Eintrag der gewünschten Gruppe, und wählen Sie die Schaltfläche *Bearbeiten*.

6 Löschen Sie im Dialogfeld die Markierung des Kontrollkästchens *Konto in dieser Gruppe mit einbeziehen* des gewählten Kontos, und schließen Sie die Dialogfelder. **Ende**

TIPP

Eine verschlüsselte Verbindung zum Eingangsserver lässt sich auf der Registerkarte *Erweitert* (Schritt 3) einstellen.

TIPP

Viele SMTP-Postausgangsserver erfordern eine Authentifizierung, die Sie auf der Registerkarte *Postausgangsserver* (Schritt 3) festlegen.

HINWEIS

Auf der Registerkarte *Erweitert* (Schritt 3) legen Sie auch fest, ob Kopien der Nachrichten auf dem Server verbleiben.

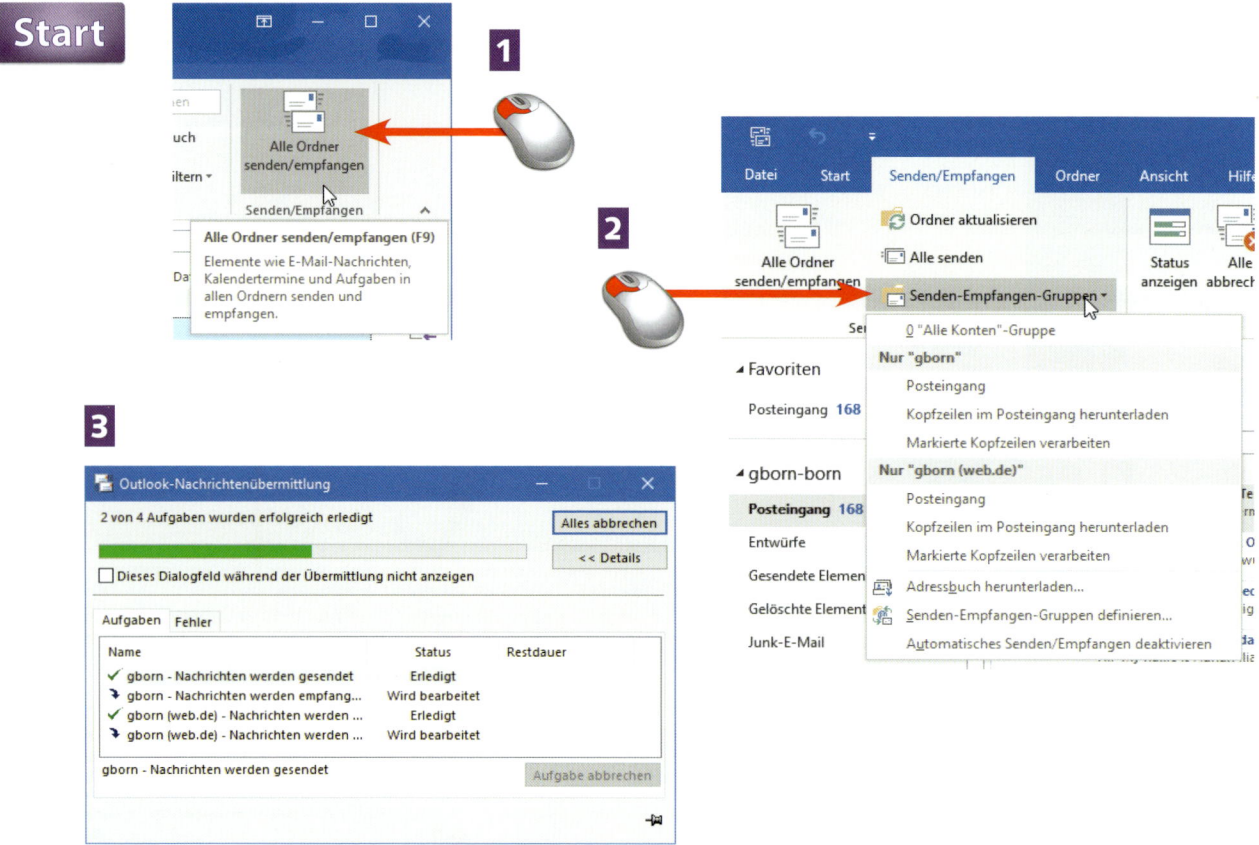

1 Bei manuellem Nachrichtenaustausch wählen Sie auf der Registerkarte *Start* die Schaltfläche *Alle Ordner senden/empfangen* (fehlt bei Exchange-Konten in Office 365) oder drücken Sie [F9].

2 Über das Menü der Schaltfläche *Senden-Empfangen-Gruppen* der Registerkarte *Senden/Empfangen* lassen sich Nachrichten eines Kontos gezielt abrufen und versenden.

3 Während des Nachrichtentransfers zwischen Outlook und dem E-Mail-Server werden der Status und der Ablauf in diesem Dialogfeld angezeigt.

Outlook kann den E-Mail-Server per Onlineverbindung automatisch auf eingegangene E-Mails abfragen sowie neue Nachrichten versenden. Ist ein manueller Nachrichtenaustausch konfiguriert, nutzen Sie die Schritte 1 bis 3, um neue Nachrichten abzuholen bzw. zu versenden.

WISSEN

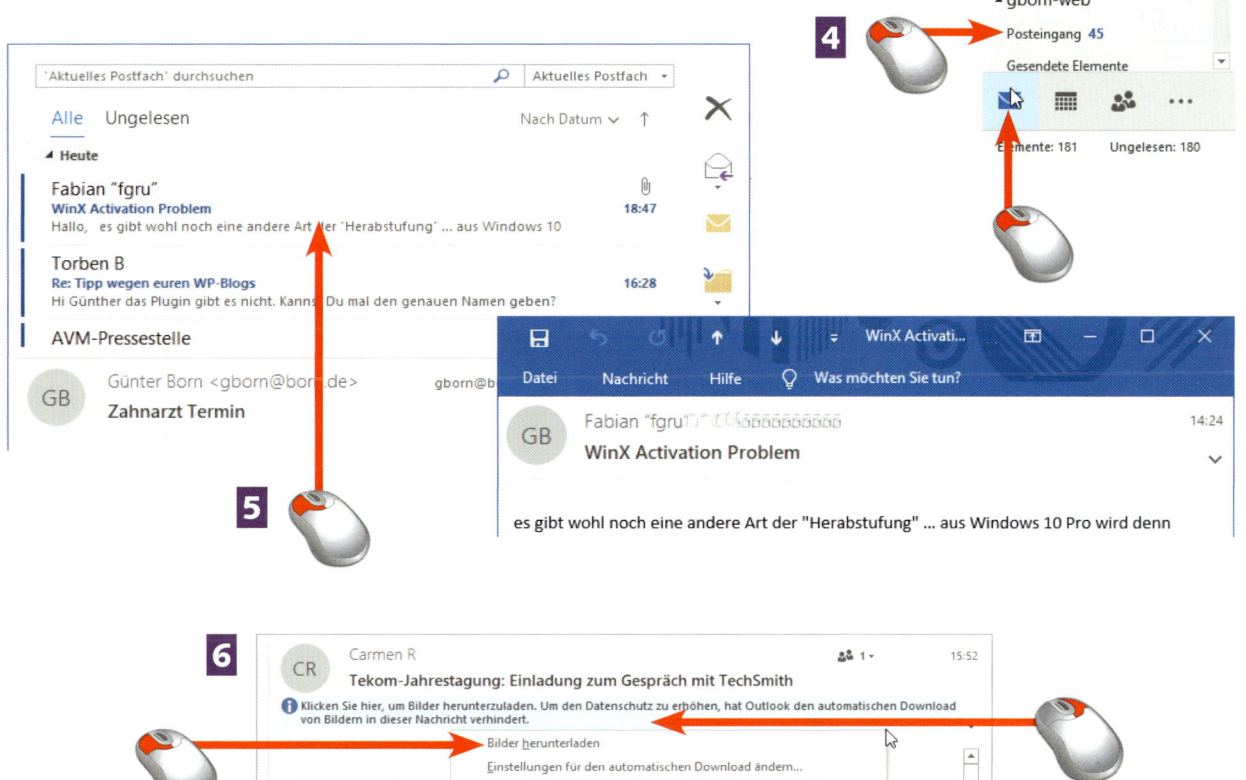

4 Zum Lesen der Nachrichten wählen Sie im Ordnerbereich die Gruppe *E-Mail* und anschließend den Ordner *Posteingang*.

5 Wählen Sie eine Nachricht in der Nachrichtenliste aus, erscheint der Inhalt im Vorschaufenster (Lesebereich). Ein Doppelklick öffnet das Nachrichtenfenster.

6 Aus Datenschutzgründen durch Outlook blockierte Bilder lassen Sie über die Kontextmenübefehle *Bilder herunterladen* laden bzw. anzeigen.

Ende

Bei manchen E-Mail-Konten, die nur in Viertelstunden-Intervallen abgefragt werden können, empfiehlt sich der manuelle Nachrichtentransfer.	Die Anordnung des Lesebereichs (rechts unten) passen Sie auf der Registerkarte *Ansicht* über die Menüschaltfläche *Lesebereich* der Gruppe *Layout* an.	Die in blauer Schrift angegebene Zahl in der Ordnerliste des Ordnerbereichs zeigt die Anzahl ungelesener Nachrichten an.
TIPP	**HINWEIS**	**HINWEIS**

Start

In der Gruppe *E-Mail* zeigt der Dokumentbereich des Outlook-Fensters bei Anwahl eines Ordners die Liste der Nachrichten im Posteingang, Postausgang etc. als Nachrichtenliste an. Diese bietet einen schnellen Überblick über die vorhandenen Nachrichten und deren Status.

WISSEN

! ⬇ Ein stilisiertes Ausrufezeichen oder ein nach unten zeigender Pfeil zeigen, dass der Absender die Nachricht mit einer erhöhten oder niedrigeren Priorität versehen hat.

🔔 Eine stilisierte Glocke in der Nachrichtenliste erinnert an die Bearbeitung von Nachrichten, die Sie mit einer Erinnerungsfunktion versehen haben. Die Glocke wird nur dargestellt, wenn der Bearbeitungstermin noch in der Zukunft liegt. Ist der Erinnerungstermin verstrichen, verschwindet das Symbol der Glocke und die Nachrichtenzeile wird rot eingefärbt.

✉ 📅 Am Symbol eines stilisierten Briefumschlags erkennen Sie E-Mails. Einladungen zu Besprechungen besitzen ein Kalendersymbol. Den E-Mail-Symbolen überlagerte kleine Pfeile zeigen darüber hinaus an, ob Nachrichten beantwortet (Pfeil nach links) oder weitergeleitet (Pfeil nach rechts) wurden.

📎 Eine stilisierte Büroklammer als Symbol weist darauf hin, dass die Nachricht eine Anlage in Form von einer oder mehreren Dateien enthält.

🚩 Eine stilisierte Fahne bedeutet, dass die betreffende Nachricht von Ihnen als zu verfolgen gekennzeichnet wurde (z. B. weil noch Klärungen erforderlich sind).

🟥 Rote Kat... Nachrichten lassen sich Kategorien zuordnen, wobei die Kategorie in einer eigenen Spalte mit einem farbigen Symbol dargestellt wird.

Kategorien und Fähnchen eröffnen die Möglichkeit, Nachrichten entsprechend ihrer Wichtigkeit oder ihrem Bearbeitungsstand zu kennzeichnen.

Die hier sichtbare Darstellung erfolgt nur, wenn der Lesebereich unterhalb der Nachrichtenliste angezeigt wird (Seite 257).

Ungelesene Nachrichten werden mit fetter Schrift in der Nachrichtenliste angezeigt. Wie Sie den Status ändern, ist auf den folgenden Seiten beschrieben.

TIPP　　　　**HINWEIS**　　　　**HINWEIS**

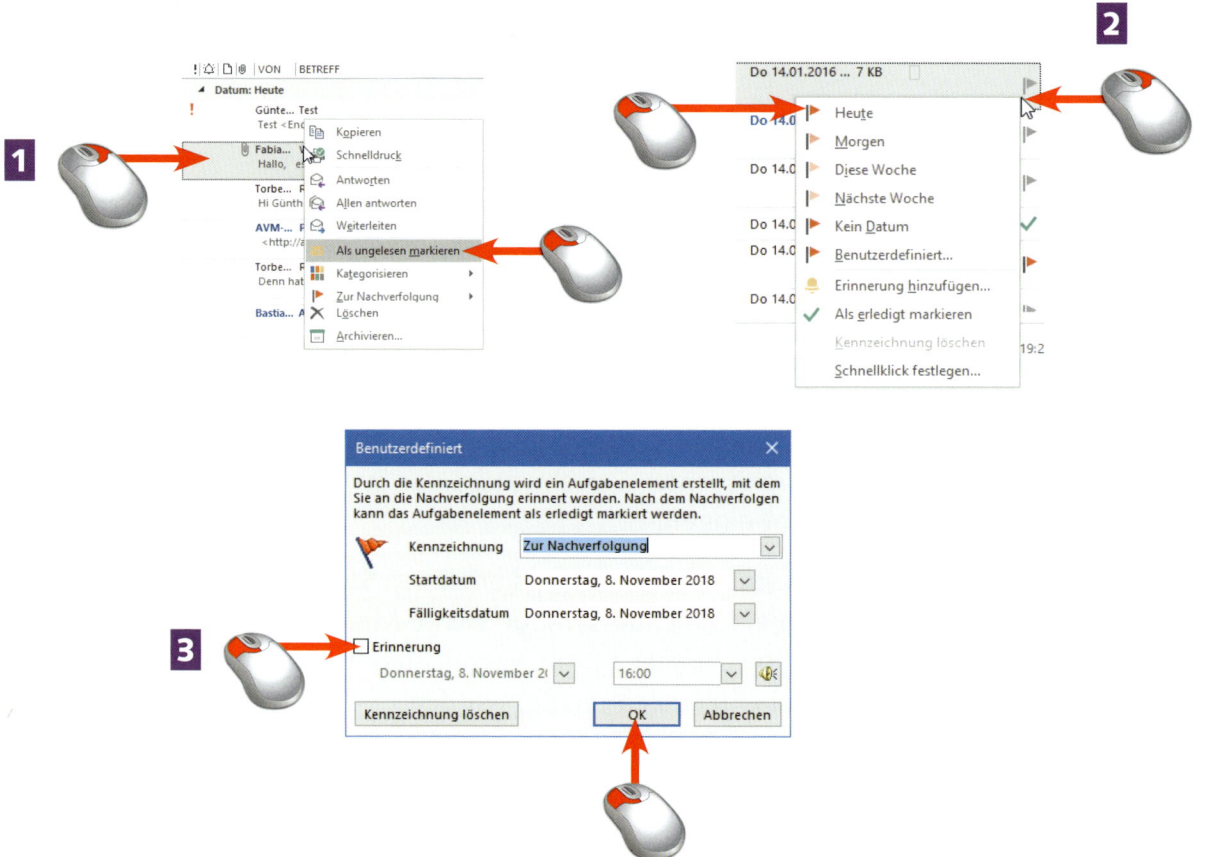

1 Öffnen Sie das Kontextmenü einer bereits als gelesen gekennzeichneten Nachricht, können Sie deren Status über den Kontextmenübefehl *Als ungelesen markieren* zurücksetzen.

2 Klicken Sie mit der rechten Maustaste auf die Spalte *Kennzeichnungsstatus* der Nachricht, lässt sich eine der Kennzeichnungen zur Nachverfolgung zuweisen.

3 Um sich an Fälligkeiten erinnern zu lassen, wählen Sie in Schritt 2 den Kontextmenübefehl *Erinnerung hinzufügen* und legen die Erinnerungsoptionen fest.

Outlook stellt verschiedene Funktionen bereit, um Nachrichten auf Wiedervorlage (Erinnerung) zu setzen, zu klassifizieren oder zur Verfolgung zu markieren.

WISSEN

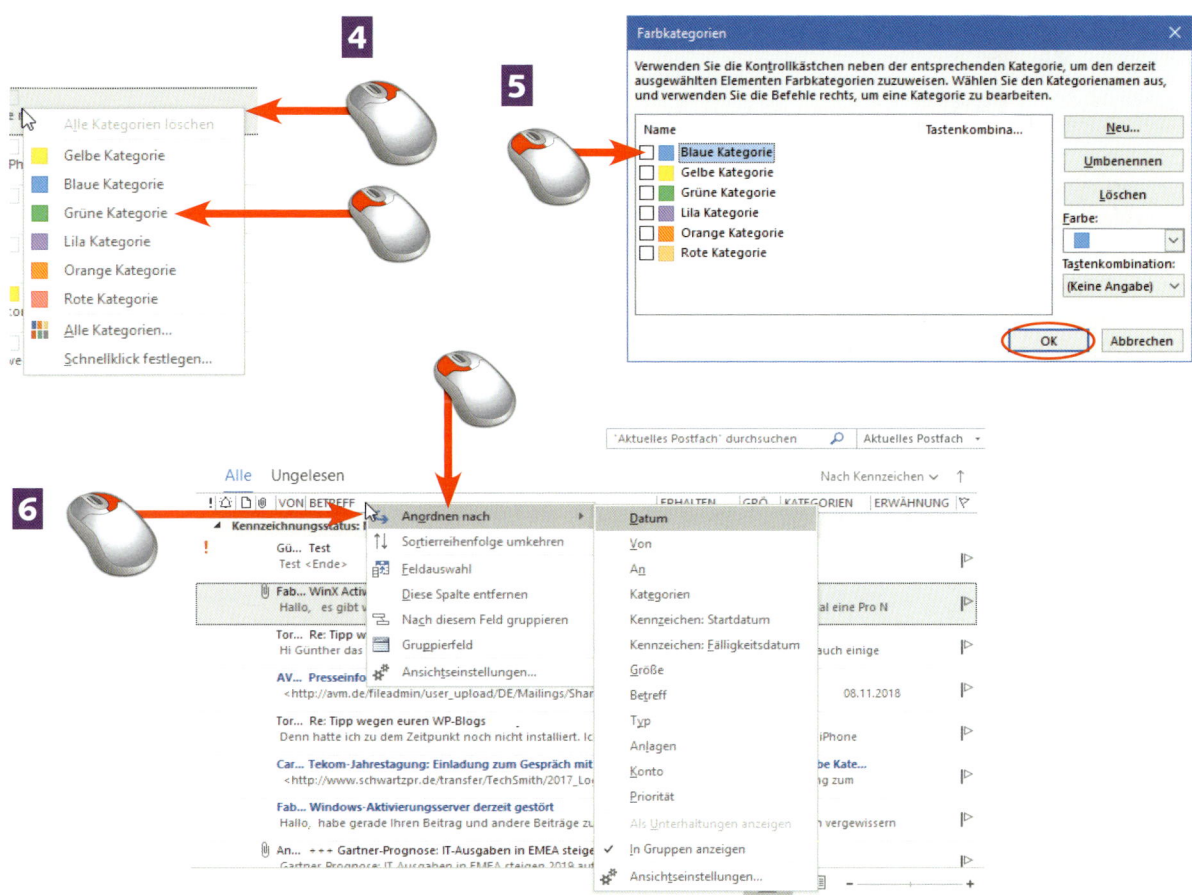

4 Um eine markierte Nachricht einer Kategorie zuzuordnen, öffnen Sie das Kontextmenü der betreffenden Spalte und wählen einen Befehl für die gewünschte Kategorie aus.

5 Nach Aufruf des Befehls *Alle Kategorien* (Schritt 4) können Sie in diesem Dialogfeld eigene Kategorien definieren oder einen Eintrag mehreren Kategorien zuordnen.

6 Über das Kontextmenü des Spaltenkopfes lässt sich die Nachrichtenliste nach Kategorien anordnen und über den Befehl *Anordnen nach/In Gruppen anzeigen* auch gruppieren.

Sie können Nachrichten in der Spalte *Kennzeichnungsstatus* mit verschiedenfarbigen Flaggen versehen und bearbeitete Mails als erledigt kennzeichnen.

Im Dialogfeld *Farbkategorien* lassen sich zugeordnete Kategorien über die Markierung der Kontrollkästchen gezielt löschen oder ändern.

TIPP

HINWEIS

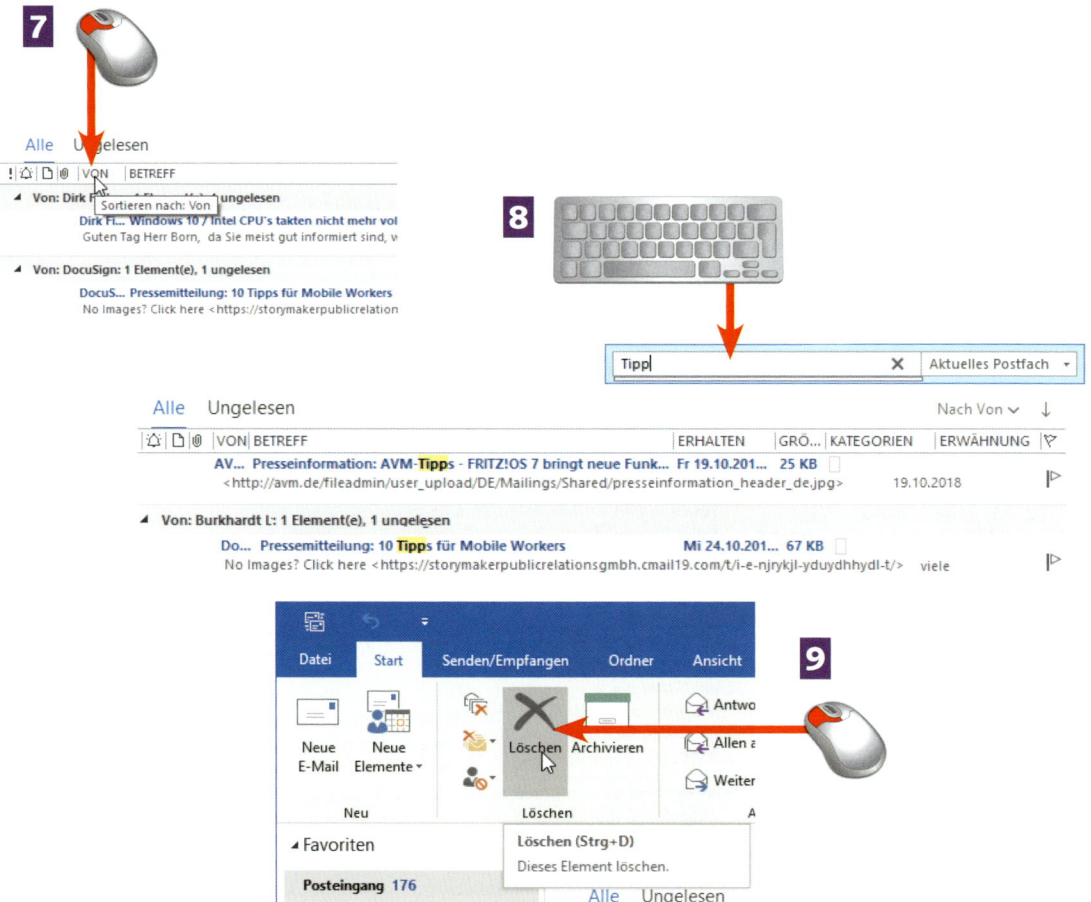

7 Zum Sortieren klicken Sie auf einen Spaltenkopf der Nachrichtenleiste. Die Spalte *Kategorien* ermöglicht es, Nachrichten nach Absendern zu gruppieren.

8 Tippen Sie einen Begriff in das Suchfeld ein, um nach E-Mails zu suchen. Die Treffer werden bereits beim Eintippen in der Nachrichtenliste aufgeführt.

9 Eine markierte Nachricht lässt sich über diese Schaltfläche der Symbolleiste oder über die Tastenkombination (Strg)+(D) in den Ordner *Gelöschte Elemente* verschieben.

Outlook ermöglicht es Ihnen, nach Nachrichten zu suchen, diese zu kopieren, in andere Ordner zu verschieben oder zu löschen. Zudem können Sie den Inhalt einer Nachricht drucken. Die Option *Tabellenformat* der Gruppe *Einstellungen* (Schritt 12) druckt die Nachrichtenliste und *Memoformat* die markierte Nachricht.

WISSEN

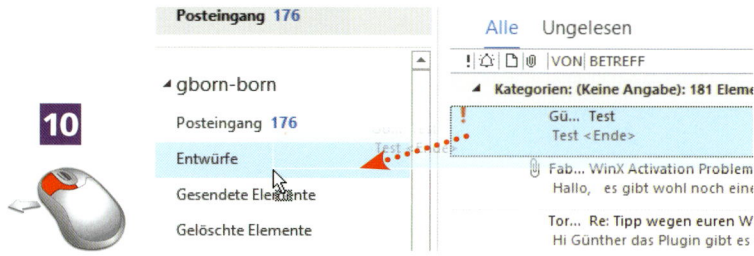

10 Zum Verschieben einer Nachricht ziehen Sie diese per Maus aus der Nachrichtenliste zum gewünschten Ordner im Ordnerbereich und lassen die Maus los.

11 Zum Drucken verwenden Sie die Tastenkombination [Strg]+[P] oder wechseln zur Registerkarte *Datei* und wählen in der Backstage-Ansicht den Befehl *Drucken*.

12 Legen Sie die Ausgabeoptionen in der Backstage-Ansicht fest, und wählen Sie die Schaltfläche *Drucken*, um den Ausdruck zu beginnen.

Ende

TIPP

Die Suchanfrage (Schritt 8) lässt sich über dieses am rechten Rand des Such-felds befindliche Symbol ⊠ löschen.

TIPP

Wählen Sie den Ordner *Gelöschte Elemente* in der Navigationsleiste, um irrtümlich gelöschte Nachrich-ten in den Quellordner (z. B. Posteingang) zurückzuschieben.

HINWEIS

Erst der Kontextmenübefehl *Ordner leeren* des Ordners *Gelöschte Elemente* entfernt gelöschte E-Mails, Aufgaben, Notizen etc. endgültig.

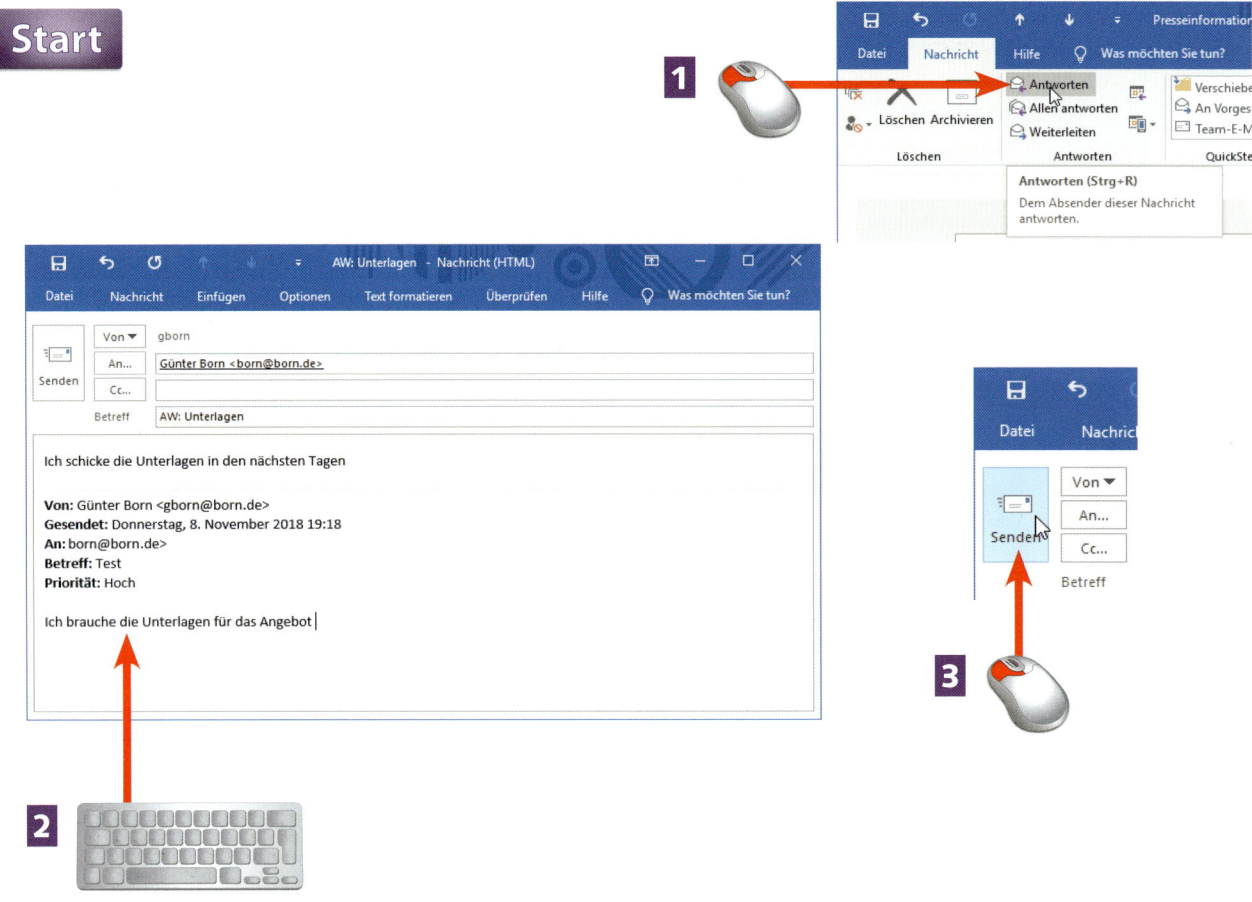

1 Um eine im Nachrichtenfenster geöffnete Nachricht zu beantworten, wählen Sie auf der Registerkarte *Nachricht* (bzw. *Start*) des Menübands die *Antworten*-Schaltfläche.

2 Da die Empfängeradresse, der Betreff und der Ursprungstext automatisch in die Antwort übernommen werden, brauchen Sie nur noch den Antworttext einzutippen.

3 Über die *Senden*-Schaltfläche lässt sich die Nachricht direkt versenden bzw. bei entsprechenden Einstellungen in den Postausgang übertragen.

Eine Nachricht an mehrere Empfänger lässt sich über die Schaltfläche *Allen antworten* beantworten. Dann werden alle Empfängeradressen automatisch in die Antwort übernommen. Beim Weiterleiten tragen Sie dagegen die Empfängeradresse in den Nachrichteneditor ein.

WISSEN

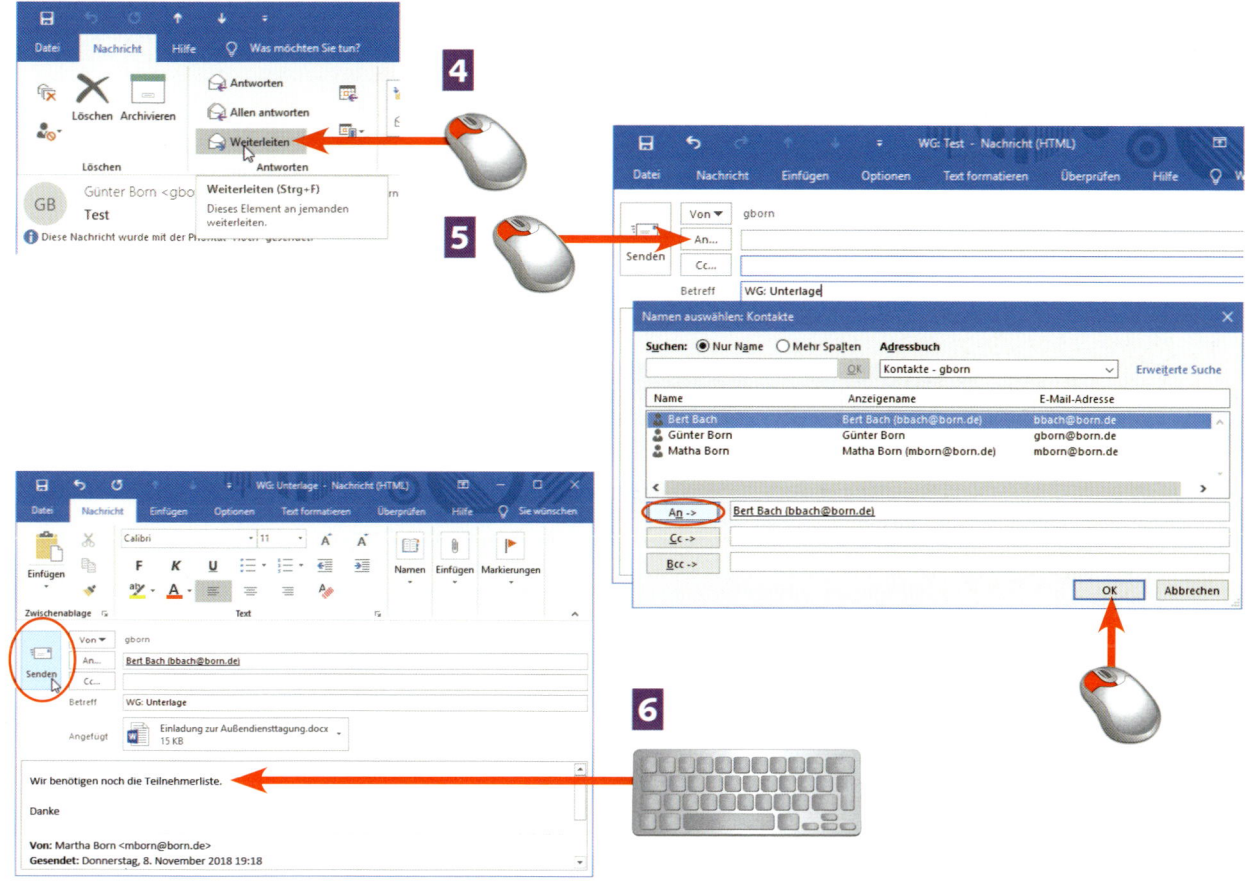

4 Um eine eingetroffene Nachricht an Dritte weiterzuleiten, wählen Sie auf der Register-karte *Nachricht* des Nachrichtenfensters die Schaltfläche *Weiterleiten*.

5 Fügen Sie im Empfängerfeld *An* die Empfängeradresse(n) ein. Wählen Sie die *An*-Schalt-fläche, lassen sich die Adressen im Dialogfeld in das *An*-Feld übernehmen.

6 Ergänzen Sie den Nachrichtentext und klicken Sie auf die *Senden*-Schaltfläche, um die E-Mail in den Postausgang und dann an den E-Mail-Ausgangsserver zu übertragen.

Ende

Eine Nachricht öffnen Sie mit einem Doppelklick auf den Eintrag in der Nachrichtenliste in einem eigenen Fenster (siehe Seite 257).

Eine neue Nachricht lässt sich über die Schaltfläche *Recht-schreibung und Grammatik* der Registerkarte *Überprüfen* auf Schreibfehler im Text überprüfen.

Die Schaltflächen zum Beant-worten/Weiterleiten sind auch direkt im Outlook-Hauptfenster anwählbar – Sie sparen sich das Öffnen der Nachricht.

TIPP   **TIPP**   **HINWEIS**

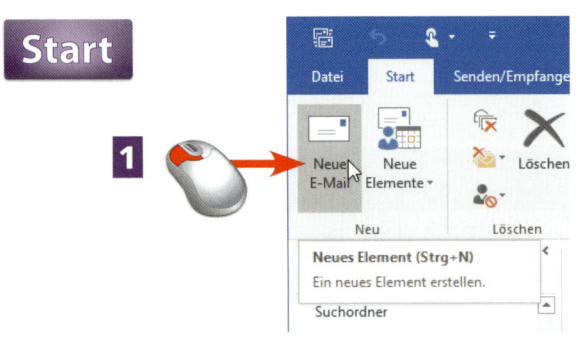

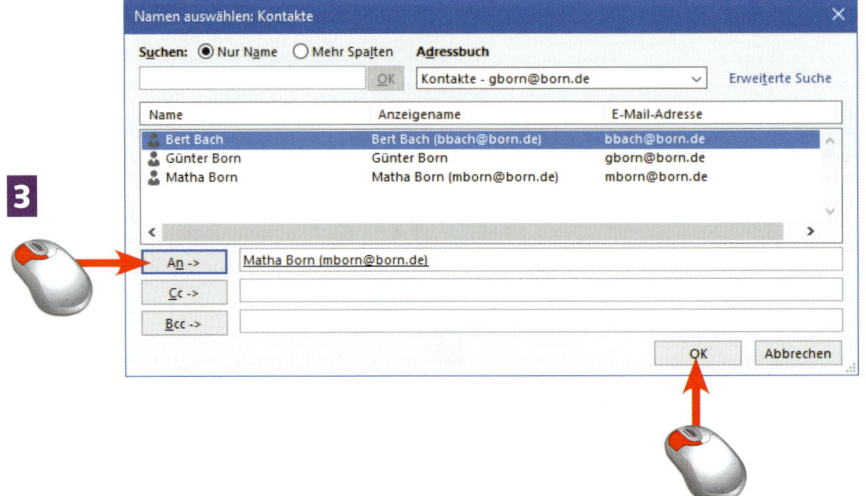

1 Wählen Sie auf der Registerkarte *Start* des Outlook-Fensters die Schaltfläche *Neue E-Mail*.

2 Tragen Sie in die Felder *An* und *Cc* die Empfängeradressen ein. Mehrere Adressen werden jeweils durch ein Semikolon (;) getrennt. Alternativ können Sie auch die *An*-Schaltfläche wählen.

3 Wählen Sie die Empfängeradressen in der Adressliste aus, und übertragen Sie diese mittels der Schaltflächen *An ->*, *Cc ->*, *Bcc ->* in die Felder. Bestätigen Sie dann mit *OK*.

Das Feld *Cc* ermöglicht es Ihnen, Kopien an weitere Empfänger zu senden. Bei eingetragenen Adressen im Feld *Bcc* werden Blindkopien an weitere Empfänger verschickt, ohne dass deren E-Mail-Adressen sichtbar werden. Dies verhindert z. B. bei Rundmails, dass Kundenlisten bei den Empfängern publik werden.

WISSEN

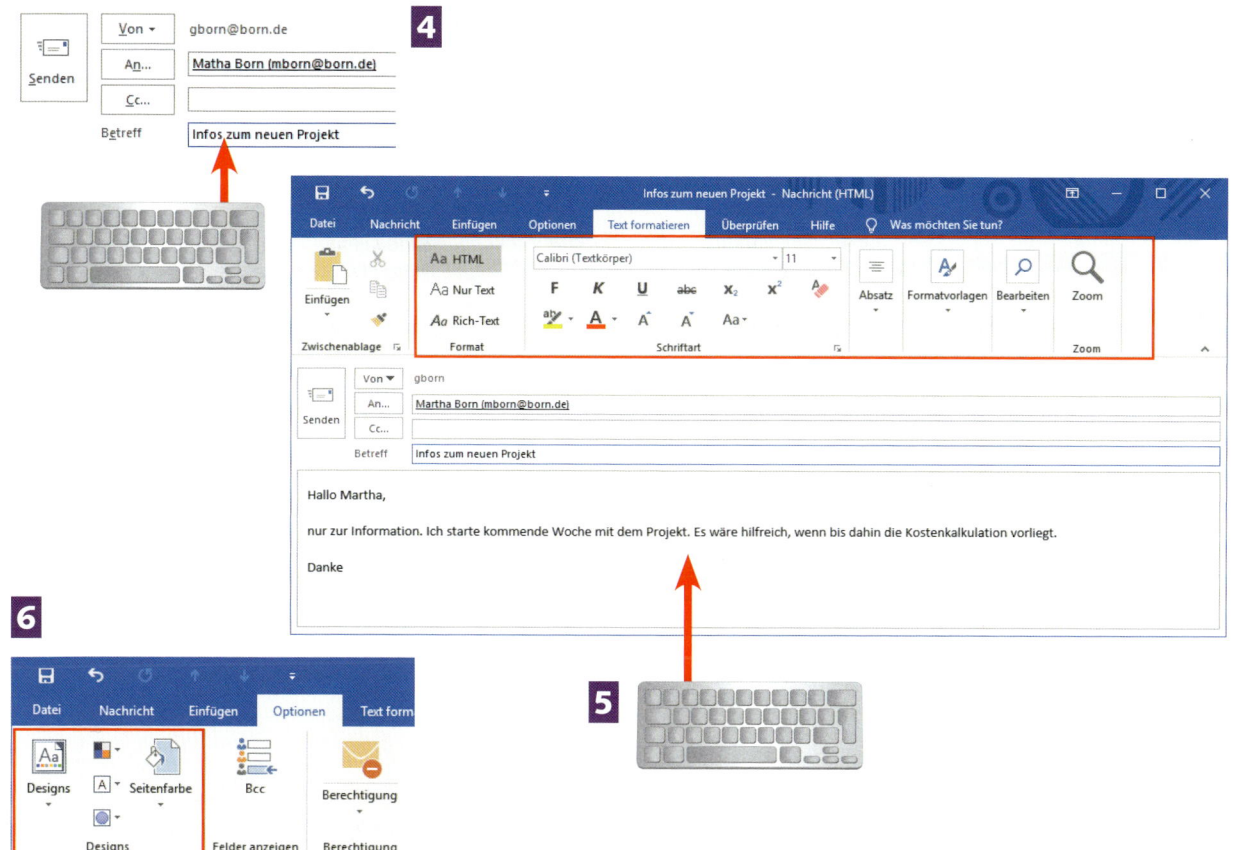

4 Sind die Empfängeradressen eingetragen, geben Sie im *Betreff*-Feld einen kurzen Text mit einem Hinweis auf den Nachrichteninhalt ein.

5 Tragen Sie im Dokumentbereich den Text der Nachricht ein. Über die Elemente der Registerkarte *Text formatieren* lässt sich der Nachrichtentext ggf. formatieren.

6 Auf der Registerkarte *Optionen* weisen Sie über die Elemente der Gruppe *Designs* einer HTML-Nachricht eine Hintergrundfarbe, Schriftarten sowie Designs zu.

Ist die Kategorie *E-Mail* in der Ordnerleiste aktiv, erstellt Strg+N eine neue Nachricht. Oder Sie wählen den Befehl *E-Mail-Nachricht* der Menüschaltfläche *Neue Elemente*.

Auf der Registerkarte *Optionen* im Menüband lassen sich über Kontrollkästchen Übermittlungs-/Lesebestätigungen anfordern oder das Feld *Bcc* einblenden.

E-Mails können über die Gruppe *Format* der Registerkarte *Text formatieren* auf *Nur Text* oder *HTML* bzw. *Rich-Text* gestellt werden. Nur bei HTML und Rich-Text sind Textformatierungen möglich.

TIPP   **TIPP**   **HINWEIS**

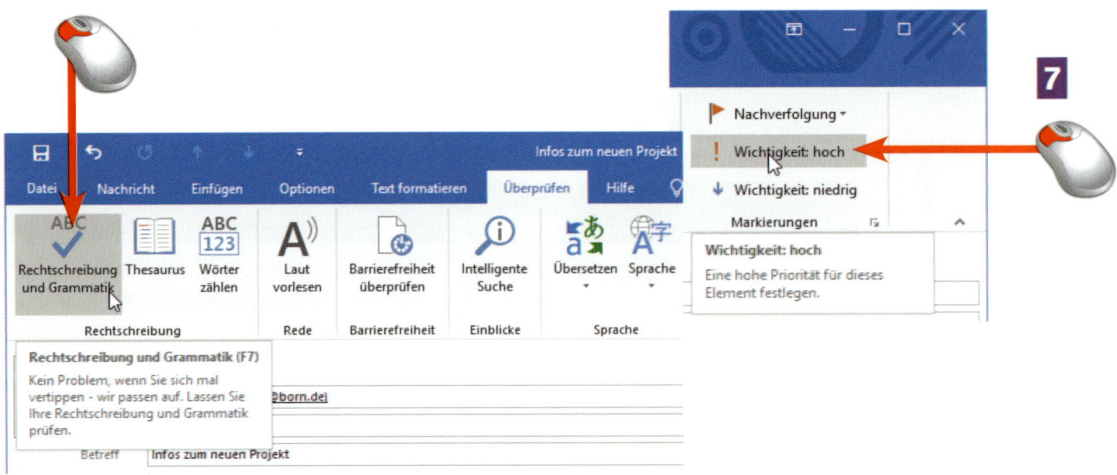

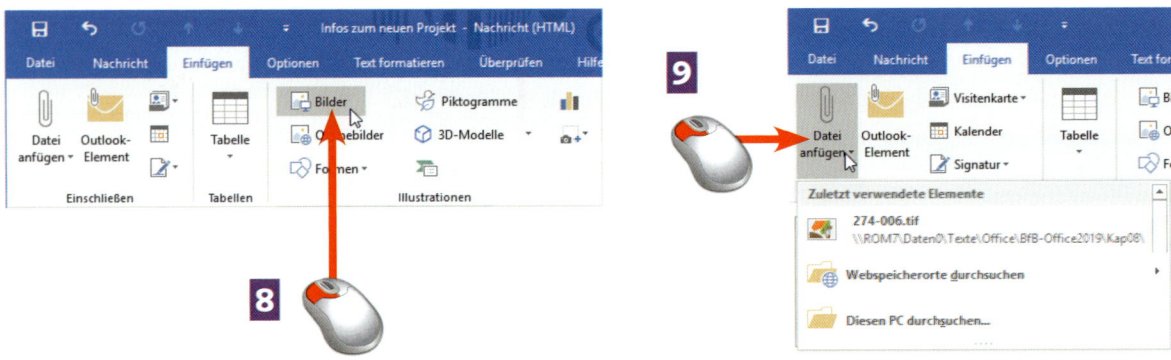

7 Auf der Registerkarte *Nachricht* lässt sich die Prioritätskennzeichnung erhöhen bzw. reduzieren, die Registerkarte *Überprüfen* ermöglicht eine Rechtschreibprüfung.

8 Bei HTML-Mails wechseln Sie im Menüband zur Registerkarte *Einfügen*, um (wie in Word) Tabellen, Bilder oder andere Elemente einzufügen.

9 Um der Nachricht eine Datei anzuhängen, wählen Sie auf der Registerkarte *Einfügen* die Schaltfläche *Datei anfügen* und im Menü *Diesen PC durchsuchen*.

Am effizientesten sind Nachrichten im reinen Textformat. HTML-Mails mit eingefügten Bildern, Tabellen und Formatierungen werden sehr umfangreich. Dadurch dauern das Versenden und das Herunterladen entsprechend länger.

WISSEN

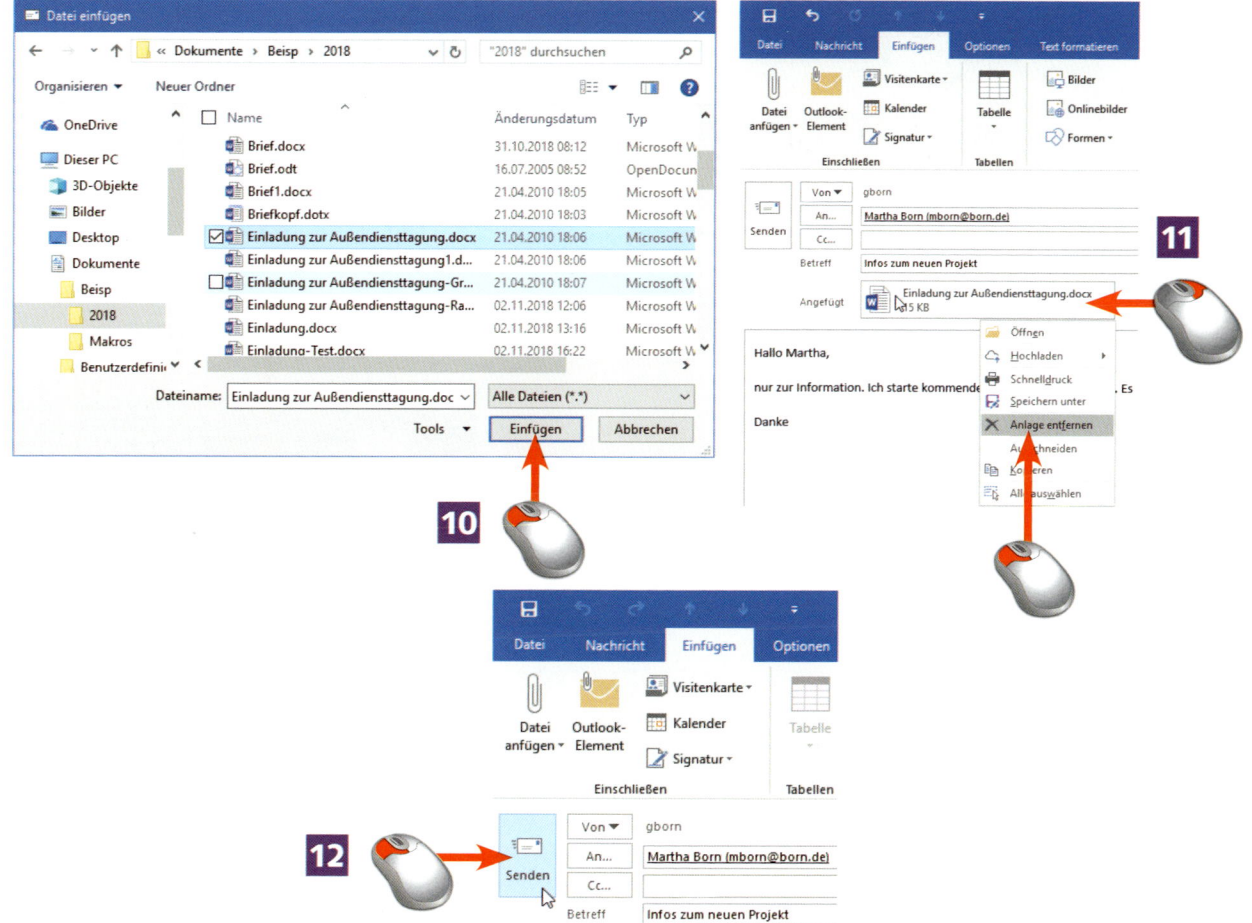

10 Markieren Sie die einzufügenden Dateien in diesem Dialogfeld, und wählen Sie die *Einfügen*-Schaltfläche.

11 Die eingefügten Dateien werden in einer separaten Zeile *Angefügt* angezeigt. Einträge lassen sich über den Menübefehl *Anlage entfernen* aus der Anlage entfernen.

12 Übertragen Sie die fertige Nachricht mittels der *Senden*-Schaltfläche in den Postausgang oder an den Postausgangsserver.

Ende

Ziehen Sie eine Datei (z. B. per Maus) in das Nachrichtenfenster, um diese Datei als Anlage einzufügen.

Sind mehrere E-Mail-Konten in Outlook eingerichtet, lässt sich über die eingeblendete Schaltfläche *Von* wählen, über welches Konto die Nachricht versandt wird.

Große Anhänge laden Sie auf OneDrive hoch und fügen den Link über *Webspeicherorte durchsuchen* in die Mail ein (siehe Menü Schritt 9).

TIPP **HINWEIS** **HINWEIS**

Start

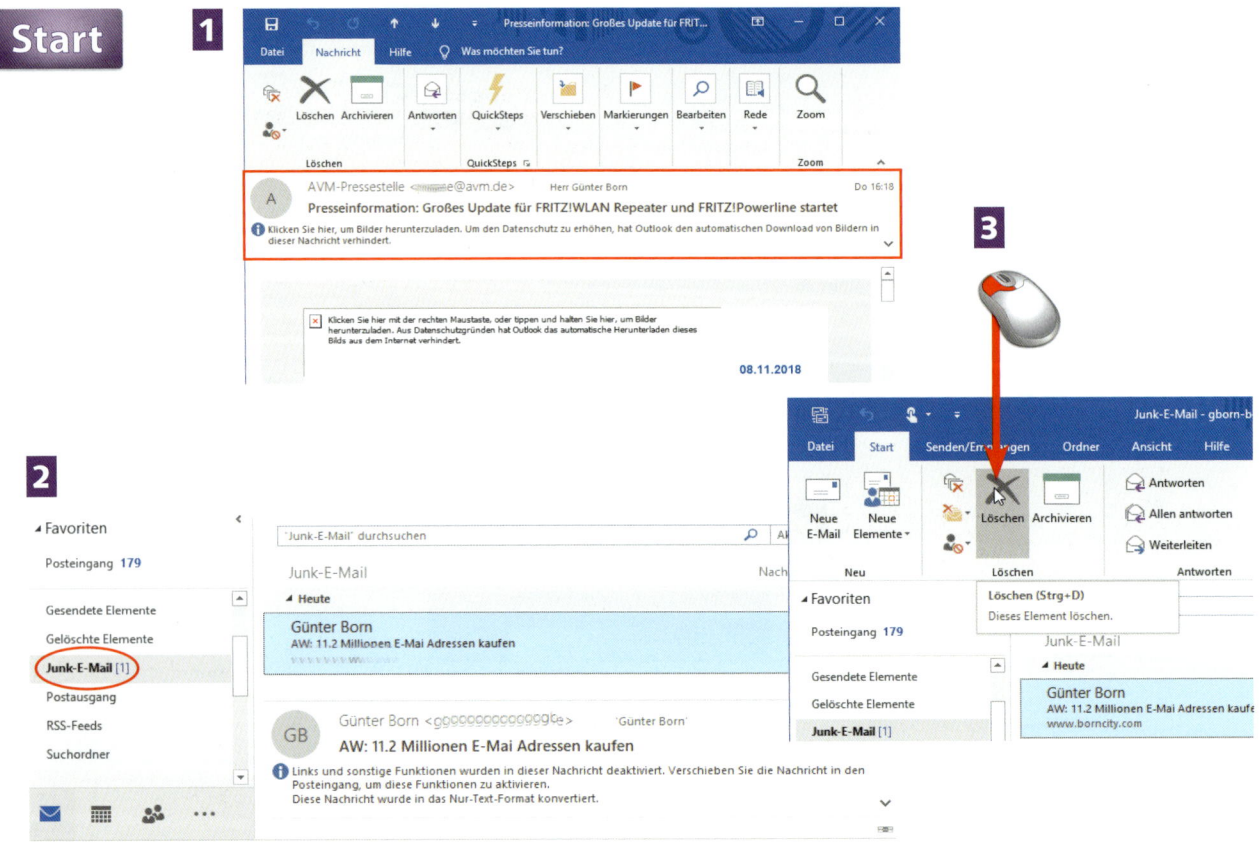

1 Bei eintreffenden Nachrichten werden bestimmte Inhalte, die eine Identifizierung per Web ermöglichen, blockiert. Es wird ggf. eine Warnung im Nachrichtenfenster gezeigt.

2 Als Spam erkannte Nachrichten werden in den Ordner *Junk-E-Mail* einsortiert.

3 Löschen Sie gekennzeichnete Phishingmails oder Spammails unverzüglich über die entsprechende Schaltfläche oder die Tastenkombination Strg+D.

Outlook besitzt Filterfunktionen, um unerwünscht eintreffenden Werbemüll (auch als Junk-E-Mail oder Spam bezeichnet) zu filtern.

WISSEN

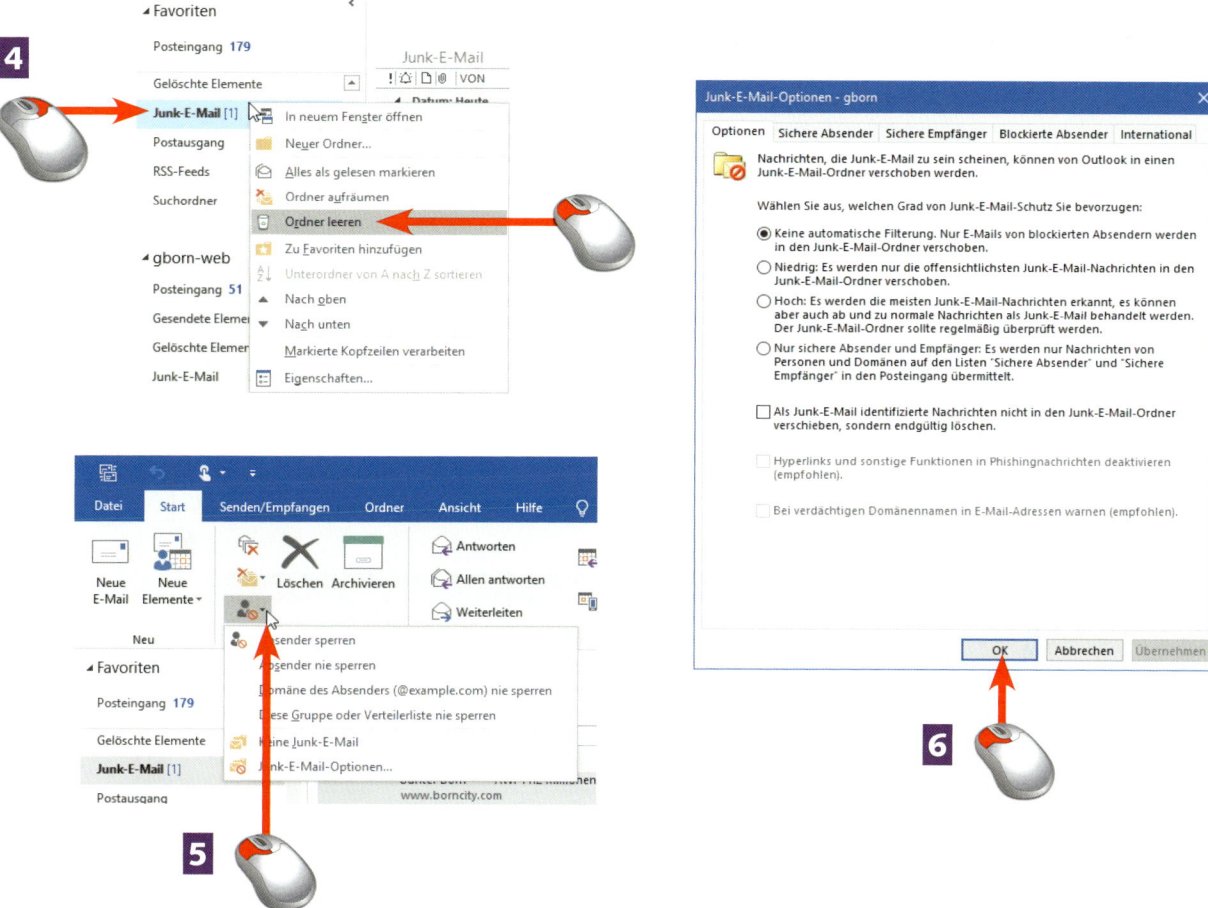

4 Mit dem Kontextmenübefehl *Ordner leeren* leeren Sie den Ordner *Junk-E-Mail*.

5 Über die Menüschaltfläche *Junk-E-Mail* der Gruppe *Löschen* der Registerkarten *Start* bzw. *Nachricht* (im Nachrichtenfenster) lassen sich Absender sperren oder Nachrichten als »kein Spam« klassifizieren.

6 Der Menübefehl *Junk-E-Mail-Optionen* (Schritt 4) öffnet ein Eigenschaftenfenster, auf dessen Registerkarte *Optionen* Sie den Filtergrad von Junk-Mails anpassen.

Halten Sie beim Löschen einer Nachricht die ⇧-Taste gedrückt, wird die Nachricht – nach Bestätigung einer Sicherheitsabfrage – ohne Umweg endgültig gelöscht.	Über Kontextmenübefehle lässt sich der Absender markierter Spam-E-Mails blocken oder (bei Fehlalarm) zur Liste erwünschter Absender hinzufügen.	Die Schaltfläche *Löschen* verschiebt markierte Phishing- und Spamnachrichten nur in den Ordner *Gelöschte Elemente*. Denken Sie daher an das Leeren dieses Ordners (siehe Seite 262).
TIPP	**HINWEIS**	**HINWEIS**

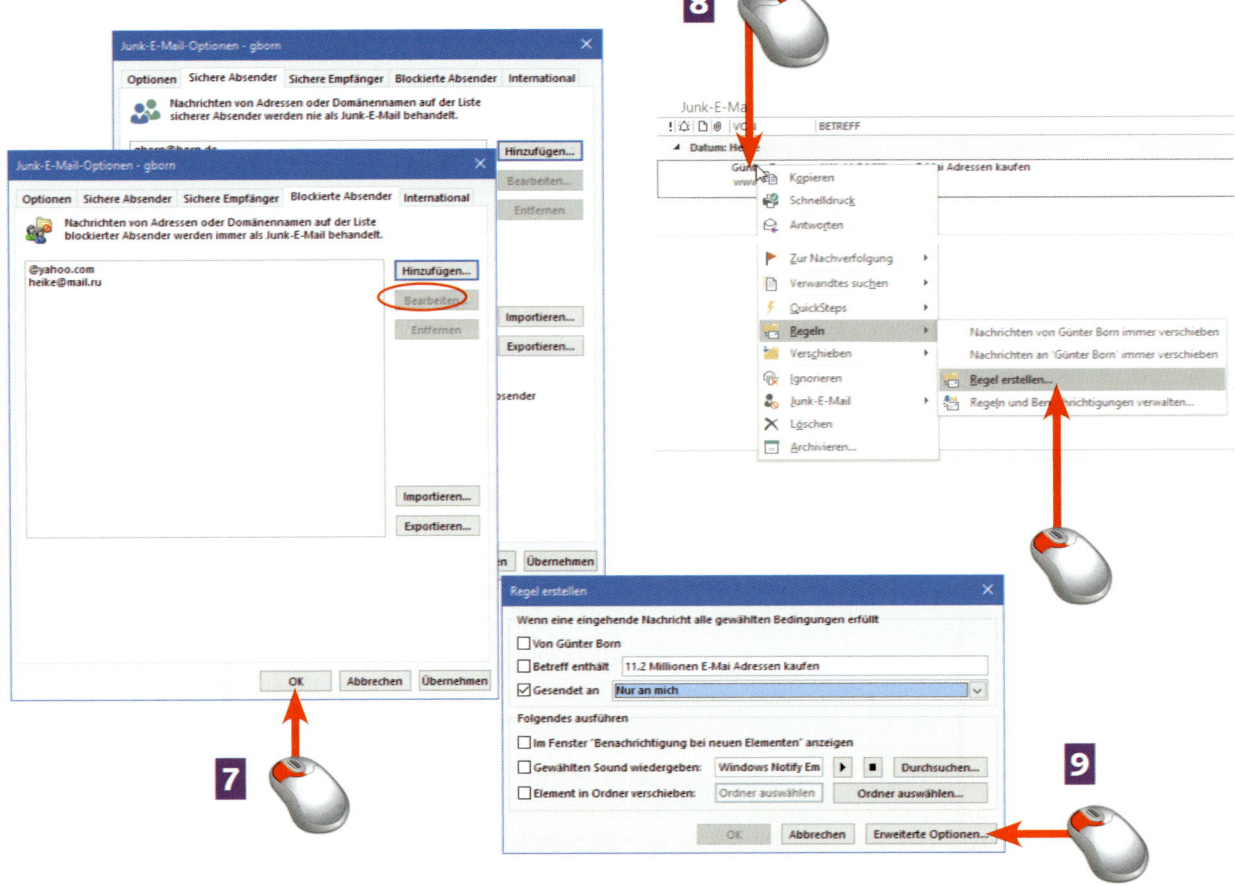

7
7 Auf den Registerkarten *Sichere Absender* und *Blockierte Absender* können Sie Einträge hinzufügen oder markieren und mit der *Entfernen*-Schaltfläche löschen.

8 Um eine Nachrichtenregel zu erstellen, wählen Sie im Kontextmenü der Nachricht den Befehl *Regeln/Regel erstellen*.

9 Legen Sie die gewünschten Optionen für die Regel fest, und klicken Sie auf *OK*. Um weitere Kriterien festzulegen, wählen Sie die Schaltfläche *Erweiterte Optionen*.

Manche E-Mail-Postfächer bieten einen Spamfilter, der erkannte Werbung auf dem Server blockiert – es wird nur noch eine Benachrichtigung mit dem Nachrichtenbetreff übermittelt. Zudem lassen sich in Outlook Nachrichtenregeln zur Verwaltung von E-Mails einsetzen.

WISSEN

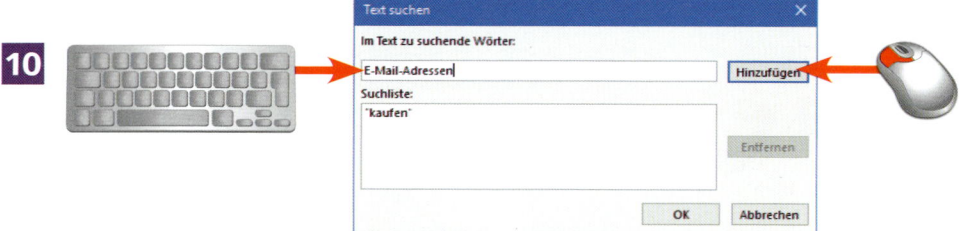

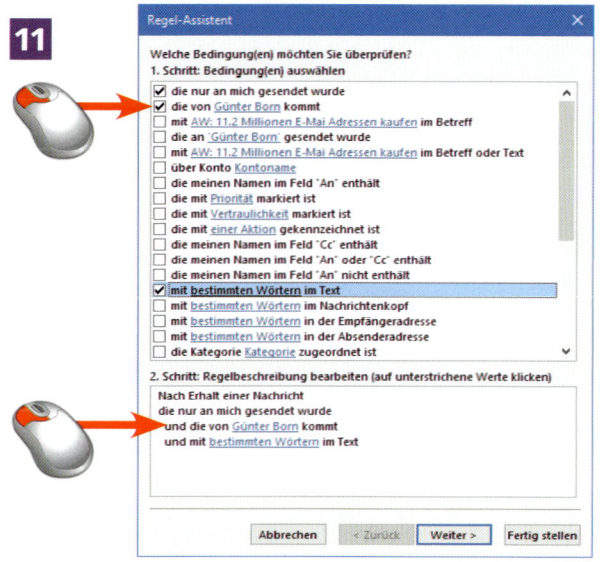

10 Markieren Sie im Regel-Assistenten das Kontrollkästchen der Bedingung, und wählen Sie im Feld *2. Schritt* der Regelbeschreibung den angezeigten Hyperlink.

11 Tippen Sie den Text der Regelbeschreibung in das Feld ein. Übernehmen Sie dies mittels der *Hinzufügen*-Schaltfläche in die Filterliste, und klicken Sie auf *OK*.

12 Arbeiten Sie mithilfe der *Weiter*-Schaltfläche die Dialogfelder ab, und definieren Sie die gewünschten Bedingungen. Über *Fertig stellen* wird die Regeldefinition abgeschlossen.

Ende

Unterstützt Ihr E-Mail-Provider einen Spamfilter, aktivieren Sie diesen, um Spammails bereits auf dem Server auszufiltern.

Vermeiden Sie es, Ihre berufliche/private E-Mail-Adresse im Internet anzugeben, oder legen Sie sich für solche Fälle ggf. ein zweites E-Mail-Konto als »Spamfalle« zu.

Über den Kontextmenübefehl *Regeln und Benachrichtigungen verwalten* lassen sich die Nachrichtenregeln einsehen, löschen und anwenden.

TIPP   **TIPP**   **HINWEIS**

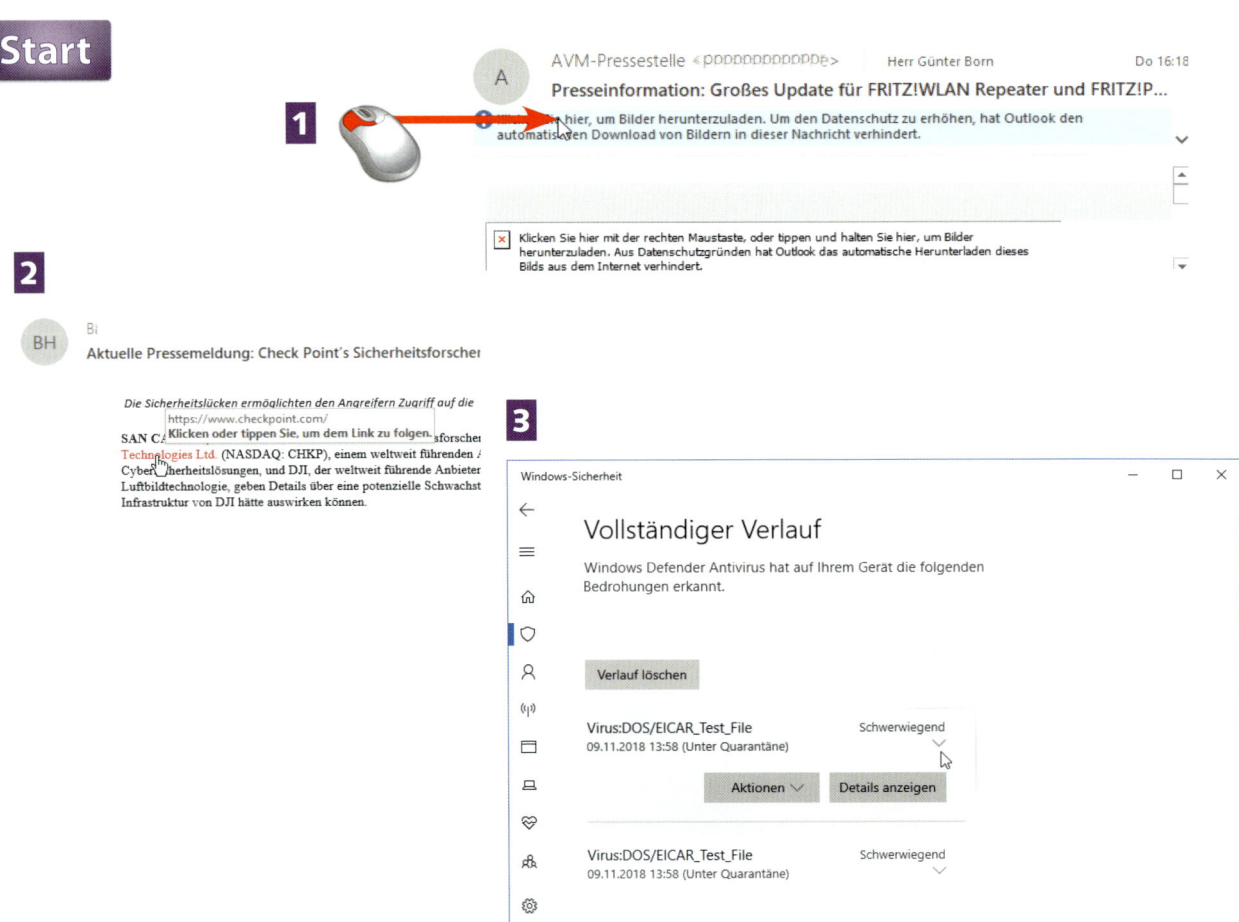

1 Das Blockieren von in Mails enthaltenen Bildern verhindert, dass der Absender den Mailabruf erkennt. Bilder blenden Sie per Kontextmenü oder durch Anklicken ein.

2 Links in Mails können auf bedenkliche Webseiten verweisen. Zeigen Sie auf den Text des Hyperlinks, um eine QuickInfo mit der URL zur Kontrolle abzurufen.

3 Enthält eine E-Mail gefährliche Inhalte und Anlagen, schlägt ein aktueller Virenscanner meist Alarm. Lassen Sie die Anlage bzw. den Inhalt löschen.

E-Mails bergen die Gefahr, dass Schädlinge über Anhänge oder im HTML-Quelltext eingeschleust werden. Zudem kann der Absender an eingefügten Bildern ggf. erkennen, ob die Nachricht beim Empfänger gelesen wurde. Phishingmails bergen die Gefahr, dass vertrauliche Daten in falsche Hände gelangen.

WISSEN

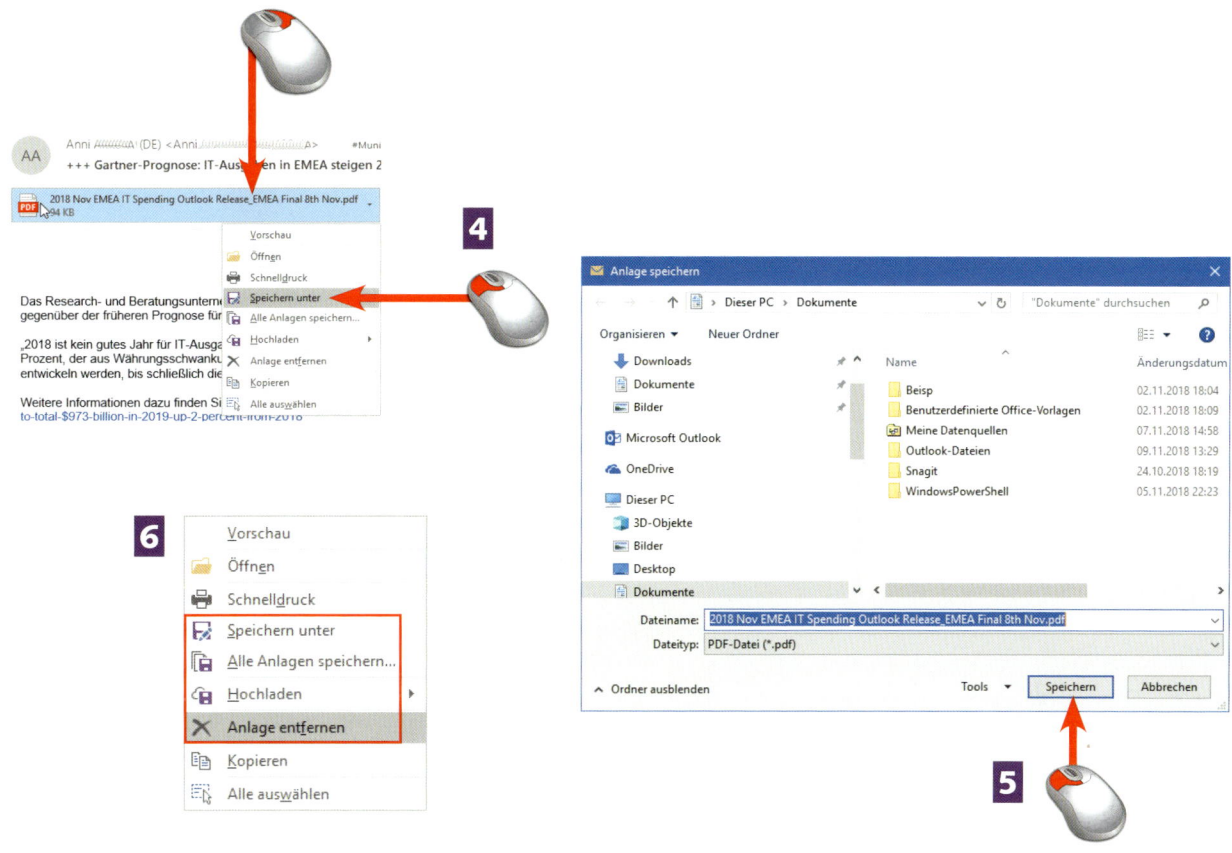

4 Enthält eine geöffnete Nachricht Anlagen, klicken Sie diese mit der rechten Maustaste an und wählen im Kontextmenü *Speichern unter* (bzw. *Alle Anlagen speichern*).

5 Legen Sie im Dialogfeld *Anlagen speichern* den Zielordner fest, und klicken Sie danach auf die *Speichern*-Schaltfläche.

6 Bei Bedarf verwenden Sie die Schaltfläche *Alle Anlagen speichern* (bei mehreren Anhängen) oder trennen die Anlage mit der Schaltfläche *Anlage entfernen* ab.   **Ende**

Vermeiden Sie es, Hyperlinks in E-Mails anzuklicken, um Webseiten zu öffnen. Tippen Sie bekannte Webadressen (z. B. der Bank) manuell ein, um zur richtigen Seite zu gelangen.

Verwenden Sie ein Virenschutzprogramm mit aktuellen Signaturen und E-Mail-Schutz, um Trojaner, Viren und andere Schädlinge beim Eintreffen zu erkennen.

Laden Sie große Dateien auf OneDrive hoch und versenden Sie einen Link auf diese Datei. Denn manche Postfächer verweigern die Annahme zu großer Mails.

TIPP   **TIPP**   **HINWEIS**

Büroorganisation mit Outlook

9

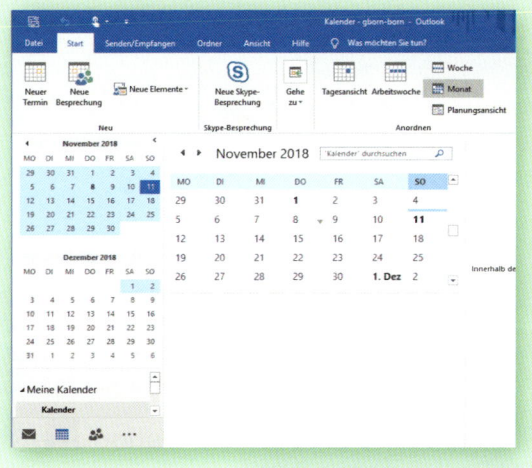

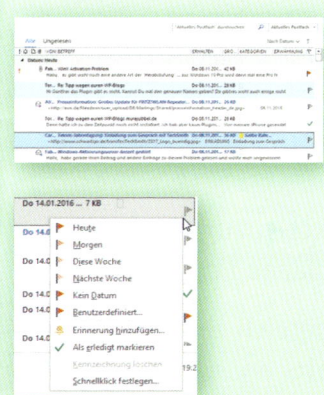

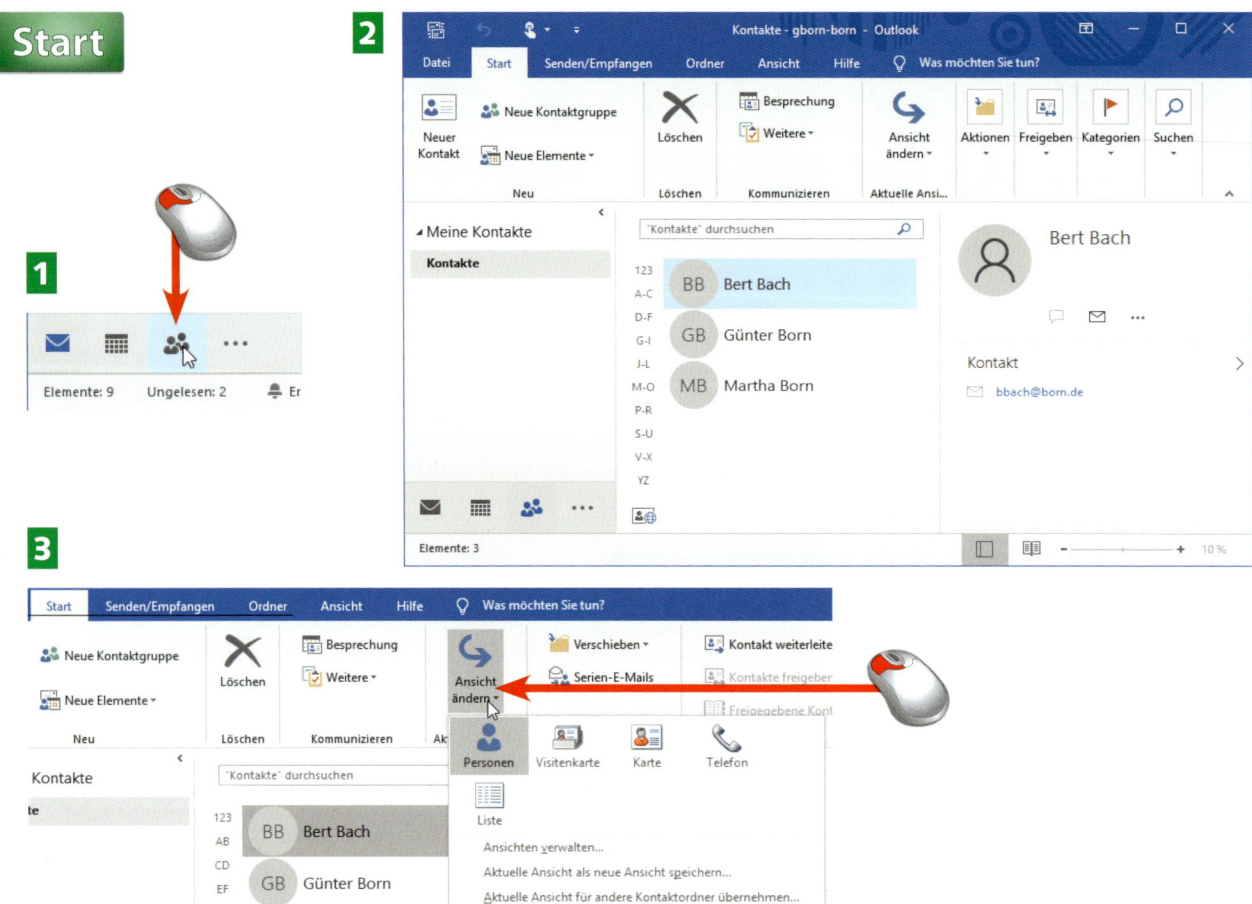

1 Um auf Kontakte zuzugreifen, wählen Sie im Ordnerbereich des Outlook-Fensters die Gruppenschaltfläche *Personen*.

2 Im Dokumentbereich zeigt Outlook dann die bereits angelegten Kontakte als Liste, Visitenkarten etc. an.

3 Über die Gruppe *Aktuelle Ansicht* der Registerkarte *Start* schalten Sie die Anzeige der Kontaktdaten im Dokumentfenster zwischen verschiedenen Modi um.

Outlook unterstützt die Verwaltung von Kontakten. In einer Art Adressbuch können Sie nicht nur einfache Adressen mit Anschrift und Telefonnummer aufnehmen. Die Funktion verwaltet zusätzlich die E-Mail-Adressen der eingetragenen Personen und ermöglicht Ihnen das Sammeln weiterer Informationen.

WISSEN

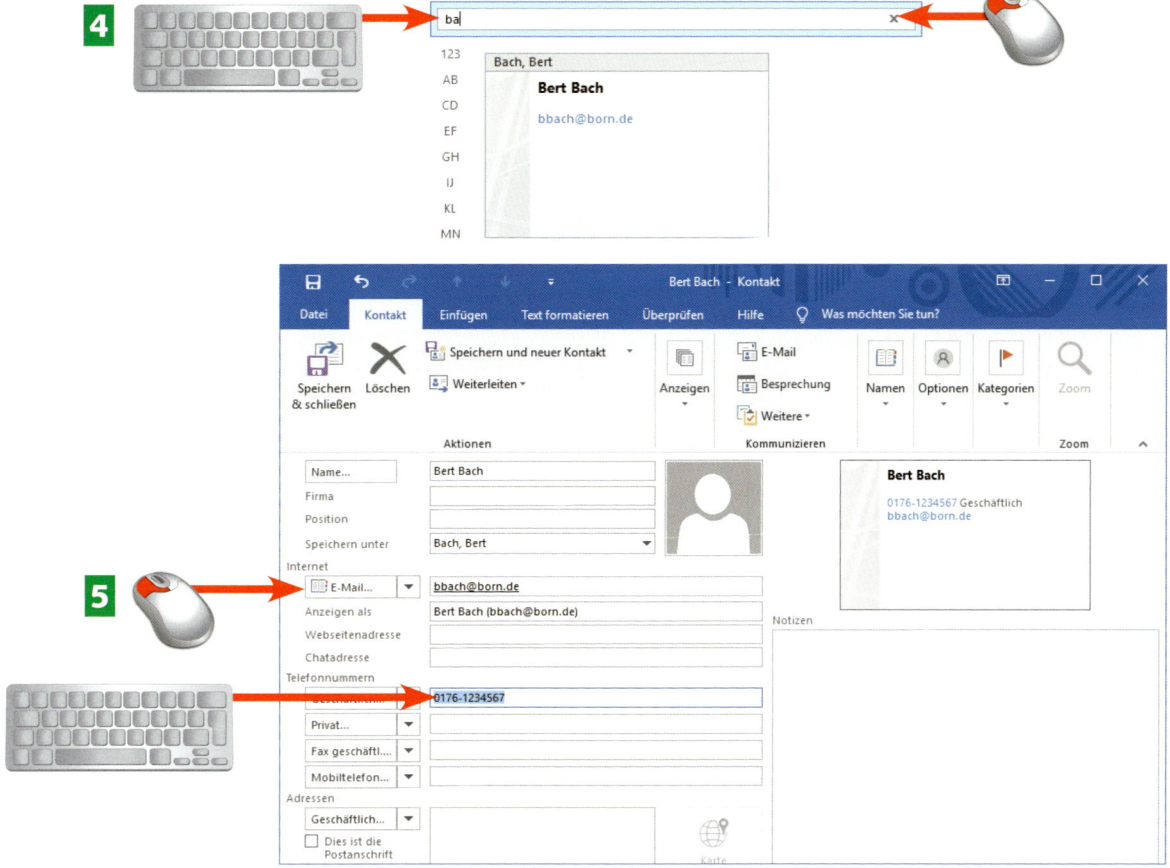

4 Tippen Sie in das Suchfeld den Anfang des Suchbegriffs ein, um nach einem Kontakt zu suchen. Über die Schaltfläche *Suche schließen* erscheinen wieder alle Kontakte.

5 Wählen Sie im Outlook-Fenster einen Adresseintrag etwa per Doppelklick an, erscheinen die Details zum Kontakt im hier gezeigten Fenster. Tragen Sie die Adress- und Kontaktdaten in die Felder ein. Über die Schaltfläche *Speichern* der Titelleiste sichern Sie Änderungen. Beenden Sie die Darstellung über die *Schließen*-Schaltfläche.

Ende

TIPP

In einigen Darstellungsmodi werden Schlagregister am Dokumentrand eingeblendet, über die Sie anhand von Anfangsbuchstaben auf Listeneinträge zugreifen.

HINWEIS

Outlook verwendet eine dynamische Suche, d. h., bereits bei Eingabe eines Begriffs werden die Einträge der Kontaktliste gefiltert und Treffer aufgeführt.

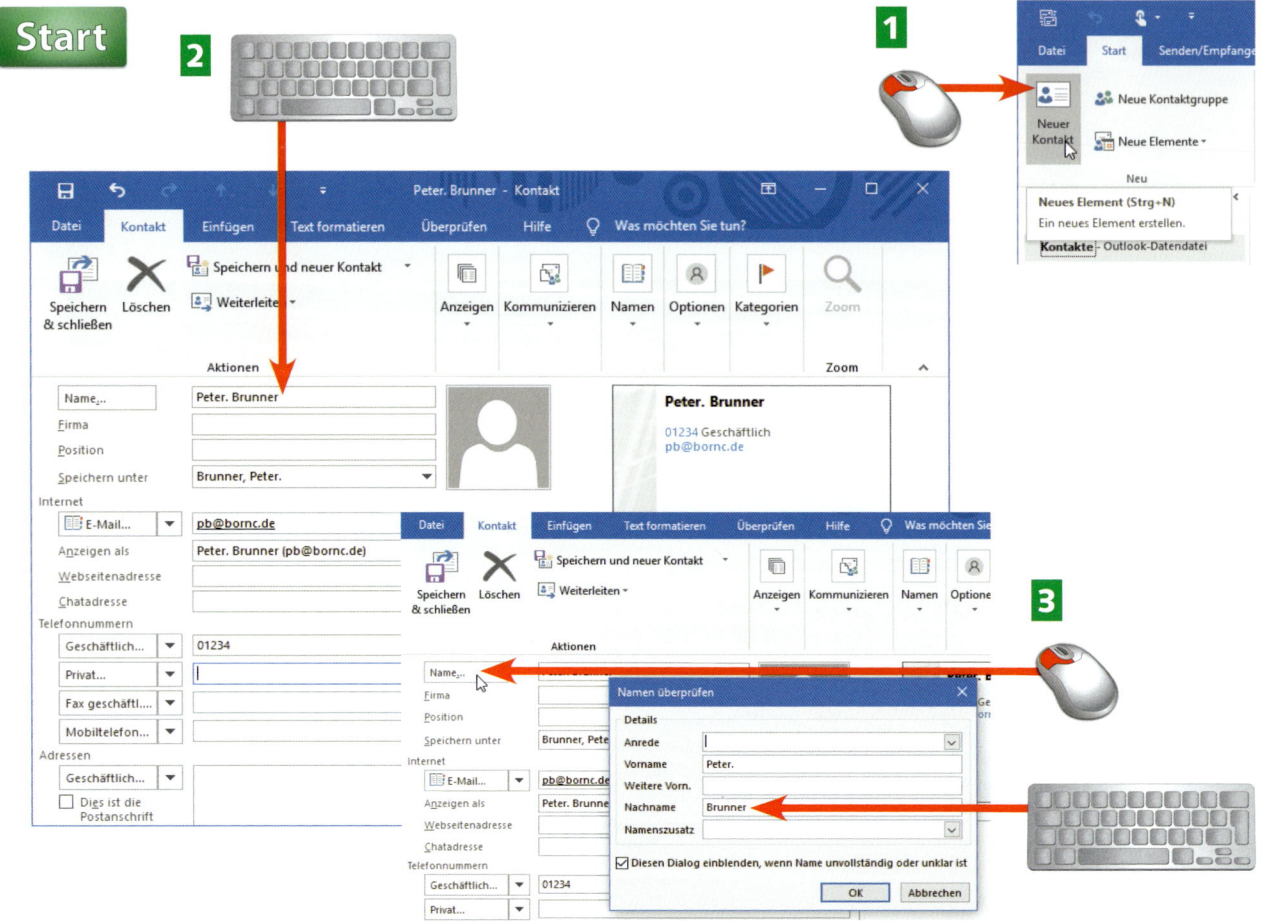

1 Ist im Ordnerbereich das Symbol *Personen* gewählt, reicht die Anwahl der Schaltfläche *Neuer Kontakt* auf der Registerkarte *Start* zum Anlegen neuer Kontakte.

2 Ergänzen Sie auf der geöffneten Registerkarte *Kontakt* die Felder mit den verfügbaren Kontaktdaten.

3 Beim Namensfeld wählen Sie die Schaltfläche *Name*, ergänzen die Felder im angezeigten Dialogfeld und schließen dieses über die *OK*-Schaltfläche.

Unter einem Kontakt erfassen Sie Adressen, Telefonnummern, E-Mail-Adressen und weitere Daten. Beim Anlegen neuer E-Mails können Sie die E-Mail-Adressen dieser Kontakte direkt übernehmen (siehe Seite 265/266).

WISSEN

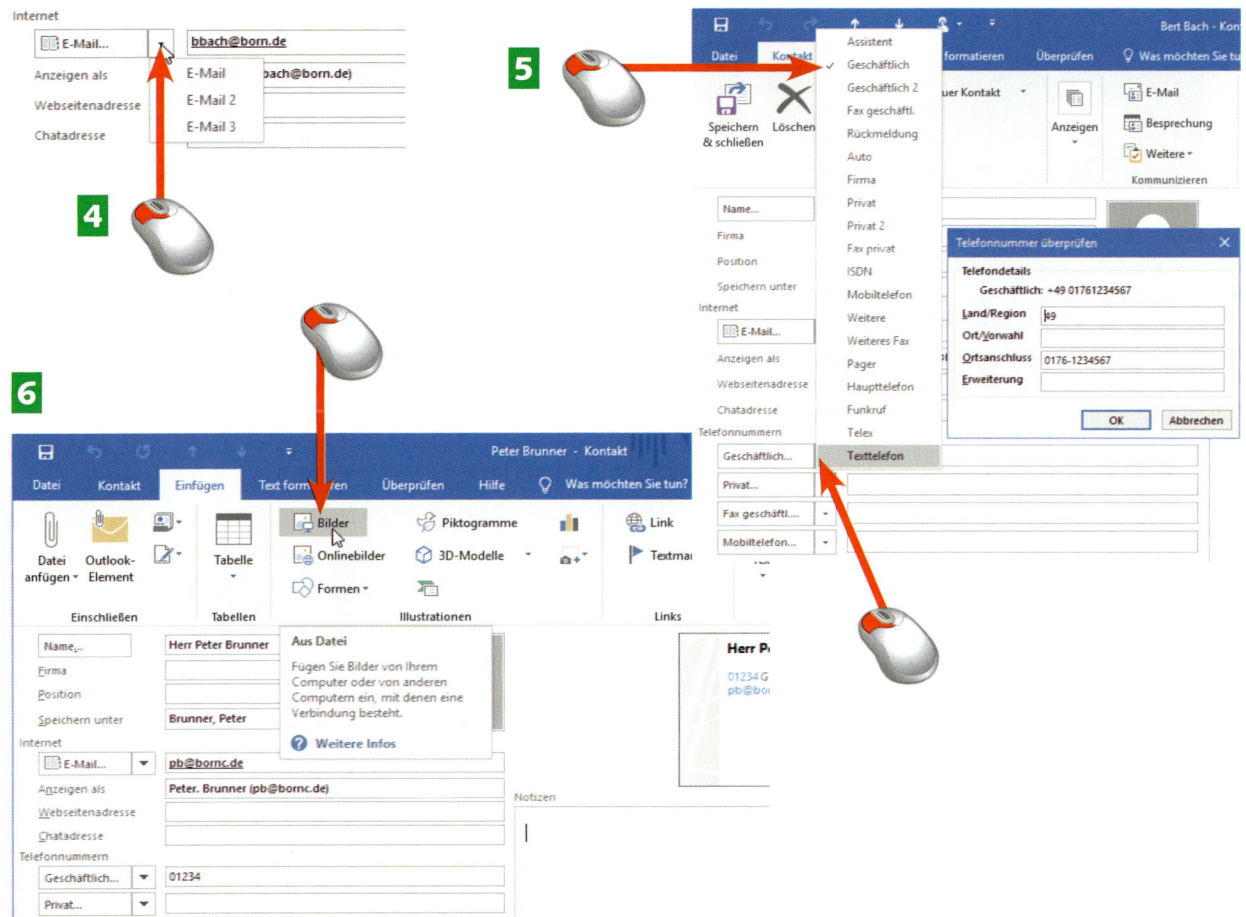

4 Bei einigen Feldern (z. B. E-Mail) können Sie über ein Listenfeld mehrere Datensätze wählen und so z. B. mehrere E-Mail-Adressen eintragen.

5 Bei Telefonnummern wird zwischen geschäftlichen und privaten Anschlüssen unterschieden. Ein Listenfeld ermöglicht Ihnen, mehrere Werte einzutragen.

6 Über die Elemente der Registerkarte *Einfügen* lassen sich Dateien, Visitenkarten, Tabellen, Bilder und weitere Elemente in das Feld *Notizen* des Kontaktes einfügen.

Befinden Sie sich in der Outlook-Kontaktverwaltung, lässt sich mit der Tastenkombination Strg+N ein neuer leerer Kontakt anlegen.

Bei Telefonnummern öffnet die Schaltfläche des betreffenden Feldes ein Dialogfeld zur komfortablen Eingabe der Daten (Schritt 5).

TIPP

HINWEIS

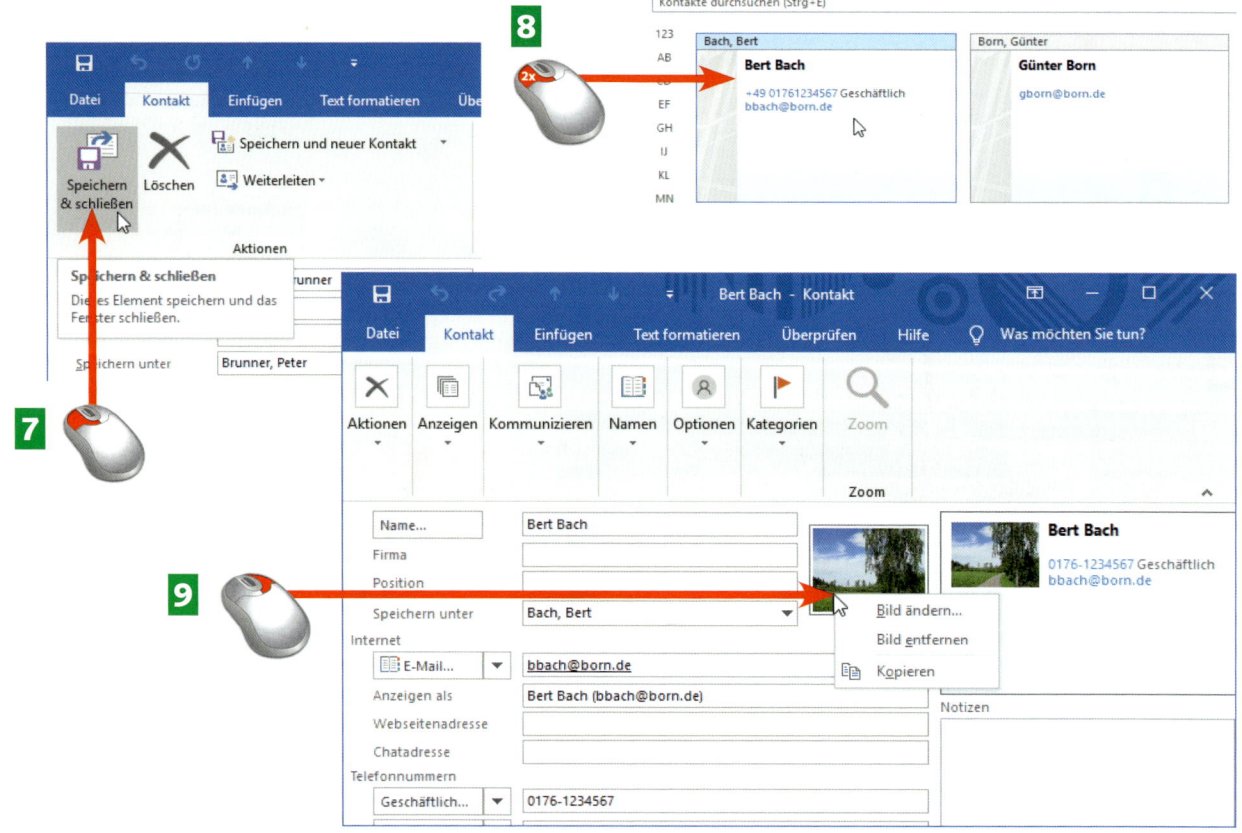

7 Wählen Sie auf der Registerkarte *Kontakt* die Schaltfläche *Speichern & schließen*, um neue (oder geänderte) Kontaktdaten zu sichern.

8 Um bestehende Kontaktdaten anzupassen, suchen Sie den Kontakt im Outlook-Fenster und wählen den Eintrag per Doppelklick oder durch Doppeltippen an.

9 Zum Ändern reicht es, das betreffende Feld anzuwählen und dann den Inhalt zu überschreiben. Bilder lassen sich ggf. über Kontextmenübefehle ändern bzw. löschen.

Auf der Registerkarte *Kontakt* finden Sie die Schaltflächen, um Kontakte zu löschen, zu speichern, farbig in Kategorien einzuordnen und vieles mehr. Zeigen Sie auf ein Element, liefert eine QuickInfo Hinweise auf dessen Funktion.

WISSEN

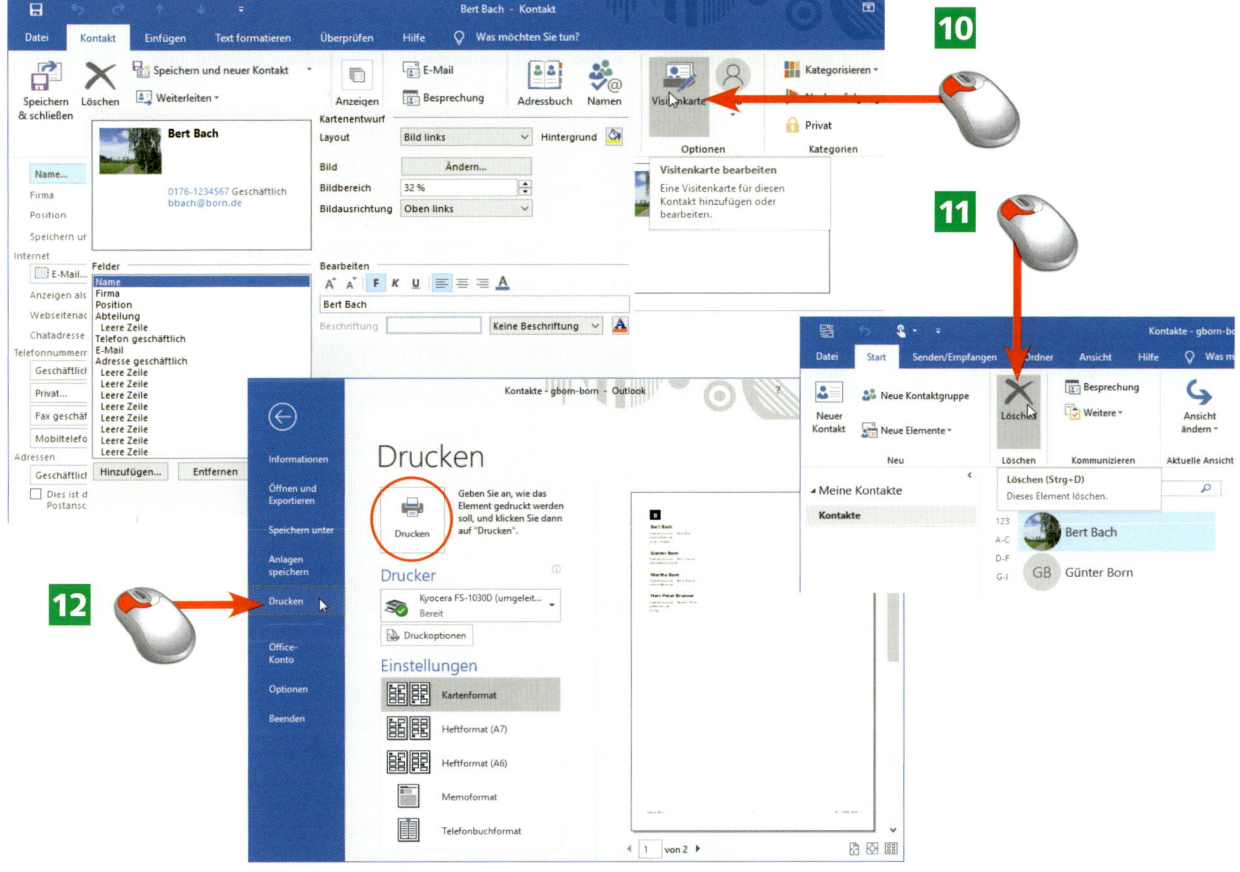

10 Über die Schaltfläche *Visitenkarte* der Registerkarte *Kontakt* (Gruppe *Optionen*) öffnen Sie ein Dialogfeld zum Erstellen einer Visitenkarte.

11 Nicht mehr benötigte Kontakte markieren Sie in der Outlook-Kontaktliste und wählen auf der Registerkarte *Start* die *Löschen*-Schaltfläche aus.

12 Der Befehl *Drucken* in der Backstage-Ansicht ermöglicht es Ihnen, die Optionen zum Ausdruck der Kontaktliste festzulegen und über die *Drucken*-Schaltfläche die Druckausgabe zu veranlassen.

Ende

Über die Tastenkombination Strg+Z bzw. den Befehl *Rückgängig* der Symbolleiste für den Schnellzugriff können Sie Änderungen wieder zurücknehmen.

Legen Sie einen Kontakt mit eigenen Daten an, lässt sich über die Schaltfläche *Visitenkarte* (Registerkarte *Kontakt*) eine Visitenkarte anfertigen und z. B. als Anlage an eine E-Mail anfügen.

TIPP   **HINWEIS**

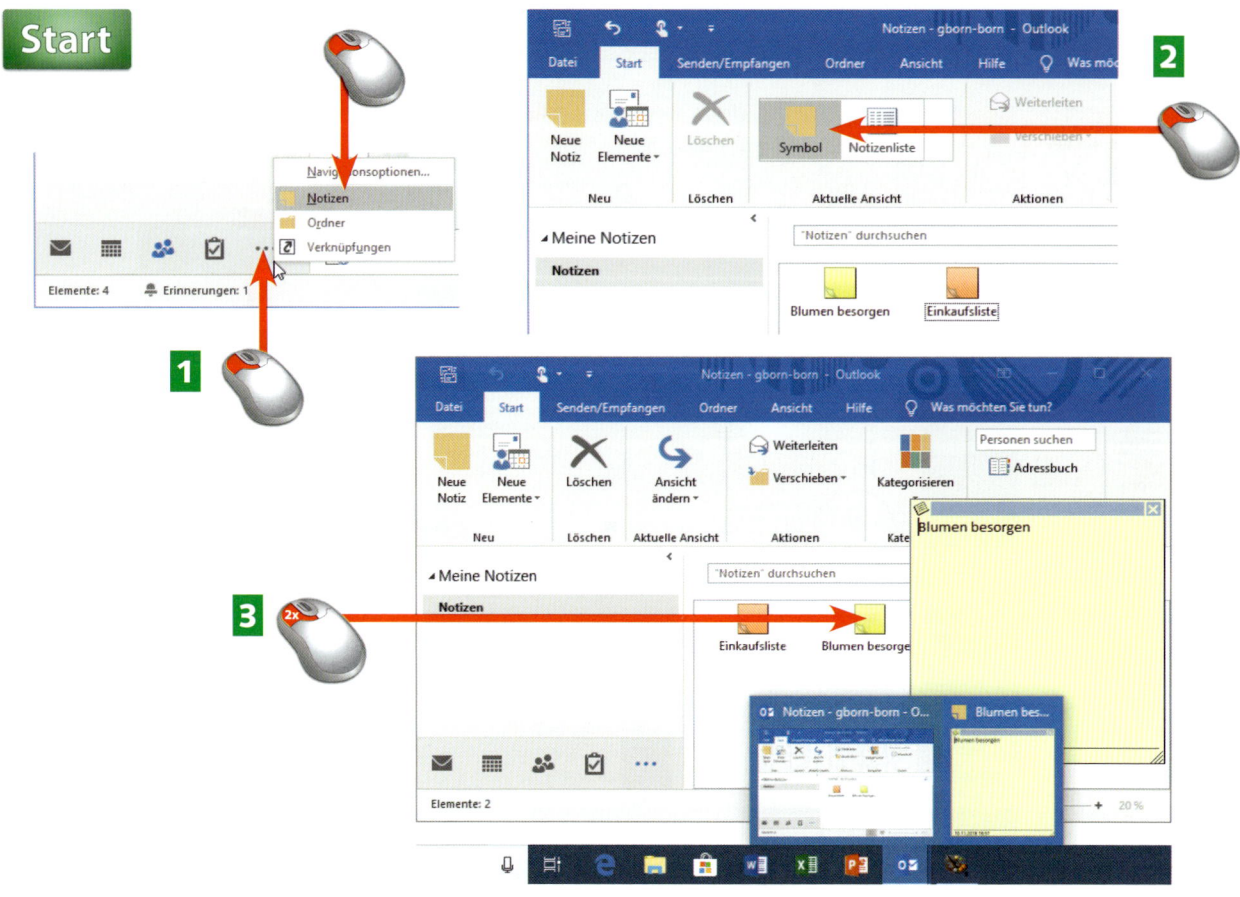

1 Zum Zugriff auf die Notizen wählen Sie im Ordnerbereich die Gruppe *Notizen* aus.

2 Outlook zeigt die bereits vorhandenen Notizen, und über die Gruppe *Aktuelle Ansicht* der Registerkarte *Start* lassen sich verschiedene Darstellungsmodi einstellen.

3 Doppelklicken oder doppeltippen Sie auf ein Notizensymbol im Dokumentfenster, öffnet sich die Notiz in einem separaten Fenster. Diese lässt sich über das Symbol ⊠ wieder schließen.

Über die Funktion *Notizen* verfassen Sie in Outlook kurze Texte und Gedankenstützen (ähnlich wie die Post-it-Haftnotizen). Die Notizen werden von Outlook bis zum Löschen gespeichert und lassen sich frei auf dem Desktop positionieren.

WISSEN

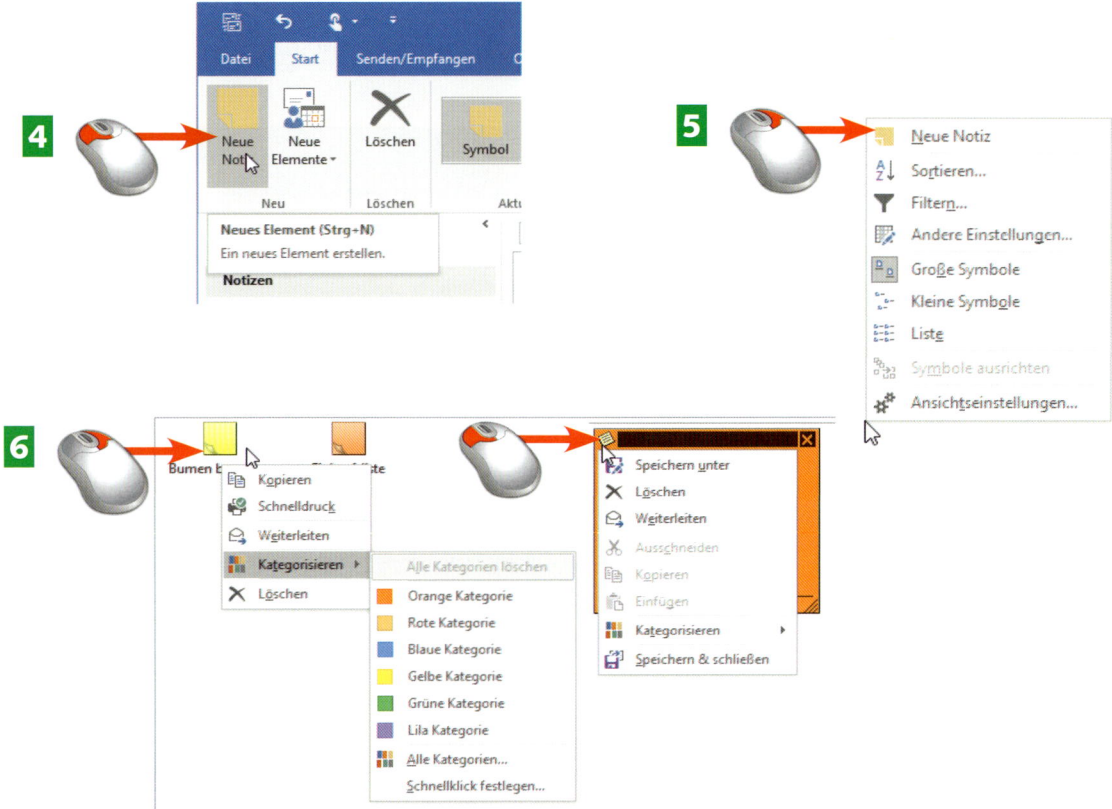

4 Die Schaltfläche *Neue Notiz* der Registerkarte *Start* erzeugt eine Notiz in einem Notizenfenster. Mit der *Löschen*-Schaltfläche wird eine markierte Notiz gelöscht.

5 Das Kontextmenü des Dokumentfensters enthält Befehle, um neue Notizen anzulegen, zu sortieren oder zu filtern.

6 Über das Kontextmenü eines Notizensymbols oder das Systemmenü des Notizenfensters speichern, löschen, drucken Sie Notizen oder ordnen Kategorien zu.

Ende

TIPP

In der Minivorschau des Taskleistensymbols (Schritt 3) blenden Sie verdeckte Notizen ein. Die Notizen verschwinden erst beim Beenden von Outlook, bleiben aber weiterhin gespeichert.

TIPP

Über das Suchfeld können Sie die Notizen nach Textbegriffen durchsuchen.

HINWEIS

Der farbige Hintergrund des Notizenfensters richtet sich nach der (in Schritt 6) zugeordneten Kategorie.

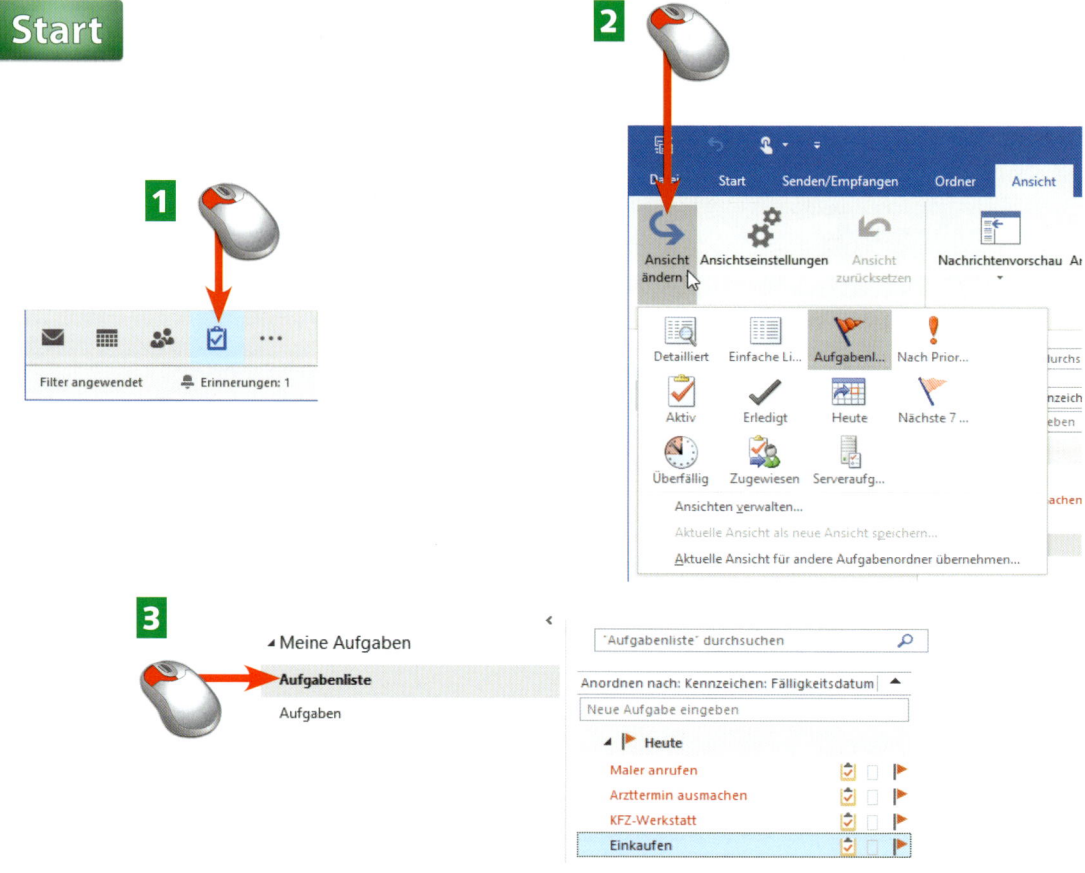

1 Zum Zugriff auf die Aufgaben und Vorgänge wählen Sie im Ordnerbereich das Gruppensymbol *Aufgaben*.

2 Die Schaltfläche *Ansicht ändern* der Registerkarten *Ansicht* oder *Start* ermöglicht es Ihnen, die Darstellung der Aufgabenliste zu ändern.

3 Über die Einträge der Rubrik *Meine Aufgaben* im Ordnerbereich greifen Sie auf die verschiedenen Kalender und Aufgabenlisten von Konten zu.

Im Büroalltag sind bestimmte Aufgaben zu erledigen (z. B. Dokumente termingerecht fertig stellen) oder Vorgänge zu verfolgen (z. B. E-Mail-Bearbeitung verfolgen etc.). Outlook unterstützt Sie dabei mit der Funktion *Aufgaben*.

WISSEN

4

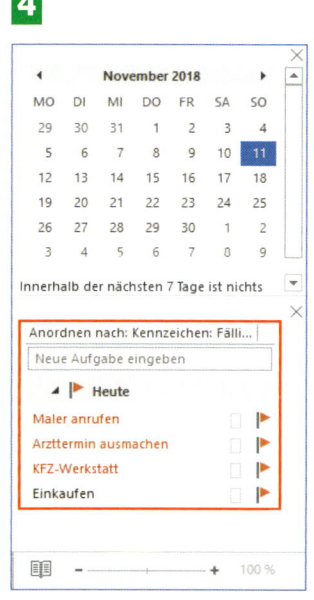

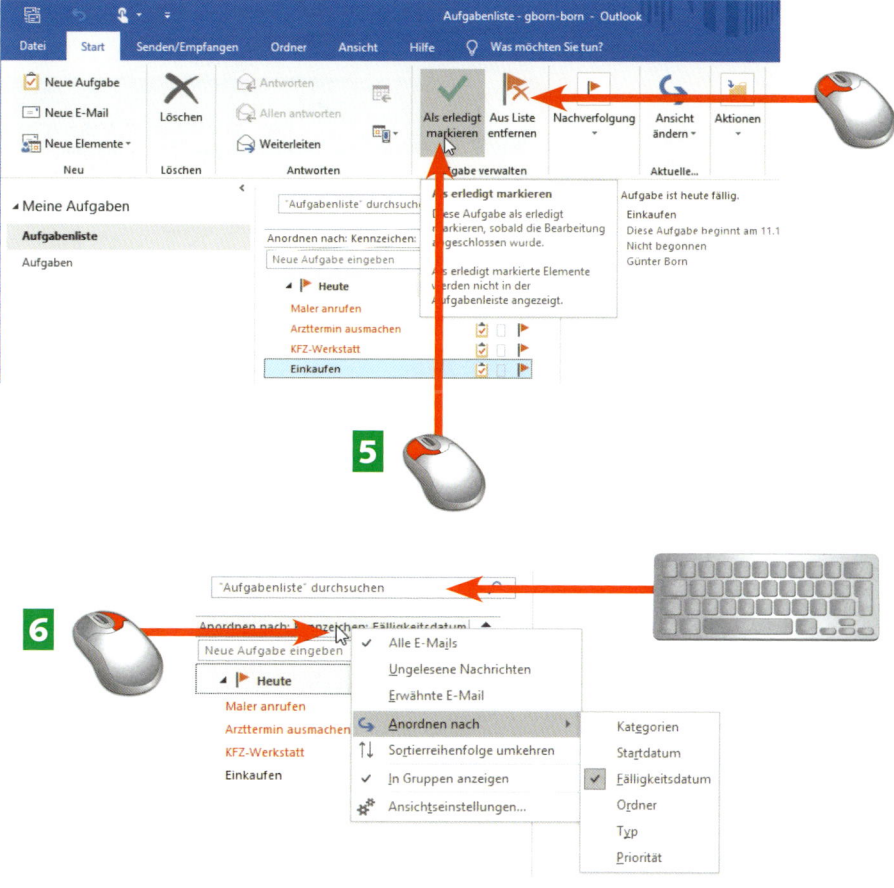

5

6

4 Ist die Aufgabenleiste am rechten Rand sichtbar, werden anstehende Aufgaben (z. B. bei der E-Mail- oder Terminbearbeitung) in dieser Leiste aufgeführt.

5 Aufgaben lassen sich über die Registerkarte *Start* mit den Schaltflächen der Gruppe *Aufgaben verwalten* als »erledigt« kennzeichnen oder aus der Liste austragen.

6 Das Suchfeld der Aufgaben-/Vorgangsliste ermöglicht es Ihnen, bestimmte Einträge aufzufinden. Das Kontextmenü eines Spaltenkopfs enthält Befehle zum Gruppieren und Sortieren der Liste.

Ende

Lassen Sie sich die Vorgangsliste für die nächsten 7 Tage oder überfällige Aufgaben anzeigen (Schritt 2), um zu sehen, »wo es brennt«.

Aufgaben erkennen Sie an diesem Symbol ☑. Vorgänge können sich auch auf andere Funktionen (z. B. zu erledigende E-Mails) beziehen und gehören zu überwachten Abläufen.

TIPP

HINWEIS

Start

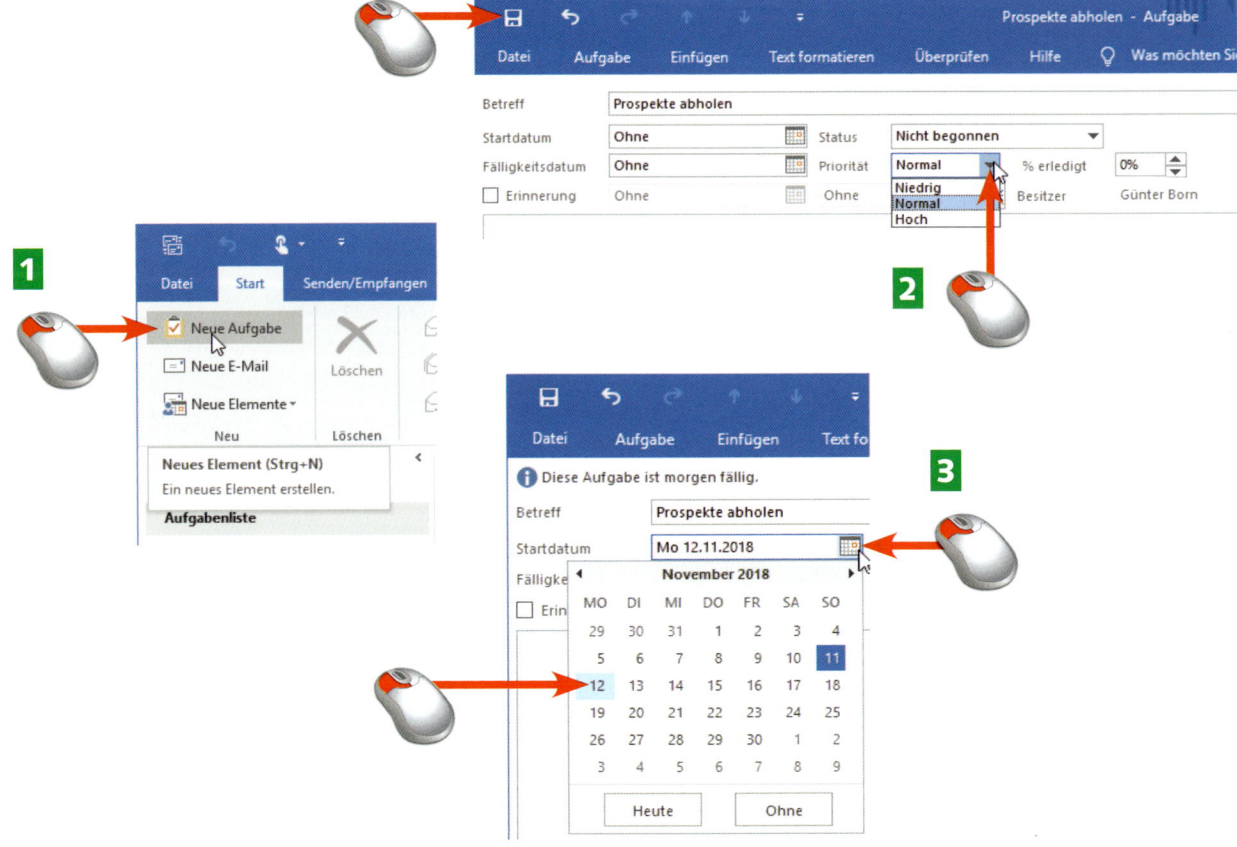

1 Wählen Sie die Schaltfläche *Neue Aufgabe* auf der Registerkarte *Start* oder die Tasten-kombination Strg+N, um das Aufgabenfenster (Schritt 2) zu öffnen.

2 Im Aufgabenfenster geben Sie den Betreff, einen Text und weitere Details der neuen Aufgabe ein. Sichern Sie die Änderungen über die *Speichern*-Schaltfläche.

3 Den Beginn oder die Fälligkeit legen Sie über die Schaltfläche der Felder *Beginnt am* sowie *Fällig am* mithilfe des eingeblendeten Kalenderblatts fest.

Lassen Sie sich bei der Erledigung anstehender Vorgänge und Aufgaben von Microsoft Outlook unterstützen. Tragen Sie die Aufgaben in das Programm ein und informieren Sie sich über anstehende Vorgänge bzw. lassen Sie sich erinnern.

WISSEN

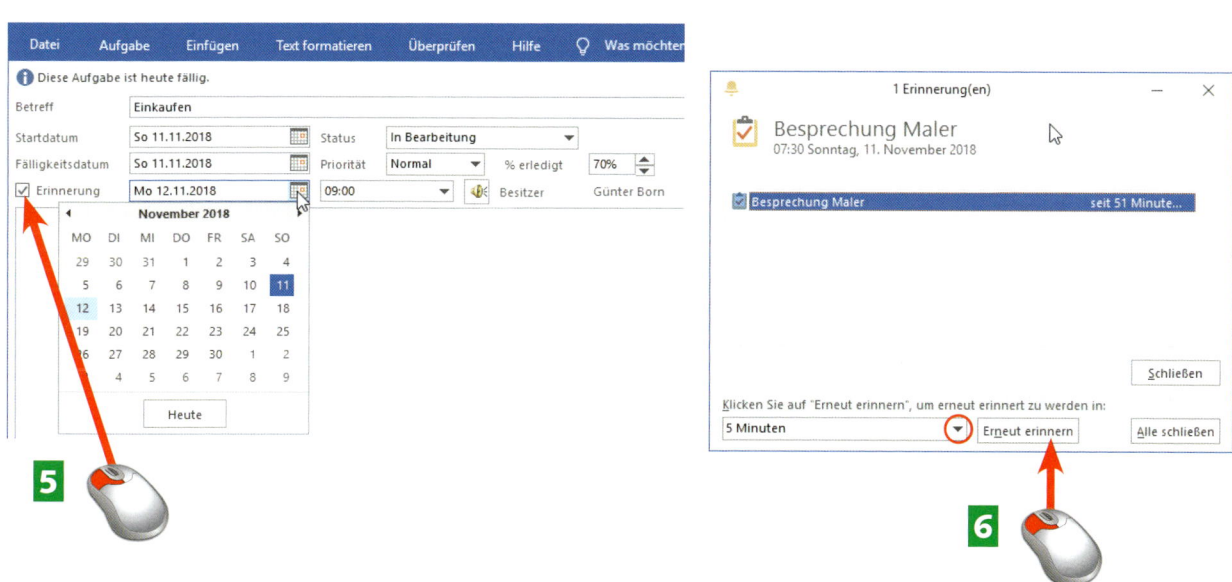

4 Über die Felder *Status* und *% erledigt* der Registerkarte *Aufgabe* des Aufgabenfensters lässt sich der Status mitsamt dem bereits geleisteten Aufwand für eine Aufgabe eintragen.

5 Um an zu erledigende Aufgaben erinnert zu werden, markieren Sie das Kontrollkästchen *Erinnerung* und legen das Datum sowie die Uhrzeit im Aufgabenfenster fest.

6 Bei Fälligkeit erscheint ein Dialogfeld mit der Erinnerung. Sie können die Erinnerung über ein Listenfeld und eine Schaltfläche in Intervallen wiederholen lassen.

Ende

Verwenden Sie das Feld *Neue Aufgabe eingeben*, brauchen Sie nur den Titel einzutippen, um die Aufgabe anzulegen.

Anordnen nach: Kennzeichen: Startdatum
Neue Aufgabe eingeben
▲ ▶ Kein Datum

Ein Doppelklick auf eine Aufgabe öffnet ebenfalls das in Schritt 2 gezeigte Fenster, in dem Sie die Details der Aufgabe anpassen können.

Über die Schaltfläche *Schließen* des Dialogfelds *Erinnerungen* lässt sich die Erinnerung an eine Aufgabe beenden.

TIPP   **TIPP**   **HINWEIS**

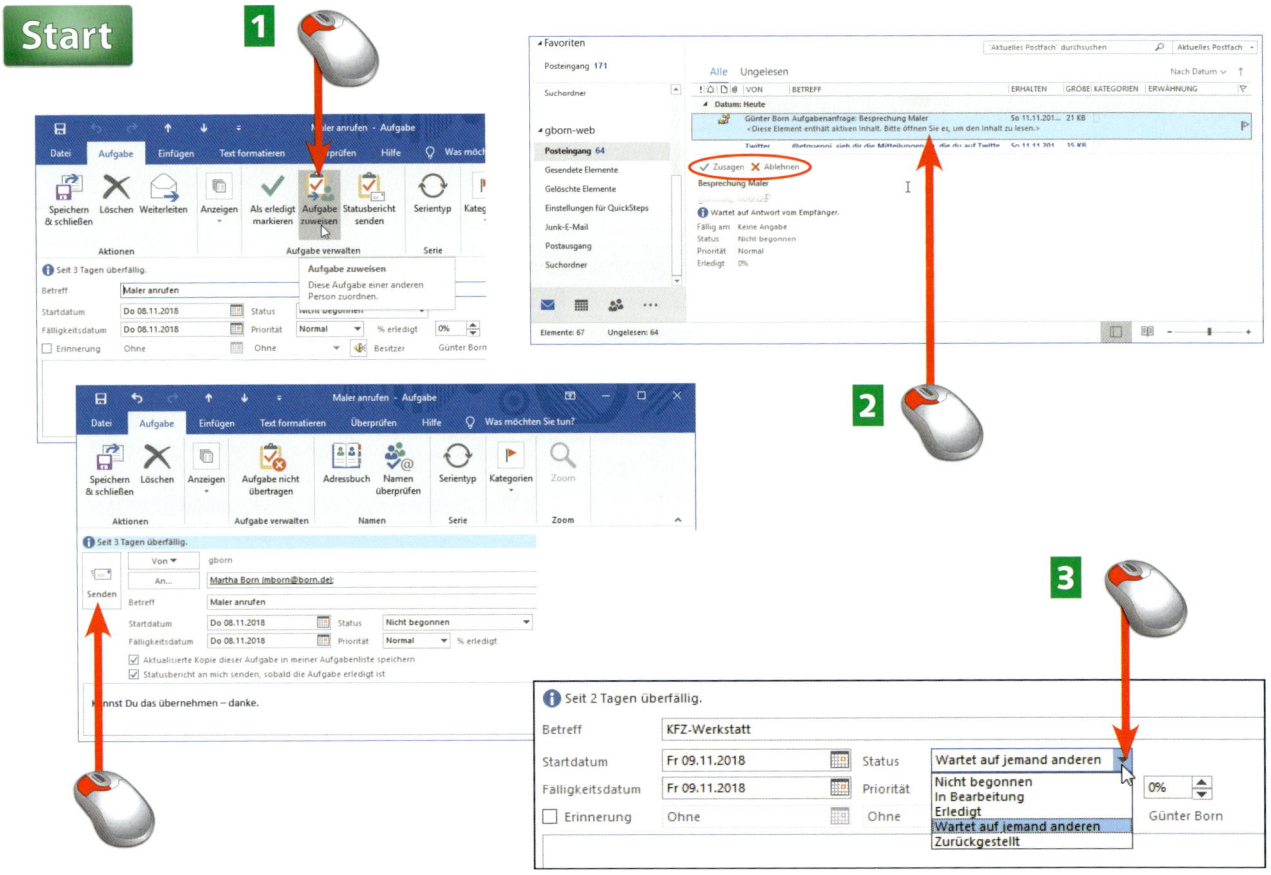

1 Zum Delegieren von Aufgaben wählen Sie im Detailfenster die Schaltfläche *Aufgabe zuweisen*, geben die Informationen sowie den Empfänger an und bestätigen mit *Senden*.

2 Der Empfänger erhält die Aufgabe per E-Mail und kann die Annahme im E-Mail-Fenster bestätigen oder ablehnen sowie Statusmeldungen zum Bearbeitungsstand senden.

3 Der Wert *Status* eines Eintrags wird im Detailfenster (oder in der Detailansicht der Aufgabenliste) über ein Listenfeld zwischen vorgegebenen Kennungen umgesetzt.

Sie können in Outlook den Bearbeitungszustand einer Aufgabe anpassen und überwachen. Dabei lassen sich (funktioniert nicht bei jedem Konto) Aufgaben an Dritte delegieren und hinsichtlich ihres Ausführungsgrads überwachen.

WISSEN

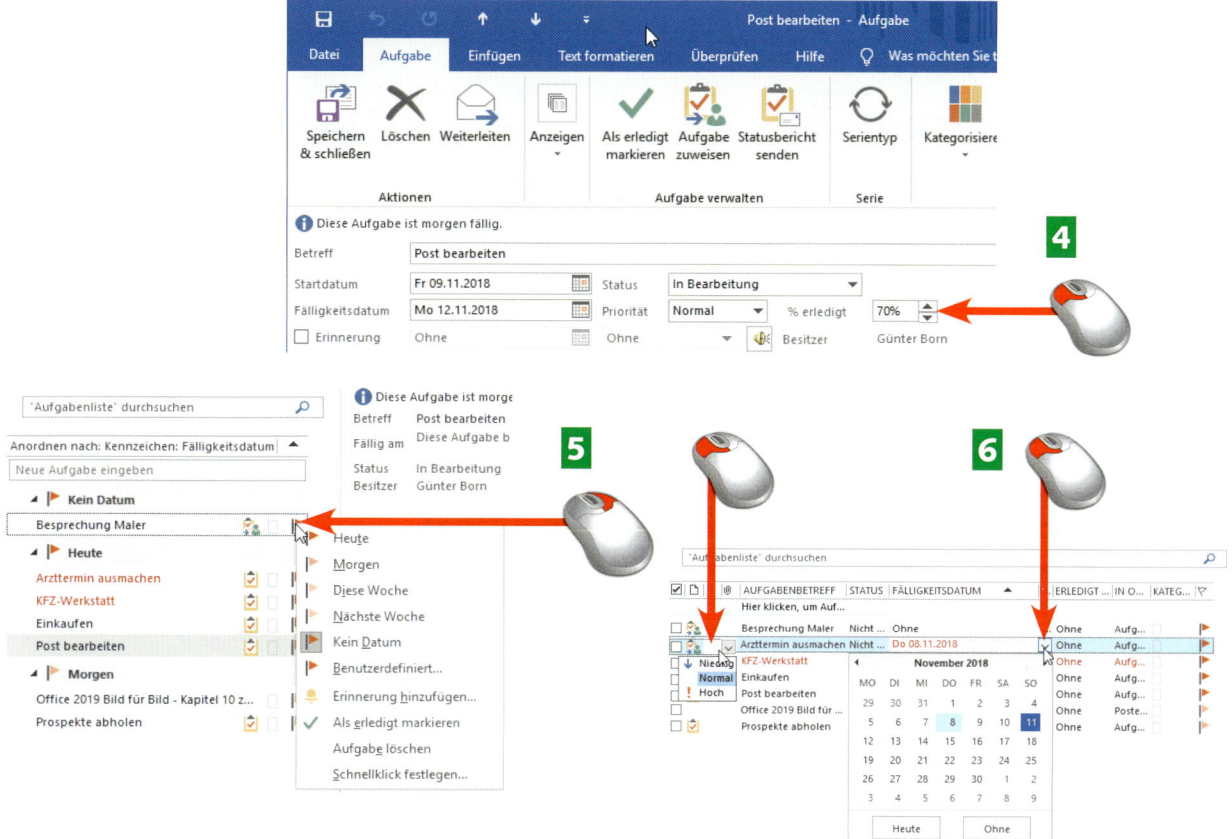

4 Öffnen Sie die Detailansicht einer Aufgabe, um im Kopfbereich des Fensters einen Prozentwert des Bearbeitungsstands in das Feld *% erledigt* einzutragen.

5 Im Kontextmenü der letzten Spalte der Aufgaben-/Vorgangsliste finden Sie Befehle, um Einträge mit verschiedenfarbigen Fähnchen oder als erledigt zu kennzeichnen.

6 In der Detailansicht der Aufgabenliste lassen sich über Spalten wie *FÄLLIGKEITS-DATUM* ein Fälligkeitsdatum per Kalenderblatt und (falls angezeigt) eine Priorität festlegen.

Ende

Haben Sie eine Aufgabe erledigt, setzen Sie deren Status auf *Erledigt*. Dann wird die Aufgabe oder der Vorgang durchgestrichen angezeigt.

TIPP

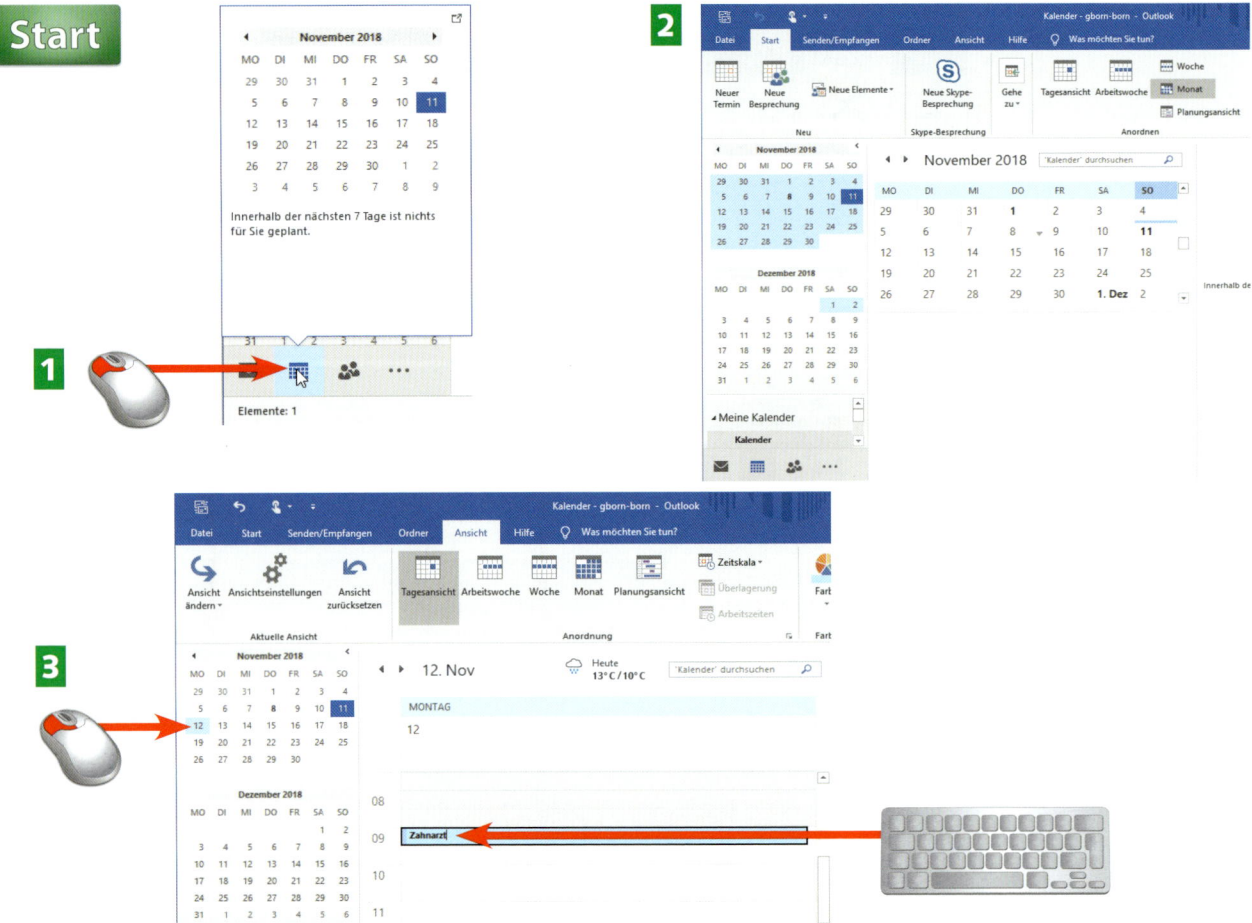

1 Wählen Sie im Ordnerbereich das Symbol *Kalender*, um Kalenderfunktionen einzusehen oder Termine zu koordinieren. Die Kalenderinfo wird bereits beim Zeigen eingeblendet.

2 Outlook zeigt links den Ordnerbereich (mit den Kalendern und dem Kalenderblatt) sowie die Terminübersicht in der mittleren Spalte des Fensters.

3 Für einen neuen Termin wählen Sie das Datum im Kalenderblatt, klicken in der mittleren Terminspalte auf die gewünschte Zeile und tippen danach den Termin ein.

Über den Kalender von Outlook verwalten Sie Ihre Termine. Über die Gruppe *Anordnen* der Registerkarte *Start* des Menübands (siehe Schritt 2) lässt sich zwischen der Tages-, Wochen- und Monatsansicht umschalten.

WISSEN

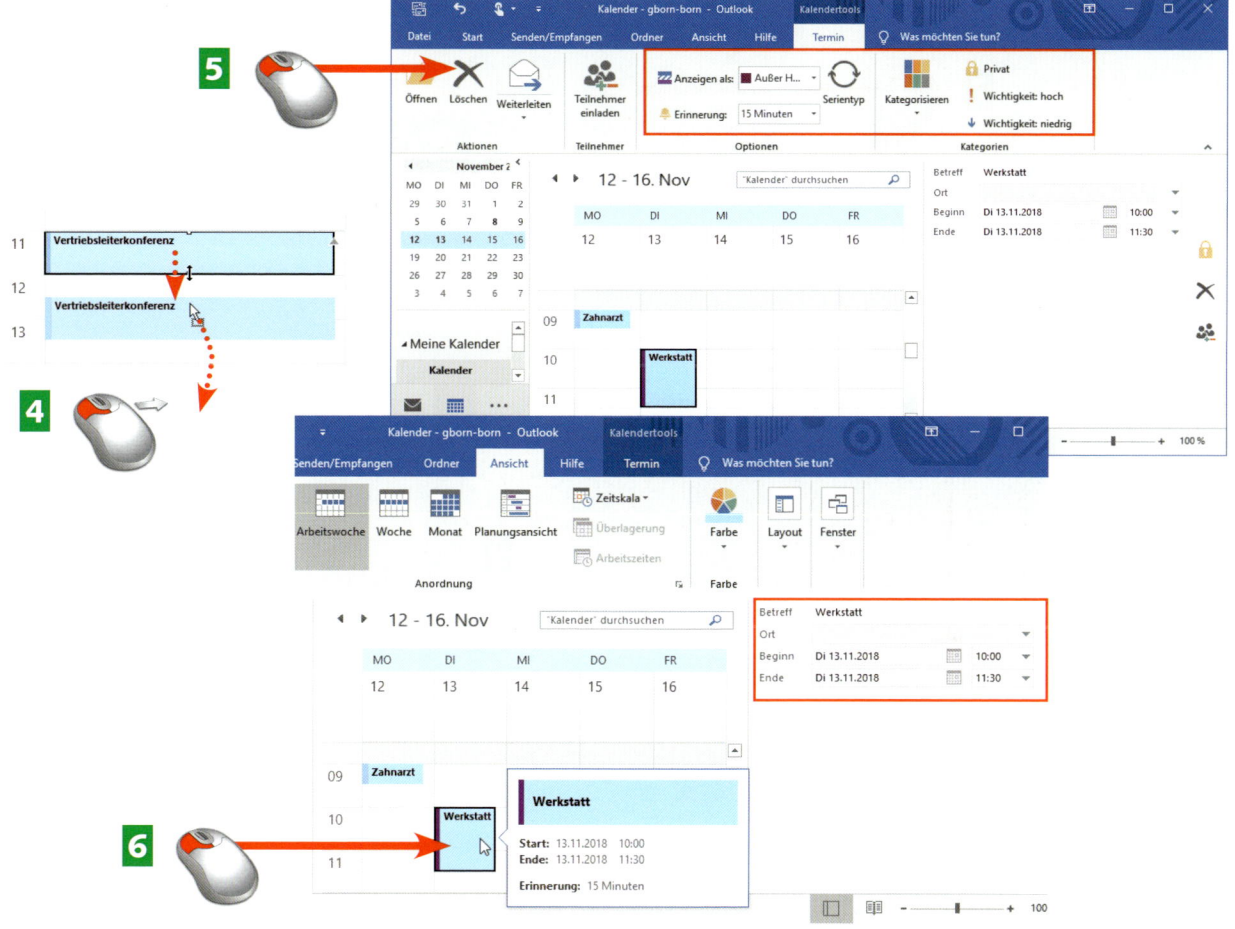

4 Durch Ziehen des oberen bzw. unteren Rands ändern Sie den Terminanfang bzw. das -ende. Termine verschieben Sie durch Ziehen des Termineintrags.

5 Auf der Registerkarte *Kalendertools/Termin* lässt sich ein markierter Termin löschen, oder Sie können die belegte Zeitspanne buchen bzw. unter Vorbehalt reservieren.

6 Klicken Sie auf einen Termin, können Sie in der rechten Spalte die Termindauer festlegen.

Klicken bzw. tippen Sie auf die Kopfzeile des Kalenderblatts, erscheint ein Menü der Monatsnamen. Über die Schaltflächen der Kopfzeile blättern Sie monatsweise.

Die Termindauer legen Sie in der rechten Spalte (Schritt 5) fest.

In der Detailansicht eines Termins tragen Sie eine Erinnerung oder über die Schaltfläche *Serientyp* sich wiederholende Termine ein.

TIPP   **TIPP**   **HINWEIS**

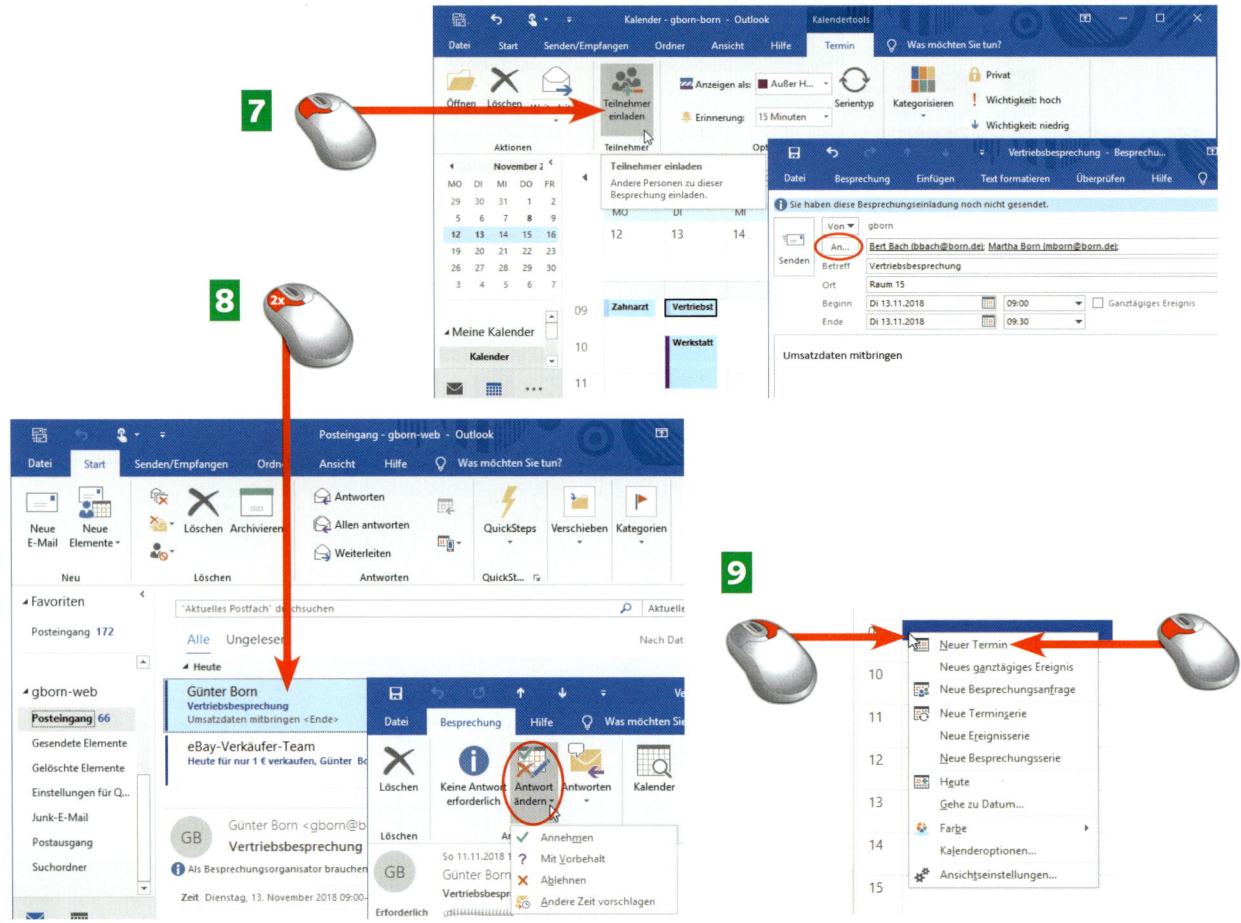

7 Über die Schaltfläche *Teilnehmer einladen* öffnen Sie das untere Fenster, über dessen Schaltfläche *An* Sie Teilnehmer hinzufügen und mit *Senden* zu einem Termin einladen.

8 Die eingeladenen Teilnehmer erhalten den Terminvorschlag per E-Mail und können im Detailfenster der Nachricht den Termin über *Antwort ändern* bestätigen, ablehnen etc.

9 Über das Kontextmenü eines leeren Kalendereintrags (oder die Menüschaltfläche *Neue Elemente* der Registerkarte *Start*) vereinbaren Sie neue Termine oder Terminserien.

Bei Bedarf laden Sie andere Teilnehmer zu einem Termin ein oder gleichen mehrere Kalender (privat, geschäftlich) miteinander ab. Neue Kalender legen Sie im Ordnerbereich per Kontextmenü an.

WISSEN

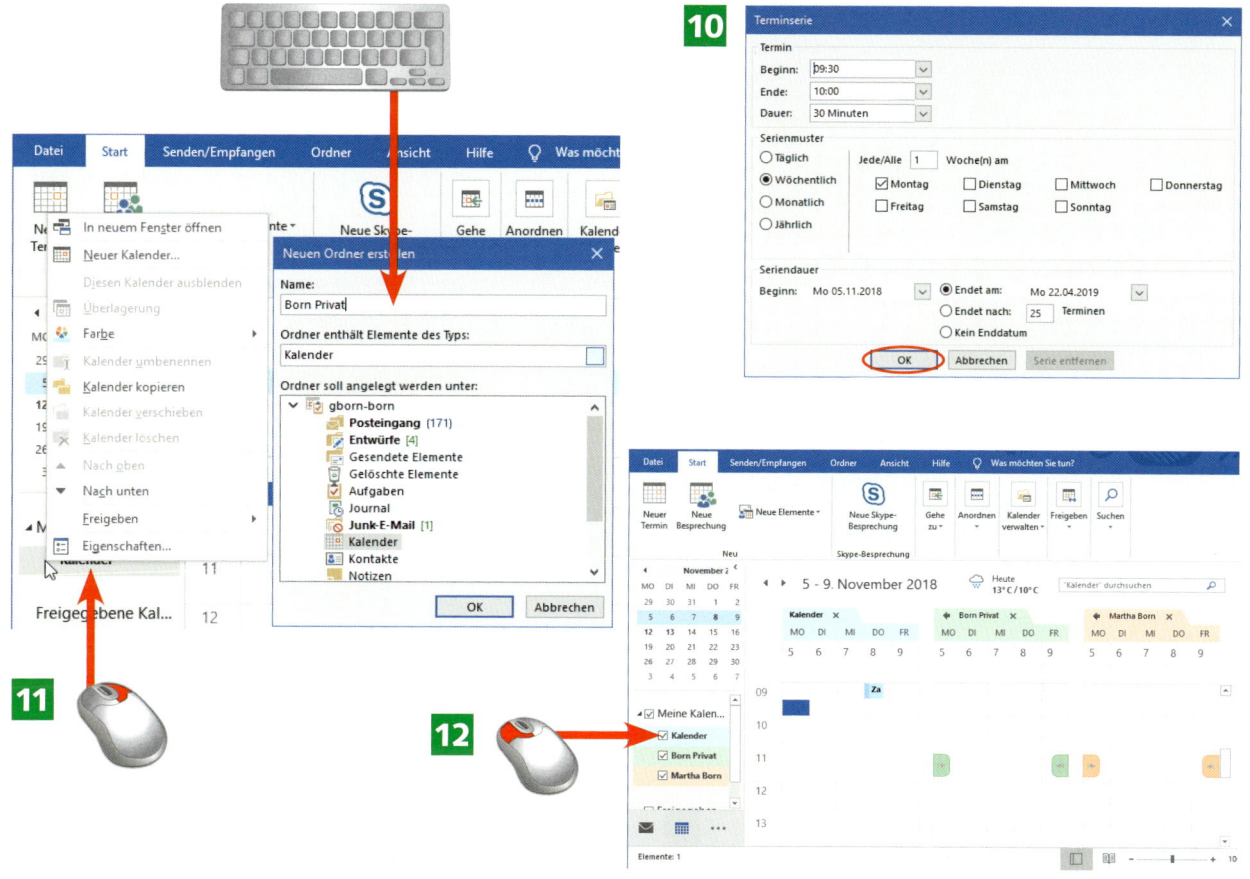

10 Bei einer Terminserie legen Sie in einem automatisch eingeblendeten Dialogfeld die Optionen für den wiederkehrenden Termin fest.

11 Der Kontextmenübefehl *Neuer Kalender* eines existierenden Kalendereintrags ermöglicht es Ihnen, über ein Dialogfeld einen neuen Kalender anzulegen und zu benennen.

12 Markieren Sie die Kontrollkästchen mehrerer Kalender im Ordnerbereich, werden diese im Dokumentfenster eingeblendet.

Ende

Der Befehl *Drucken* in der Backstage-Ansicht (unter *Datei*) ermöglicht das Drucken des Terminplans.

Über das Suchfeld des Hauptfensters suchen Sie direkt im geöffneten Kalender über ein Stichwort nach Terminen.

TIPP

HINWEIS

Office für Kenner

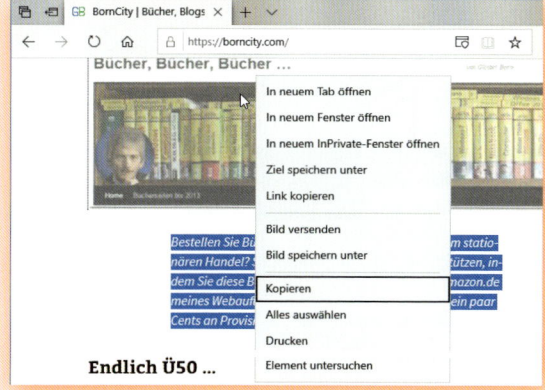

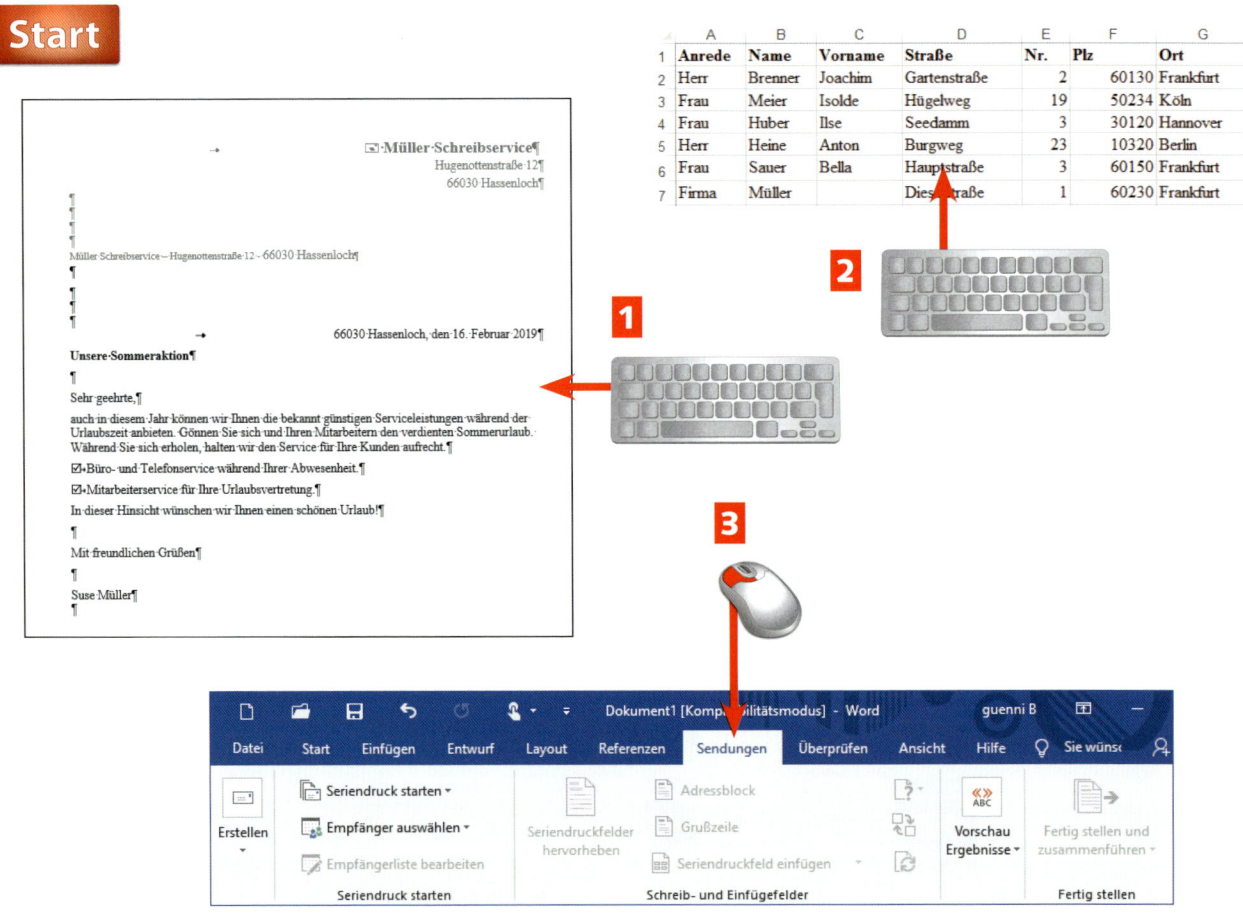

1 Erstellen Sie in Word den Text des Serienbriefs, lassen aber die Empfängeradresse sowie den Namen in der Anrede weg und speichern das Dokument in einer *.docx*-Datei.

2 Legen Sie, sofern noch nicht vorhanden, die Steuerdatei mit den individualisierten Daten an und speichern Sie diese.

3 Laden Sie (falls noch nicht erfolgt) in Word den Textentwurf für den Serienbrief, und wechseln Sie im Menüband zur Registerkarte *Sendungen*.

Serienbriefe ermöglichen Massenschreiben mit gleichlautendem Text, in den individuelle Informationen wie Empfänger oder Anrede eingefügt werden. Das Hauptdokument mit dem Basistext wird mittels einer Steuerdatei (Datenquelle) um die individualisierten Daten (z. B. Name, Adresse) ergänzt.

WISSEN

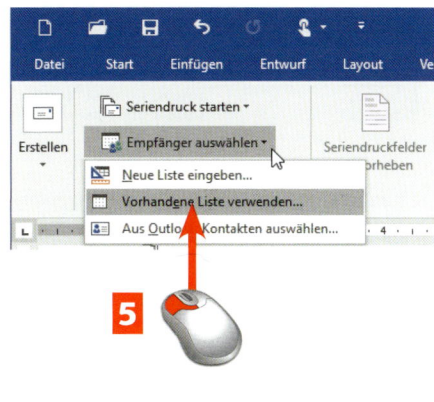

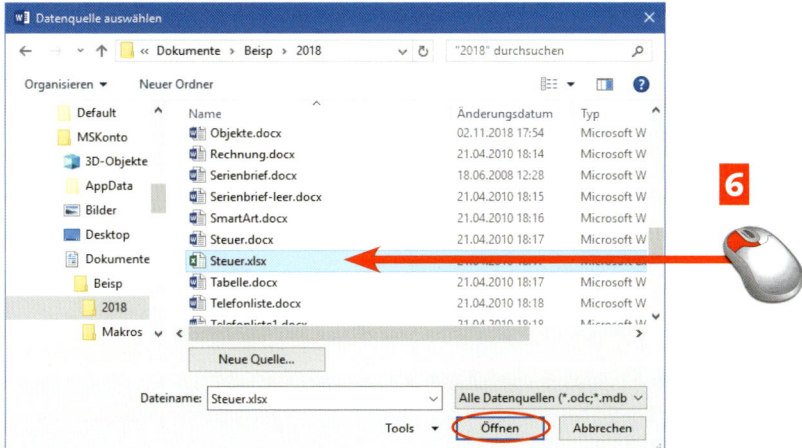

4 Wählen Sie auf der Registerkarte *Sendungen* des Menübands die Schaltfläche *Serien-druck starten* und im Menü den Befehl *Briefe*.

5 Wählen Sie im Menü der Schaltfläche *Empfänger auswählen* der Registerkarte *Sendungen* den gewünschten Befehl aus (z. B. *Vorhandene Liste verwenden*).

6 Navigieren Sie im Dialogfeld *Datenquelle auswählen* zum Ordner mit der Steuerdatei, markieren Sie diese, und wählen Sie die *Öffnen*-Schaltfläche.

Die Steuerdatei kann als Word-Tabelle, als Excel-Tabelle oder als Tabelle in einer Access-Datenbank realisiert werden.	Der Seriendruck-Assistent im Menü der Schaltfläche *Serien-druck starten* führt Sie zwar durch die Schritte zur Serien-brieferstellung, stellt aber nicht alle Optionen bereit.	Wie man einen Brieftext entwirft, können Sie in den Word-Kapiteln nachlesen. Das Erstellen einer Adressliste wird in den Excel-Kapiteln erläutert.
TIPP	**HINWEIS**	**HINWEIS**

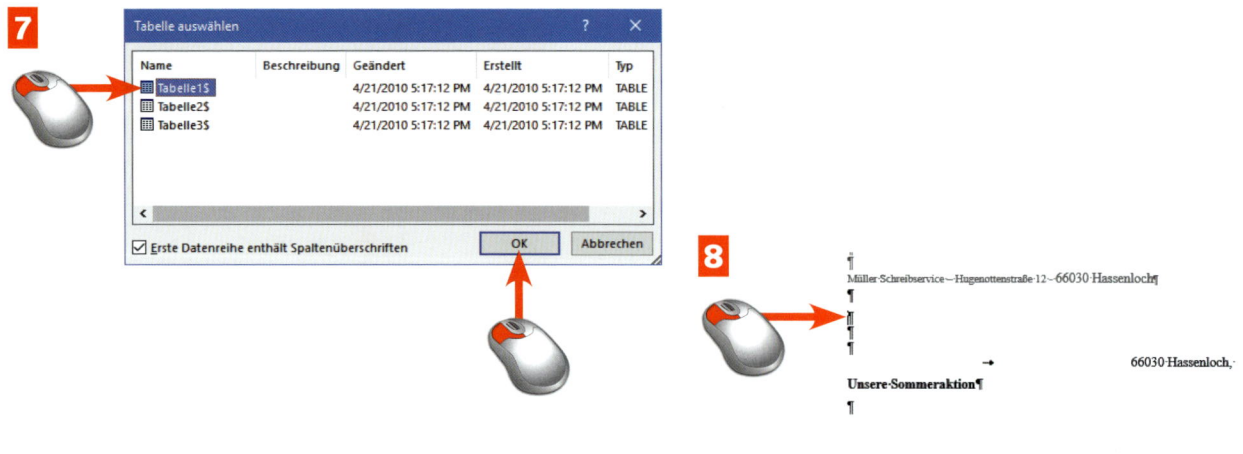

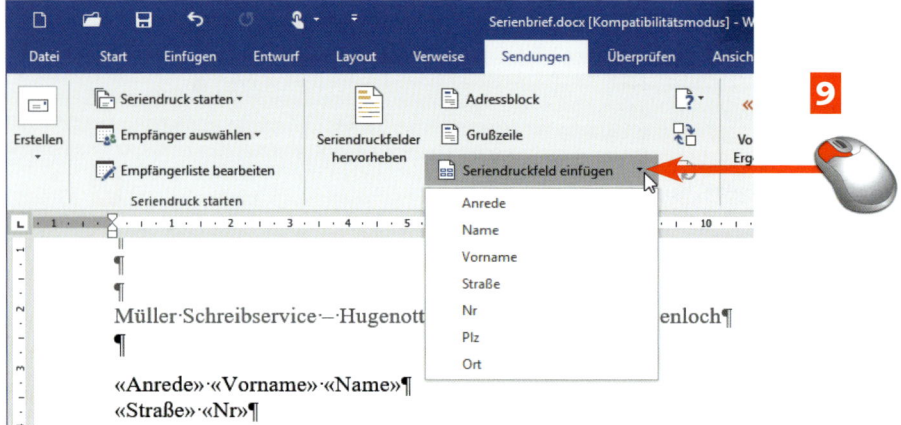

7 Je nach Datenquelle ist in Dialogfeldern die Tabelle mit den Adressdaten und/oder die Datenquelle zu markieren und über die *OK*-Schaltfläche zu bestätigen.

8 Markieren Sie im Text des Serienbriefentwurfs die Stelle, an der ein Seriendruckfeld einzufügen ist.

9 Öffnen Sie auf der Registerkarte *Sendungen* des Menübands das Menü der Schaltfläche *Seriendruckfeld einfügen*, und wählen Sie eines der angebotenen Felder aus.

Nachdem das Hauptdokument und die Steuerdatei in Word geladen sind, fügen Sie die Seriendruckfelder in den Textentwurf ein. Diese Felder werden beim Ausdruck mit den Daten der Steuerdatei gefüllt. Bei Bedarf bearbeiten und filtern Sie die Liste der Seriendruckempfänger.

WISSEN

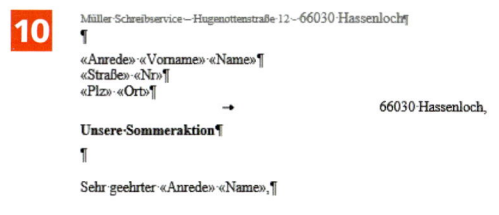

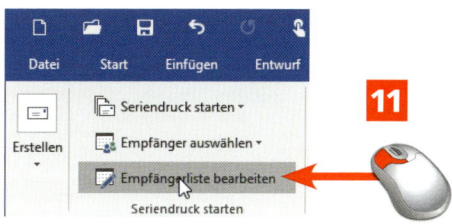

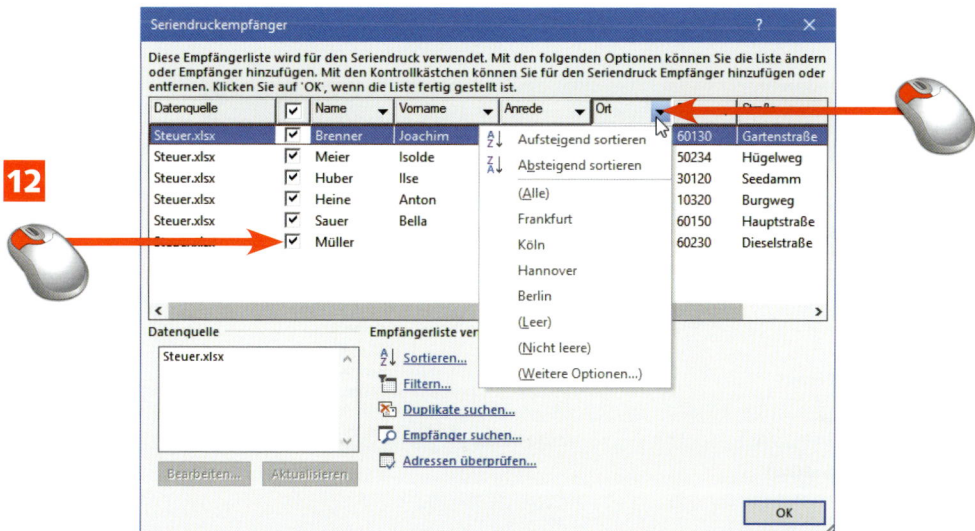

10 Wiederholen Sie die Schritte 8 und 9, bis alle Seriendruckfelder in den Serienbriefentwurf eingefügt sind. Das Ergebnis könnte wie hier gezeigt aussehen.

11 Zum Filtern der Daten wählen Sie auf der Registerkarte *Sendungen* des Menübands die Schaltfläche *Empfängerliste bearbeiten*.

12 Löschen Sie im Dialogfeld die Kontrollkästchen der unerwünschten Datensätze, sortieren Sie die Daten oder legen Sie Filterkriterien über die Listenfelder der Kopfzeile fest.

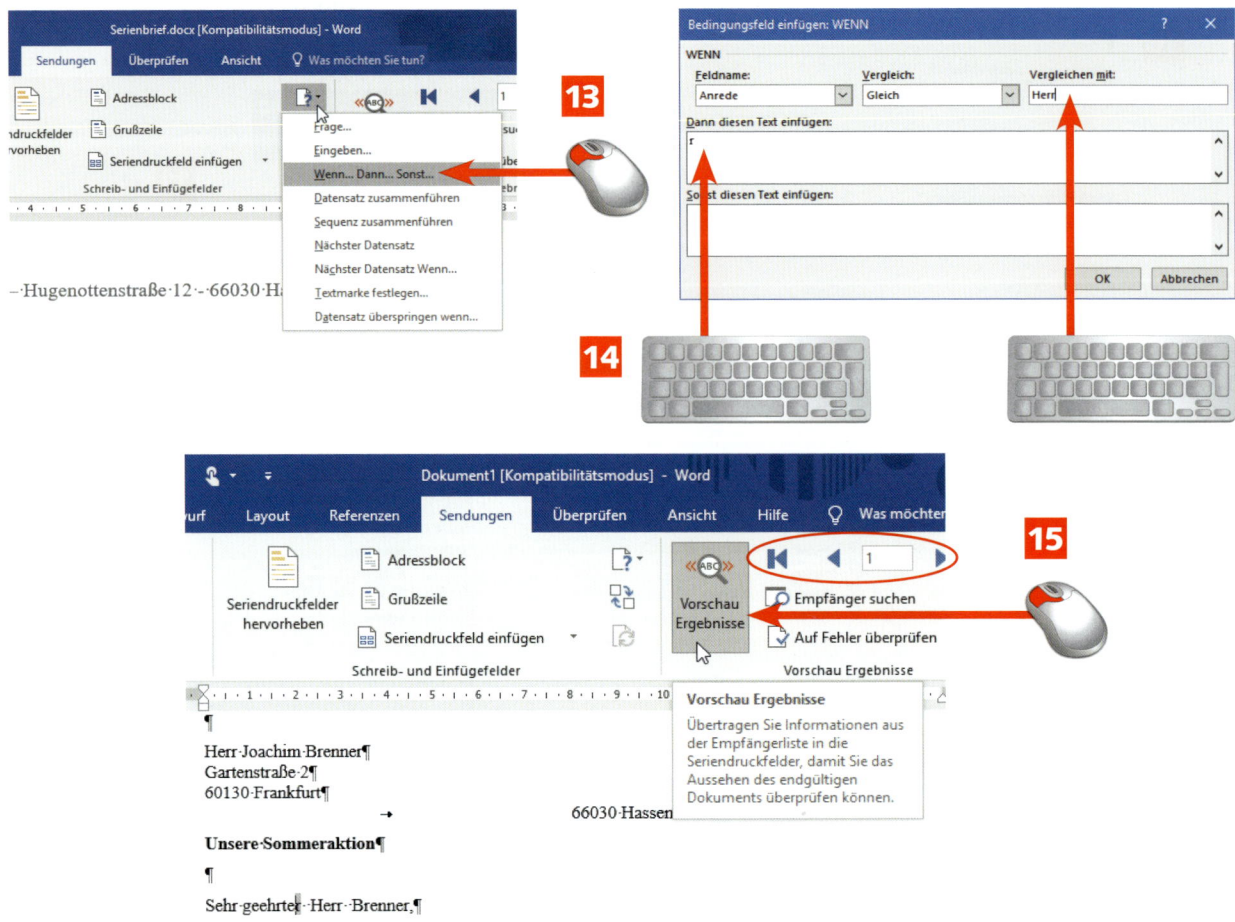

13 Mit dem Befehl *Wenn … Dann … Sonst* der Schaltfläche *Regeln* der Registerkarte *Sendungen* lässt sich eine persönliche Anrede an der aktuellen Textstelle einfügen.

14 Legen Sie in diesem Dialogfeld die abzuprüfende Regel (hier Anrede gleich »Herr«) sowie die einzufügenden Texte für den Wenn- und den Dann-Fall fest.

15 Zum Testen wählen Sie die Schaltfläche *Vorschau Ergebnisse* und blättern über die Schaltflächen der Navigationsleiste zwischen den Datensätzen der Steuerdatei.

Bei Bedarf lassen sich auch Bedingungsfelder (z. B. für eine persönliche Anrede) einfügen, und Sie können die Ergebnisse des Seriendrucks vor der eigentlichen Ausgabe auch testen.

WISSEN

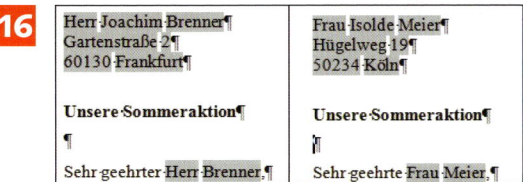

16 Beim Blättern durch die Datensätze werden Ihnen die Daten im Briefentwurf angezeigt (hier sehen Sie zwei Datensätze mit unterschiedlicher Anrede).

17 Wählen Sie auf der Registerkarte *Sendungen* die Schaltfläche *Fertig stellen und zusammenführen*. Klicken Sie hier auf einen der Menübefehle.

18 Markieren Sie eine Option zur Datensatzauswahl und bestätigen Sie mit der *OK*-Schaltfläche, um den Seriendruck anzustoßen.

Ende

TIPP

Über die Navigationsschaltflächen ⏮ ◀ 1 ▶ ⏭ blättern Sie in Schritt 15 durch die Daten, um sich vor dem Drucken die Ergebnisse anzusehen.

HINWEIS

In Schritt 17 erzeugt der Befehl *Einzelne Dokumente bearbeiten* die Serienbriefe in Word. Sie können die Ergebnisse dann noch bearbeiten.

HINWEIS

Der Befehl *Dokumente drucken* erzeugt die Serienbriefe für den Drucker, und Sie wählen im *Drucken*-Dialogfeld die Ausgabeoptionen.

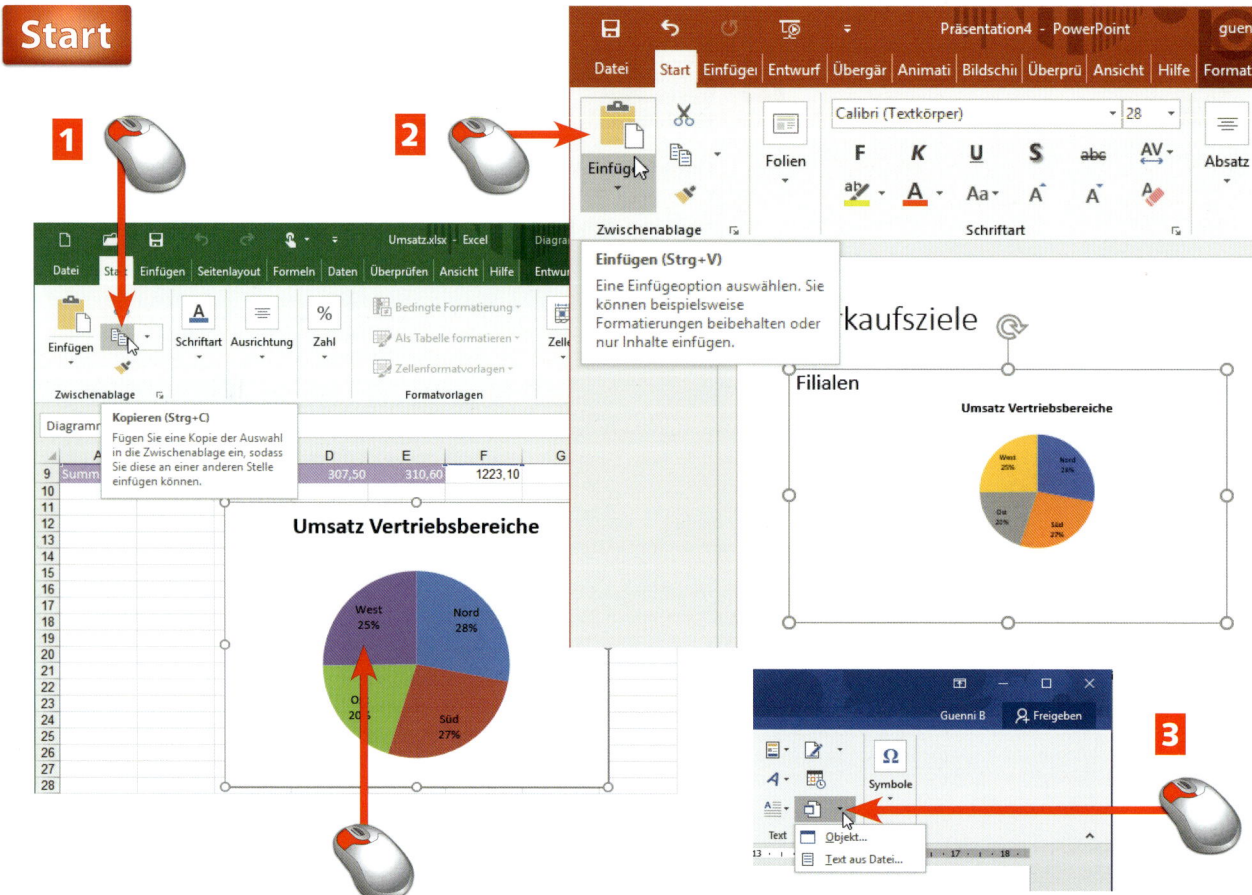

1 Um ein Excel-Diagramm in PowerPoint oder Word zu übernehmen, markieren Sie das Objekt in Excel und kopieren es in die Windows-Zwischenablage.

2 Wechseln Sie z. B. zum PowerPoint-Fenster, und fügen Sie das Diagramm aus der Zwischenablage in die aktuelle Folie ein. Passen Sie ggf. Position und Größe an.

3 Um in Word/PowerPoint z. B. eine Excel-Tabelle einzufügen, wählen Sie auf der Registerkarte *Einfügen* des Menübands die Schaltfläche *Objekt* der Gruppe *Text*.

Microsoft Office ermöglicht den Datenaustausch zwischen den einzelnen Anwendungen (z. B. eine Excel-Tabelle oder ein Diagramm in Word- oder PowerPoint-Dokumente einfügen). Dabei stehen sowohl die Zwischenablage als auch Objekte zum Übertragen zur Verfügung.

WISSEN

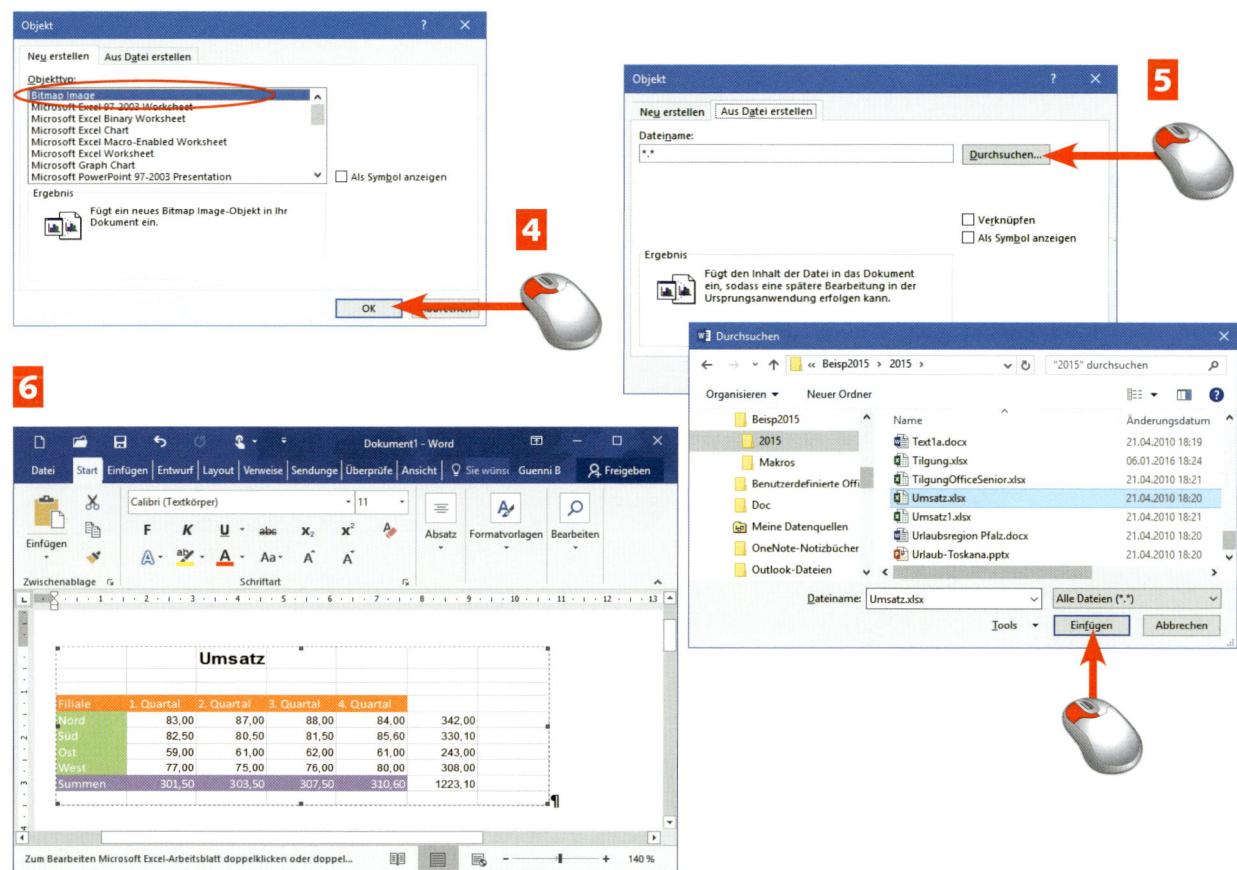

4 Auf der Registerkarte *Neu erstellen* des Dialogfelds *Objekt* wählen Sie ein Format in der Liste aus und bestätigen mit der *OK*-Schaltfläche.

5 Auf der Registerkarte *Aus Datei erstellen* des Dialogfelds *Objekt* wählen Sie über die *Durchsuchen*-Schaltfläche eine Objektdatei aus und übernehmen diese in das Dokument.

6 Das eingefügte Objekt lässt sich im Dokument verschieben und in der Größe anpassen. Ein Doppelklick öffnet das Objekt zum Bearbeiten in der betreffenden Anwendung.

Ende

TIPP

Sollen die Daten nicht mehr bearbeitet werden, fügen Sie diese über die Zwischenablage ein. Um später Anpassungen vornehmen zu können, müssen die Daten als Objekt eingefügt werden.

TIPP

Markieren Sie das Kontrollkästchen *Verknüpfen* auf der Registerkarte *Aus Datei erstellen* im Dialogfeld *Objekt*. Dies reduziert die Größe der Dokumentdatei.

HINWEIS

Mit der Option *Neu erstellen* wird ein neues leeres Objekt in das aktuelle Dokument eingefügt. Sie müssen dann die Daten manuell eingeben.

Start

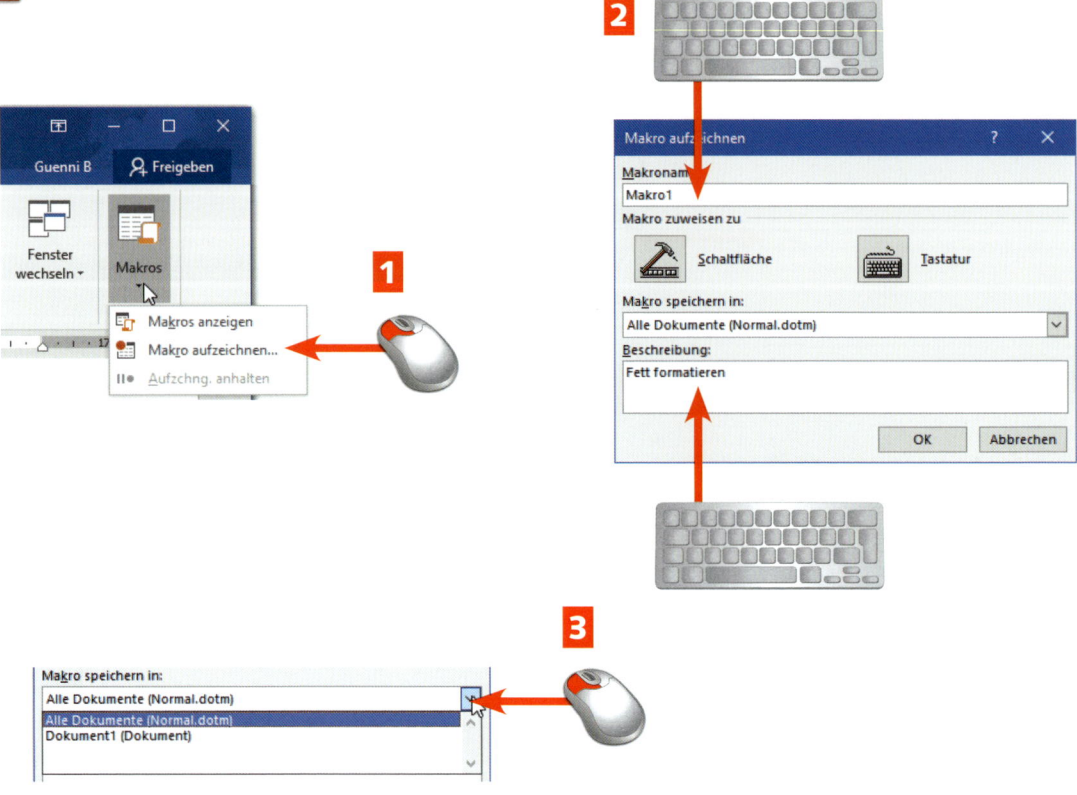

1 Um ein Makro z. B. in Word aufzuzeichnen, wählen Sie auf der Registerkarte *Ansicht* die Schaltfläche *Makros* und dann den Befehl *Makro aufzeichnen*.

2 Passen Sie im Dialogfeld *Makro aufzeichnen* den Makronamen an, und tragen Sie ggf. eine kurze Beschreibung in das entsprechende Textfeld ein.

3 Legen Sie im Feld *Makro speichern in* das zum Speichern des Makros zu verwendende Dokument fest (*Normal.dotm* stellt das Makro für alle Word-Dokumente bereit).

Makros ermöglichen es, wiederkehrende Aufgaben oder Bearbeitungsschritte automatisch auszuführen und Office um neue Funktionen zu erweitern.

WISSEN

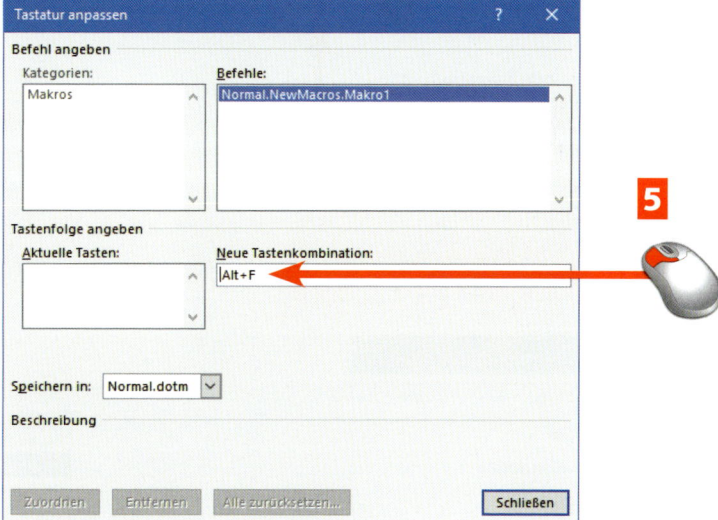

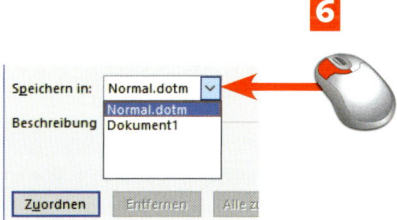

4 Um Makros später per Tastatur oder Schaltfläche aufzurufen, wählen Sie eine Schalt-fläche in *Makro zuweisen zu* und befolgen die nächsten Schritte.

5 Wurde in Schritt 4 *Tastatur* gewählt, markieren Sie im Dialogfeld das Feld *Neue Tasten-kombination* und drücken die gewünschte Tastenkombination (hier Alt+F).

6 Bei Bedarf wählen Sie über das Listenfeld *Speichern in*, in welchem Dokument die Tastenkombination gespeichert wird (*Normal.dotm* gilt für alle Word-Dokumente).

Legen Sie Makros für häufig wiederkehrende Aufgaben an, und lassen Sie diese später auf »Knopfdruck« ausführen.	Makros sind kleine Programme, deren Befehle (z. B. zur Text-formatierung) ausgeführt werden können.	Achten Sie beim Zuweisen von Tastenfolgen an Makros darauf, dass diese noch nicht anderweitig belegt sind.
TIPP	**FACHWORT**	**HINWEIS**

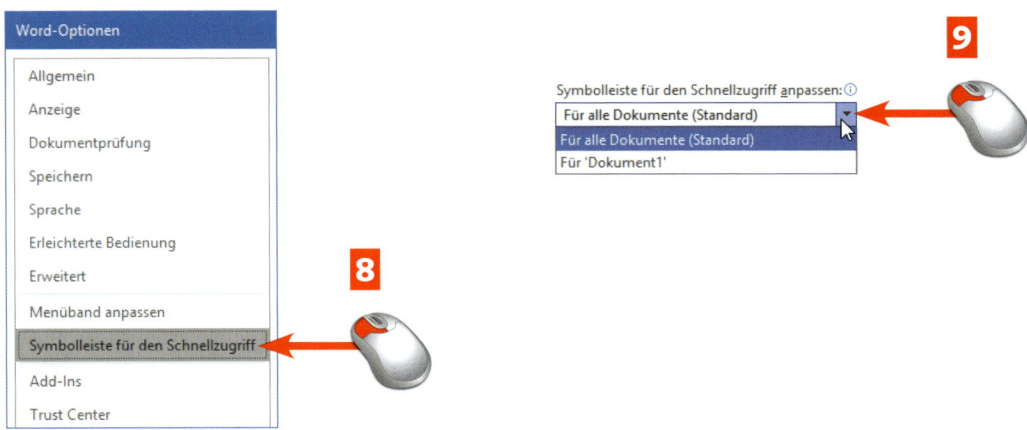

7 Klicken Sie auf die Schaltfläche *Zuordnen*, und verlassen Sie das Dialogfeld zur Tastatur-zuordnung über die *Schließen*-Schaltfläche.

8 Wurde in Schritt 4 das Symbol *Schaltfläche* gewählt, gehen Sie im Dialogfeld *Word-Optionen* zur Kategorie *Symbolleiste für den Schnellzugriff* oder *Menüband anpassen*.

9 Legen Sie im Listenfeld *Symbolleiste für den Schnellzugriff anpassen* bzw. *Menüband anpassen* das Dokument fest, auf das sich die Schaltflächenzuweisung bezieht.

Makros werden in speziellen Makrodokumentdateien oder in der Word-*Normal.dotm* gespeichert. Zum komfortablen Zugriff auf Makros lassen sich diese einer Tastenkombination oder einer Schaltfläche des Menübands zuweisen.

WISSEN

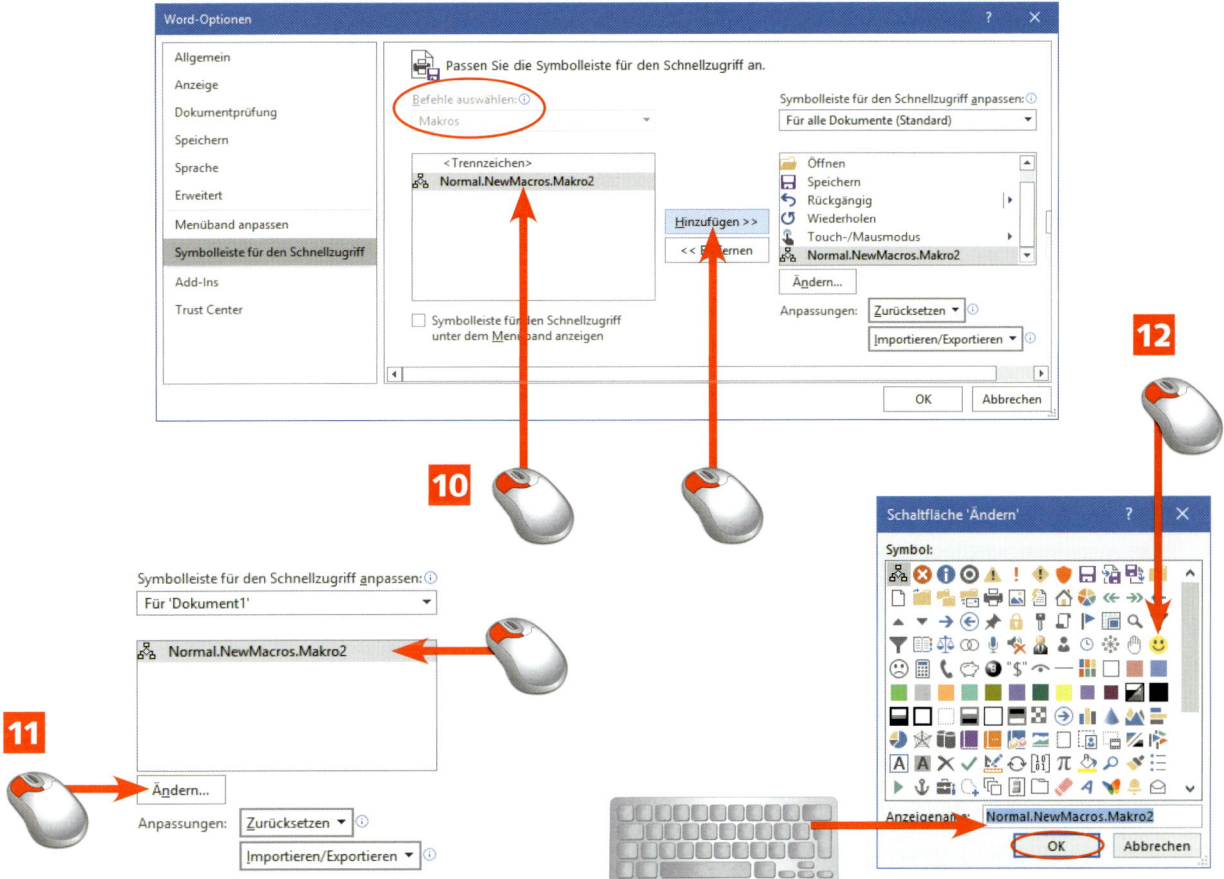

10 Wählen Sie, falls erforderlich, in der Liste *Befehle auswählen* den Eintrag *Makros*, markieren Sie das Makro, und klicken Sie auf die *Hinzufügen*-Schaltfläche.

11 Markieren Sie in der rechten Liste das hinzugefügte Makroelement, und wählen Sie die Schaltfläche *Ändern*.

12 Wählen Sie im Dialogfeld *Schaltfläche 'Ändern'* ein Schaltflächensymbol aus, korrigieren Sie den Anzeigename des Makros, und bestätigen Sie mit der *OK*-Schaltfläche.

Beim späteren Speichern des Dokuments wählen Sie ein Makrodokumentformat (z. B. *Word Dokument mit Makros (*.docm)*, da andernfalls das Makro nicht mit gesichert wird.

Schaltflächen zur Makroausführung lassen sich in der Symbolleiste für den Schnellzugriff oder auf Registerkarten des Menübands (Seite 27 ff.) einfügen.

Das Listenfeld *Befehle auswählen* muss auf *Makros* eingestellt sein, um die Makros in der linken Liste anzuzeigen.

TIPP   **TIPP**   **HINWEIS**

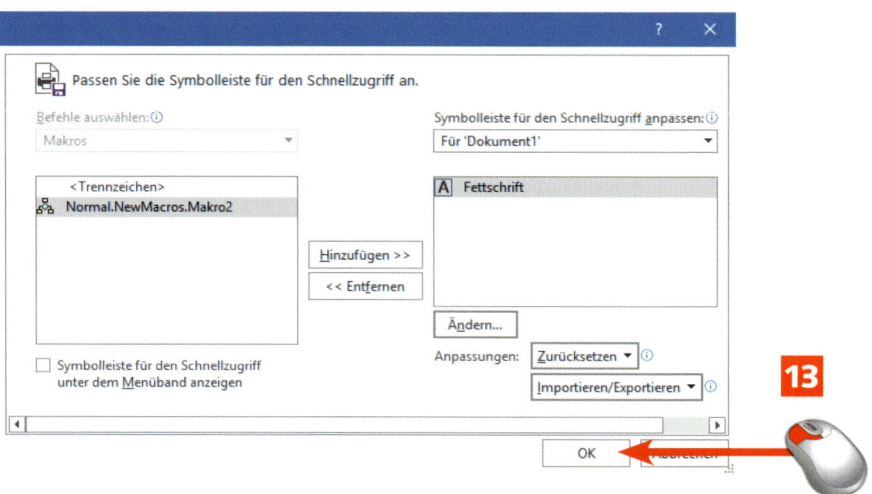

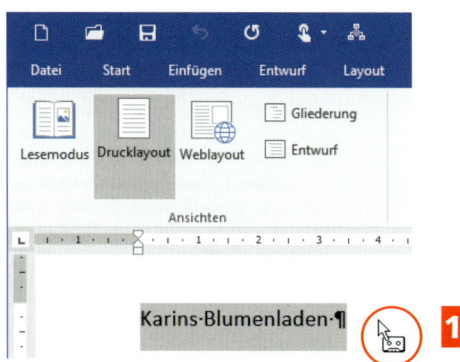

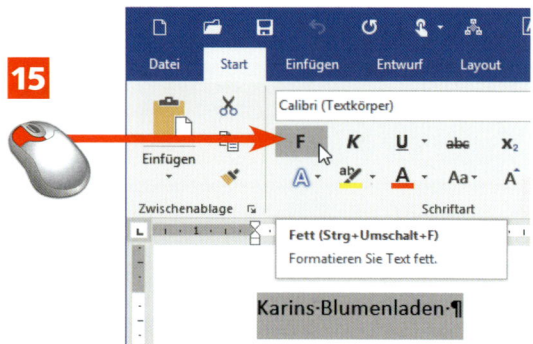

13 Sobald das Makro der Schaltfläche zugewiesen und diese benannt sowie mit einem Symbol versehen wurde, schließen Sie das Dialogfeld über die *OK*-Schaltfläche.

14 Ein stilisiertes Kassettensymbol neben dem Mauszeiger signalisiert Ihnen, dass die Makroaufzeichnung aktiv ist.

15 Führen Sie anschließend im (Word-)Fenster die aufzuzeichnenden Schritte aus. Hier wird ein vor der Aufzeichnung markierter Text fett formatiert.

Office-Anwendungen können Makros automatisch aufzeichnen. Der aufgezeichnete Programmcode lässt sich später bearbeiten.

WISSEN

16 Die Aufzeichnung lässt sich auf der Registerkarte *Ansicht* über den Befehl *Aufzchng. anhalten* der Schaltfläche *Makros* vorübergehend unterbrechen.

17 Setzen Sie die Aufzeichnung über den Befehl *Aufzeichnung fortsetzen* der Schaltfläche *Makros* auf der Registerkarte *Ansicht* wieder fort.

18 Sind die gewünschten Schritte aufgezeichnet, wählen Sie auf der Registerkarte *Ansicht* den Befehl *Aufzeichnung beenden* der Schaltfläche *Makros*.

Ende

Überlegen Sie sich vor der Aufzeichnung eines Makros die Schrittfolge, um keine überflüssigen Befehle aufzuzeichnen.

Unterbrechen Sie die Makroaufzeichnung, falls ein vergessener Zwischenschritt erforderlich wird.

Das aufgezeichnete Makro wird gespeichert und lässt sich ausführen oder bearbeiten.

TIPP　　　　**TIPP**　　　　**HINWEIS**

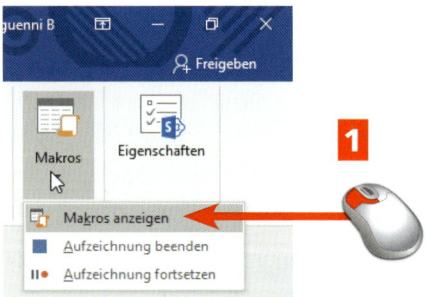

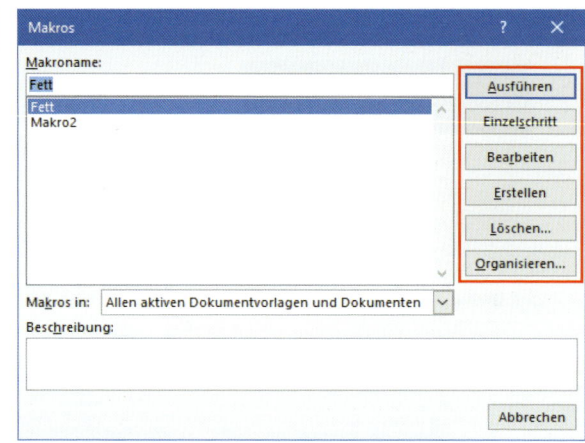

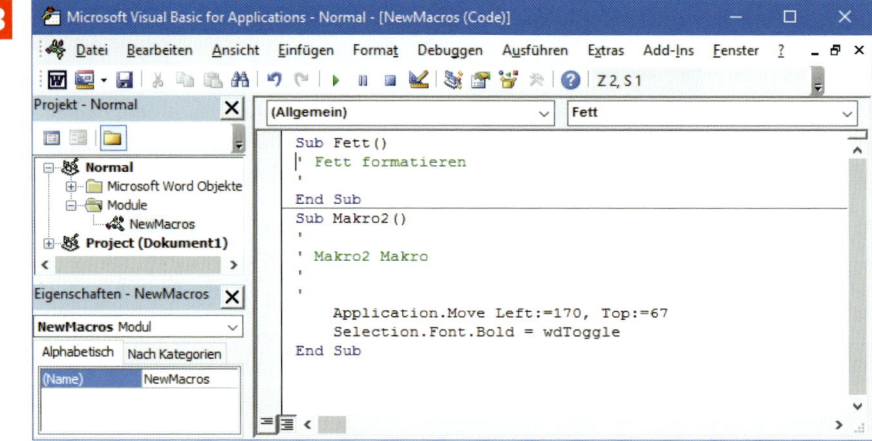

1 Um Makros zu inspizieren, auszuführen oder anzupassen, wählen Sie auf der Register-karte *Ansicht* die Menüschaltfläche *Makros* und dann *Makros anzeigen*.

2 Im Dialogfeld *Makros* werden Ihre erstellten Makros aufgelistet, lassen sich auswählen und mittels der Schaltflächen ausführen, bearbeiten, erstellen und löschen.

3 Über die Schaltfläche *Bearbeiten* (Schritt 2) öffnen Sie das Fenster der VBA-Entwicklungs-umgebung, in der Sie den Makrocode einsehen und ändern können.

Makros lassen sich über eine definierte Tastenfolge (Seite 307 ff.) oder eine Makroschaltfläche starten. Zudem können Sie Makros verwalten und bearbeiten.

WISSEN

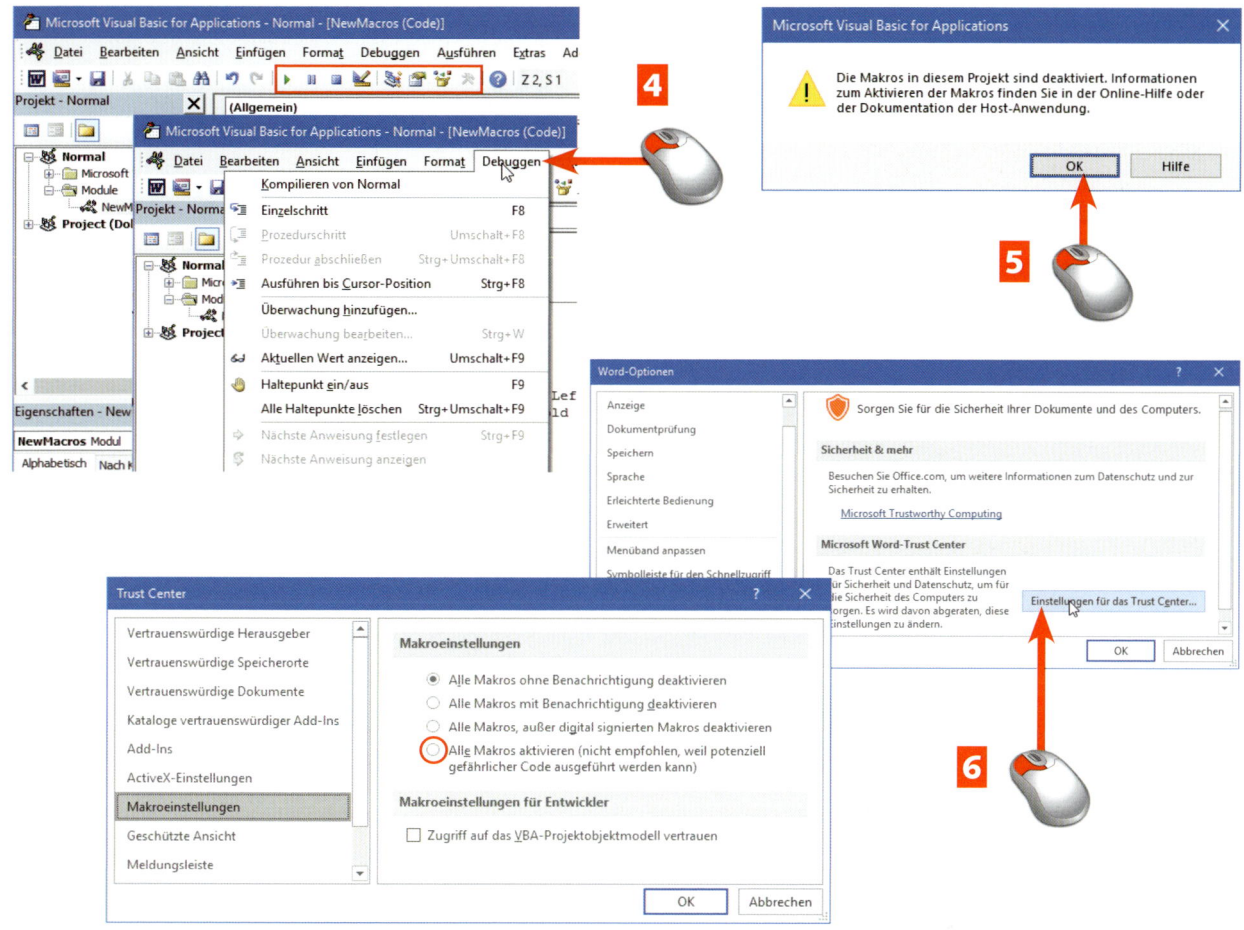

4 In der Symbolleiste und im Menü *Debuggen* finden Sie Schaltflächen und Befehle, um den Makrocode bei Bedarf (ggf. schrittweise) zum Testen auszuführen.

5 Erscheint dieses Dialogfeld, wurde die Makroausführung aus Sicherheitsgründen gesperrt.

6 Wählen Sie *Optionen* in der Backstage-Ansicht, öffnen Sie im Dialogfeld *Word-Optionen* die Kategorie *Trust Center*, und passen Sie die Makrosicherheitseinstellungen an.

Ende

Über das Listenfeld *Makros in* filtern Sie, welche Makrodateien berücksichtigt werden.

Nicht mehr benötigte Makros entfernen Sie im Dialogfeld *Makros* über die *Löschen*-Schaltfläche.

Visual Basic for Applications (VBA) ist die Programmiersprache, in der Makros erstellt werden.

TIPP   **TIPP**   **FACHWORT**

Microsoft Office anpassen

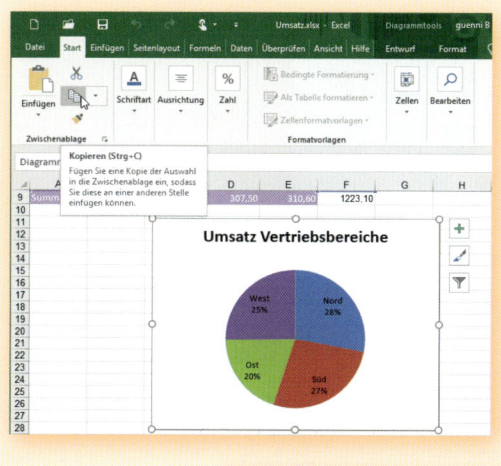

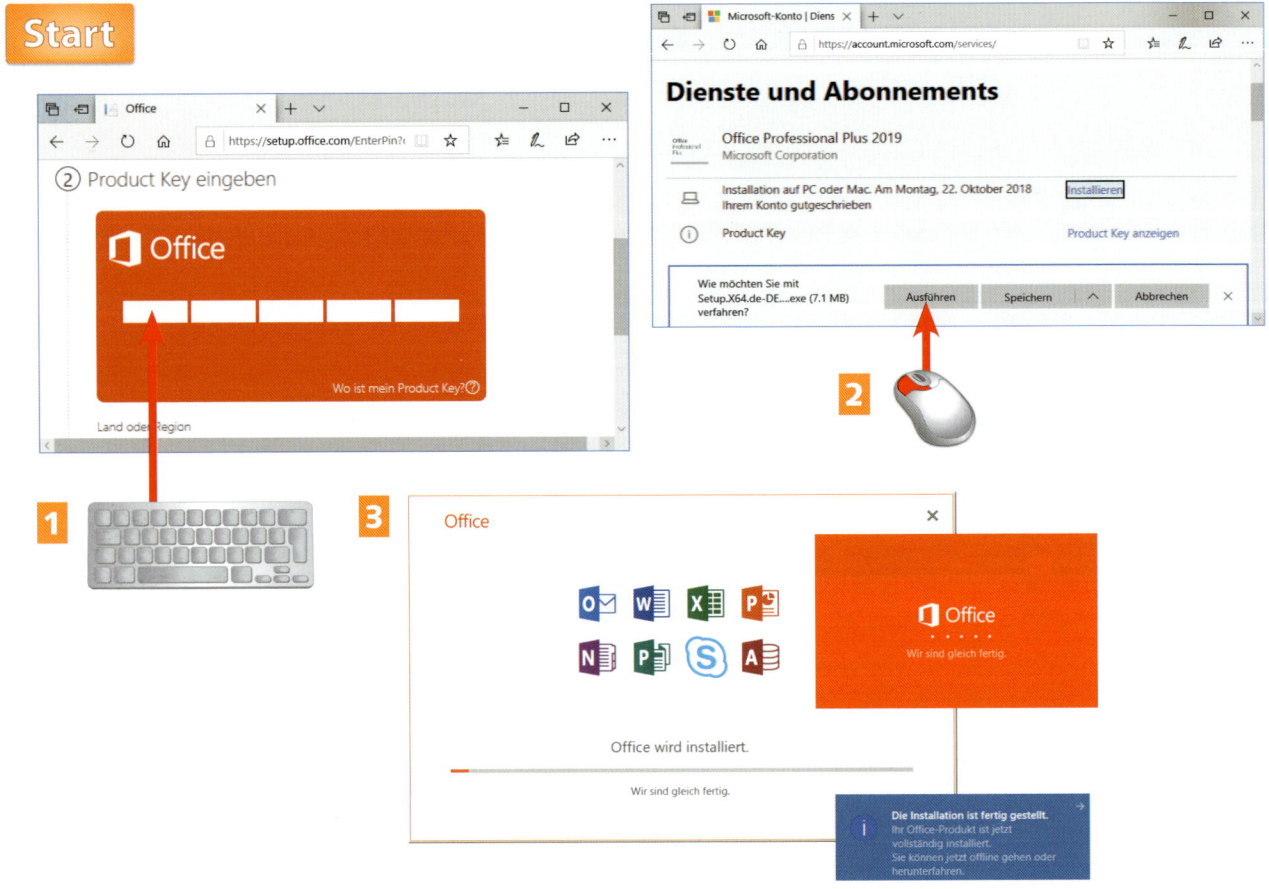

1. Geben Sie den gekauften Office-Produktschlüssel im Browser auf der Webseite *http://office.com/setup* ein, und befolgen Sie die Schritte zum Download des Installers.

2. Führen Sie den heruntergeladenen Click-to-Run-Installer unter Windows aus, und bestätigen Sie die Sicherheitsabfrage der Benutzerkontensteuerung.

3. Folgen Sie den Anweisungen des Setup-Assistenten, der Office 2019 oder Office 365 herunterlädt und automatisch installiert.

Office ist vor der Verwendung einmalig zu installieren. Die Installation erfolgt per Webinstaller oder bei Office Professional Plus 2019 (nur für Firmen verfügbar) von einem Datenträger.

WISSEN

5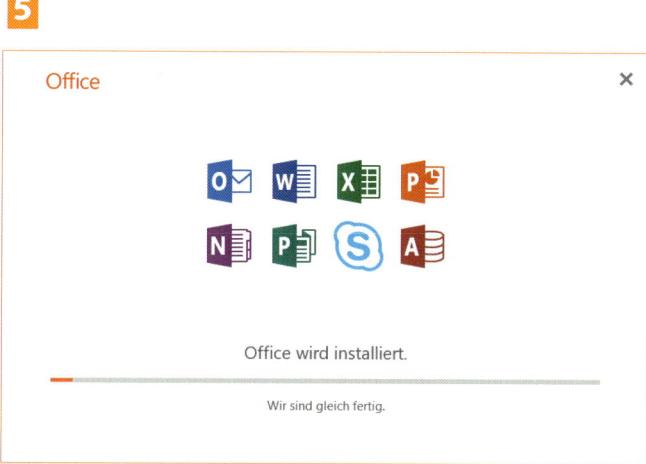

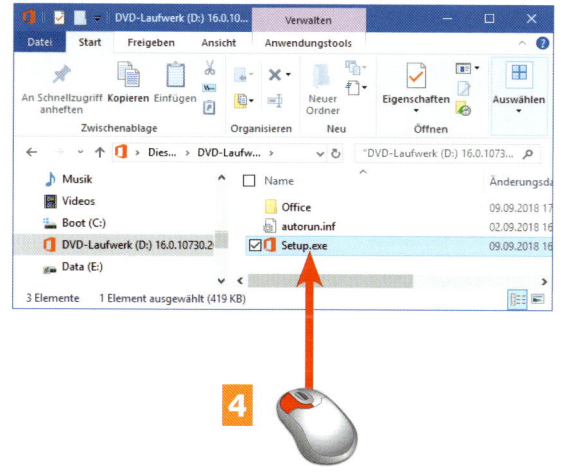

4

6

4 Bei Office Professional Plus 2019 starten Sie ggf. die Installation über die Datei *setup.exe*, falls der Assistent nicht automatisch startet.

5 Anschließend verfolgen Sie die automatisch ablaufende Installation (Schritt 3), bei der keine Auswahlmöglichkeiten bestehen.

6 Sobald die Installation fertig ist, klicken Sie auf die Schaltfläche *Schließen*.

Ende

Der Office-Installer lässt sich jederzeit nach der Anmeldung an Ihrem Benutzerkonto unter *https://www.office.com/ myaccount* erneut herunterladen.	Office 365 Home darf von bis zu sechs Benutzern verwendet werden.	Bei Office 2019 lädt der Click-to-Run-Installer nach dem Start die benötigten Dateien aus dem Internet und installiert die Programme.
TIPP	**TIPP**	**HINWEIS**

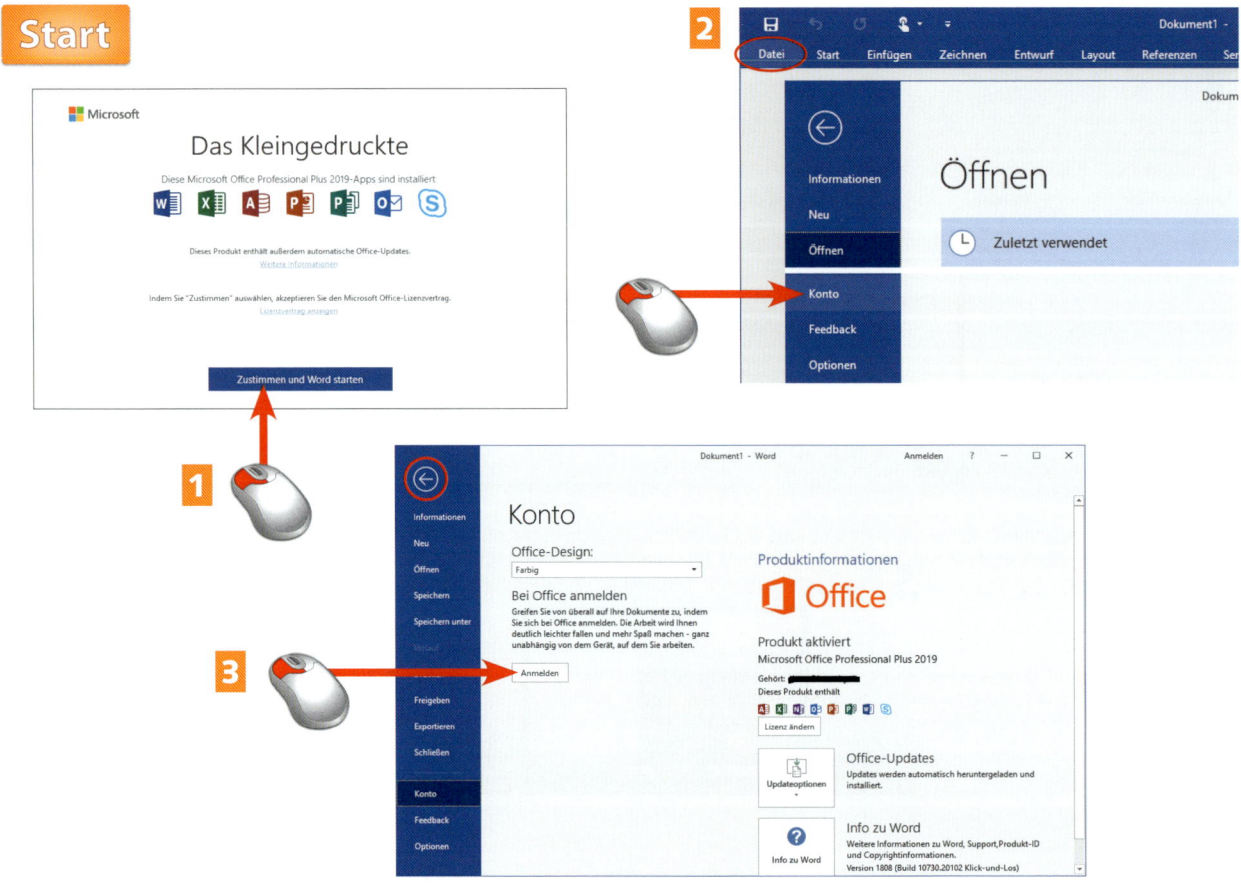

1 Erscheint dieses Fenster, klicken Sie auf die Schaltfläche *Zustimmen*, um den Lizenzvertrag zu akzeptieren.

2 Um sich am Office-Konto an- oder abzumelden, klicken Sie in Word, Excel etc. auf *Datei* und dann auf *Konto*.

3 Wählen Sie im rechten Teil des Fensters die Schaltfläche *Anmelden* bzw. *Abmelden* und klicken Sie auf die *Zurück*-Schaltfläche.

Um Office zu verwenden, ist dieses einmalig zu aktivieren. Und Sie müssen die Lizenzbedingungen bestätigen. Sie werden über Dialogfelder durch die Schritte geführt. Zudem lässt sich ein eventuell beschädigtes Office reparieren.

WISSEN

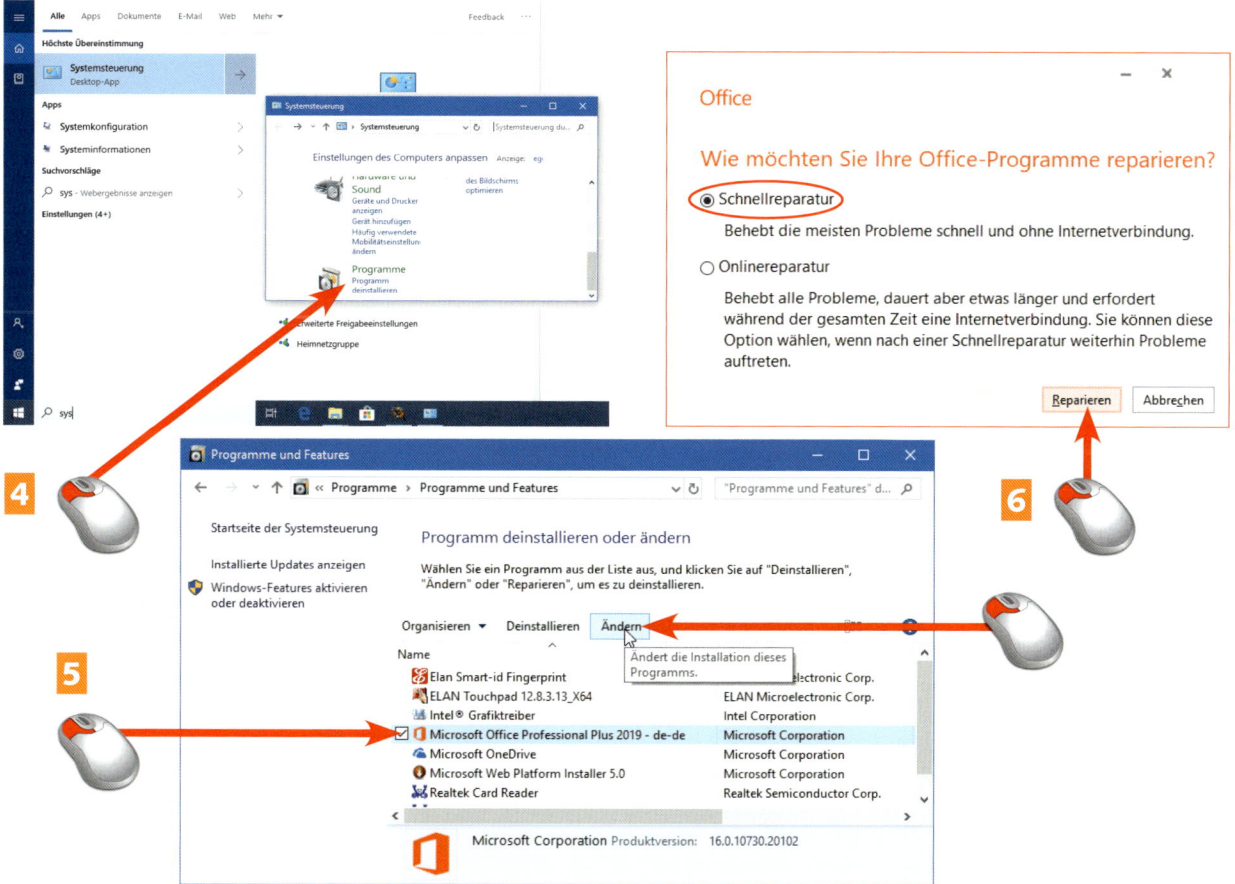

4 Zur Reparatur von Office öffnen Sie die Systemsteuerung (»Sys« in der Taskleiste eingeben, den Treffer wählen) und klicken Sie auf *Programm deinstallieren*.

5 Auf der Seite *Programme und Funktionen* markieren Sie den Eintrag für Microsoft Office und wählen die oberhalb der Programmliste angezeigte *Ändern*-Schaltfläche.

6 Erscheint dieses Fenster, wählen Sie *Schnellreparatur* und dann die *Reparieren*-Schaltfläche. Befolgen Sie die Anweisungen, und warten Sie auf das Reparaturende.

Ende

Funktionieren Office-Anwendungen nicht mehr richtig, versuchen Sie eine Reparatur durchzuführen.

Ein Assistent ist ein Programm, das Sie durch einen Vorgang (z. B. Installation) führt und die benötigten Optionen abfragt.

TIPP   **FACHWORT**

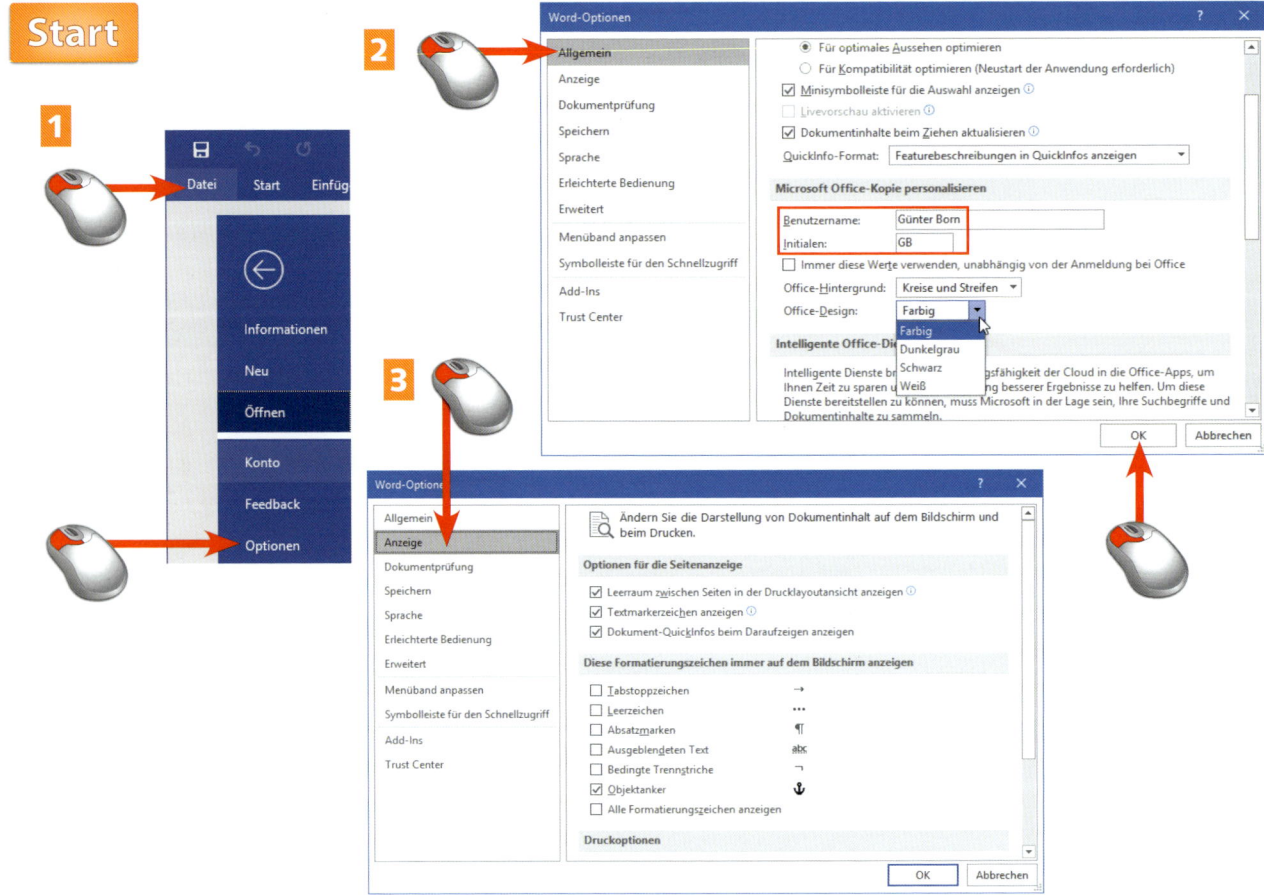

1 Zum Anpassen der Word-Optionen klicken Sie auf *Datei* und wählen im Menü der Backstage-Ansicht den Befehl *Optionen*.

2 Markieren Sie die Kategorie *Allgemein*, um im rechten Teil die Benutzerkennung sowie einige Anzeigeoptionen festzulegen. Bestätigen Sie anschließend mit *OK*.

3 Über die Kategorie *Anzeige* geben Sie vor, ob bestimmte Steuerzeichen im Dokument angezeigt und Zeichnungen, Hintergründe etc. gedruckt werden sollen.

Über die Word-Optionen wird das Verhalten von Word sowie das Aussehen des Programmfensters beeinflusst. Wählen Sie im Dialogfeld *Word-Optionen* in der linken Spalte eine Kategorie, um auf die Einstellungen zuzugreifen. Zeigen Sie auf den Kreis mit dem *i* einer Einstellung, um Informationen zur Option abzurufen (Schritt 2).

WISSEN

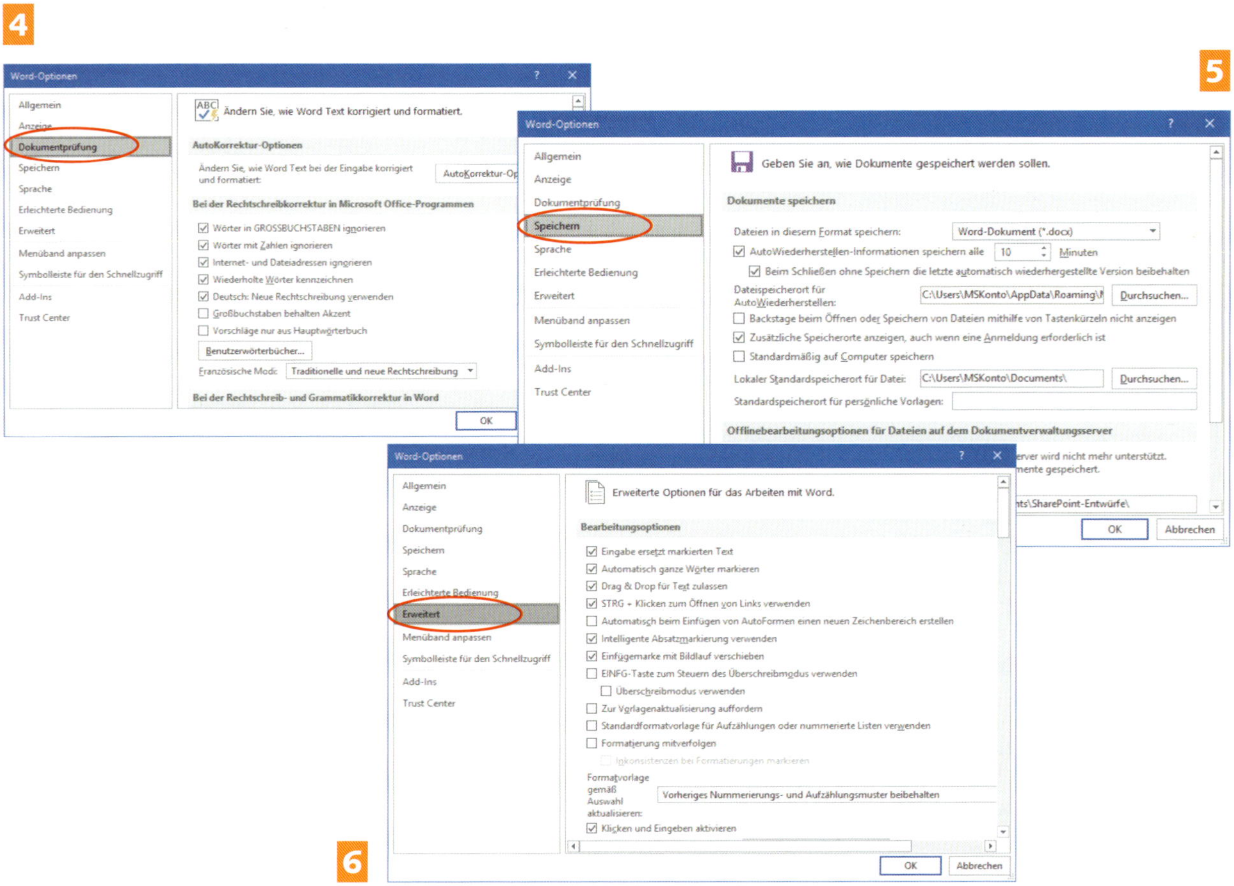

4 In der Kategorie *Dokumentprüfung* legen Sie fest, ob Word bereits während der Texteingabe eine Rechtschreibprüfung ausführen soll und welche Elemente dabei zu ignorieren sind.

5 Die Kategorie *Speichern* stellt z. B. Optionen zum Anpassen des Standardspeicherorts für Word-Dokumente bereit.

6 In der Kategorie *Erweitert* lassen sich über Kontrollkästchen die Markier- und Bearbeitungsoptionen etc. anpassen.

Ende

Die Option *Minisymbolleiste für die Auswahl anzeigen* (Schritt 2) steuert, ob im Text eine Minileiste (z. B. mit den Formatoptionen, siehe Seite 71) eingeblendet wird.	Die Schaltfläche *Benutzerwörterbücher* (Schritt 4) ermöglicht es Ihnen, fehlerhafte Einträge in Benutzerwörterbüchern zu korrigieren.	Zum Zuweisen einer Dokumentvorlage wählen Sie in der Kategorie *Add-Ins* im Listenfeld *Verwalten* den Eintrag *Vorlagen* und dann die Schaltfläche *Los*.
TIPP	**TIPP**	**HINWEIS**

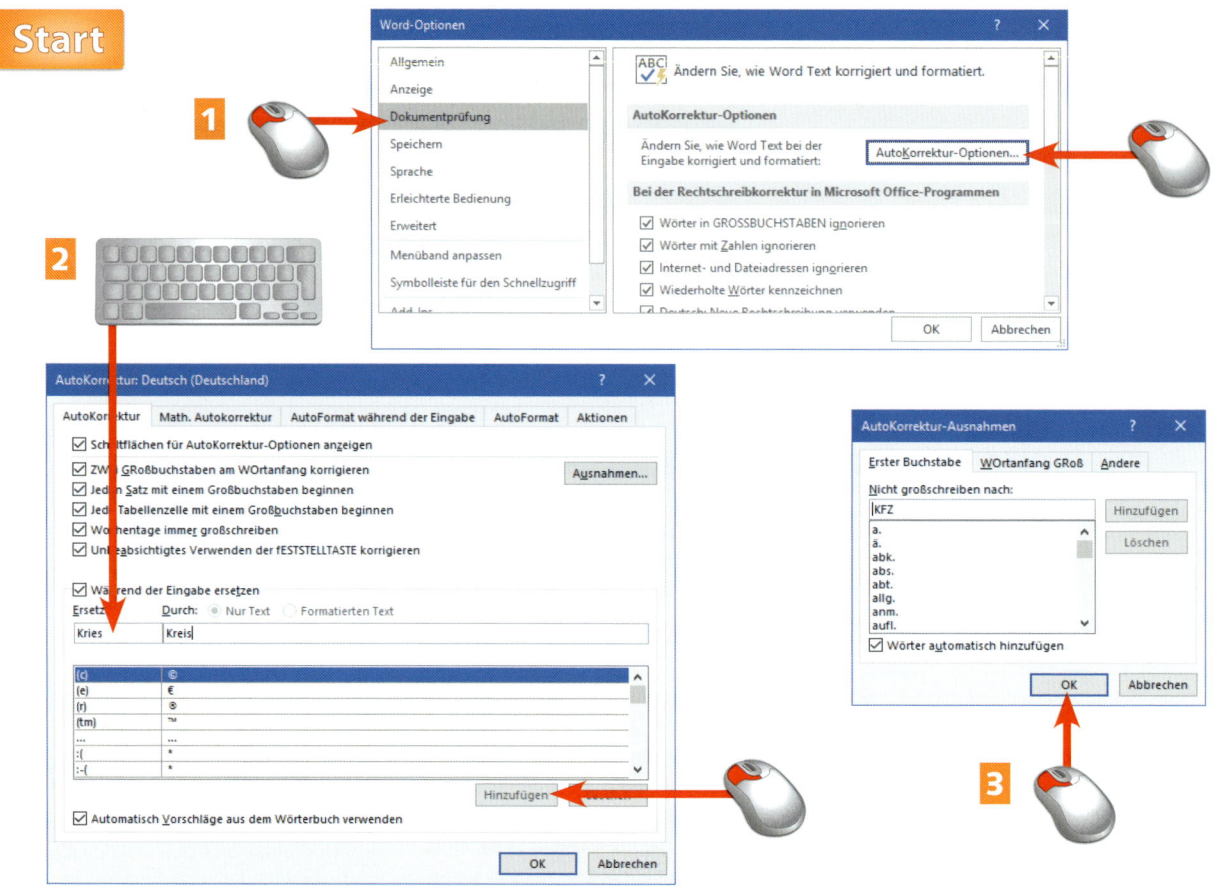

1. Zum Anpassen der AutoFormat-/AutoKorrektur-Optionen wählen Sie in den Word-Optionen die Kategorie *Dokumentprüfung* und dann *AutoKorrektur-Optionen*.

2. Auf der Registerkarte *AutoKorrektur* lassen sich während der Eingabe zu ersetzende Begriffe in eine Liste eintragen und Korrekturoptionen anpassen.

3. Die Schaltfläche *Ausnahmen* (Schritt 2) öffnet ein Dialogfeld mit drei Registerkarten, in die Sie AutoKorrektur-Ausnahmen eintragen können.

Die *AutoKorrektur* kann Tippfehler bei der Texteingabe automatisch korrigieren. Mit der Funktion *AutoFormat* besteht die Möglichkeit, automatische Textformatierungen (z. B. 1/2 bei der Eingabe in ½ umsetzen) vorzunehmen.

WISSEN

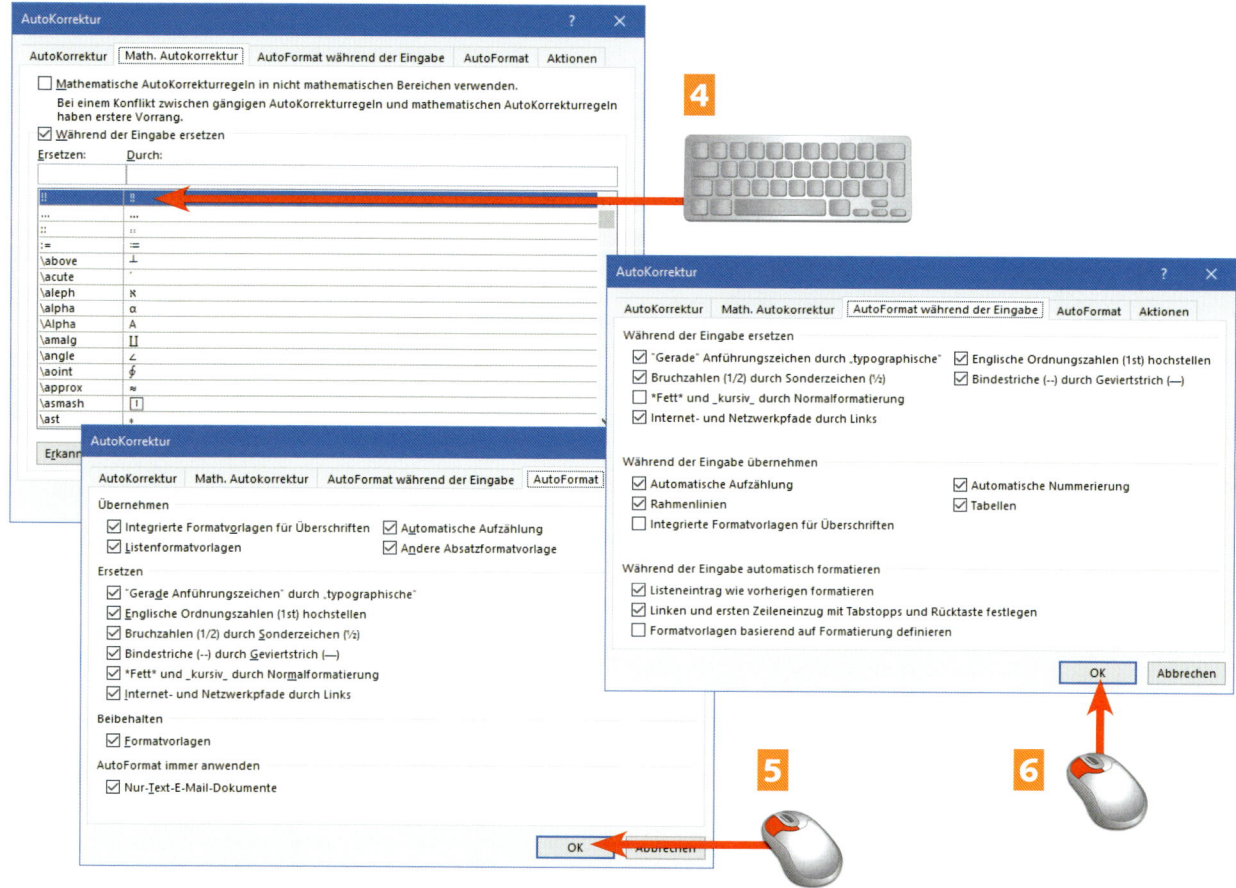

4 Auf der Registerkarte *Math. Autokorrektur* tragen Sie Kürzel ein, die bei der Eingabe automatisch in Formeln und mathematische Zeichen umgesetzt werden.

5 Die Optionen der Registerkarte *AutoFormat* steuern, ob Word Formatierungszeichen wie **Fett** oder Anführungszeichen automatisch in die Entsprechung korrigieren darf.

6 Die Registerkarte *AutoFormat während der Eingabe* steuert, ob Formatierungen bereits während der Eingabe erfolgen sollen und welche Formatierungen beizubehalten sind.

Ende

Korrigiert die *AutoKorrektur* fälschlicherweise einen eingetippten Begriff, können Sie die Korrektur mit der Tastenkombination Strg+Z sofort zurücknehmen.

Werden häufig benutzte Abkürzungen durch die AutoKorrektur fälschlich »verbessert«, sollten Sie den Begriff bzw. die Schreibweise in die Ausnahmenliste aufnehmen.

TIPP   **HINWEIS**

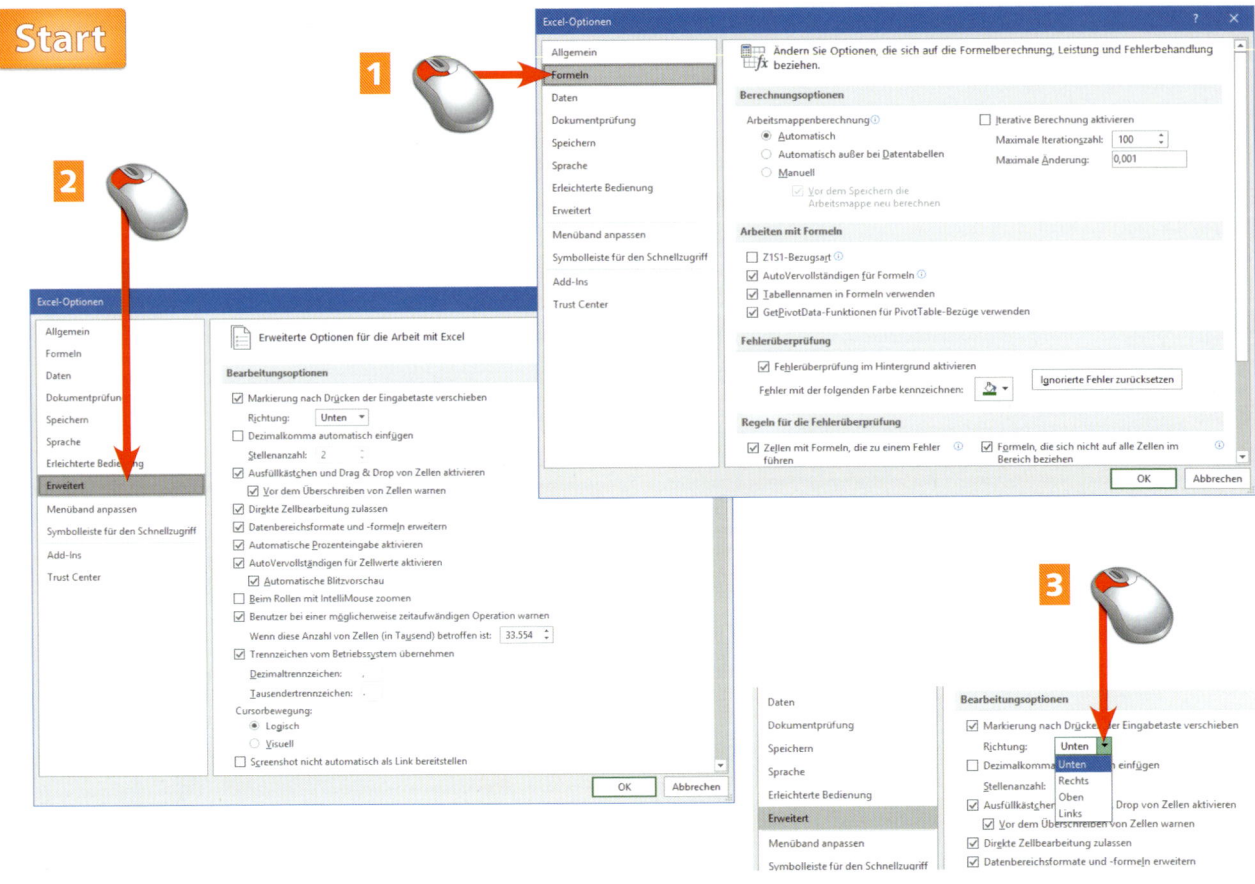

1 In der Kategorie *Formeln* legen Sie die Modi für Arbeitsmappenberechnungen, Formeln und Fehlerüberprüfungen fest.

2 Die Kategorie *Erweitert* ermöglicht Ihnen, in der Gruppe *Bearbeitungsoptionen* Einstellungen zur Bearbeitung (z. B. direkte Zellbearbeitung zulassen) von Tabellen anzupassen.

3 Über das Listenfeld *Markierung nach Drücken der Eingabetaste verschieben* (Kategorie *Erweitert*) geben Sie die auszuwählende Folgezelle nach der Bestätigung von Zelleingaben über die ⏎-Taste vor.

Wählen Sie in Excel *Datei* und dann den Befehl *Optionen* (siehe Seite 326). Im angezeigten Dialogfeld finden Sie neben einigen aus Microsoft Word bekannten Kategorien und Optionen (siehe Seite 320) spezielle Einstellungen für Excel-Tabellen.

WISSEN

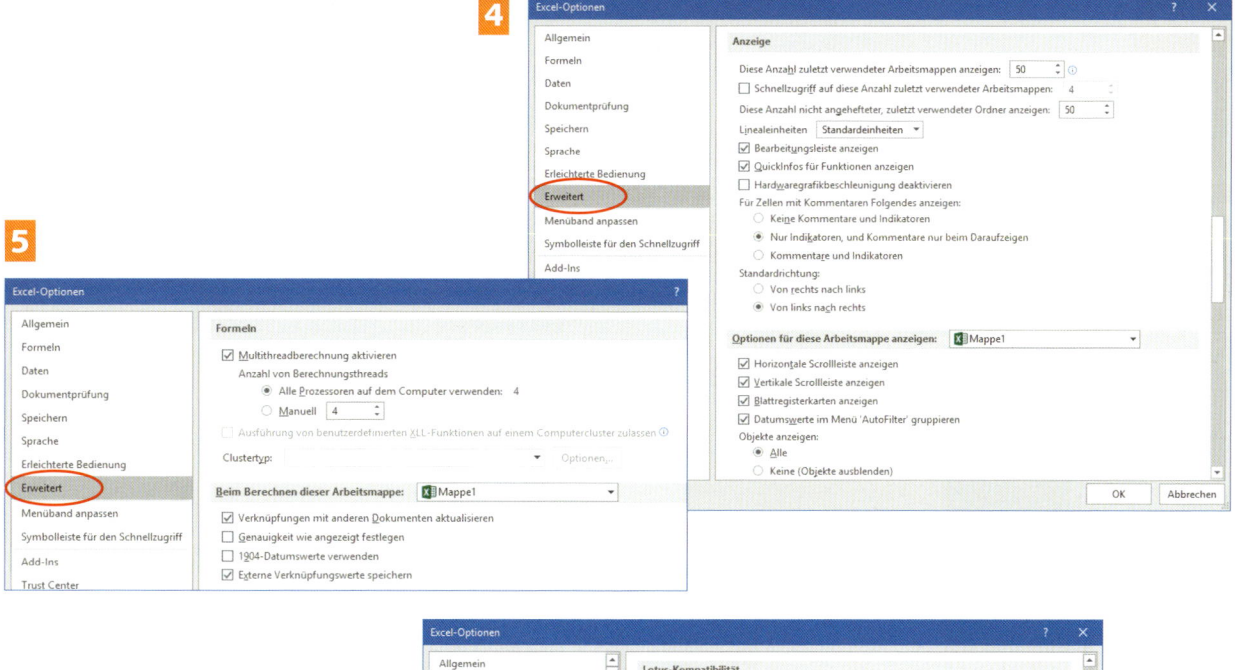

4 In den Abschnitten *Anzeige* und *Optionen für diese Arbeitsmappe anzeigen* der Kategorie *Erweitert* legen Sie fest, welche Elemente im Excel-Fenster eingeblendet werden sollen.

5 In diesen Abschnitten der Kategorie *Erweitert* geben Sie an, wie viele Prozessoren bei Berechnungen zu verwenden (*Formeln*) oder ob externe Zellreferenzen zulässig sind.

6 In diesem Abschnitt der Kategorie *Erweitert* lässt sich die Kompatibilität mit Berechnungen des Tabellenkalkulationsprogramms Lotus 1-2-3 erzwingen.

Ende

TIPP

Bei umfangreichen Tabellen lässt sich die automatische Berechnung abschalten (Schritt 1). Drücken Sie dann die Funktionstaste F9, um eine Berechnung durchzuführen.

HINWEIS

In der Z1S1-Bezugsart (Schritt 1) werden Zellen über Nummern adressiert (statt A1 wird die Zelle als Z1S1 im Bezug angegeben).

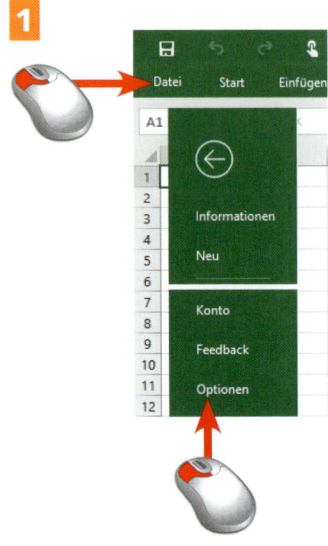

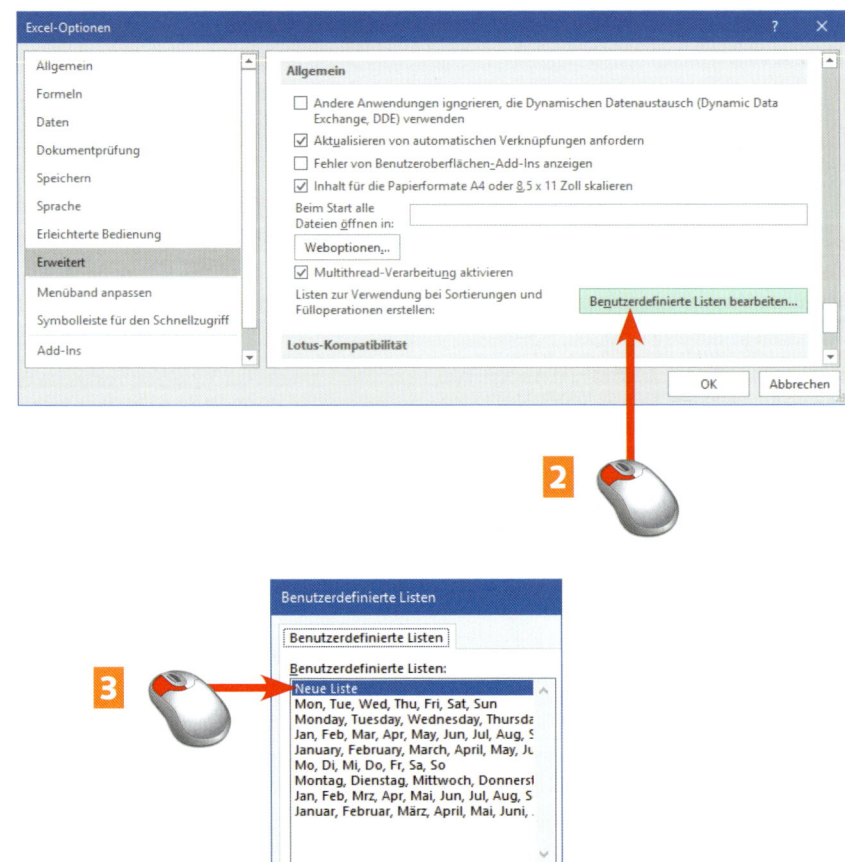

1 Zum Anlegen und Pflegen benutzerdefinierter Listen wechseln Sie im Menüband des Excel-Fensters zu *Datei* und wählen den Befehl *Optionen*.

2 Wählen Sie im Dialogfeld *Excel-Optionen* die Kategorie *Erweitert* und in der Gruppe *Allgemein* die Schaltfläche *Benutzerdefinierte Listen bearbeiten*.

3 Wählen Sie im Dialogfeld *Benutzerdefinierte Listen* in der gleichnamigen Spalte den Eintrag *Neue Liste*.

Die Excel-Funktion *AutoAusfüllen* (siehe Seite 148) verwendet u. a. Listen, um die Werte bestimmter Reihen (z. B. Wochentage) zu ermitteln. Sie können Listen mit eigenen Werten definieren, die von *AutoAusfüllen* verwendet werden können.

WISSEN

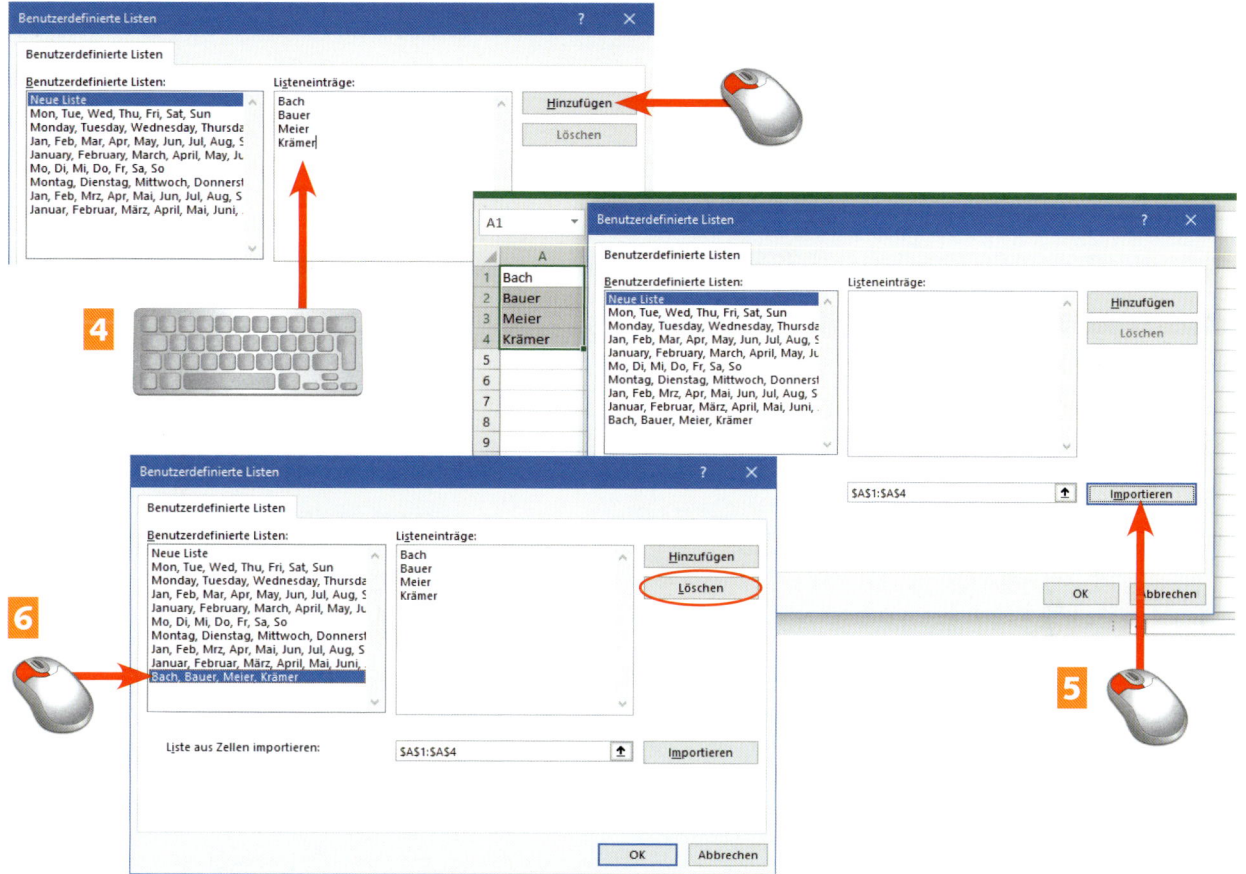

4 Tippen Sie die Werte der Liste in das Feld *Listeneinträge* ein. Drücken Sie nach jeder Eingabe die ⏎-Taste, und wählen Sie zum Abschluss die *Hinzufügen*-Schaltfläche.

5 In einer Tabelle vorliegende Listen lassen sich mit der Maus markieren und mit der *Importieren*-Schaltfläche in das Dialogfeld übernehmen.

6 Wählen Sie eine benutzerdefinierte Liste im linken Feld aus, lassen sich die Einträge im Feld *Listeneinträge* einsehen. Die Schaltfläche *Löschen* entfernt die komplette Liste.

Ende

Zum Bearbeiten eines benutzerdefinierten Listeneintrags der aktuell gewählten Liste wählen Sie im Feld *Listeneinträge* den Begriff und korrigieren diesen.

In Excel vordefinierte Listen (z. B. mit Wochentagen) lassen sich nicht bearbeiten oder löschen.

TIPP   **HINWEIS**

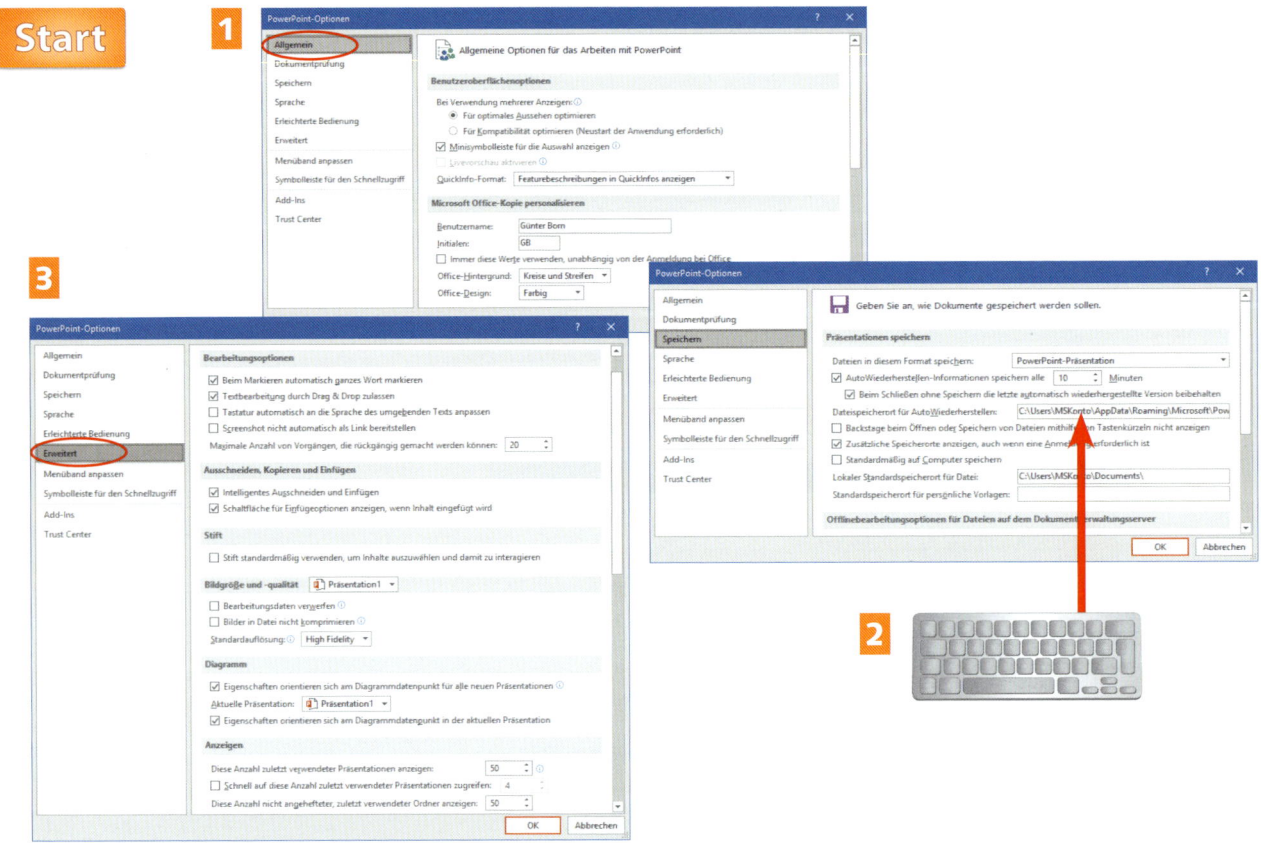

1 In den Kategorien *Allgemein* und *Dokumentprüfung* lassen sich die Office-Anwendungen (hier z. B. PowerPoint) personalisieren oder die Rechtschreibprüfung beeinflussen (siehe auch Seite 320).

2 In der Kategorie *Speichern* geben Sie den Standardspeicherort sowie das Format für Präsentationsdateien vor.

3 Wählen Sie die Kategorie *Erweitert*, um Bearbeitungs-, Anzeige- und Präsentationsoptionen über die betreffenden Kontrollkästchen einzustellen.

Auch bei PowerPoint lassen sich über das Dialogfeld *PowerPoint-Optionen* Anpassungen vornehmen. Der Aufruf erfolgt wie bei Word und Excel über den Menübefehl *Optionen* unter *Datei*.

WISSEN

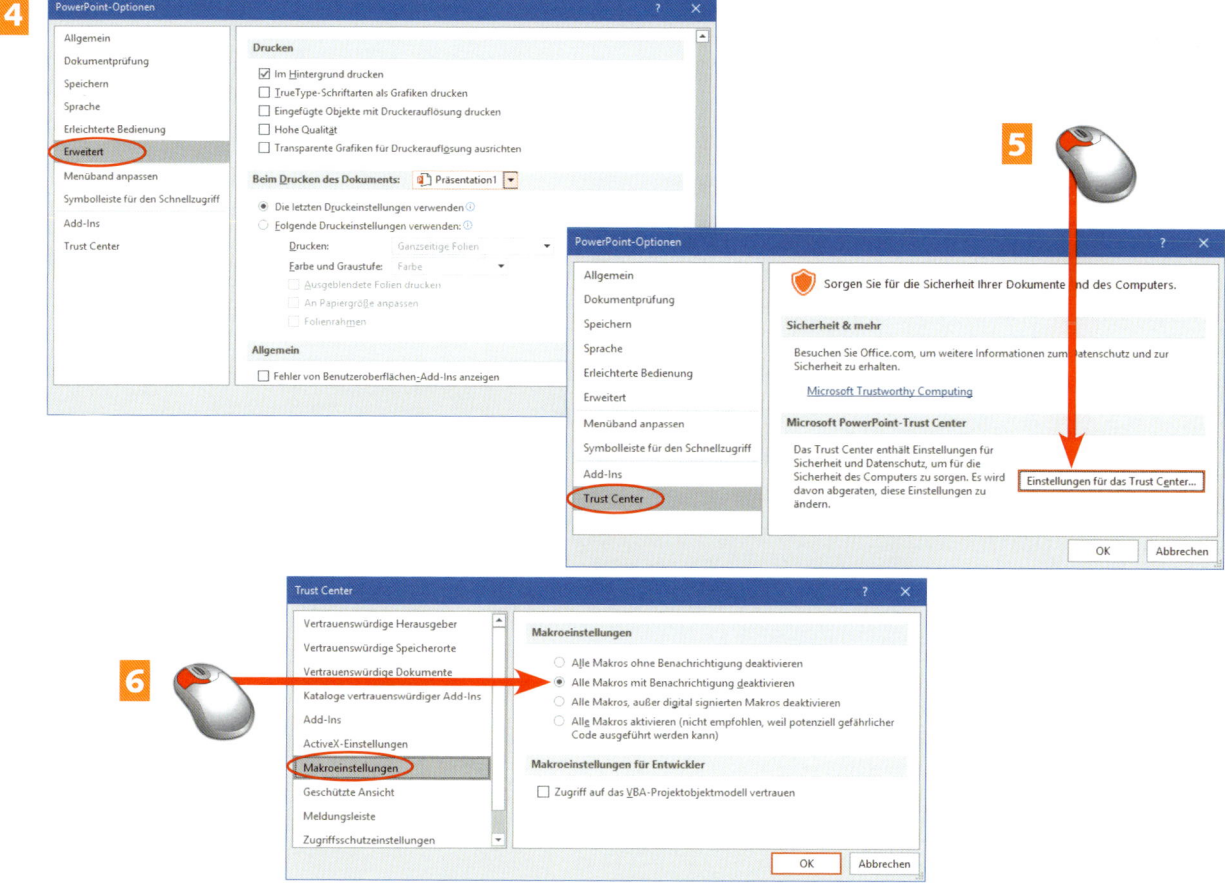

4 Blättern Sie über die Bildlaufleiste zum unteren Teil der Kategorie *Erweitert*, um die Druckoptionen für Präsentationen anzupassen.

5 Möchten Sie das Ausführen von Makros einschränken, wählen Sie die Kategorie *Trust Center* und dann *Einstellungen für das Trust Center*.

6 Anschließend markieren Sie in der Kategorie *Makroeinstellungen* die Option für die gewünschte Makrosicherheit und schließen die Dialogfelder über die *OK*-Schalt-fläche.

Ende

In der Kategorie *Erweitert* finden Sie Optionen, um auch ausgeblendete Folien zu drucken.	Die Einstellungen der Kategorie *Trust Center* zur Makroausführung lassen sich auch bei den anderen Office-Anwendungen verwenden.	Setzen Sie die Option *Alle Makros mit Benachrichtigung deaktivieren*, um vor der Makroausführung gewarnt zu werden.
TIPP	**HINWEIS**	**HINWEIS**

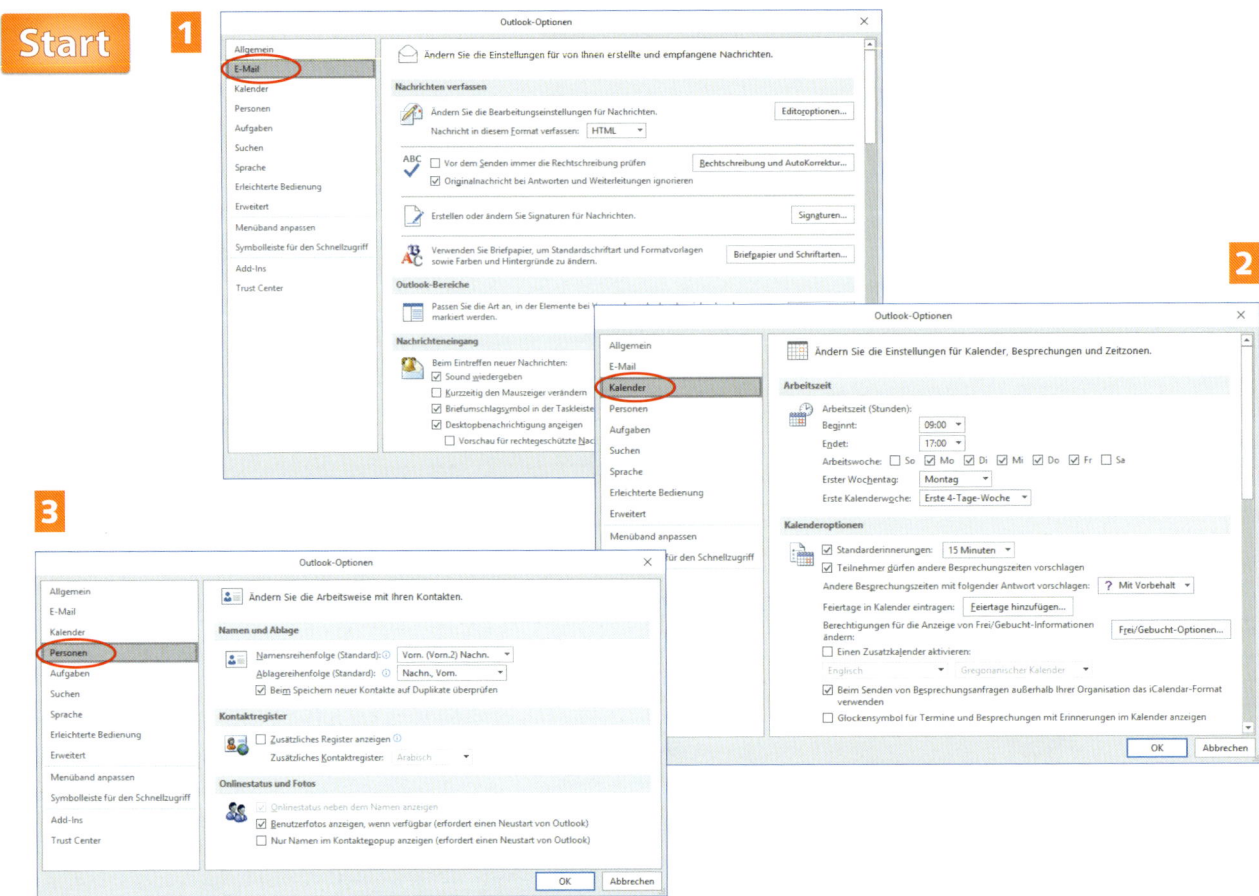

1 In der Kategorie *E-Mail* des Dialogfelds *Outlook-Optionen* legen Sie die Einstellungen für das Erstellen, Versenden und Bearbeiten von E-Mails fest.

2 Über die Kategorie *Kalender* lassen sich Arbeitszeiten, Kalender- und Anzeigeoptionen, Zeitzonen oder Einstellungen zur Ressourcenplanung festlegen.

3 Die Kategorie *Personen* zeigt die Optionen zur Ablage und zum Verknüpfen von Kontakten, des Onlinestatus etc. an.

In Outlook erhalten Sie unter *Datei* über den Menübefehl *Optionen* Zugriff auf das Eigenschaftenfenster mit den Optionen.

WISSEN

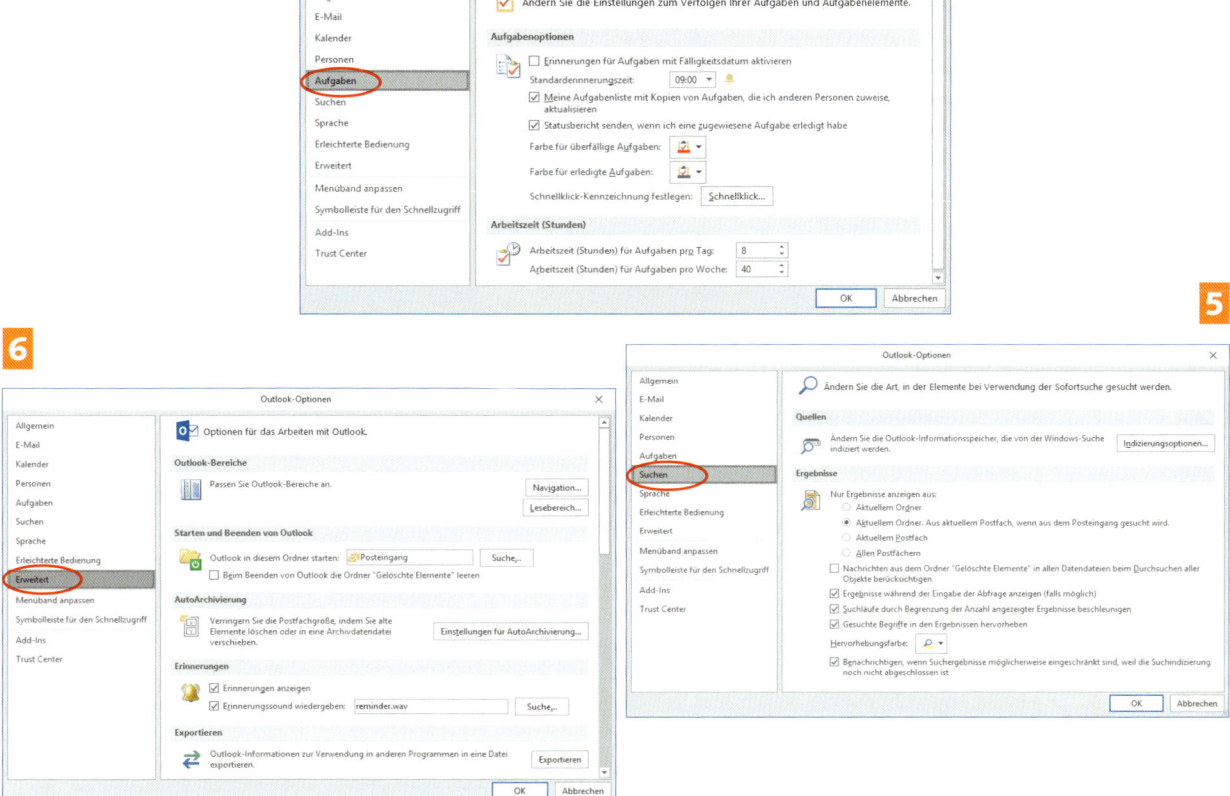

4 Über die Kategorie *Aufgaben* legen Sie die Aufgabenoptionen und die Arbeitszeit in Stunden zur Aufgabenbearbeitung fest.

5 In der Kategorie *Suchen* der *Outlook-Optionen* bestimmen Sie die Art der Indizierung und legen Suchoptionen fest.

6 Die Kategorie *Erweitert* der Outlook-Optionen ermöglicht es Ihnen, die Outlook-Bereiche, Einstellungen für Senden/Empfangen etc. anzupassen.

Ende

Das Format *Nur Text* (Kategorie *E-Mail*, Gruppe *Nachrichten verfassen*) ist am effizientesten und am sichersten (es kann keine Schadfunktionen enthalten).

Die Schaltfläche *Senden/Empfangen* (Kategorie *Erweitert*) ermöglicht über ein Dialogfeld den Zugriff auf die E-Mail-Transferoptionen.

TIPP

HINWEIS

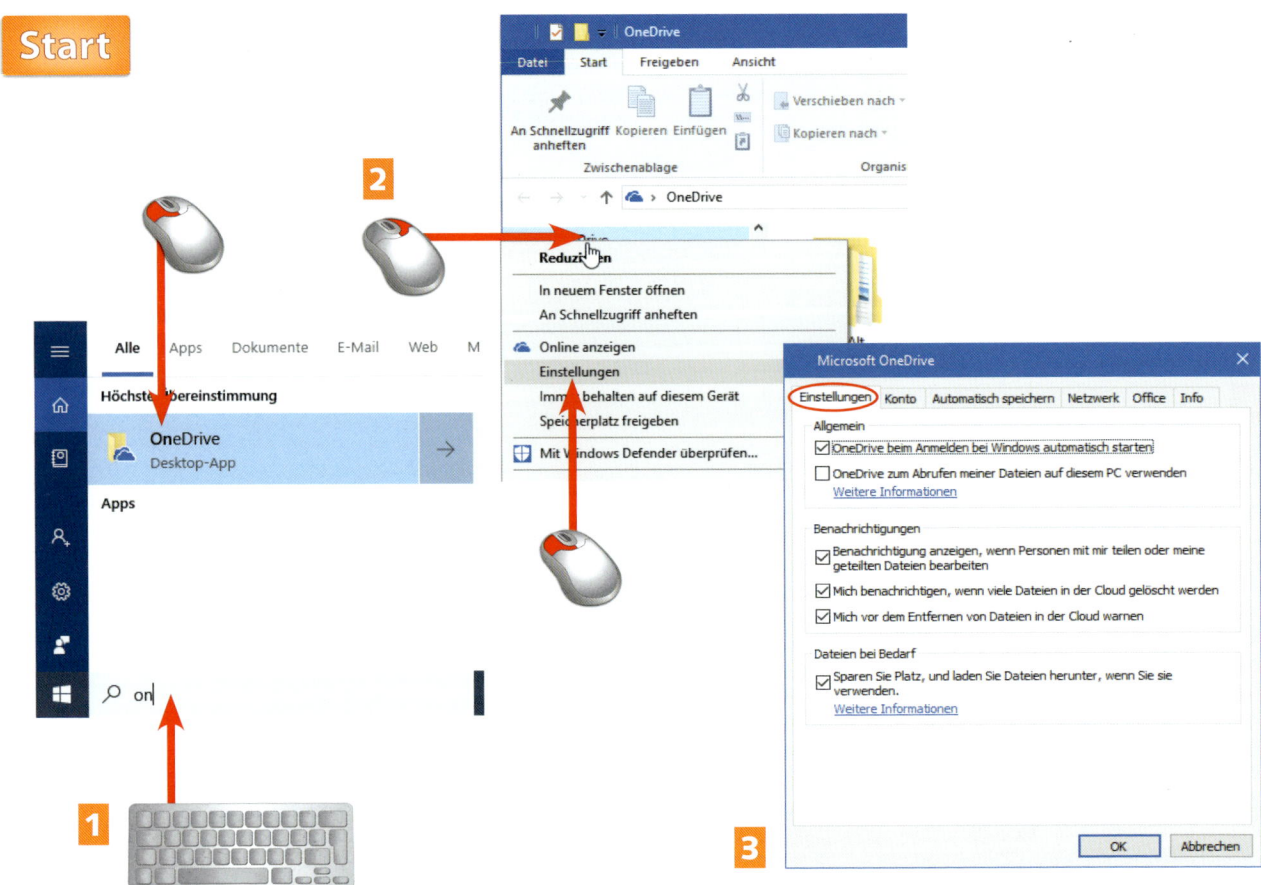

1 Tippen Sie »On« in das Suchfeld der Taskleiste und klicken Sie auf die angezeigte OneDrive-App.

2 Wählen Sie im Ordnerfenster den Eintrag *OneDrive* per Rechtsklick an. Dann klicken Sie im Kontextmenü mit der linken Maustaste auf *Einstellungen*.

3 Auf der Registerkarte *Einstellungen* passen Sie allgemeine Optionen (Verwendung von OneDrive, Benachrichtigungen) an.

OneDrive bietet Ihnen die Möglichkeit, Dateien in der Cloud zu speichern, und stellt verschiedene Einstellungen bereit.

WISSEN

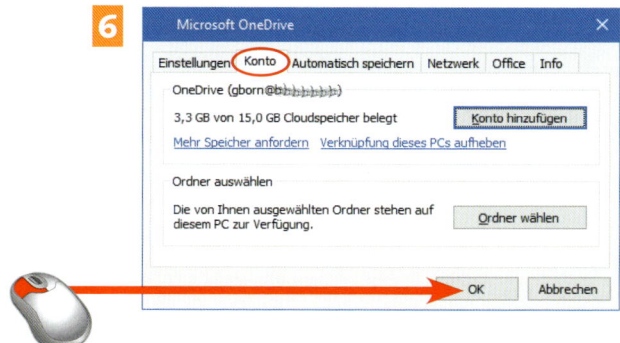

4 Auf der Registerkarte *Automatisch speichern* legen Sie über *Ordner aktualisieren* und die Kontrollkästchen fest, welche Ordner/Dateien mit OneDrive synchronisiert werden.

5 Die Registerkarte *Office* ermöglicht Ihnen den Zugriff auf die Einstellungen für Zusammenarbeit und Synchronisationskonflikte.

6 Auf der Registerkarte *Konto* haben Sie die Möglichkeit, OneDrive-Ordner auszuwählen und OneDrive-Konten hinzuzufügen. Schließen Sie das Eigenschaftenfenster über *OK*.

Ende

Auf der Registerkarte *Netzwerk* legen Sie ggf. Begrenzungen für die Übertragungsgeschwindigkeit fest.

Auf der Registerkarte *Info* wird Ihnen die OneDrive-Version angezeigt.

HINWEIS

HINWEIS

Lexikon

Download

Herunterladen von Dateien aus dem Internet auf die Festplatte des Computers.

DSL

Abkkürzung für **D**igital **S**ubscriber **L**ine, den schnellen Zugang (Breitband) zum Internet.

E-Mail

Englischer Name für die elektronische Post, also Nachrichten, die mit einem E-Mail-Programm per Computer verschickt werden.

Explorer

Windows-Programm zur Anzeige von Ordnern und Dateien. Der Internet Explorer ist dagegen ein Programm zur Anzeige von Webseiten.

Absatz

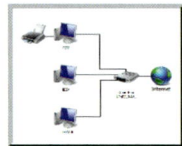

Dient in Textdokumenten zur optischen Absetzung zusammenhängender Texte und wird in Microsoft Word durch das Drücken der ⏎-Taste eingeleitet.

Arbeitsgruppe

Mehrere Computer in einem Netzwerk lassen sich zu einer Arbeitsgruppe zusammenfassen, um Drucker oder Festplatten gemeinsam zu nutzen.

Arbeitsspeicher

Bereich, in dem Windows Programme und Daten ablegt. Der Inhalt des Arbeitsspeichers geht beim Ausschalten des Computers verloren.

Benutzerkonto

Wird für jeden Benutzer unter Windows eingerichtet. Ermöglicht es dem Benutzer, eigene Einstellungen und eigene Dokumente unter dem Benutzerkonto zu speichern.

Betriebssystem

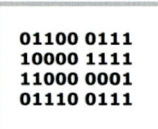

Das Programm, das sich nach dem Starten des Computers meldet (z. B. Windows 10).

Bit

Dies ist die kleinste Informationseinheit in einem Computer (kann die Werte 0 oder 1 annehmen). 8 Bit werden zu einem Byte zusammengefasst.

Bitmap

Format, um Bilder oder Grafiken zu speichern. Das Bild wird wie auf dem Bildschirm in einzelne Punkte aufgeteilt, die zeilenweise gespeichert werden.

Browser

Programm wie Internet Explorer, Microsoft Edge, Firefox, Opera, Safari, Google Chrome zum Anzeigen von Internetseiten.

Chip		Allgemeine Bezeichnung für einen elektronischen Baustein.
Clipart		Stilisierte Zeichnung oder Piktogramm, das innerhalb eines Dokuments eingefügt werden kann. Cliparts werden in Form von Sammlungen zu verschiedenen Themen (z. B. Personen, Feiern, Technik, Flaggen etc.) angeboten.
Cursor	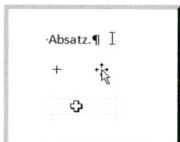	Symbol des Mauszeigers, das innerhalb eines Dokumentfensters angezeigt wird. Bei Word ist dies der Textcursor, bei Excel erscheint ein stilisiertes Kreuz etc.
Datei		Einheit auf der Festplatte, in der Daten (Briefe, Bilder, Programme) etc. unter einem Dateinamen gespeichert werden.
Datenbank		Ein Programm wie z. B. Microsoft Access zum Speichern und Verwalten großer Datenmengen.
Datenträger		Medium (CD, DVD, Festplatte, Speicherkarte, USB-Stick), das Dateien speichern kann.
Defragmentierung		Vorgang, bei dem die Dateien auf Festplatten so reorganisiert werden, dass die Daten in benachbarten Abschnitten abgelegt werden. Beschleunigt die Dateizugriffe.
Desktop		Die Bedienoberfläche von Windows mit dem Startmenü, der Taskleiste und den Desktopsymbolen.

Dialogfeld

In Windows angezeigtes Fenster mit Informationen oder zur Eingabe von Daten. Besitzt keine Schaltflächen zum Verkleinern oder Minimieren.

Download

Herunterladen von Dateien aus dem Internet auf die Festplatte des Computers.

DSL

Abkkürzung für **D**igital **S**ubscriber **L**ine, den schnellen Zugang (Breitband) zum Internet.

E-Mail

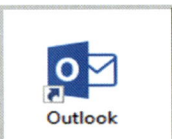

Englischer Name für die elektronische Post, also Nachrichten, die mit einem E-Mail-Programm per Computer verschickt werden.

Explorer

Windows-Programm zur Anzeige von Ordnern und Dateien. Der Internet Explorer ist dagegen ein Programm zur Anzeige von Webseiten.

Feld

Platzhalter für eine Funktion, die in Microsoft Word Werte (z. B. das aktuelle Datum, die Seitenzahl etc.) im Text einblenden kann. Wird mit dem Feldnamen in geschweiften Klammern { } eingefügt und normalerweise versteckt – es ist nur der Feldwert sichtbar.

Font

Englischer Name für Schriftarten. Diese stellen Buchstaben in verschiedenen Stilen dar.

Formatierung

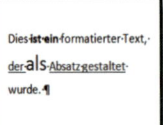

Auszeichnung von Texten mit verschiedenen Schriftstilen wie Fett, Unterstreichen, Kursiv (Schrägschrift) etc.

Hardware

Als Hardware werden alle Teile eines Computers bezeichnet, die sich anfassen lassen (Gegenteil ist Software).

Ordner

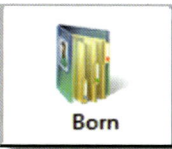

Struktur auf einem Datenträger (z. B. Festplatte), in der Dokumente wie Briefe, Zeichnungen oder Programme in Form von Dateien gespeichert werden. Ordner dienen (wie im Büro) zur strukturierten Ablage von Daten.

WLAN

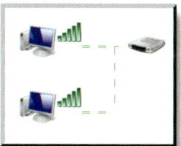

Abkürzung für **W**ireless **L**ocal **A**rea **Net**work, also ein lokales Funknetzwerk, mit dem verschiedene Rechner über einen sogenannten WLAN-Router miteinander verbunden werden.

Zwischen-ablage

Besonderer Speicherbereich (auch als Clipboard bezeichnet) in Windows, über den Daten zwischen Programmen ausgetauscht werden können. Der Inhalt der Zwischenablage geht beim Ausschalten des Computers verloren.